高等职业教育智能制造类新形态一体化教材

智能制造设备技术应用

ZHINENG ZHIZAO SHEBEI JISHU YINGYONG

主　编　李刘求　徐登峰　陈佩娜
副主编　程振中　陈骏鑫　贺暒豪

U0771930

中国教育出版传媒集团

高等教育出版社·北京

内容提要

本书是高等职业教育智能制造类新形态一体化教材。

本书紧密贴合职业教育智能制造类专业课程教学需求,注重学生动手能力的培养,共分为 3 个模块:模块一为智能制造设备技术应用的核心技术,包括 4 个项目,总体介绍智能制造设备技术应用实训平台及需要掌握的核心技术;模块二为智能制造设备技术基础应用,包括 8 个项目,由浅入深、循序渐进,全面覆盖智能制造技术的典型应用场景;模块三为智能制造设备技术综合应用,包括 3 个高度适配企业的综合应用项目。

本书是新形态一体化教材,配套丰富的数字化教学资源,其中部分资源以二维码链接形式在书中呈现。

本书可作为职业院校智能制造装备技术、工业机器人技术、机电一体化技术等相关专业的教学用书,也可作为院校开展工程创新实践活动的指导用书,还可供有关工程技术人员参考。

图书在版编目(CIP)数据

智能制造设备技术应用 / 李刘求,徐登峰,陈佩娜主编. -- 北京 : 高等教育出版社,2025.8. -- ISBN 978 - 7 - 04 - 065152 - 2

Ⅰ. TH166

中国国家版本馆 CIP 数据核字第 2025GA7315 号

策划编辑 谢永铭	**责任编辑** 谢永铭	**封面设计** 张文豪	**责任印制** 高忠富

出版发行 高等教育出版社	**网　　址**	http://www.hep.edu.cn
社　　址 北京市西城区德外大街 4 号		http://www.hep.com.cn
邮政编码 100120	**网上订购**	http://www.hepmall.com.cn
印　　刷 上海新艺印刷有限公司		http://www.hepmall.com
开　　本 787mm×1092mm　1/16		http://www.hepmall.cn
印　　张 19.75		
字　　数 456 千字	**版　　次**	2025 年 8 月第 1 版
购书热线 010-58581118	**印　　次**	2025 年 8 月第 1 次印刷
咨询电话 400-810-0598	**定　　价**	48.00 元

本书如有缺页、倒页、脱页等质量问题,请到所购图书销售部门联系调换

配套学习资源及教学服务指南

 ## 二维码链接资源

　　本书配套视频、图片、源文件等学习资源，在书中以二维码链接形式呈现。使用手机扫描书中的二维码即可查看，随时随地获取学习内容，享受学习新体验。

打开书中附有二维码的页面　　　　　　**扫描二维码**　　　　　　**查看相应资源**

 ## 教师教学资源索取

　　本书配有与课程相关的教学资源，例如，教学课件等。选用教材的教师，可扫描以下二维码，关注微信公众号"高职智能制造教学研究"，点击"教学服务"中的"资源下载"，或在电脑端访问地址（101.35.126.6），注册认证后下载相关资源。

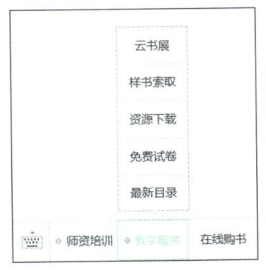

★如您有任何问题，可加入工科类教学研究中心QQ群：240616551。

本书二维码资源列表

所属	页码	类型	说明
模块一	15	视频	Modbus TCP 通信
	15	源文件	Modbus TCP 通信
	30	视频	实现工业机器人的搬运工作
	30	源文件	实现工业机器人的搬运工作
	42	视频	应用机器视觉识别物料的颜色和形状
	44	图片	RGB 颜色模型
	45	图片	HSV 颜色模型
模块二	53	视频	基础码垛
	53	源文件	基础码垛
	76	视频	基础涂胶
	76	源文件	基础涂胶
	86	视频	定制码垛
	86	源文件	定制码垛
	114	视频	定制涂胶
	114	源文件	定制涂胶
	127	视频	行星齿轮装配
	127	源文件	行星齿轮装配

续表

所属	页码	类型	说明
模块二	144	视频	视觉检测与分拣
	144	源文件	视觉检测与分拣
	175	视频	输送带跟踪抓取
	175	源文件	输送带跟踪抓取
	200	视频	输送带跟踪涂胶
	200	源文件	输送带跟踪涂胶
模块三	220	视频	零件装配
	220	源文件	零件装配
	268	视频	产品检测
	268	源文件	产品检测
	285	视频	产品零件装配与入库
	285	源文件	产品零件装配与入库

随着科学技术的飞速发展,智能制造已成为推动全球工业转型升级的重要力量,不仅极大地提高了生产效率,还为企业带来了前所未有的灵活性和竞争力。因此,智能制造设备技术的应用日益广泛,其本质是通过数字化、网络化、智能化技术赋能制造设备,使其具备感知、分析、决策、执行、学习、协同的能力,从而驱动整个制造系统向更高效、更灵活、高质量、可持续的方向发展。它是实现智能制造转型升级的关键基石和核心载体,涵盖了从自动化生产线到智能工厂的各个层面,成为现代制造业不可或缺的一部分。

智能制造设备技术融合了机械、电子、信息技术和人工智能等多个领域的前沿成果,其复杂性和创新性对从业人员的专业知识和技能提出了更高要求。因此,越来越多的教育机构、企业和个人开始重视智能制造设备技术的学习与培训,以期在这一新兴领域取得突破和竞争优势。然而,当前市面上的相关教材大多侧重于理论知识的介绍,缺乏与实际应用场景紧密结合的项目和实操指导,这使得学习者在掌握理论知识后往往难以将其有效应用于实际工作中,影响其学习效果和职业发展。鉴于此,本书的编写旨在打破传统教学的局限,为学习者提供一本既注重理论深度又强调实践应用的实战型教材。

本书的主要特色如下:

(1)模块化项目驱动,学做一体化

本书采用了模块化项目驱动的教学模式,实现了理论与实践的深度融合,注重培养学习者的综合职业能力。精心选取的一系列智能制造设备技术应用项目覆盖了当前工业4.0和智能制造的主流技术和新兴技术。在每个项目中,学习者将置身于一个模拟真实的典型工作环境中,应对实际的技术挑战和问题解决任务,在参与项目的规划、设计、实施和优化过程中,逐步掌握相关的理论知识与实践操作技能。学习者在实践中深化对理论知识的理解,还能通过实际操作来巩固和拓展所学技能,实现做中学和学中做的无缝对接。在完成项目的过程中,学习者还需要掌握团队协作、沟通协调、问题解决、创新思维等关键能力,这将有助于学习者在未来职场上更好地适应快速变化的工作环境和技术挑战。

（2）思政融入,润物细无声

专业能力提升与价值引领有机融合,进而潜移默化地影响学习者的价值观与行为方式,为学习者成长为德智体美劳全面发展的社会主义建设者和接班人奠定坚实的基础。本书在教学过程中有机融入了思政元素,将社会主义核心价值观、爱国主义情怀、职业道德规范等与项目内容紧密结合,让学习者在解决实际问题的过程中深刻体会到作为社会成员的责任与担当。每个项目都要求学习者以小组为单位共同完成,既是考验学习者的专业技能,更是锻炼团队协作与沟通能力。在分工合作中,帮助学习者发挥自身优势,相互支持、共同进步;在讨论交流中,学会倾听他人意见,尊重不同观点,促进思维的碰撞与融合;在共同解决问题的过程中,逐步体会到集思广益的力量,增强团队凝聚力。

（3）数字资源和项目内容一体化

为了精心打造一个既立体又生动,同时确保高效的学习空间,本书特别建设并整合了一系列二维码链接资源。这些资源全面覆盖了教学项目的程序源文件。学习者可以使用这些源文件调试设备,深入剖析每一个技术细节,从而在实践中不断摸索与成长。本书还为每一个项目配备了实际运行过程视频。这些视频通过直观的演示,生动地展现了智能制造设备的操作要点与核心原理。学习者可以在任何时间、任何地点,通过手机或平板计算机扫描二维码,获取所需的学习资源。这种便捷、高效的学习方式,将帮助学习者更为深入地理解和掌握智能制造设备技术的精髓,为学习者的未来发展奠定坚实的专业基础。

本书内容共分为三大模块。模块一为智能制造设备技术应用的核心技术,包含 4 个项目:认识智能制造设备技术应用实训平台、实现 PLC 与工业机器人的 Modbus TCP 通信、实现工业机器人的搬运工作、应用机器视觉识别物料的颜色和形状。模块二为智能制造设备技术基础应用,包含 8 个项目,内容编排上根据学习特点由浅入深、循序渐进,全面覆盖智能制造技术的典型应用场景,包括码垛、涂胶、视觉检测、装配等。模块三为智能制造设备技术综合应用,包括 3 个高度适配企业的综合应用项目,分别是零件装配、产品检测、产品零件装配与入库。

　　本书旨在帮助学习者高效地学习主流的智能制造设备技术,编写团队来自一线的职业院校教师和智能制造设备公司的工作人员,他们长期从事智能制造设备技术的教学和应用,有着先进的教学思想、丰富的教学经验、科学的教学方法和丰富的实战开发经验。

　　本书由李刘求、徐登峰、陈佩娜担任主编,由程振中、陈骏鑫、贺暐豪担任副主编,参与本书编写的还有植其新、廖家敏、林小意、郭楚俊、张宝强、梁泰来、祁汉恒、李健林。具体分工是:模块一由李刘求负责编写;模块二的项目一由陈骏鑫负责编写,模块二的项目二由李刘求负责编写,模块二的项目三由林小意、廖家敏负责编写,模块二的项目四由程振中负责编写,模块二的项目五由陈佩娜、植其新负责编写,模块二的项目六由陈佩娜负责编写,模块二的项目七由贺暐豪负责编写,模块二的项目八由祁汉恒、李健林负责编写;模块三的项目一由徐登峰负责编写,模块三的项目二由徐登峰、梁泰来负责编写,模块三的项目三由郭楚俊、张宝强负责编写。全书由李刘求负责统稿。深圳市物新智能科技有限公司王亚龙总工程师提供了设备技术支持并负责项目调试验证。

　　本书强化实际操作,注重动手能力的培养,不局限于追求知识的完整性和系统性,内容丰富、结构清晰、语言简练、实例众多、图文并茂,可作为职业院校智能制造装备技术、工业机器人技术、机电一体化技术等相关专业的教学用书,也可作为院校开展工程创新实践活动的指导用书,还可供有关工程技术人员参考。

　　由于编者水平有限及时间仓促,不足之处在所难免,欢迎广大读者批评指正。

编　者

目　录

模块一
智能制造设备技术应用的
核心技术

项目一

认识智能制造设备技术应用实训平台

 **学习目标**

（1）能够识别智能制造设备技术应用实训平台的主要单元，了解其设备构成与典型应用。

（2）能够分析各单元的结构与参数，掌握其在智能制造过程中的作用。

（3）能够描述实训平台典型单元的能量供给方式与主要控制系统组成。

（4）能够梳理平台中物料的加工流程，理解模块间协同运行的基本逻辑。

⚛ 观察思考

　　近年来,国家出台大量的政策鼓励企业开展智能装备升级、信息管理系统集成应用、工业互联网平台建设等工作,指导企业进一步深化数字技术与制造业的创新融合应用。例如,图 1-1-1 所示焊装机器人灵活地翻动机械手,精准焊装汽车零部件;又如,图 1-1-2 所示装载物料的智能搬运机器人来回穿梭,快速高效地将物料运送到不同的工位,整个车间中,除了在屏幕前检查参数的工程师,几乎看不到工作人员的身影。

　　机器人之所以能实现高效配合,是基于一套精准的质量控制系统。例如,在焊接过程中,自校正控制系统能够对压力、电流、时间等焊接参数实时监控并调整,比人工焊接的质量更稳定。为了保障产品质量,智能制造技术贯穿整个生产流程的工艺,实现了机器视觉检测全覆盖。例如,在涂胶过程中,相机对涂胶过程实时监控,配合计算机的数据统计与分析能力,大幅降低涂胶失效的概率。工厂的智能化升级不仅提高了产品质量,还大幅提高了生产效率。

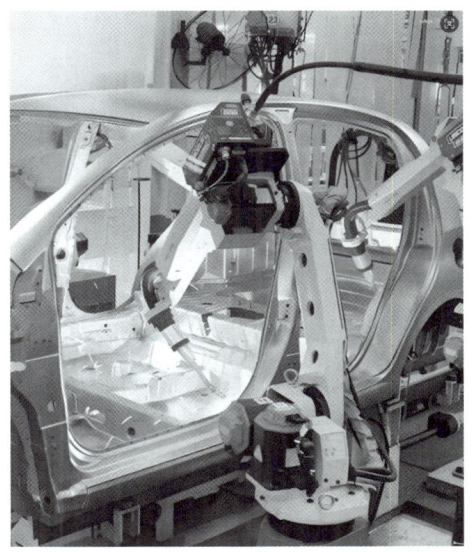

图 1-1-1　机器人焊接汽车

图 1-1-2　工程设备制造企业智能化车间

⚠ 项目要求

　　查阅设备技术资料,识别智能制造设备技术实训平台的主要单元,记录各单元的结构组成与关键参数;观察平台运行过程,描述核心单元的应用功能及其协同关系;结合图纸资料,了解平台主要控制系统组成与典型电气部件功能,分析平台的供能方式,梳理各单元所需的电源或气源类型;基于典型装配任务,梳理物料在各单元之间的流转路径。

⌂ 项目导航

📋 项目准备

　　为了满足高端装备制造业技能人才需求,智能制造设备技术应用实训平台将工业机器人系统操作、工业机器人系统运维、智能制造设备运维、电气系统安装与调试、机械设备修理等岗位相关工作任务核心技能点进行了精心提炼与教学转化,以工业机器人、工业视觉系统和输送带追踪系统等智能制造设备为核心,融合可编程控制器(programmable logic controller, PLC)、人机交互(human machine interface, HMI)、快换工具、气压驱动等先进制造技术;以工业机器人在智能制造行业中较典型的零部件装配为应用背景,开展智能制造设备的安装调试、集成应用、运行维护、质量控制等任务;同时兼顾智能制造设备中典型基础应用,包括码垛、涂胶、输送带跟踪等任务。

◇ 项目实施

1. 实训平台布局

　　智能制造设备技术应用实训平台主要由工业机器人单元、输送带单元、涂胶单元、供料单元、加工单元、检测单元、定位单元、暂存单元、仓储单元、拆码垛单元、行星齿轮装配单元、振动盘单元、机器视觉应用模块、快换模组、实训机台和软件平台等组成。平台的正视图和侧视图如图 1-1-3 所示，平台的俯视图如图 1-1-4 所示。

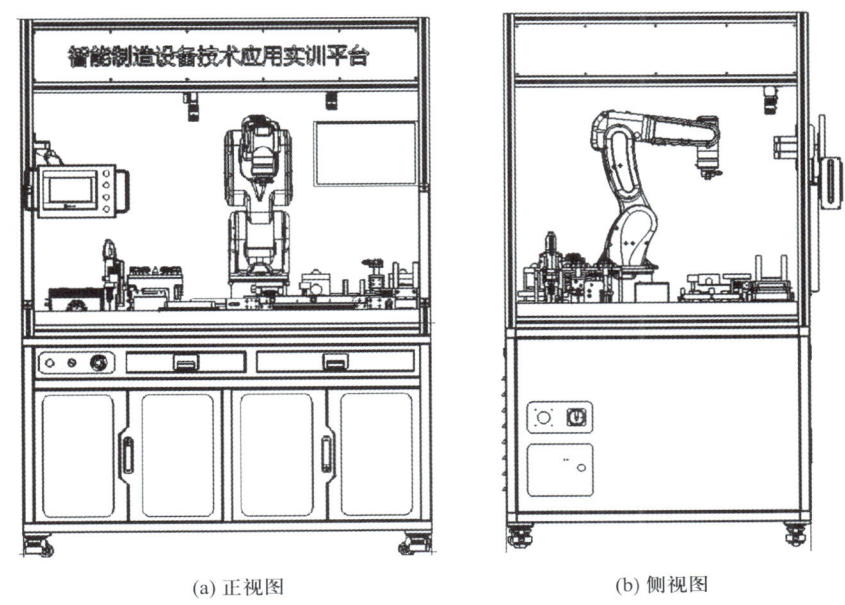

(a) 正视图　　　　　　　　　　　　　(b) 侧视图

图 1-1-3　智能制造设备技术应用实训平台的正视图和侧视图

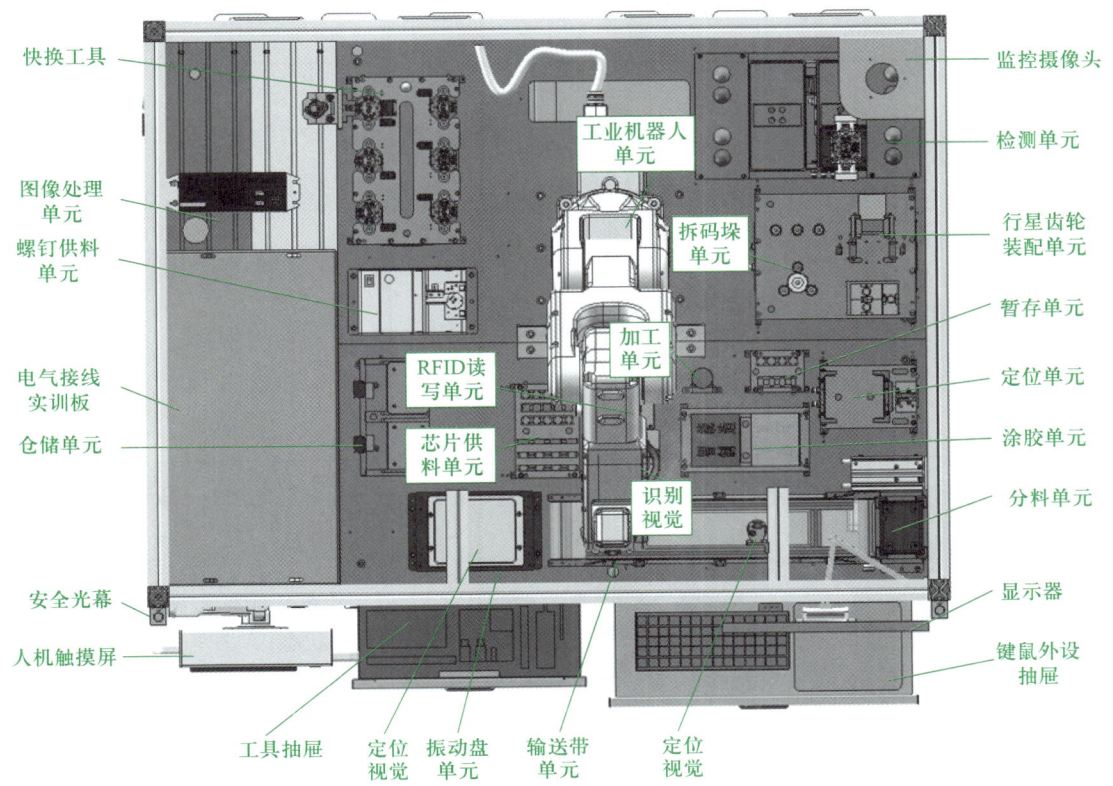

图 1-1-4　智能制造设备技术应用实训平台的俯视图

2. 实训平台主要单元和模块及其主要参数（表1-1-1）

表1-1-1　实训平台主要单元和模块及其主要参数

单元/模块	图示	主要参数
工业机器人单元	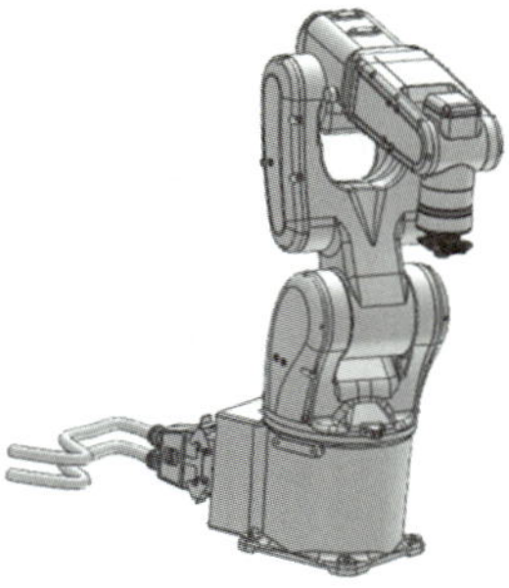	机械手型号：埃夫特 ER7-700； 负载：7 kg； 工作半径：713 mm； 防护等级：IP65； 末端配置高精度6轴力传感器，型号：坤为 KWR75B
快换工具支架	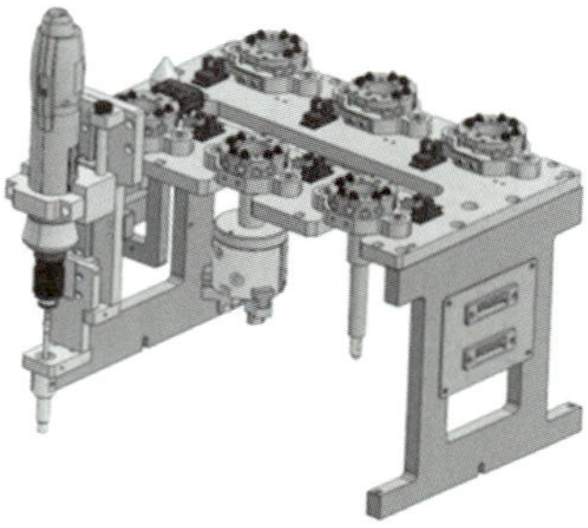	—
快换工具（电动螺钉工具、气动三爪夹具、气动两爪夹具、气动宽幅两爪夹具、吸盘工具、涂胶笔模拟工具）	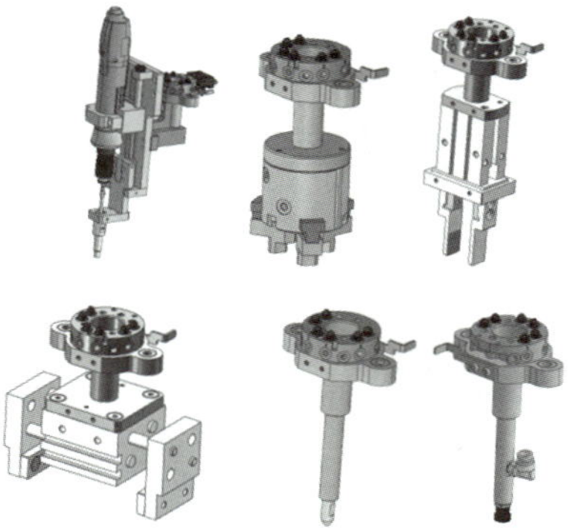	—
仓储单元	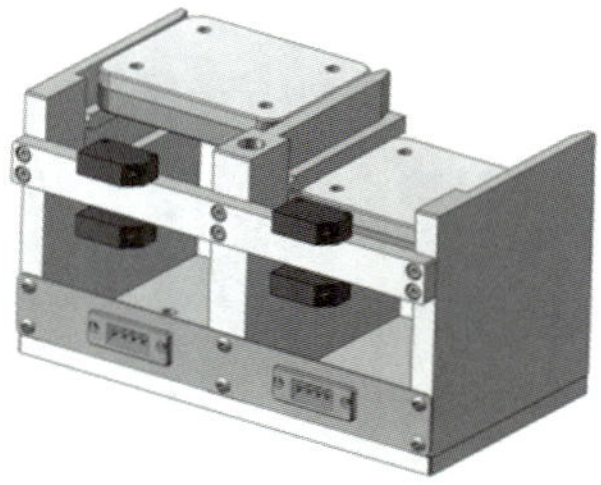	外观尺寸：224 mm × 129 mm × 129 mm； 仓储容量：4个； 各仓位配置传感器实时反馈仓位状态； 插拔式信号接口，模组拆装更便捷； 模组与底板采用销钉定位安装，重复定位精准

单元 / 模块	图示	主要参数
螺钉供料单元	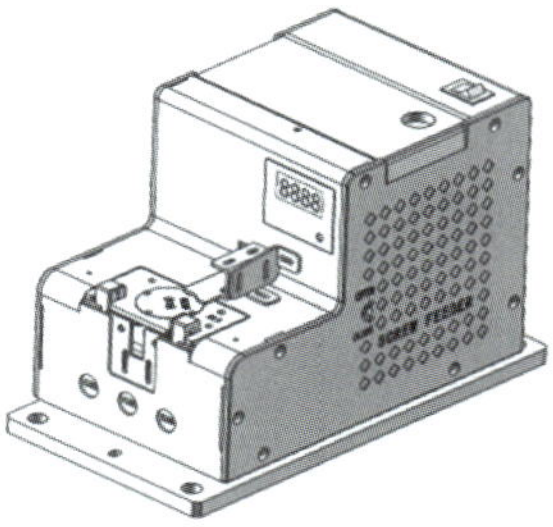	外观尺寸：240 mm × 126 mm × 152 mm； 供料螺钉规格：M3-6； 配置计数器，显示供料数量； 取料位配置传感器，确保机械手正常取料； 插拔式电源及接口，模组拆装更便捷； 模组与底板采用销钉定位安装，重复定位精准
RFID 读写单元	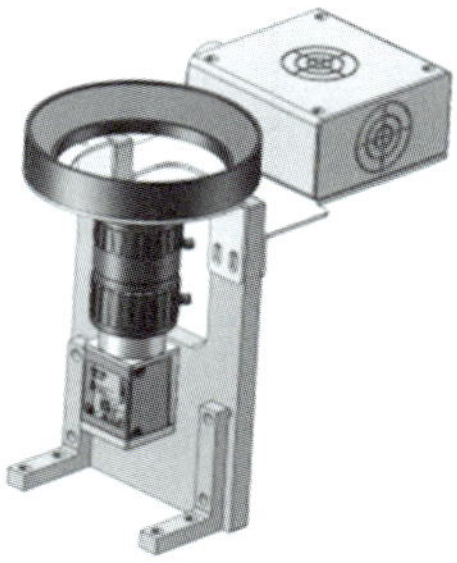	外观尺寸：194 mm × 100 mm × 183 mm； RFID 型号：THS501； 相机型号：ZM-3000-18GC； 镜头型号：BL2.4/16； 插拔式信号接口，模组拆装更便捷
芯片供料单元	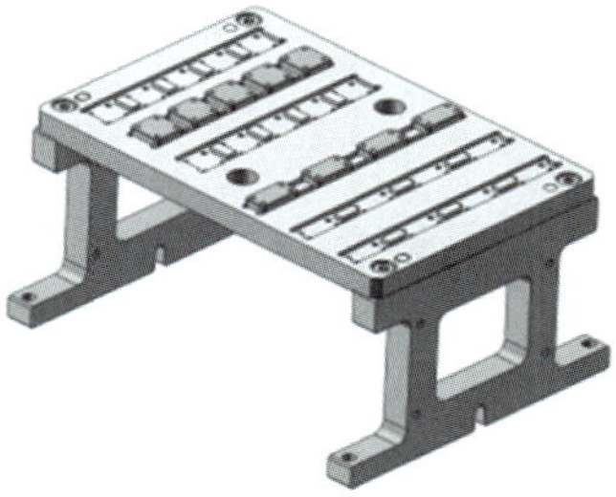	外观尺寸：180 mm × 140 mm × 89 mm； 仓储容量：正方形芯片 15 个，长方形芯片 12 个； 结构件连接采用销钉定位，拆装复原更便捷，精度更高； 模组与底板采用销钉定位安装，重复定位精准
涂胶单元	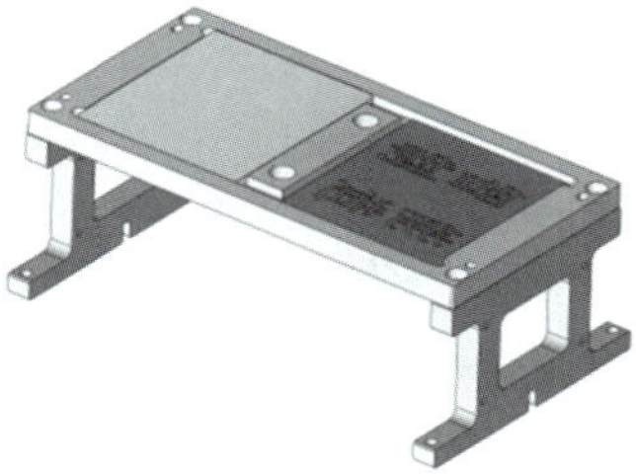	外观尺寸：240 mm × 140 mm × 92 mm； 轨迹样品可随意打印，采用透明亚克力覆盖固定，更换便捷； 结构件连接采用销钉定位，拆装复原更便捷，精度更高； 模组与底板采用销钉定位安装，重复定位精准

单元/模块	图示	主要参数
输送带单元	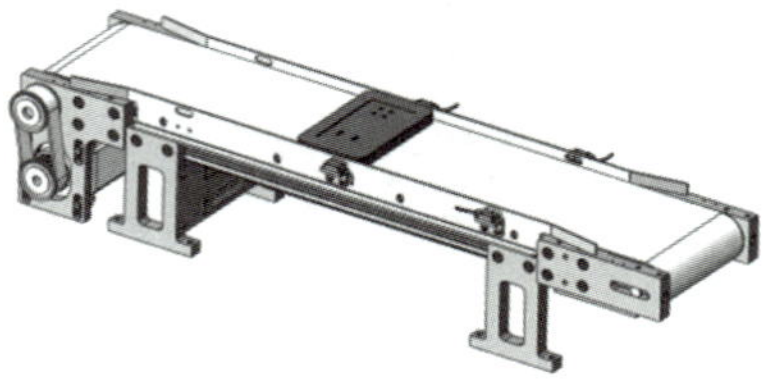	外观尺寸:620 mm×175.5 mm×130 mm; 流道宽度:110 mm; 步进电机驱动,配置编码器; 入料位、拍照位、出料位配置对射传感器; 结构件设置定位结构,安装便捷,精度高; 模组与底板采用销钉定位安装,重复定位精准; 插拔式信号接口,模组拆装更便捷
分料单元		外观尺寸:233 mm×172.5 mm×248 mm; 容量:8个; 双杆气缸驱动,配置磁性开关; 结构件设置定位结构,安装便捷,精度高; 模组与底板采用销钉定位安装,重复定位精准; 插拔式信号接口,模组拆装更便捷
定位单元	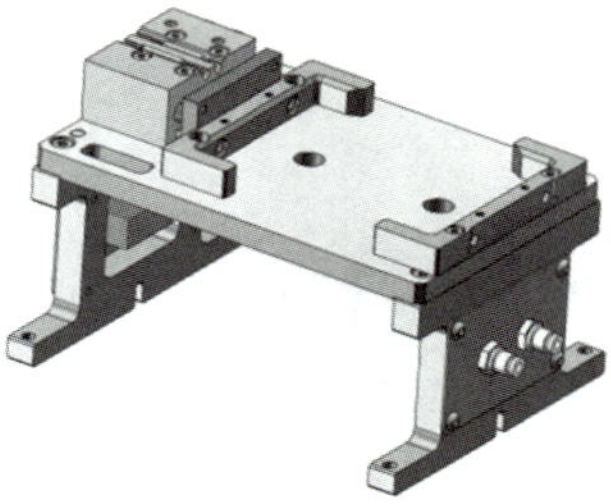	外观尺寸:180 mm×140 mm×115 mm; 定位样品尺寸:100 mm×80 mm; 导杆气缸驱动,配置磁性开关; 结构件设置定位结构,安装便捷,精度高; 模组与底板采用销钉定位安装,重复定位精准

续表

单元/模块	图示	主要参数
暂存单元		外观尺寸：120 mm×90 mm×97 mm； 回收容量：正方形芯片4个，长方形芯片4个； 结构件设置定位结构，安装便捷，精度高； 模组与底板采用销钉定位安装，重复定位精准
加工单元	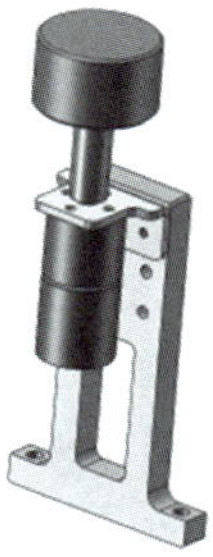	外观尺寸：179.5 mm×72 mm×47.5 mm； 驱动电机：24 V直流减速电机； 打磨头直径：40 mm； 模组与底板采用销钉定位安装，重复定位精准
柔性供料单元	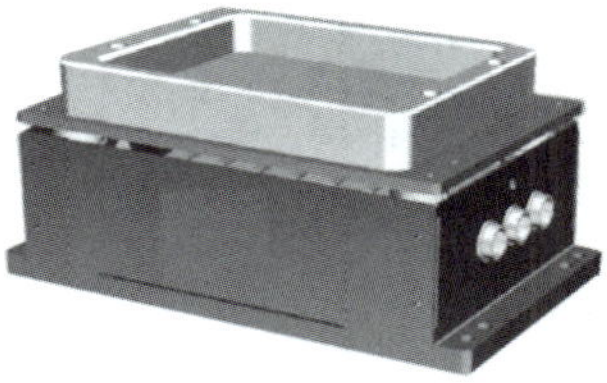	外观尺寸：249 mm×152 mm×110 mm； 供料托盘尺寸：150 mm×120 mm； 采用I/O或者TCP/IP通信方式； 自带背光
拆码垛与行星齿轮装配单元	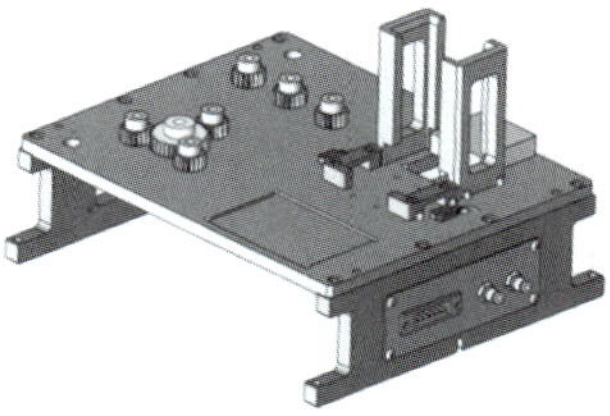	外观尺寸：300 mm×260 mm×189 mm； 码垛样品容量：6个； 双杆气缸驱动，配置磁性开关； 取料位配置对射传感器，感应样品有无； 行星齿轮机构的核心齿轮组：1个太阳齿轮，3个行星齿轮； 结构件设置定位结构，安装便捷，精度高； 模组与底板采用销钉定位安装，重复定位精准

续表

单元/模块	图示	主要参数
检测单元	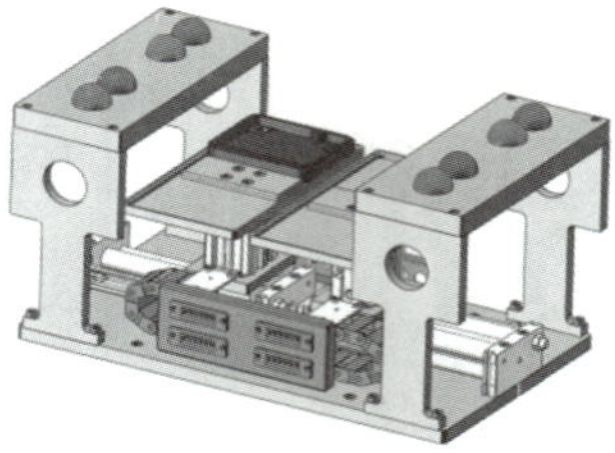	外观尺寸：420 mm × 240 mm × 210 mm； 容量：两组双工位； "无杆气缸 + 薄型气缸"驱动，配置磁性开关； 双色指示灯，模拟检测结果； 结构件设置定位结构，安装便捷，精度高； 模组与底板采用销钉定位安装，重复定位精准
机器视觉应用模块	 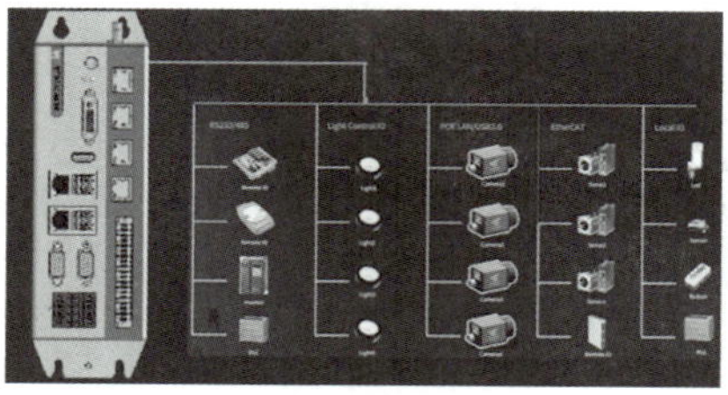	Kvision Box 机器视觉应用模块，集机器视觉应用、外围设备通信及控制于一体，强大的软硬件能力极大简化了视觉应用现场硬件搭建和软件开发的繁琐工作。软件采用图形化编程，易于初学者上手，根据应用需求，可提供 2D 和 3D 版本； 高性能多核处理器，多配置可选； 可同时支持两路 USB 3.0 相机和四路 PoE GigE 相机同时采集； 自带光耦隔离 GPIO（8 输入、8 输出）、两路 RS-232/485 接口； 支持 TCP/IP、EtherCAT 等网络协议，支持运动控制及分布式 I/O 扩展； 支持四路光源控制，可以外触发
PLC 与 HMI 单元	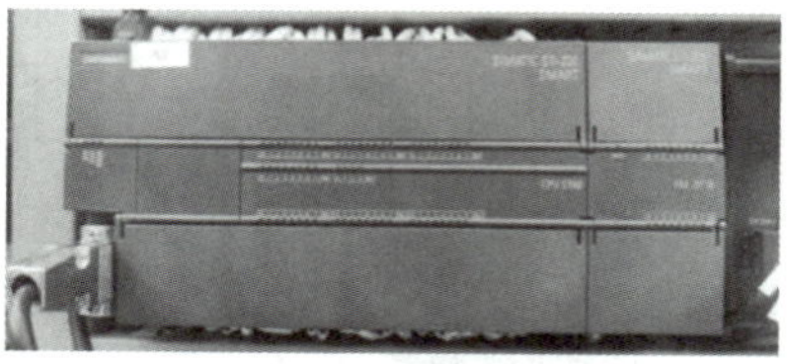 	西门子 S7-200 SMART PLC（CPU+扩展模块 EMDT16）

续表

单元/模块	图示	主要参数
软件平台	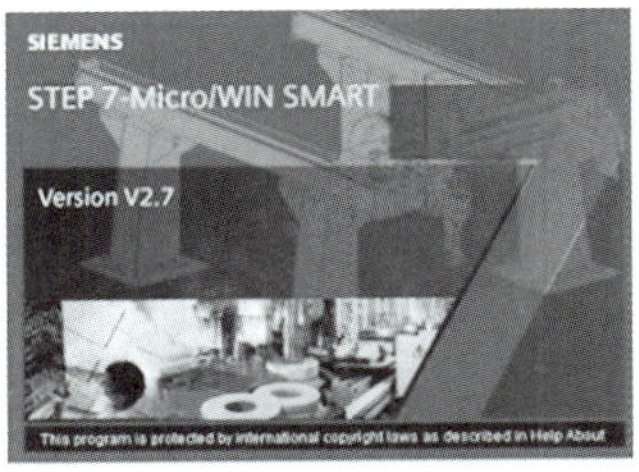 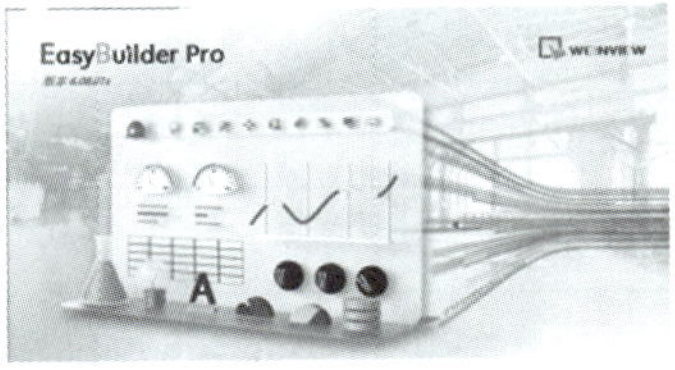 EFORT “智”造智能化装备 解放人类生产力 埃夫特智能装备股份有限公司 EFORT Intelligent Equipment Co.,Ltd.	STEP 7-Micro/WIN SMART V2.7； EasyBuilder Pro V6.08； EFORT 工业机器人系统； Kimage

3. 智能制造的核心支柱

在智能制造领域，工业机器人、PLC 和机器视觉技术共同构成了智能工厂自动化的核心支柱，为生产流程的智能化、自动化提供了强大支撑。

（1）工业机器人作为智能制造的重要组成部分，以其高精度、高效率、高灵活性等特点，在生产线中具有关键作用。它们能根据预设的程序，执行搬运、装配、焊接、打磨等各种复杂的作业任务。

（2）PLC 是工业自动化控制系统的核心部件，即是智能制造系统的“中枢神经”。PLC 能接收来自传感器、按钮等输入设备的信号，通过内部逻辑运算，控制包括工业机器人在内的各种执行机构的动作，实现对生产过程的精准控制。

（3）机器视觉技术为智能制造增添了“慧眼”，图像传感器和配套软件系统的应用，能够实现对产品和生产过程的实时视觉检测、识别和定位。机器视觉技术与工业机器人的集成应用，可以大大加深生产线的智能化程度，例如，通过视觉引导工业机器人准确抓取和放置工件,或是对生产线上产品的质量实时检查,确保生产线高效、准确、高质量地运行。

工业机器人、PLC 和机器视觉技术在智能制造中紧密协作,共同构建起高效、精准、柔性的现代化智能生产线,为智能制造愿景提供了强有力的技术支持。

👍 项目评价

序号	项目评价观测点	分数	得分
1	识别工业机器人单元,并描述其功能	15	
2	识别快换模组,并描述其功能	10	
3	识别柔性供料单元、仓储单元、螺钉供料单元、芯片供料单元、分料单元、定位单元、暂存单元,并描述其功能	25	
4	识别 RFID 读写单元、输送带单元、加工单元、检测单元,并描述其功能	10	
5	识别涂胶单元、拆码垛单元、行星齿轮装配单元,并描述其功能	10	
6	识别机器视觉应用模块,并描述其功能	10	
7	识别 PLC 单元、HMI 单元,并描述其功能	10	
8	安全意识、质量意识、绿色环保意识、团队协作意识	10	
合计总分			

📈 巩固提升

（1）在课堂上观察实训平台的自动化运行过程,重点记录物料的加工或装配流程和最终的产品形态。从物料流动的角度绘制各单元和模块的框图。

（2）实训平台有很多不同功能的单元或模块,根据它们的功能描述,分 3～4 类,并制作一个单元或模块分类报告,为每一类命名及描述每一类包含的单元和模块。

（3）观察实训平台有几种能量提供方式,并分别说明各种能量提供给了哪些组件或者部件。

（4）查看电气图纸和气路图纸中描述的执行气缸的电磁阀与 PLC 的输出端连接,并说明平台中哪些工具和单元受 PLC 数字输出信号控制。

项目二

实现 PLC 与工业机器人的 Modbus TCP 通信

 学习目标

（1）掌握 S7-200 SMART PLC 编程、调试的相关步骤。

（2）能够阐释 Modbus TCP 通信的基本原理。

（3）能够概括 S7-200 SMART PLC 与埃夫特工业机器人进行 Modbus TCP 通信的方法。

（4）能够调用 PLC 编程软件的 Modbus TCP 库指令和基本指令，实现工业机器人与 PLC 的通信。

观察思考

Modbus 是 Modicon 公司为其 PLC 通信而开发的一种通信协议,从 1979 年问世至今,已成为工业通信领域的业界标准。最初的 Modbus 通信协议仅支持串口,分为 Modbus RTU 和 ACSII 两种信号传输模式(一般基于 RS-485 串口通信媒介)。但随着社会的进步与发展,Modbus 也与时俱进地新增了 Modbus TCP 版本,可以通过以太网进行通信,传输速率相较于前两个版本大幅提高,并广泛应用于工业自动化领域,如图 1-2-1 所示。与其他工业通信协议相比,Modbus 主要的优点包括内容公开,没有版权要求,不用支付额外费用;硬件要求简单,容易部署使用,便于系统集成。

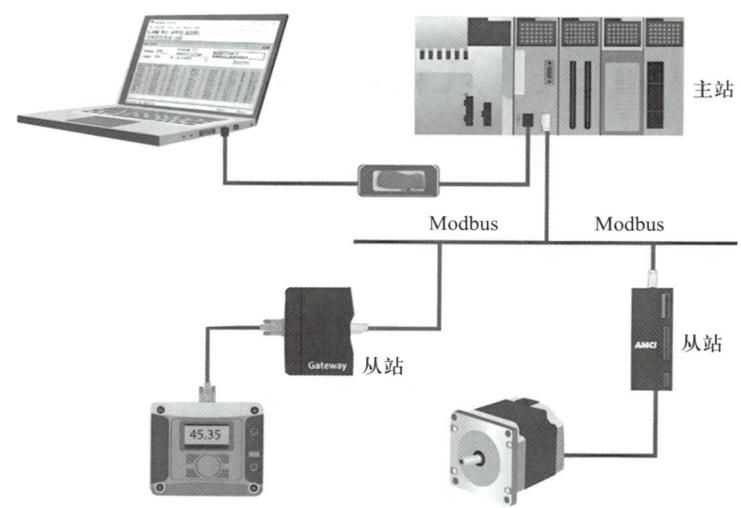

图 1-2-1　Modbus 通信协议应用场景

项目要求

为 PLC 编写程序,建立 PLC 与工业机器人的 Modbus TCP 通信,实现可通过工业机器人 Modbus TCP 变量控制 PLC 输出。

调用 Modbus 库指令 MBUS_CLIENT,PLC 作为客户端,工业机器人作为服务器,采用轮询方式编写工业机器人与 PLC 数据交换子程序,实现客户端(PLC)读取或写入工业机器人变量。根据 Modbus 通信协议和通信指令段设置,将读取的工业机器人变量用于控制 PLC 输出端子程序。在 PLC 主程序调用两个子程序,并调试运行。本项目不需要为工业机器人系统编写用户程序,而仅在 PLC 端编写通信程序和工业机器人变量控制程序。

视频

Modbus TCP
通信

源文件

Modbus TCP
通信

项目导航

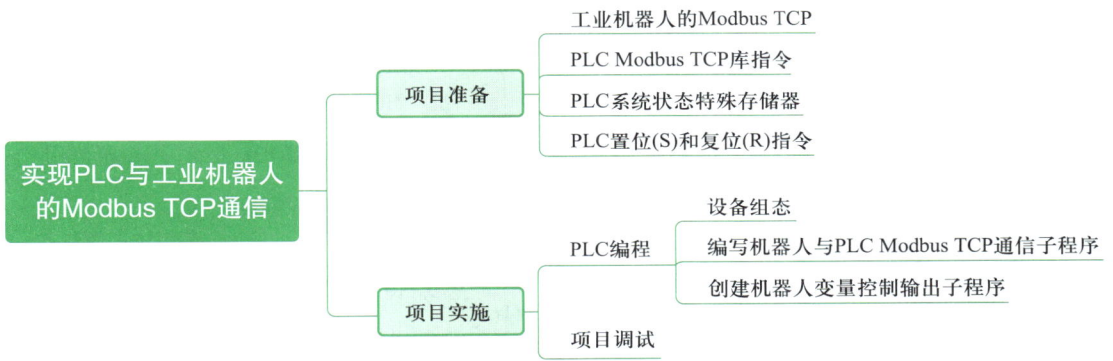

项目准备

Modbus TCP 是通过工业以太网 TCP/IP 网络传输的 Modbus 通信。

1. 工业机器人的 Modbus TCP

埃夫特 ER 系列机器人 Modbus TCP 通信的 IP 地址与机器人控制器的相同,端口号固定为 502。ER 系列机器人 Modbus TCP 通信交换的数据分为可读可写、只读和只写三种变量类别。这里主要介绍只读和只写变量,只读部分对应机器人的发送端协议,只写部分对应机器人的接收端协议。这两个协议的结构相同,都分为用户协议(用户变量)和系统协议(系统变量)。

系统协议由开发人员配置及维护,主要是读取及设置机器人状态及运动参数等。用户只能通过固定的地址对固定的变量读写。用户层协议由终端用户自行配置及维护,仅在使用机器人语言编程中可以使用,不支持在工艺包中使用。

接收端和发送端协议各留有 64 个 BOOL、6 个 INT、24 个 FLOAT 数据接口。具体的地址与变量映射关系分别见表 1-2-1、表 1-2-2。

表 1-2-1　工业机器人的 Modbus TCP 接收端协议

变量分类	物理地址	单位	字节数	子单位	备注
系统变量	40101	I16	2	BOOL	Bit0：上 / 下伺服（脉冲） Bit1：运行（脉冲） Bit2：停止（脉冲） Bit3：清除报警（脉冲） Bit4：加载程序（脉冲） Bit5：重新开始（程序回到第一行）（脉冲） Bit6：PLC 报警（高电平） Bit7：伺服准备确认（脉冲） Bit8：机器人伺服类型 Bit9：程序预约添加确认（脉冲） Bit10：程序预约删除确认（脉冲） Bit11：预约程序启动（脉冲） Bit12：伺服使能（脉冲） Bit13：取消伺服使能（脉冲）
	40102	I16	2	BOOL	系统预留 BOOL 变量，用户不可用
	40103	I16	2	I16	设定机器人速度
	40104	I16	2	I16	加载目标程序号，例如：首先设置目标程序号为 2，然后在 40101 的 Bit4 高电平触发信号，完成程序加载（在程序运行过程中不可加载）
	40105	I16	2	I16	附加轴编号选择（1：7 轴，2：8 轴，3：9 轴，4：10 轴）
	40106	I16	2	I16	附加轴速度设定
	40107 ~ 40110	I16	2 × 4	I16	系统预留 INT 变量，用户不可用
	40111 ~ 40134	FLOAT	4 × 12	FLOAT	系统预留 FLOAT 变量，用户不可用
用户变量	40135	I16	2	BOOL	Bit0 ~ Bit15 对应 fidbus.mtcp_ro_b[0] ~ fidbus.mtcp_ro_b[15]
	40136	I16	2	BOOL	Bit0 ~ Bit15 对应 fidbus.mtcp_ro_b[16] ~ fidbus.mtcp_ro_b[31]
	40137	I16	2	BOOL	Bit0 ~ Bit15 对应 fidbus.mtcp_ro_b[32] ~ fidbus.mtcp_ro_b[47]
	40138	I16	2	BOOL	Bit0 ~ Bit15 对应 fidbus.mtcp_ro_b[48] ~ fidbus.mtcp_ro_b[63]
	40139	I16	2	I16	对应 fidbus.mtcp_ro_i[0]

续表

变量分类	物理地址	单位	字节数	子单位	备注
用户变量	40140	I16	2	I16	对应 fidbus.mtcp_ro_i［1］
	40141	I16	2	I16	对应 fidbus.mtcp_ro_i［2］
	40142	I16	2	I16	对应 fidbus.mtcp_ro_i［3］
	40143	I16	2	I16	对应 fidbus.mtcp_ro_i［4］
	40144	I16	2	I16	对应 fidbus.mtcp_ro_i［5］
	40145～40146	FLOAT	4	FLOAT	对应 fidbus.mtcp_ro_f［0］
	40147～40148	FLOAT	4	FLOAT	对应 fidbus.mtcp_ro_f［1］
	40149～40150	FLOAT	4	FLOAT	对应 fidbus.mtcp_ro_f［2］
	40151～40152	FLOAT	4	FLOAT	对应 fidbus.mtcp_ro_f［3］
	40153～40154	FLOAT	4	FLOAT	对应 fidbus.mtcp_ro_f［4］
	40155～40156	FLOAT	4	FLOAT	对应 fidbus.mtcp_ro_f［5］
	40157～40158	FLOAT	4	FLOAT	对应 fidbus.mtcp_ro_f［6］
	40159～40160	FLOAT	4	FLOAT	对应 fidbus.mtcp_ro_f［7］
	40161～40162	FLOAT	4	FLOAT	对应 fidbus.mtcp_ro_f［8］
	40163～40164	FLOAT	4	FLOAT	对应 fidbus.mtcp_ro_f［9］
	40165～40166	FLOAT	4	FLOAT	对应 fidbus.mtcp_ro_f［10］
	40167～40168	FLOAT	4	FLOAT	对应 fidbus.mtcp_ro_f［11］
	40169～40170	FLOAT	4	FLOAT	对应 fidbus.mtcp_ro_f［12］
	40171～40172	FLOAT	4	FLOAT	对应 fidbus.mtcp_ro_f［13］
	40173～40174	FLOAT	4	FLOAT	对应 fidbus.mtcp_ro_f［14］
	40175～40176	FLOAT	4	FLOAT	对应 fidbus.mtcp_ro_f［15］
	40177～40178	FLOAT	4	FLOAT	对应 fidbus.mtcp_ro_f［16］
	40179～40180	FLOAT	4	FLOAT	对应 fidbus.mtcp_ro_f［17］
	40181～40182	FLOAT	4	FLOAT	对应 fidbus.mtcp_ro_f［18］
	40183～40184	FLOAT	4	FLOAT	对应 fidbus.mtcp_ro_f［19］
	40185～40186	FLOAT	4	FLOAT	对应 fidbus.mtcp_ro_f［20］
	40187～40188	FLOAT	4	FLOAT	对应 fidbus.mtcp_ro_f［21］
	40189～40190	FLOAT	4	FLOAT	对应 fidbus.mtcp_ro_f［22］
	40191～40192	FLOAT	4	FLOAT	对应 fidbus.mtcp_ro_f［23］

表 1-2-2 工业机器人的 Modbus TCP 发送端协议

变量分类	物理地址	单位	字节数	子单位	备注
系统变量	40001	I16	2	BOOL	Bit0：手动状态 Bit1：自动状态 Bit2：远程状态 Bit3：伺服状态 Bit4：报警状态 Bit5：急停状态 Bit6：程序运行状态 Bit7：安全位置 1 状态 Bit8：安全位置 2 状态 Bit9：安全位置 3 状态 Bit10：安全位置 4 状态 Bit11：程序加载状态 Bit12：伺服准备状态 Bit13：程序预约激活状态 Bit14：程序复位状态（程序重新开始）
	40002	I16	2	BOOL	Bit0：安全位置 5 状态 Bit1：安全位置 6 状态 Bit2：安全位置 7 状态 Bit3：安全位置 8 状态
	40003	I16	2	I16	机器人运行速度（全局）
	40004	I16	2	I16	报警代码 1
	40005	I16	2	I16	报警代码 2
	40006	I16	2	I16	程序号（用于反馈加载目标程序是否完成，例如：在 PLC 端加载程序号为 2 的程序，如果加载完成，则程序号反馈为 2，否则为其他值）
	40007	I16	2	I16	预约程序状态
	40008	I16	2	I16	预约程序运行状态
	40009 ~ 40010	I16	2 × 2	FLOAT	预留 FLOAT 变量，用户不可用
	40011 ~ 40022	FLOAT	2 × 6	FLOAT	$J1$ ~ $J6$ 关节角度值
	40023 ~ 40030	FLOAT	2 × 4	FLOAT	$J7$ ~ $J10$（附加轴 1 ~ 4）关节角度值
	40031 ~ 40033	FLOAT	FLOAT	FLOAT	系统预留 FLOAT 变量，用户不可用
用户变量	40035	I16	2	BOOL	Bit0 ~ Bit15 对应 fldbus.mtcp_wo_b [0] ~ fldbus.mtcp_wo_b [15]
	40036	I16	2	BOOL	Bit0 ~ Bit15 对应 fldbus.mtcp_wo_b [16] ~ fldbus.mtcp_wo_b [31]

变量分类	物理地址	单位	字节数	子单位	备注
	40037	I16	2	BOOL	Bit0 ~ Bit15 对应 fldbus.mtcp_wo_b［32］~ fldbus.mtcp_wo_b［47］
	40038	I16	2	BOOL	Bit0 ~ Bit15 对应 fldbus.mtcp_wo_b［48］~ fldbus.mtcp_wo_b［63］
	40039	I16	2	I16	对应 fldbus.mtcp_wo_i［0］
	40040	I16	2	I16	对应 fldbus.mtcp_wo_i［1］
	40041	I16	2	I16	对应 fldbus.mtcp_wo_i［2］
	40042	I16	2	I16	对应 fldbus.mtcp_wo_i［3］
	40043	I16	2	I16	对应 fldbus.mtcp_wo_i［4］
	40044	I16	2	I16	对应 fldbus.mtcp_wo_i［5］
	40045 ~ 40046	FLOAT	4	FLOAT	对应 fldbus.mtcp_wo_r［0］
	40047 ~ 40048	FLOAT	4	FLOAT	对应 fldbus.mtcp_wo_r［1］
	40049 ~ 40050	FLOAT	4	FLOAT	对应 fldbus.mtcp_wo_r［2］
	40051 ~ 40052	FLOAT	4	FLOAT	对应 fldbus.mtcp_wo_r［3］
用户变量	40053 ~ 40054	FLOAT	4	FLOAT	对应 fldbus.mtcp_wo_r［4］
	40055 ~ 40056	FLOAT	4	FLOAT	对应 fldbus.mtcp_wo_r［5］
	40057 ~ 40058	FLOAT	4	FLOAT	对应 fldbus.mtcp_wo_r［6］
	40059 ~ 40060	FLOAT	4	FLOAT	对应 fldbus.mtcp_wo_r［7］
	40061 ~ 40062	FLOAT	4	FLOAT	对应 fldbus.mtcp_wo_r［8］
	40063 ~ 40064	FLOAT	4	FLOAT	对应 fldbus.mtcp_wo_r［9］
	40065 ~ 40066	FLOAT	4	FLOAT	对应 fldbus.mtcp_wo_r［10］
	40067 ~ 40068	FLOAT	4	FLOAT	对应 fldbus.mtcp_wo_r［11］
	40069 ~ 40070	FLOAT	4	FLOAT	对应 fldbus.mtcp_wo_r［12］
	40071 ~ 40072	FLOAT	4	FLOAT	对应 fldbus.mtcp_wo_r［13］
	40073 ~ 40074	FLOAT	4	FLOAT	对应 fldbus.mtcp_wo_r［14］
	40075 ~ 40076	FLOAT	4	FLOAT	对应 fldbus.mtcp_wo_r［15］
	40077 ~ 40078	FLOAT	4	FLOAT	对应 fldbus.mtcp_wo_r［16］
	40079 ~ 40080	FLOAT	4	FLOAT	对应 fldbus.mtcp_wo_r［17］
	40081 ~ 40082	FLOAT	4	FLOAT	对应 fldbus.mtcp_wo_r［18］

变量分类	物理地址	单位	字节数	子单位	备注
用户变量	40083 ~ 40084	FLOAT	4	FLOAT	对应 fldbus.mtcp_wo_r［19］
	40085 ~ 40086	FLOAT	4	FLOAT	对应 fldbus.mtcp_wo_r［20］
	40087 ~ 40088	FLOAT	4	FLOAT	对应 fldbus.mtcp_wo_r［21］
	40089 ~ 40090	FLOAT	4	FLOAT	对应 fldbus.mtcp_wo_r［22］
	40091 ~ 40092	FLOAT	4	FLOAT	对应 fldbus.mtcp_wo_r［23］

由工业机器人的 Modbus TCP 接收端和发送端协议可知，工业机器人的接收起始地址为 40101，发送起始地址为 40001，都是一个字长度（16 位）的访问地址，共可访问 92 个字的数据。

2. PLC Modbus TCP 库指令

S7-200 SMART PLC 采用客户端 – 服务器方法，在 Modbus TCP 下，PLC 作为客户端发起连接，工业机器人作为服务器响应请求，实现数据交换。建立连接后，客户端向服务器发出请求，服务器将响应客户端的请求。客户端可请求从服务器设备读取部分存储器，或将一定数量的数据写入服务器设备的存储器。如果请求有效，则服务器将响应该请求；如果请求无效，则会回复错误消息。

STEP 7-Micro/WIN SMART 提供了两种 Modbus TCP 库指令，包括 MBUS_CLIENT 和 MBUS_SERVER。这些指令位于 STEP 7-Micro/WIN SMART 项目树中"指令（Instructions）"文件夹的"库（Libraries）"文件夹中。

智能制造设备技术应用实训平台采用工业机器人作为服务器，PLC 作为客户端方案。因此，这里主要阐述 Modbus TCP 客户端协议使用的库指令 MBUS_CLIENT。对 PLC 作为服务器的应用，感兴趣的读者可自行查阅相关技术资料。

MBUS_CLIENT 作为 Modbus TCP 客户端，通过 S7-200 SMART CPU 上的以太网端口进行通信，可建立客户端 – 服务器连接、发送 Modbus 功能请求、接收客户端响应，以及连接至 Modbus TCP 服务器、断开与此服务器的连接。Modbus TCP 客户端指令（MBUS_CLIENT）使用 CPU 的资源如下：

（1）每次连接至 Modbus 服务器，均有 1 个主动连接资源。MBUS_CLIENT 自动生成连接 ID。

（2）Modbus 客户端使用的程序实体包括 1 个子程序、2 849 个字节的程序空间、V 存储器的 638 个字节模块（用于指令符号）。因此，必须从 STEP 7-Micro/WIN SMART 的库存储器命令中为该模块分配起始地址。将 MBUS_CLIENT 指令置于程序中后，可从项目树中的"程序块（Program Block）"或"程序块→库（Program Block → Library）"文件夹访问库存储器命令。

3. PLC 系统状态特殊存储器

S7-200 SMART CPU 提供包含系统数据的系统状态特殊存储器，见表 1-2-3。对各个位寻址的格式为"SM< 字节号 >.< 位号 >"。系统状态特殊存储器字节 0（SM0.0 ~

SM0.7）包含 8 个位，在各扫描周期结束时，S7-200 SMART CPU 会更新这些位。

表 1-2-3　系统状态特殊存储器

存储器	寻址格式	说明
Always_On	SM0.0	始终接通
First_Scan_On	SM0.1	仅在第一个扫描周期时接通
Retentive_Lost	SM0.2	在保持性数据丢失时开启一个周期
RUN_Power_Up	SM0.3	从上电进入 RUN 模式时，接通一个扫描周期
Clock_60s	SM0.4	针对 1 min 的周期时间，时钟脉冲接通 30 s，断开 30 s
Clock_1s	SM0.5	针对 1 s 的周期时间，时钟脉冲接通 0.5 s，断开 0.5 s
Clock_Scan	SM0.6	扫描周期时钟，一个周期接通，下一个周期断开
RTC_Lost	SM0.7	如果系统时间在上电时丢失，则该位将接通一个扫描周期
Result 0	SM1.0	特定指令的运算结果为 0 时，置位为 1

4. PLC 置位（S）和复位（R）指令

置位（S）和复位（R）指令用于置位（接通）或复位（断开）从指定地址（位）开始的一组位（N），如图 1-2-2 所示。可以置位或复位 1 ~ 255 个位。如果复位指令指定定时器位（T 地址）或计数器位（C 地址），则该指令将对定时器或计数器位进行复位并清零定时器或计数器的当前值。

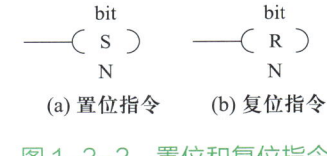

图 1-2-2　置位和复位指令

1. PLC 编程

（1）设备组态

在编写程序前，应首先在 STEP 7 Micro/WIN SMART V2.7 进行设备组态，如图 1-2-3 所示，包含两个系统模块：CPU 模块 CPUST60（DC/DC/DC）和扩展模块 EM DT16（8DI/8DQ）。

系统块					
	模块	版本	输入	输出	订货号
CPU	CPU ST60 (DC/DC/DC)	V02.07.00_00....	I0.0	Q0.0	6ES7 288-1ST60-0AA1
SB					
EM 0	EM DT16 (8DI / 8DQ Tran...		I8.0	Q8.0	6ES7 288-2DT16-0AA0

图 1-2-3　设备组态

（2）编写机器人与 PLC Modbus TCP 通信子程序

① 通过图 1-2-4 所示案例分析 MBUS_CLIENT 指令是如何设置的。"IPAddr1" "IPAddr2" "IPAddr3" "IPAddr4" 分别输入机器人 IP 地址的第 1 个八位字节、第 2 个八位字节、第 3 个八位字节、第 4 个八位字节；"IP_Port" 为机器人的端口号；"RW" 选择模式（0 为读取，1 为写入），图 1-2-4 中是读取模式；"Addr" 为机器人的 Modbus 起始地址；"Count" 为 Modbus 数据长度；"DataPtr" 为 PLC 起始地址。

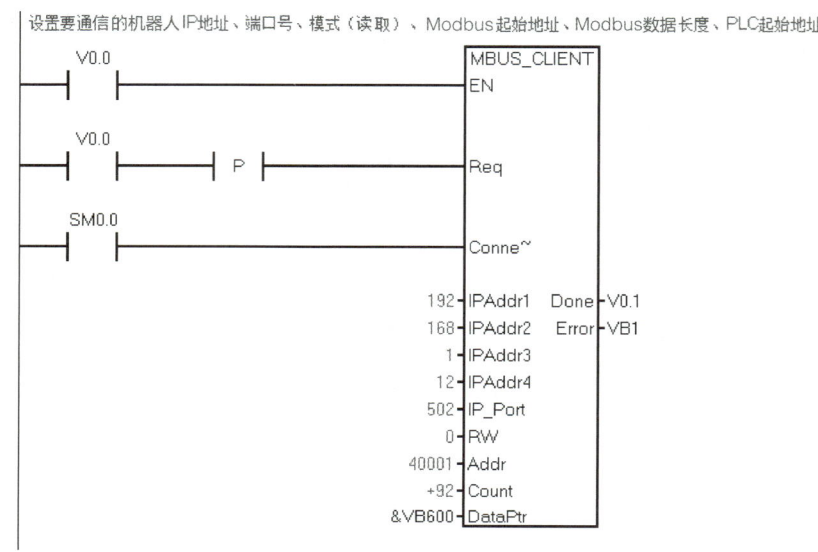

图 1-2-4　设置 MBUS_CLIENT 指令

从图 1-2-4 所示案例可归纳出，对 MBUS_CLIENT 指令的理解为通过请求连接到 IP 地址所代表的机器人服务器，读取地址从 40001 开始的 92 个字数据（16 位），存储到 PLC 本地 VB600 开始的连续存储空间。

② 开始实操，创建子程序，并将其重命名为"modbus_tcp"。在子程序中编写该功能的程序段，如图 1-2-5 所示，该程序段采用轮询方式。

程序段 1：在初次扫描周期时置位"V0.0"（读取模块的启动位）。

程序段 2：读取模块（将机器人的数据读取至 PLC）。

程序段 3：读取模块执行完成后，判断是否存在错误代码。若存在，则将其记录至"VB2"。

程序段 4：读取模块完成，复位"V0.0"，置位"V0.2"（写入模块的启动位）。

程序段 5：写入模块（将 PLC 的数据写入机器人）。

程序段 6：写入模块执行完成后，判断是否存在错误代码。若存在，则将其记录至"VB4"。

程序段 7：写入模块完成，复位"V0.2"，置位"V0.0"（读取模块的启动位），循环执行读、写模块。

采用轮询方式进行Modbus读写（与机器人通信）

1　初次扫描周期，启动轮询程序

```
   SM0.1          V0.0
  ──┤├──┬────────( S )
        │           1
        │        V0.1
        └────────( R )
                    3
```

2　设置要通信的机器人IP地址、端口号、模式（读取）、Modbus起始地址、Modbus数据长度、PLC起始地址

```
   V0.0                        ┌──────────────┐
  ──┤├──────────────────────────EN  MBUS_CLIENT│
                               │              │
   V0.0                        │              │
  ──┤├──────┤ P ├──────────────┤Req           │
                               │              │
   SM0.0                       │              │
  ──┤├──────────────────────────Connect       │
                               │              │
                        192───┤IPAddr1   Done├─V0.1
                        168───┤IPAddr2  Error├─VB1
                          1───┤IPAddr3       │
                         12───┤IPAddr4       │
                        502───┤IP_Port       │
                          0───┤RW            │
                      40001───┤Addr          │
                        +92───┤Count         │
                      &VB600──┤DataPtr        │
                               └──────────────┘
```

3　完成后判断是否存在错误代码，若存在，则进行记录

```
   V0.1     VB1              ┌──────────┐
  ──┤├──────┤<>B├────────────┤EN  MOV_B  ENO├──────►
              0              │              │
                       VB1──┤IN         OUT├─VB2
                            └──────────┘
```

4　读取完成，进行写入指令

```
   V0.1           V0.0
  ──┤├──┬────────( R )
        │           2
        │        V0.2
        └────────( S )
                    1
```

23

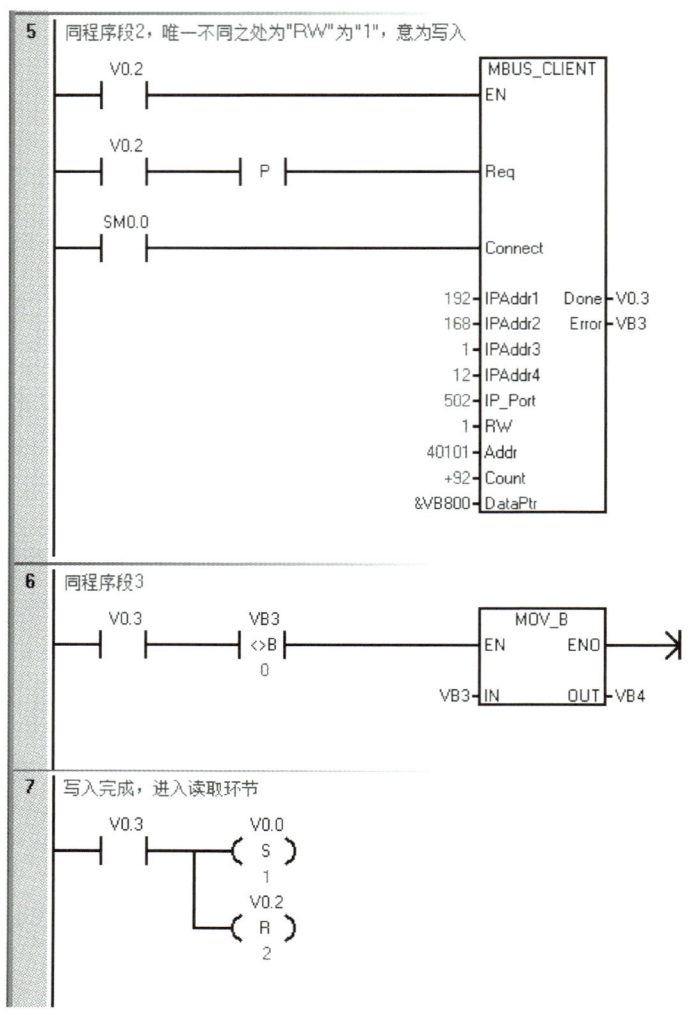

图 1-2-5 "modbus_tcp" 子程序

（3）创建机器人变量控制输出子程序

创建子程序，并将其重命名为"点对点控制"。在子程序中编写该功能的程序段。

"点对点控制"子程序如图 1-2-6 所示。

程序段 1：当 V669.2 上升沿触发时，Q1.3 置位，M2.6 复位，可达到机器人控制排气气缸伸出的效果。

程序段 2：当 V668.0 下降沿触发时，Q1.3 置位，Q1.2 复位，可达到机器人控制夹爪气缸开启的效果。

程序段 3：当 V668.0 上升沿触发时，Q1.2 置位，Q1.3 复位，可达到机器人控制夹爪气缸关闭的效果。

程序段 4：当 V668.1 上升沿触发时，Q1.2 复位，可达到机器人控制夹爪气缸复位的效果。

程序段 5：当 V669.7 上升沿触发时，Q1.3 置位，可达到机器人控制打螺钉真空开启的效果。

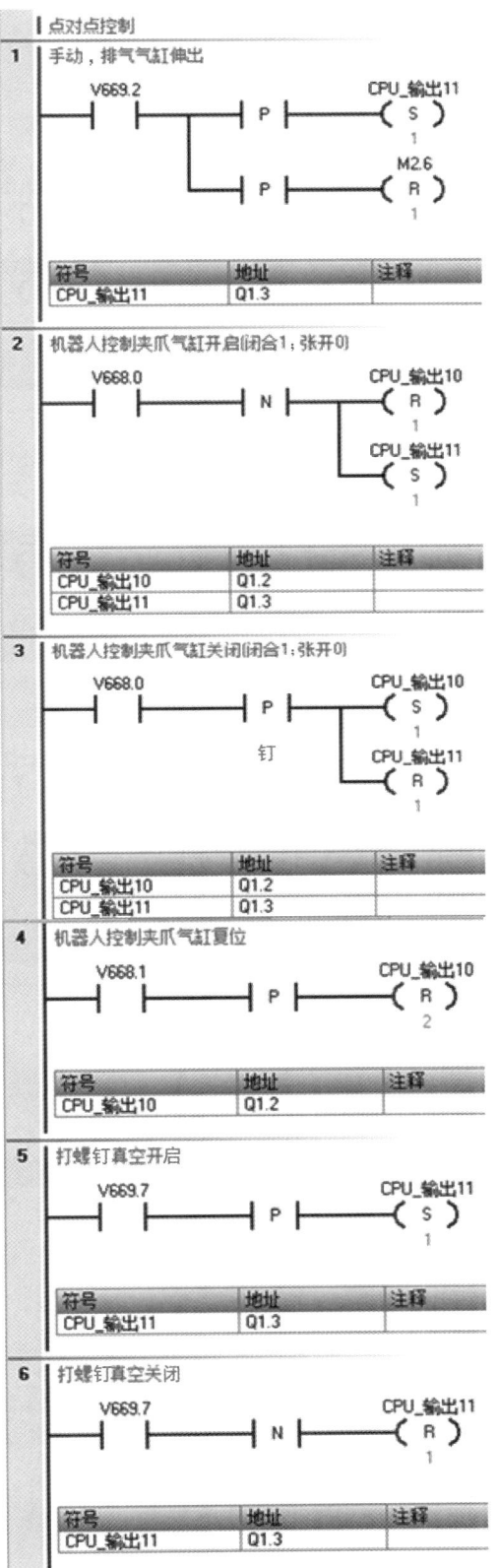

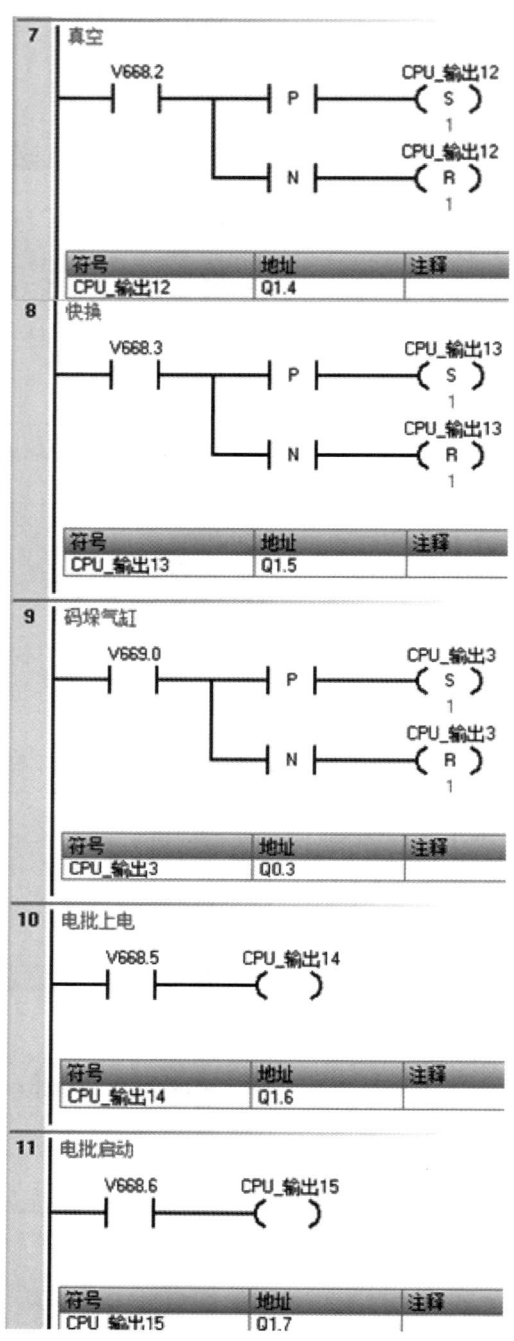

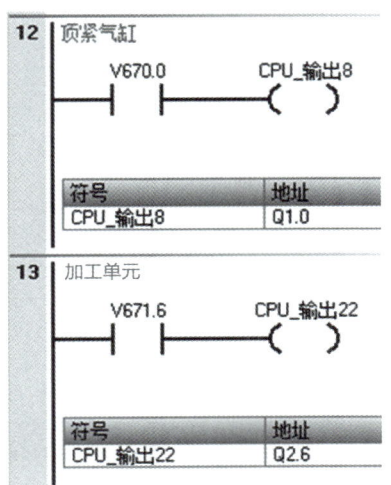

图 1-2-6 "点对点控制"子程序

程序段 6：当 V669.7 下降沿触发时，Q1.3 复位，可达到机器人控制打螺钉真空关闭的效果。

程序段 7：当 V668.2 上升沿触发时，Q1.4 置位；当 V668.2 下降沿触发时，Q1.4 复位，可达到机器人控制真空开启与关闭的效果。

程序段 8：当 V668.3 上升沿触发时，Q1.5 置位；当 V668.3 下降沿触发时，Q1.5 复位，可达到机器人控制快换开启与关闭的效果。

程序段 9：当 V669.0 上升沿触发时，Q0.3 置位；当 V669.0 下降沿触发时，Q0.3 复位，可达到机器人控制码垛气缸伸出与缩回的效果。

程序段 10：当 V668.5 触发时，Q1.6 置位，可达到机器人控制电批上电的效果。

程序段 11：当 V668.6 触发时，Q1.7 置位，可达到机器人控制电批启动的效果。

程序段 12：当 V670.0 触发时，Q1.0 置位，可达到机器人控制顶紧气缸伸出与缩回的效果。

程序段 13：当 V671.6 触发时，Q2.6 置位，可达到机器人控制加工单元启动或停止的效果。

2. 项目调试

在主程序中调用两个子程序，并将程序下载到 PLC，启动运行；打开监视，先不运行 Modbus 通信指令段，强制赋值机器人变量；根据程序逻辑查看对应的 PLC 输出端指示灯是否点亮。若有故障，则在指导下诊断排除。

运行 Modbus 通信指令段，在指导下操作机器人的控制面板，置位或复位对应变量，查看对应的 PLC 输出端指示灯是否点亮。若有故障，则在指导下诊断排除。

👍 **项目评价**

序号	项目评价观测点	分数	得分
1	调取 Modbus TCP 库指令,采用轮询方式编写机器人与 PLC 数据交换程序段,实现读取或写入机器人变量	20	
2	根据 Modbus TCP 和通信指令段设置方法,编写机器人变量控制 PLC 输出端程序段	20	
3	将程序下载到 PLC,启动运行;打开监视,先不运行 Modbus 通信指令段,强制赋值机器人变量;根据程序逻辑查看对应的 PLC 输出端指示灯是否点亮。若有故障,则在指导下诊断排除	25	
4	运行 Modbus 通信指令段,在指导下操作机器人的控制面板,监控现场总线,置位或复位对应变量,查看对应的 PLC 输出端指示灯是否点亮。若有故障,则在指导下诊断排除	25	
5	安全意识、质量意识、绿色环保意识、团队协作意识	10	
合计总分			

📈 **巩固提升**

（1）描述"modbus_tcp"子程序和"点对点控制"子程序的功能。

（2）分析机器人厂商提供的技术资料中对 Modbus TCP 的描述,结合"点对点控制"子程序编制一份机器人变量与 PLC 变量的对应关系表单。

（3）在编写 PLC 程序中,调用 PLC 编程软件自带的库指令时,为什么需要为其分配存储空间?

（4）设置 MBUS_CLIENT 指令的 DataPtr 参数为"&VB600",结合另一参数 Count 为"92",描述第 1 至 3 个变量对应的 PLC 本地地址,以及第 92 个变量的本地地址。

（5）在已有的写入工业机器人数据的通信指令 MBUS_CLIENT 基础上,编写 PLC 程序,使用字传送指令实现将数据写入机器人物理地址 40135、40136 变量,调试 PLC,打开机器人现场总线监控检查是否写入数据。

（6）查看机器人的发送协议,结合通信子程序,分析 PLC 端的位变量 V669.2 和 V668.1 分别接收了哪些现场总线位变量的数据。

项目三

实现工业机器人的搬运工作

🎯 学习目标

（1）能够概括埃夫特工业机器人的主要核心组件和主要功能。

（2）了解埃夫特工业机器人编程语言 RPL。

（3）能够通过交互式示教器，分别手动操纵工业机器人做关节运动和笛卡儿空间运动。

（4）能够解释直线运动指令、关节运动指令、等待指令的作用。

（5）能够辨别基本数据类型和变量、位置变量在指令的应用范围。

（6）能够使用交互式示教器，编写工业机器人运动程序，调试实现工业机器人搬运工作。

观察思考

如今在汽车、电子、食品加工、光伏、金属加工、化学制品、采矿和纺织等领域，随处可见工业机器人的身影，如图 1-3-1、图 1-3-2 所示。工业机器人已成为现代生产中不可缺少的高度自动化设备。以汽车制造领域为例，工业机器人主要用于焊接、冲压、涂装、装配等工艺流程，由于其具有高效、精准、灵活、安全等优点，在很大程度上提高了汽车行业的生产效率和产品质量。

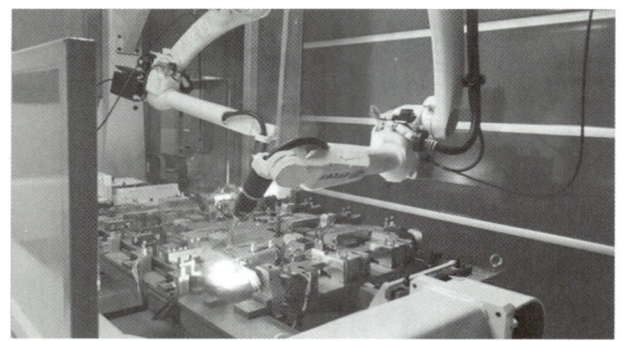

图 1-3-1　工业机器人焊接

图 1-3-2　工业机器人应用于太阳能
电池板行业

国家八部门联合发布的《"十四五"智能制造发展规划》中提到，智能制造是制造强国建设的主攻方向，其发展程度直接关乎我国制造业质量水平。其中，智能制造装备创新发展行动中专门列出并将智能焊接机器人、智能移动机器人、半导体（洁净）机器人等工业机器人作为重要内容之一。

项目要求

使用埃夫特 ER 系列机器人的示教器，编程并调试，实现工业机器人的搬运工作。工业机器人从 A 点拾取零件，然后将其移动到 B 点放置。

视频

实现工业机器
人的搬运工作

源文件

实现工业机器
人的搬运工作

项目导航

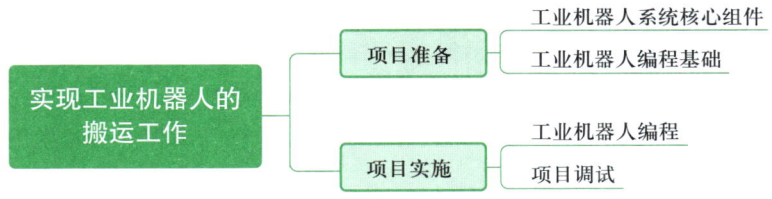

项目准备

本项目以国产工业机器人中的佼佼者——埃夫特工业机器人作为主要教学案例和实践对象。埃夫特工业机器人是中国自主研发的高科技产品,拥有自主知识产权,不仅在国内市场上占据重要份额,而且在全球范围内也逐渐崭露头角。其产品系列齐全,涵盖了搬运、装配、焊接、喷涂和打磨等多种应用场景,能满足不同行业和领域的生产需求。

1. 工业机器人系统核心组件

埃夫特 ER 系列机器人能够在各种严苛的工业环境中高效、安全地完成繁杂的作业任务,其核心组件包括本体、控制柜和交互式示教器,见表 1-3-1。在实际操作过程中,用户需要严格遵循操作手册中详述的各项安全规程和操作步骤,确保机器人系统的长期稳定运行。

表 1-3-1　埃夫特 ER 系列机器人核心组件

名称	图示	功能简介
本体		埃夫特 ER 系列机器人本体是 6 自由度的铰接型机器人,是工业机器人系统的物理载体和运动执行单元。本体设计采用了高精度多关节结构,关节内部主要由高性能伺服电动机和精密减速机构成。本体可在三维空间内进行精准定位和复杂的轨迹运动,广泛应用于抓取、搬运、焊接、装配等各种工业应用场景

名称	图示	功能简介
控制柜		控制柜是 ER 系列机器人的"大脑中枢",内部主要元器件包括电源分配板、伺服驱动器、控制器和系统 I/O 和扩展 I/O 等。控制柜对用户的运动程序进行深度解析与调度,对机器人本体各关节运动状态实时反馈和闭环控制,实现毫秒级别的精细调整,从而操纵机器人本体按照预设轨迹流畅、精确地运动
交互式示教器		示教器采用高清触控显示屏和多种实体操纵按键,为操作人员提供了便捷的编程环境和直观的工作界面。示教器不仅用于编写、编辑和调试机器人程序,而且允许用户对机器人运动参数进行细致设定;并能即时切换操纵模式,确保在必要时迅速采取安全措施,如一键触发紧急停止功能

2. 工业机器人编程基础

（1）机器人编程常用指令

ER 系列机器人使用 RPL 程序语言,包括 common（通用）、movement（运动）、interrupt（中断）、trigger（触发）、other（其他）五种指令集。其适合进行精细控制和复杂任务规划。常用指令如下。

① 运动指令:如 MOVEJ、MOVEL 等,用于执行机器人关节或笛卡儿空间的精确运动,可在每条指令中单独指定目标位置、速度、加速度等参数。

② 逻辑控制指令:如 IF、ELSE、ENDIF 等条件判断语句,以及 FOR、NEXT 等循环控制结构,用于实现程序的分支逻辑和循环执行。

③ I/O 控制与信号指令:使用 SET_DO、GET_DI 等指令写入或读取数字 I/O 信号,实现与外部设备的通信交互。SET_AI、GET_A/O 等指令用于模拟量输入 / 输出,适用于需要精确调节的设备控制场景。

④ 安全与控制相关指令:如 SPEEDL、ACCEL 等,用于设置程序段默认的运动速度和加速度。当运动指令未显式指定速度或加速度时,将继承此默认设置,确保整体运动平顺、安全。

⑤ 碰撞检测相关的指令:如 COLLISION_CHECK,用于实时监测机器人在运动过程中是否存在碰撞风险。

⑥ 中断处理:在程序中可以设置中断程序,并通过特定条件触发,如错误代码 errno_!=0 时启动中断,进行异常处理或特殊动作执行。

⑦ 变量与数据类型：支持不同类型的数据变量，如整型（INT）、布尔型（BOOL）等，用于存储关节角度、速度值、工件坐标、计数值等相关信息。

⑧ 函数调用与子程序：编写子程序实现常见或复杂任务的模块化处理，通过 CALL 指令调用子程序，提高代码复用率和可维护性。

（2）手动示教与编程

手动示教是埃夫特 ER 系列机器人日常操作和编程的基础环节，通过示教器（图 1-3-3）实现对机器人各关节的逐一手动操纵，从而让机器人执行指定动作，并记录这一连串动作的轨迹。操作人员可以设置低速模式，逐一控制每个关节的旋转角度，精确调整机器人的位置和姿态，确保机器人能准确执行抓取、放置和装配等任务。

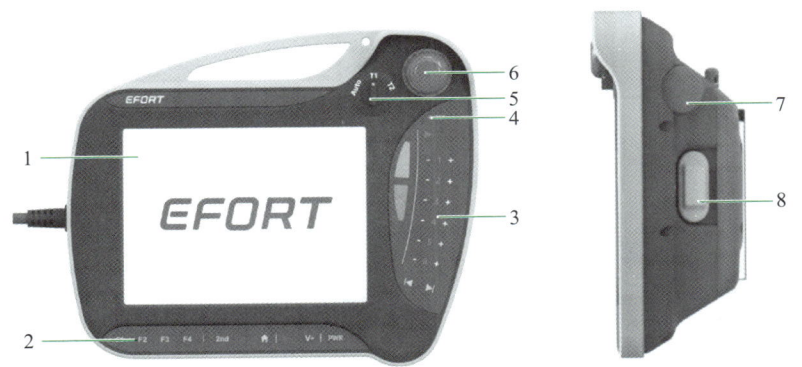

1—液晶显示屏（用于人机交互）；2—功能键（含有 10 个按键）；3—控制键（含有 18 个按键）；
4—指示灯（指示程序运行状态）；5—模式旋钮（三段式模式旋钮）；6—急停开关
（双回路急停开关）；7—USB 接口（用于导入与导出文件及更新示教器）；
8—三段手压开关（手动模式下，按下手压开关伺服）。

图 1-3-3 示教器

在实际编程过程中，操作人员可根据现场工艺需求，结合手动示教得到的轨迹数据，编写出完整的机器人运动程序。例如，先使用手动示教模式引导机器人依次抓取、搬运和放置工件，然后将这些动作序列转换成编程指令，并在程序中加入必要的逻辑判断、信号等待、安全检查等环节。

同时，编程过程中还应充分考虑机器人在不同工况下的负载变化、环境影响，以及与其他设备的协同作业，通过优化程序结构和参数设置，确保机器人在执行任务时的高效性、稳定性和安全性。

在完成编程后，操作人员应使用示教器进行程序模拟运行和现场调试，检查机器人能否按照预期路径和速度顺利执行任务。在调试过程中，根据实际情况对程序进行必要的修改和完善，确保程序运行的精确性、稳定性和效率。同时，需要定期对机器人系统点检和维护，确保所有编程指令在机器人硬件状态良好的前提下得以准确执行。

项目实施

本项目将以一个基础的搬运任务为例,详细介绍如何使用埃夫特 ER 系列机器人的示教器,从编程实例出发,逐步演示从任务规划到程序编写的全过程。

1. 工业机器人编程

（1）创建 *A* 点、*B* 点位置变量

在文件界面创建一个新的程序文件,在功能块变量中声明笛卡儿空间位置变量 Point_P1、Point_P2 和关节位置变量 Home,如图 1-3-4 所示。

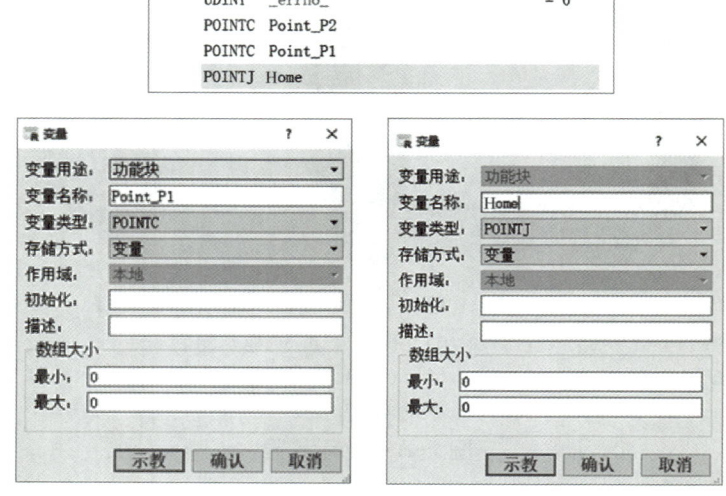

图 1-3-4　创建位置变量

启动机器人并进入手动模式,通过示教器将机器人手动移动到零件的初始位置 *A* 点,并记录该点位置为 Point_P1。将机器人手动移动到放零件的 *B* 点,并记录该点位置为 Point_P2。Home 姿态为 1 轴、2 轴、3 轴、4 轴、6 轴关节为 0°,5 轴关节为 -90°。

（2）编写基本运动指令

先使用带 OFFSETTOOL 函数的直线运动指令（MLIN）,将机器人移动至 Point_P1 正上方 150 mm 位置。

OFFSETTOOL 函数的功能是操纵笛卡儿空间点沿 *X*, *Y*, *Z* 轴方向偏移及沿 *A*, *B*, *C* 轴方向旋转。其格式为:

OFFSETTOOL (pt, x, y, z, a, b, c);

OFFSETTOOL 函数参数说明见表 1-3-2。

表 1-3-2　OFFSETTOOL 函数参数说明

参数	说明
pt	POINTC 类型位置
x, y, z	沿 X, Y, Z 轴方向偏移的距离,单位为 mm
a, b, c	沿 A, B, C 轴方向旋转的角度,单位为°

本项目中相对 Point_P1 点位进行偏移的参考坐标系是工具坐标系 tool0。在位置 Point_P1 处,Z 轴与零件平面垂直,且其正方向指向零件平面,因此,Point_P1 正上方 150 mm 位置就是自 Point_P1 点位沿 Z 轴负方向偏移 150 mm,函数参数是 x=0,y=0,z=-150,a=0,b=0,c=0。

创建带 OFFSETTOOL 函数的直线运动指令如图 1-3-5 所示。

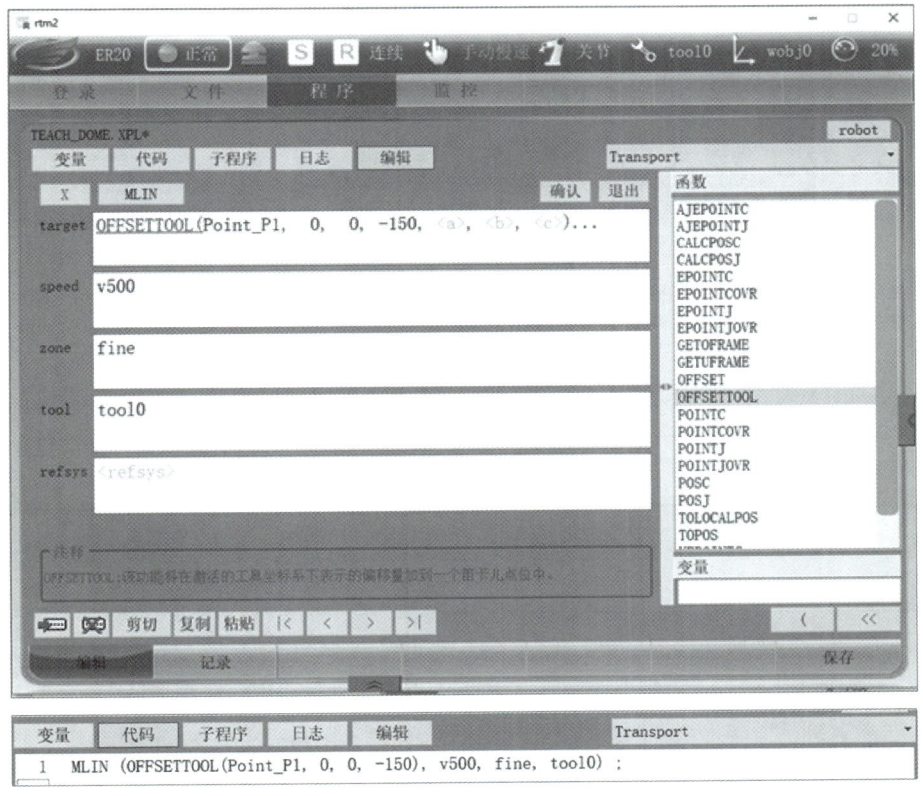

图 1-3-5　创建带 OFFSETTOOL 函数的直线运动指令

使用直线运动指令控制机器人运动至 Point_P1 位置,如图 1-3-6 所示。直线运动指令参数说明见表 1-3-3。

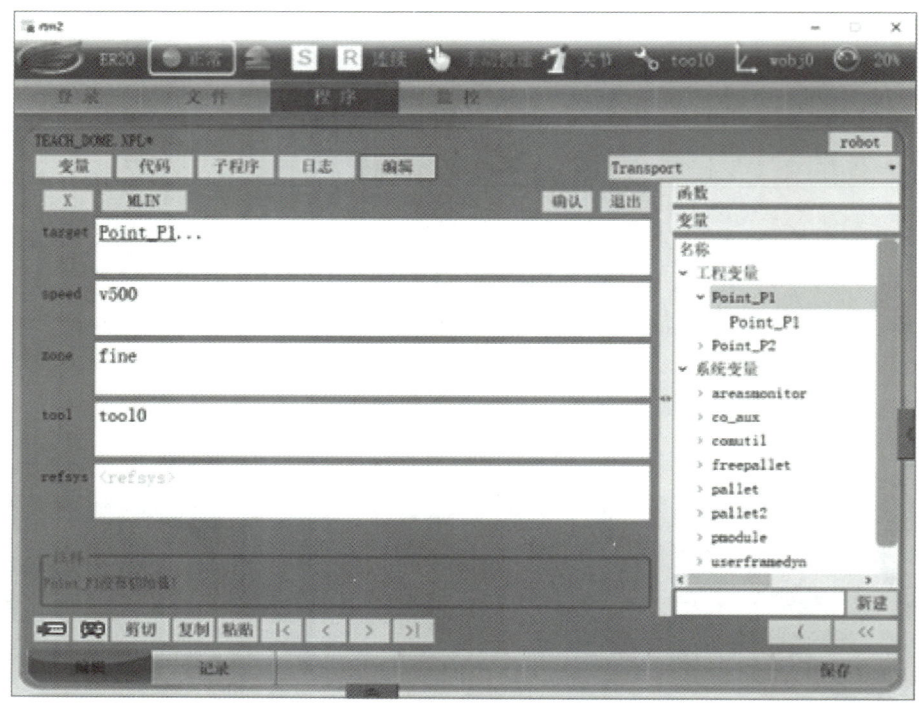

```
1   MLIN (OFFSETTOOL(Point_P1, 0, 0, -150), v500, fine, tool0) ;
2   MLIN (Point_P1, v500, fine, tool0) ;
```

图 1-3-6　控制机器人运动至 Point_P1 位置

表 1-3-3　直线运动指令参数说明

参数	说明
target	机器人直线运动目标点
speed	机器人直线运动速度
zone	机器人直线运动过程中的转弯半径
tool	机器人直线运动中使用的工具坐标系
refsys	机器人直线运动过程中使用的用户坐标系

使用现场总线指令在 Point_P1 位置控制机器人吸盘真空信号,将该信号置为"true",使机器人末端吸盘工具可以拾取零件,如图 1-3-7 所示。

使用等待指令,机器人等待 0.5 s 以确保吸盘完全吸取住零件,如图 1-3-8 所示。

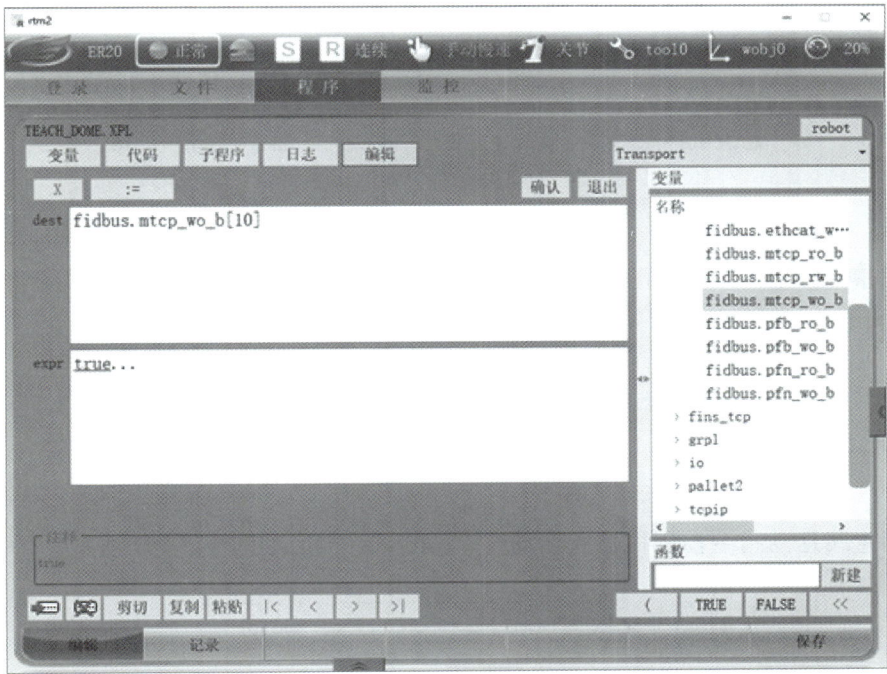

3　fidbus.mtcp_wo_b[10] := true ;

图 1-3-7　设置机器人吸盘真空信号为 true

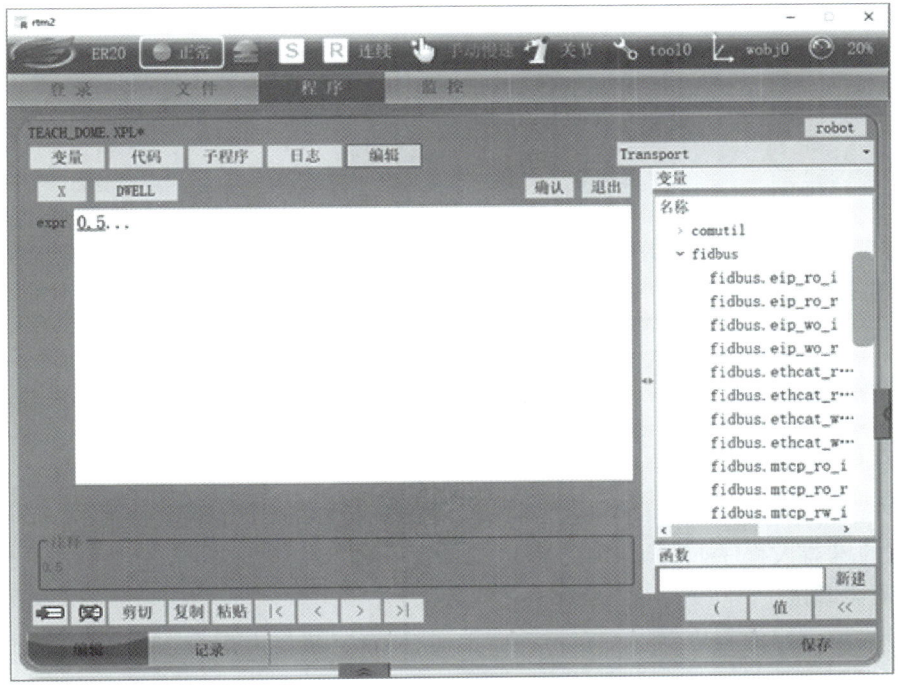

4　DWELL（0.5）；

图 1-3-8　等待 0.5 s

使用带 OFFSETTOOL 函数的直线运动指令将机器人移动至 Point_P1 正上方 150 mm 位置,如图 1-3-9 所示。

```
5   MLIN (OFFSETTOOL(Point_P1, 0, 0, -150), v500, fine, tool0) ;
```

图 1-3-9　将机器人移动至 Point_P1 正上方 150 mm 位置

使用带 OFFSETTOOL 函数的直线运动指令将机器人移动至 Point_P2 正上方 150 mm 位置,如图 1-3-10 所示。

```
6   MLIN (OFFSETTOOL(Point_P2, 0, 0, -150), v500, fine, tool0) ;
```

图 1-3-10　将机器人移动至 Point_P2 正上方 150 mm 位置

使用直线运动指令控制机器人运动至 Point_P2 位置,如图 1-3-11 所示。

```
7   MLIN (Point_P2, v500, fine, tool0) ;
```

图 1-3-11　控制机器人运动至 Point_P2 位置

在 Point_P2 位置控制机器人吸盘真空信号,将该信号置为"false",使机器人末端吸盘工具放置零件并等待 0.5 s,以确保零件平稳放置,如图 1-3-12 所示。

```
8   fidbus.mtcp_wo_b[10] := false ;
9   DWELL (0.5) ;
```

图 1-3-12　确保零件平稳放置

使用带 OFFSETTOOL 函数的直线运动指令将机器人移动至 Point_P2 正上方 150 mm 位置,如图 1-3-13 所示。

```
10   MLIN (OFFSETTOOL(Point_P2, 0, 0, -150), v500, fine, tool0) ;
```

图 1-3-13　将机器人移动至 Point_P2 正上方 150 mm 位置

使用关节运动指令 MJOINT 将机器人返回安全点 Home 点,如图 1-3-14 所示。
完整的机器人程序如图 1-3-15 所示。

2. 项目调试

(1)将编写好的程序保存并在示教器上运行,观察机器人是否按预期执行任务。

(2)根据模拟结果进行调整优化,如调整运动速度、等待时间或修正坐标点,以确保精准吸取和放置。

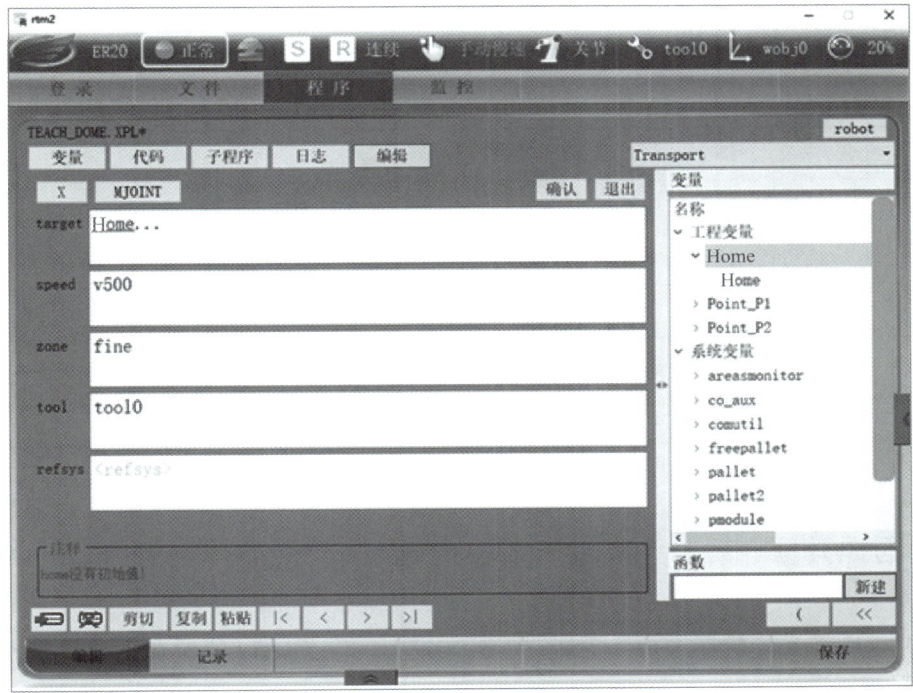

```
11    MJOINT (Home, v500, fine, tool0) ;
```

图 1-3-14　将机器人返回安全点 Home 点

```
1     MLIN (OFFSETTOOL(Point_P1, 0, 0, -150), v500, fine, tool0) ;
2     MLIN (Point_P1, v500, fine, tool0) ;
3     fidbus.mtcp_wo_b[10] := true ;
4     DWELL (0.5) ;
5     MLIN (OFFSETTOOL(Point_P1, 0, 0, -150), v500, fine, tool0) ;
6     MLIN (OFFSETTOOL(Point_P2, 0, 0, -150), v500, fine, tool0) ;
7     MLIN (Point_P2, v500, fine, tool0) ;
8     fidbus.mtcp_wo_b[10] := false ;
9     DWELL (0.5) ;
10    MLIN (OFFSETTOOL(Point_P2, 0, 0, -150), v500, fine, tool0) ;
11    MJOINT (Home, v500, fine, tool0) ;
```

图 1-3-15　完整的机器人程序

（3）在确保安全的前提下,将机器人切换至自动模式,执行新编写的程序,观察并记录机器人实际操作效果,若有需要,则再次进行程序修正。

👍 项目评价

序号	项目评价观测点	分数	得分
1	新建程序,创建功能块变量 Point_P1,Point_P2,Home	10	
2	编写运动指令,实现机器人从 Home 点出发到 A 点拾取零件	40	
3	编写运动指令,实现机器人从 A 点出发到 B 点放置零件	40	
4	安全意识、质量意识、绿色环保意识、团队协作意识	10	
合计总分			

📈 巩固提升

（1）查阅埃夫特机器人指令手册,描述 POINTC 和 POINTJ 变量在定义机器人空间位置的差异。

（2）查阅指令手册,描述 OFFSETTOOL 的作用。

（3）等待指令 DWELL 的作用及单位是什么?

（4）结合本模块项目二有关 PLC 与埃夫特机器人建立 Modbus TCP 通信内容,思考使用现场总线指令 fidbus.mtcp_wo_b［10］:=true,对应 PLC 哪一个位变量接通,以及对应控制了哪一个输出端连接的电磁阀,并且相应的气动回路驱动吸盘做什么动作。

（5）查阅指令手册,描述 MLIN 和 MJOINT 的功能和相关参数。

（6）结合机器人程序运行过程,以线条表示其从 Home 点→Point_P1→Point_P2 的运动路径,用圆点标示每个关键位置,并添加简要文字标注说明每一步操作内容。参考示意图如图 1-3-16 所示。

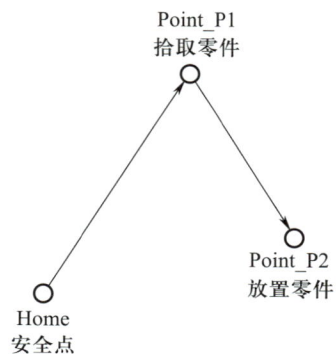

图 1-3-16　参考示意图

项目四

应用机器视觉识别物料的
颜色和形状

（1）了解机器视觉系统的硬件构成和软件架构。

（2）了解机器视觉系统丰富的功能应用。

（3）了解图像预处理技术和数字图像形态学处理。

（4）掌握机器视觉物料颜色识别编程。

观察思考

机器视觉技术作为智能制造的重要组成部分,已广泛应用于质量检测、生产监测、自动匹配、生产计划等制造环节,很大程度上提高了产品质量、生产效率,同时降低了生产成本,提高了企业智能制造水平和企业竞争力。机器视觉是制造业与人工智能结合的关键技术领域,是各类制造和自动化场景中的关键技术支撑,对持续推进制造业数字化、智能化发展的意义重大。基于机器视觉的机器人抓取如图 1-4-1 所示,焊接视觉定位引导如图 1-4-2 所示。

图 1-4-1 基于机器视觉的机器人抓取

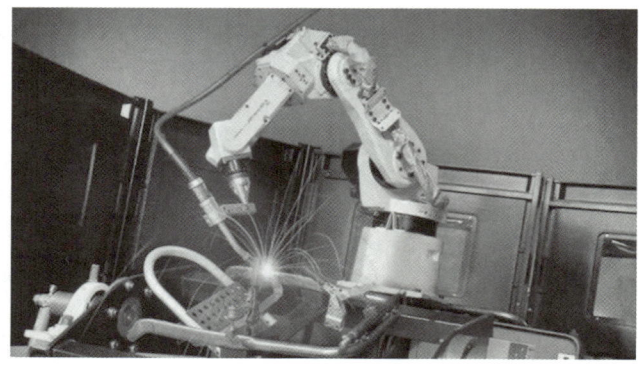

图 1-4-2 焊接视觉定位引导

视频

应用机器视觉
识别物料的
颜色和形状

项目要求

使用相机采集、颜色识别和图像预处理等工具,创建一个简单的红色物料识别程序,在不同形状的红、绿、蓝、黑四种颜色物料中识别出红色物料。

项目导航

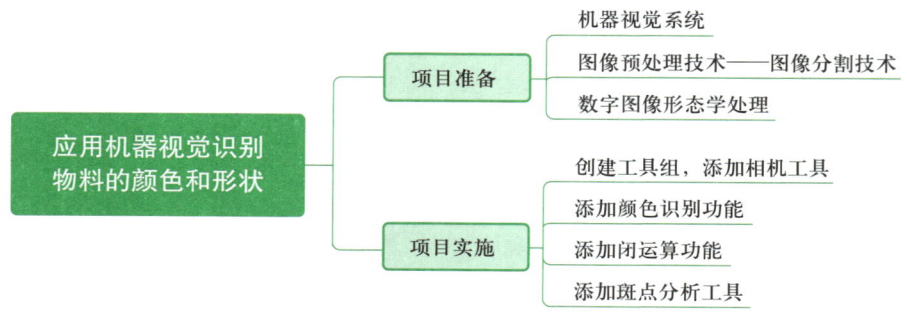

应用机器视觉识别物料的颜色和形状

项目准备
- 机器视觉系统
- 图像预处理技术——图像分割技术
- 数字图像形态学处理

项目实施
- 创建工具组,添加相机工具
- 添加颜色识别功能
- 添加闭运算功能
- 添加斑点分析工具

项目准备

机器视觉识别是一种通过计算机系统模拟人类视觉系统的能力,以识别和理解图像或视频中的对象、场景和运动。它使用复杂的算法、图像预处理技术和人工智能的方法,使计算机能够以类似于人类的方式解读和处理视觉信息。

1. 机器视觉系统

典型的机器视觉系统包括:光源、工业镜头、工业相机(包括 CCD 相机和 COMS 相机)、图像处理单元(或图像采集卡)、图像处理软件、监视器、通信单元、输入输出单元等,如图 1-4-3 所示。

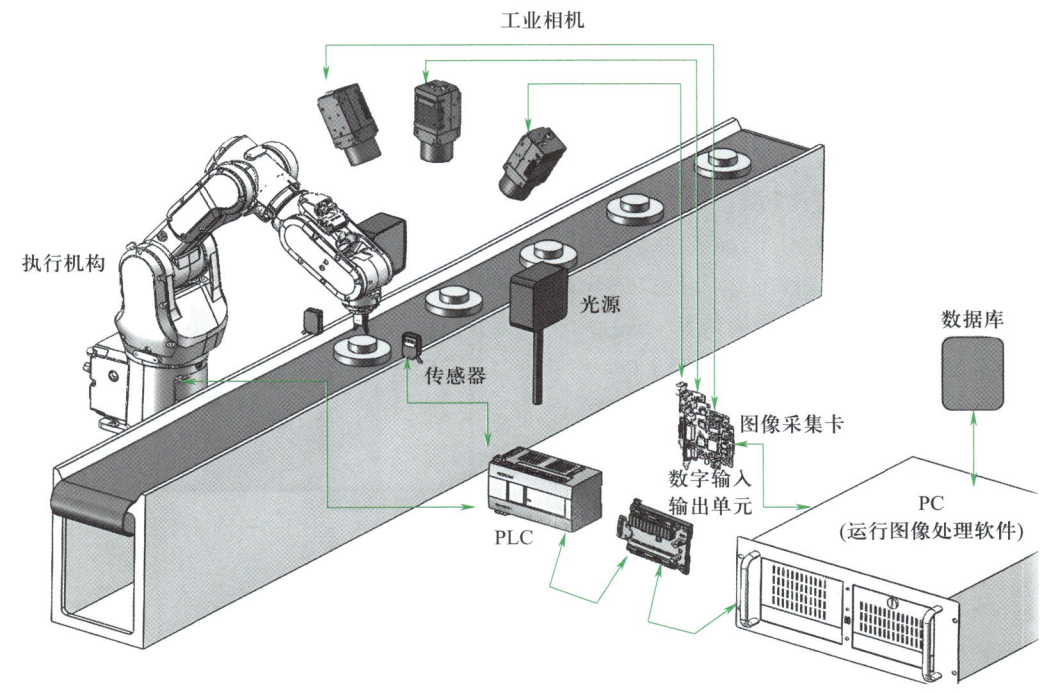

图 1-4-3　典型的机器视觉系统

(1)光源:为了保证图像质量并凸显待检测特征,专门设计的光源对机器视觉来说至关重要。不同类型的光源(如背光、同轴光、漫射光等)配合各种光学器件,如镜头、滤镜等,能够有效地优化成像效果,消除阴影和眩光干扰。

(2)工业相机:作为机器视觉系统的核心感知元件,负责捕获高分辨率、高清晰度的实时图像信息。这些信息涵盖了目标物体的颜色、纹理、轮廓和细节等关键特征。

(3)工业镜头:工业镜头与单反镜头及电影镜头不同,没有机身电动机和对焦功能接口,需要手动调节聚焦位置与光圈,且焦距固定。工业镜头的优点是耐冲击性好、工作寿命长、成像畸变小。

（4）图像处理软件：使用稳定性和可靠性强的实时操作系统，确保图像数据的流畅处理。在实时系统安装的机器视觉软件平台集成了先进的图像处理算法库，如边缘检测、模板匹配、色彩分析、立体视觉、深度学习算法等，用于完成图像校正、增强。

2. 图像预处理技术——图像分割技术

图像预处理是将原始图像数据处理成可用且有意义格式的过程。图像预处理技术有调整大小、规范化、编码和图像分割等技术。

图像分割技术是检测并移除图像中的背景，将前景主体与背景分开，保留仅包含主体的清晰图像。图像分割将数字图像分割为离散的像素组（图像片段），以用于对象检测和相关任务。通过将图像的复杂视觉数据解析为特定形状的片段，图像分割可实现更快、更高级的图像处理。

颜色提取属于图像分割的一种方式，在进行颜色提取前，应先了解颜色模型。颜色模型（颜色空间）就是用一组数值来描述颜色的数学模型。常见的颜色模型有：RGB、HSV、HLS 等，本书主要介绍 RGB、HSV 两种颜色模型。

（1）RGB 颜色模型

RGB 颜色模型是工业界的一种颜色标准，如图 1-4-4 所示。这种颜色模型是通过对红（R）、绿（G）、蓝（B）三个颜色通道的变化，以及它们相互之间的叠加来得到各式各样的颜色，这个标准几乎包括了人类视觉所能感知的所有颜色，是目前运用最广的颜色模型之一。RGB 颜色模型常用于彩色图像显示设备中，如彩色阴极射线管、彩色显示器等。在图 1-4-4 所示正方体主对角线上，各原色的强度相等，均等的 R、G、B 三通道值混色出来即是不同的灰度值，其中，（0，0，0）为黑色，（1，1，1）为白色。正方体的其他六个角点分别为红、黄、绿、青、蓝和紫。

图 1-4-4 RGB 颜色模型

（2）HSV 颜色模型

图片

RGB 颜色模型

HSV 颜色模型如图 1-4-5 所示，这种模型模拟了人类视觉细胞对颜色的感受。在 HSV 颜色模型中，每种颜色都是由色相（hue，H）、饱和度（saturation，S）和色明度（value，V）所表示的。HSV 颜色模型对应于圆柱坐标系中的一个圆锥形子集，圆锥的顶面对应色明度值 V=1，它包含 RGB 颜色模型中的 R=1、G=1、B=1 三个面，所代表的颜色最亮。色相 H 由绕 V 轴的旋转角给定。红色对应于 0°，绿色对应于 120°，蓝色对应于 240°。在 HSV 颜色模型中，每一种颜色和它的补色相差 180°。饱和度 S 取值从 0 到 1，因此，圆锥顶面的半径为 1。

HSV 颜色模型的三维表示从 RGB 立方体演化而来，设想从 RGB 立方体沿对角线的白色顶点向黑色顶点观察，就可以看到立方体的六边形外形。六边形边界表示色相，水平轴表示饱和度，色明度沿垂直轴测量。

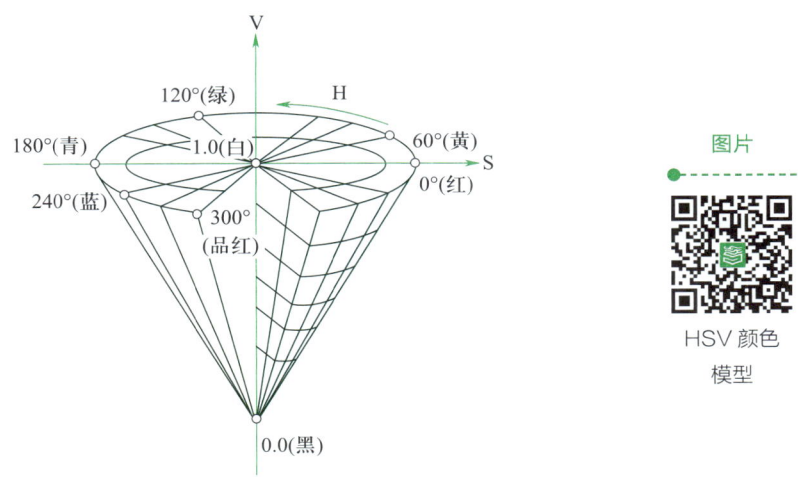

图片

HSV 颜色
模型

图 1-4-5　HSV 颜色模型

3. 数字图像形态学处理

数字图像形态学处理是用具有一定形态的结构元素与原始图像进行不同的运算,从而提取图像中需要的形状或特征。形态学处理工具包括腐蚀、膨胀、开运算和闭运算四种。运用这些处理工具,可以在保持图像中图形基本形态的前提下,去除一部分冗余结构,或增强视觉检测需要的特征结构。

实际应用中,在进行形态学处理前,图像通常已完成把需要处理的特征转为白色,其他部分转为黑色的二值化处理。形态学处理通常针对白色区域进行,其中,腐蚀表现为消除边界点,使图案内缩;膨胀则是扩张边界点,使图案扩大。

（1）腐蚀

腐蚀的工作原理是采用结构元素在图像中做逻辑运算,如图 1-4-6 所示,对于同一个轮廓外形,使用圆形结构元素、方形结构元素和三角形结构元素进行腐蚀,腐蚀后的轮廓为虚线部分。由此可见,采用腐蚀处理图像后,凸出的角在腐蚀后保持不变,凹陷的角在腐蚀后具有结构元素的形状。

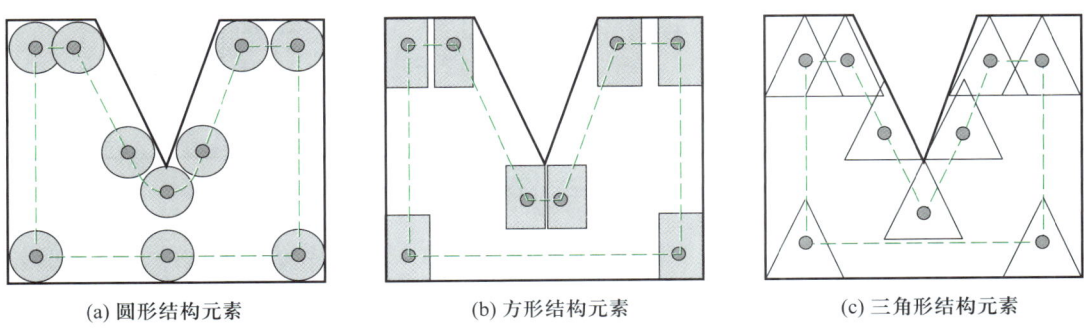

(a) 圆形结构元素　　　　(b) 方形结构元素　　　　(c) 三角形结构元素

图 1-4-6　使用结构元素进行腐蚀处理

（2）膨胀

膨胀的作用方式与腐蚀类似,膨胀也通过结构元素对图像进行运算。膨胀后的图像如图 1-4-7 所示,实线为原图像轮廓,虚线为膨胀处理后轮廓。在不同结构元素的作用下,图像轮廓有了不同的变化,可见膨胀仅改变向上凸起的角,令其具有结构元素的形状,凹陷的角在膨胀后则保持不变。

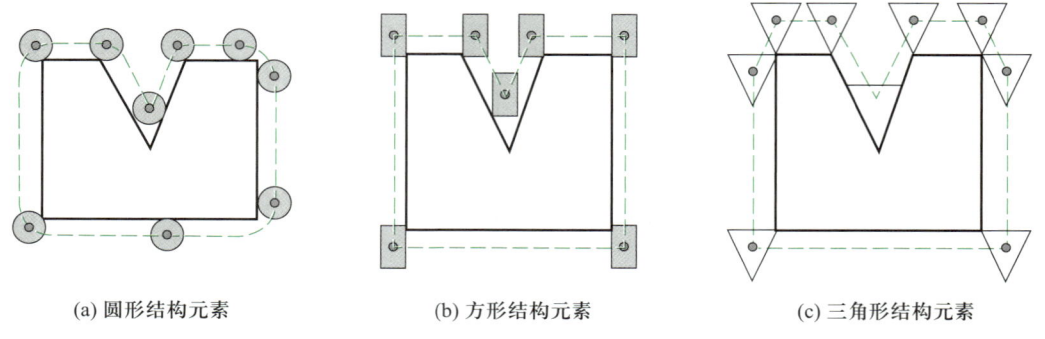

(a) 圆形结构元素　　　　　　(b) 方形结构元素　　　　　　(c) 三角形结构元素

图 1-4-7　使用结构元素进行膨胀处理

（3）开运算

开运算是图像与结构元素先腐蚀后膨胀的运算过程。开运算的过程可以想象成结构元素围绕图像边界的内部进行扫描,这样它就不会超出边界,并且围绕结构元素边界塑造图像边界。图 1-4-8 所示开运算过程中,腐蚀操作会移除小于结构元素的对象,而膨胀操作（近似地）恢复剩余对象的大小和形状。膨胀操作中的恢复精度在很大程度上取决于结构元素的类型和恢复对象的形状。因此,开运算可用于平滑图像的轮廓,断开较窄的狭缝或消除细小的图像。

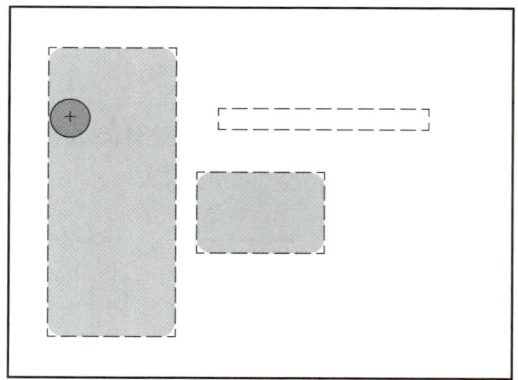

图 1-4-8　开运算过程

（4）闭运算

闭运算是图像与结构元素先膨胀后腐蚀的运算过程。闭运算不会删除而是添加图像像素。图 1-4-9 所示膨胀过程会封闭结构元素未完全装入的细小间断或孔洞。随后的腐蚀再次缩小图像,使其尽可能地接近原始图像。闭运算后因膨胀而完全闭合的间断或孔洞不再出现,仅部分闭合的孔再次扩大。因此,闭运算可以消除细小黑色空洞,且不会明显改变其他物体区域面积,可用于弥合较窄的间断和细长的沟壑,消除小的孔洞,填补轮廓线中的断裂。

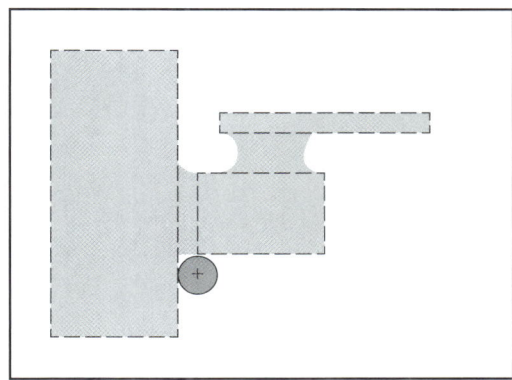

图 1-4-9　闭运算过程

项目实施

1. 创建工具组,添加相机工具

打开机器人视觉图像处理软件 Kimage,在主界面创建工具组,在工具组中添加相机工具并匹配硬件,如图 1-4-10 所示。重点微调曝光时间和增益,优化图像质量。细致校正后,实现高标准图像采集,即便环境复杂,亦能确保图像清晰准确,满足检测标准。

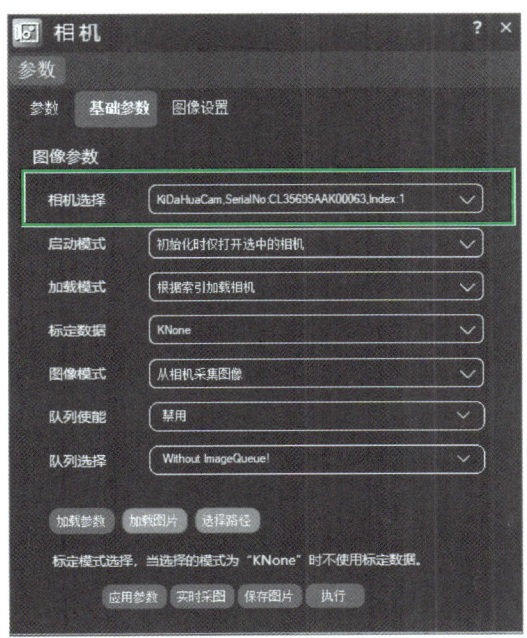

图 1-4-10　添加相机工具

2. 添加颜色识别功能

针对红色目标,向工具组添加颜色识别功能,如图 1-4-11 所示。根据样本图像,精细调整 RGB 阈值,确保精准识别红色区域,提升识别准确性。

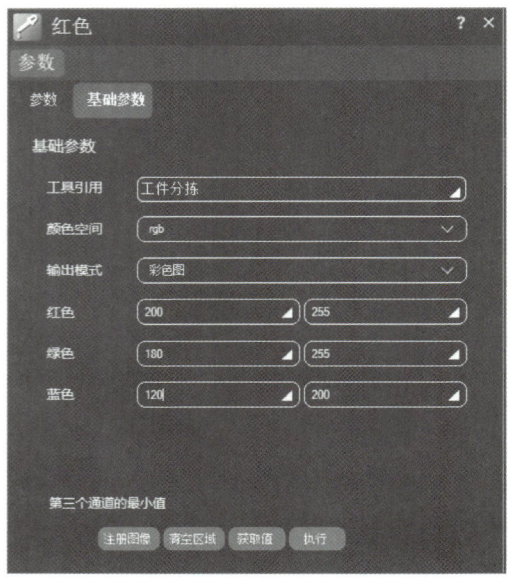

图 1-4-11　添加颜色识别功能

3. 添加闭运算功能

颜色识别后,应用闭运算优化图像,如图 1-4-12 所示。该技术通过形态学处理增强红色区域边界,提升连贯性和清晰度,改善图像质量,使红色目标更完整、分明。

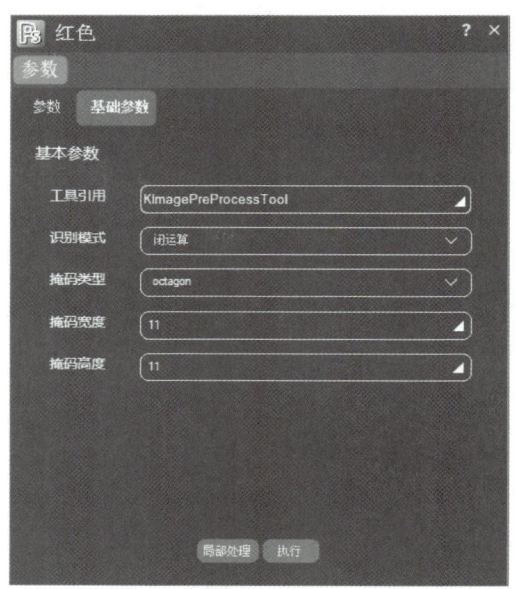

图 1-4-12　添加闭运算功能

4. 添加斑点分析工具

应用斑点分析工具深化图像分析,针对闭运算处理结果,设定像素强度阈值区间为 30~255,以精确识别和统计斑点特征及分布,增强图像理解与应用实效,具体参考图 1-4-13。

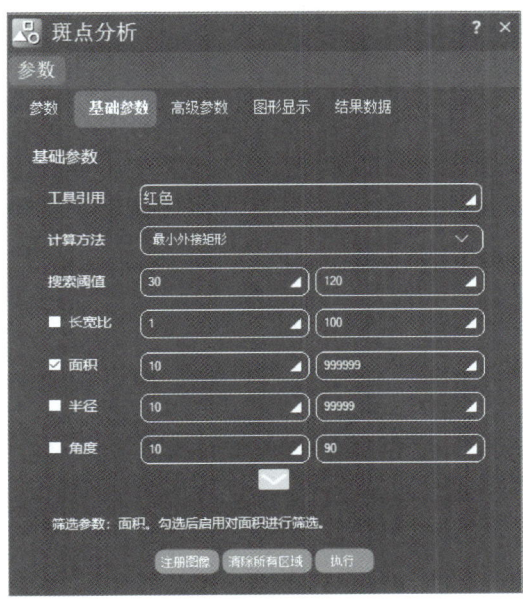

图 1-4-13　添加斑点分析工具

项目评价

序号	项目评价观测点	分数	得分
1	创建工具组,添加相机工具	25	
2	添加颜色识别功能	20	
3	添加闭运算功能	20	
4	添加斑点分析工具	25	
5	安全意识、质量意识、绿色环保意识、团队协作意识	10	
合计总分			

巩固提升

（1）描述数字图像形态学处理中的腐蚀和膨胀在应用上的差异。

（2）颜色模型有哪几种？

（3）简述数字图像二值化处理的原理与作用。

（4）数字图像形态学处理中的结构元素有哪些形态？

（5）简述典型的机器视觉系统的组成。

（6）描述数字图像形态处理学中的开运算与闭运算的区别，以及在实际应用中的作用。

模块二

智能制造设备技术基础应用

项目一

基础码垛

 学习目标

（1）能够描述逻辑函数指令在码垛系统中的基本逻辑控制功能。

（2）能够运用逻辑函数指令进行码垛系统的逻辑控制设计。

（3）能够应用直线、关节运动指令编写工业机器人的码垛程序。

（4）能够分析PLC与工业机器人之间通信协调在自动化控制中的作用和重要性。

（5）能够评价工业机器人码垛程序的效率和准确性。

（6）能够判断逻辑控制设计在码垛系统中的有效性和可靠性。

⚛ 观察思考

　　过去的码垛作业主要是由人工搬运完成,其效率不高,还存在安全风险。当前许多企业都在进行"数转智改"工作,码垛机器人取代人工完成工作,如图 2-1-1、图 2-1-2 所示。

图 2-1-1　电器设备企业成品出库码垛　　　　图 2-1-2　有色金属企业铝锭生产码垛

　　从投资成本上看,码垛机器人全套设备前期的投入很大,至少需要几十万元。但如果做长远打算,其带来的效益则非常大。每台码垛机器人至少可以替代 3 ～ 4 名搬运工人,两年内就可以收回技改成本。

　　从工作质量上看,使用码垛机器人还能有效提高码垛质量,改善工厂形象。人工码垛由于高度限制,没有机器码得整齐,达到一定高度后还容易塌垛,造成安全风险;而码垛机器人可以通过伸展机械手,轻松达到 2.5 m 以上的码垛高度,如此可使托盘和仓库得到更充分的利用,原来杂乱无章的车间也变得更加整洁有序。

　　通过对比说明,机器人非常适合进行码垛这类重复性的工作,使用机器人码垛可以给工厂带来各方面的效益。

① 项目要求

　　现有 6 块物料放置在拆码垛单元料栈中,如图 2-1-3(a)所示,需要机器人使用吸盘工具实现基础的两层码垛,各垛型及其样式见表 2-1-1;使用垛型 A 完成第一层码垛,如图 2-1-3(b)所示;使用垛型 B 完成第二层码垛,如图 2-1-3(c)所示。

视频

基础码垛

源文件

基础码垛

(a) 物料初始状态

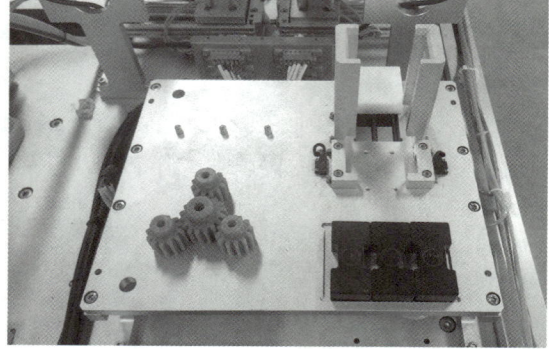

(b) 第一层码垛

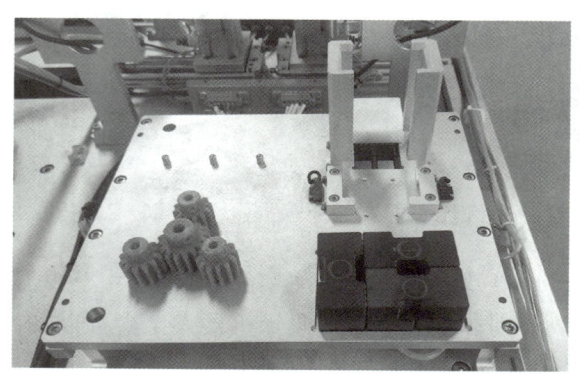

(c) 第二层码垛

图 2-1-3　物料码垛

表 2-1-1　各垛型及其样式

垛型	样式
垛型 A	1 2 3
垛型 B	1 2 3
垛型 C	2 1 3

表 2-1-1 中对实训平台可能出现的垛型进行了展示,在实际生产中,物料的类型和托盘的大小有所不同,这使得垛型可能更为复杂。

项目导航

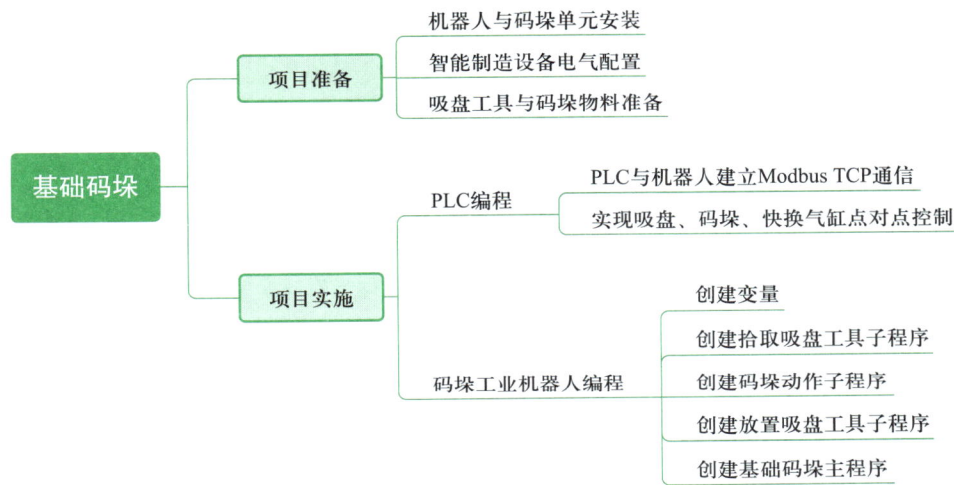

基础码垛
- 项目准备
  - 机器人与码垛单元安装
  - 智能制造设备电气配置
  - 吸盘工具与码垛物料准备
- 项目实施
  - PLC编程
    - PLC与机器人建立Modbus TCP通信
    - 实现吸盘、码垛、快换气缸点对点控制
  - 码垛工业机器人编程
    - 创建变量
    - 创建拾取吸盘工具子程序
    - 创建码垛动作子程序
    - 创建放置吸盘工具子程序
    - 创建基础码垛主程序

项目准备

1. 机器人与码垛单元安装

根据图纸检查实训平台中的机器人本体[图 2-1-4（a）]与拆码垛单元[图 2-1-4（b）]是否安装正确,如图 2-1-4（c）所示。

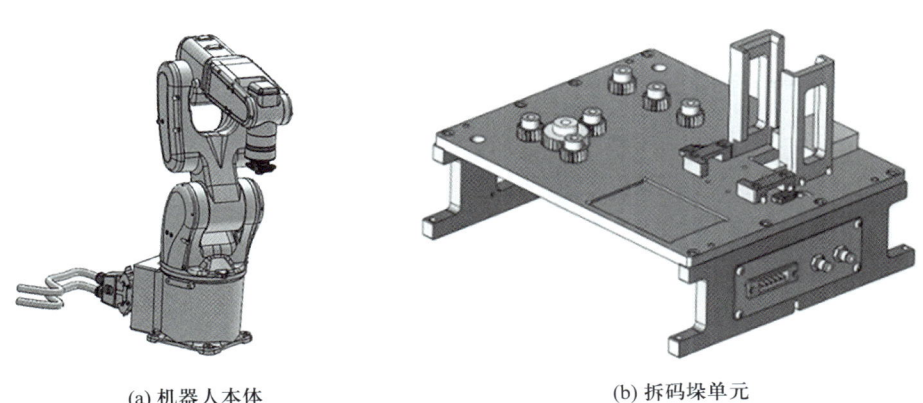

(a) 机器人本体 　　　　　　　　　　　　　　(b) 拆码垛单元

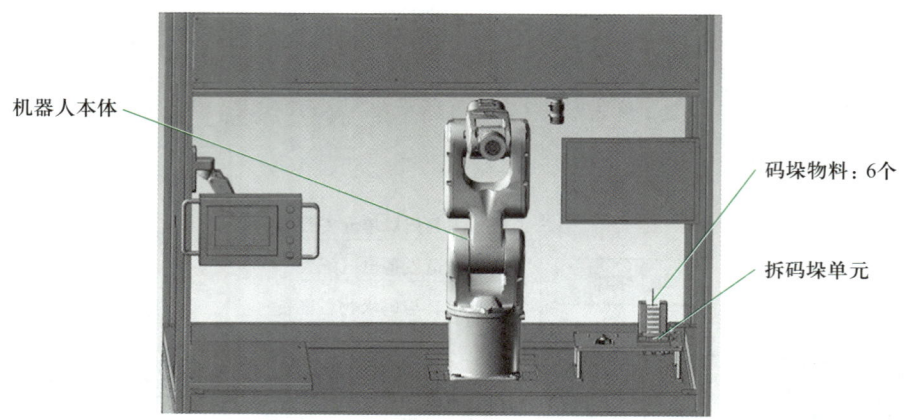

(c) 机器人本体与拆码垛单元的正确安装

图 2-1-4 实训平台中的机器人本体与拆码垛单元

2. 智能制造设备电气配置

（1）PLC 电路原理图

基础码垛 PLC 电路原理图如图 2-1-5 所示。

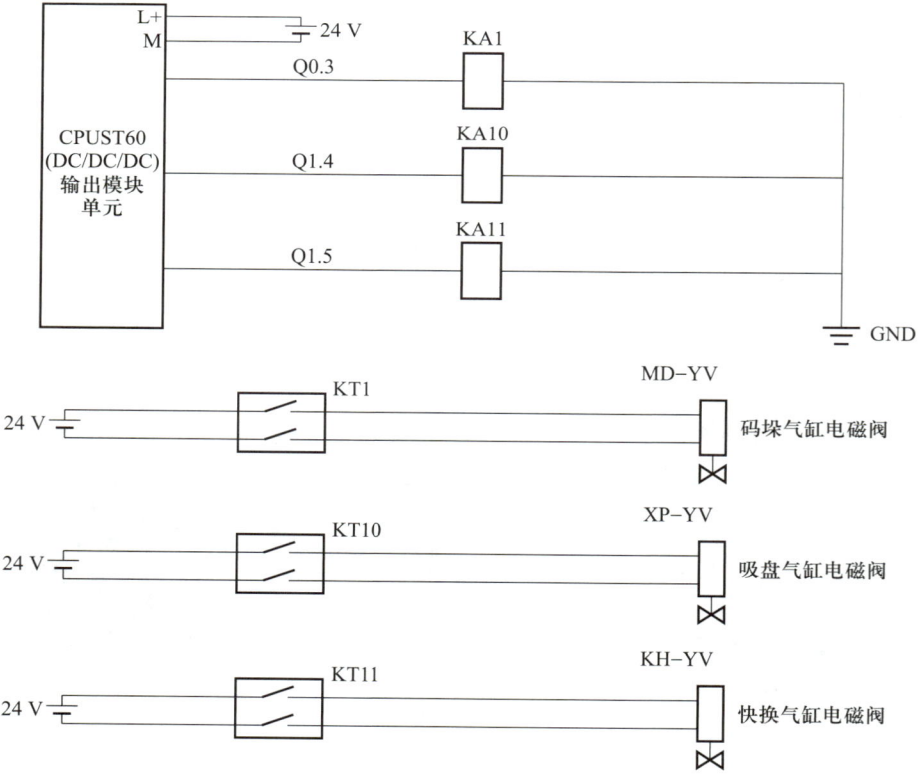

图 2-1-5 基础码垛 PLC 电路原理图

（2）气动回路图

在基础码垛项目中,其气动回路图如图 2-1-6 所示,主要涉及机器人末端快换工具气路系统与料栈推料系统。气路的切换主要由二位五通电磁阀实现,通过控制气路中气体的流向,从而控制下游的执行机构（如气缸）的动作。电磁阀如图 2-1-7 所示。

机器人快换接头如图 2-1-8 所示,快换接头分为一个公头与多个母头,公头安装在机器人末端上,母头安装在工具端。快换接头为吸盘工具、夹爪工具、电动螺钉工具与机器人末端连接提供快速切换功能。快换接头的 C/U 接口用于快换的锁紧 / 释放以实现工具

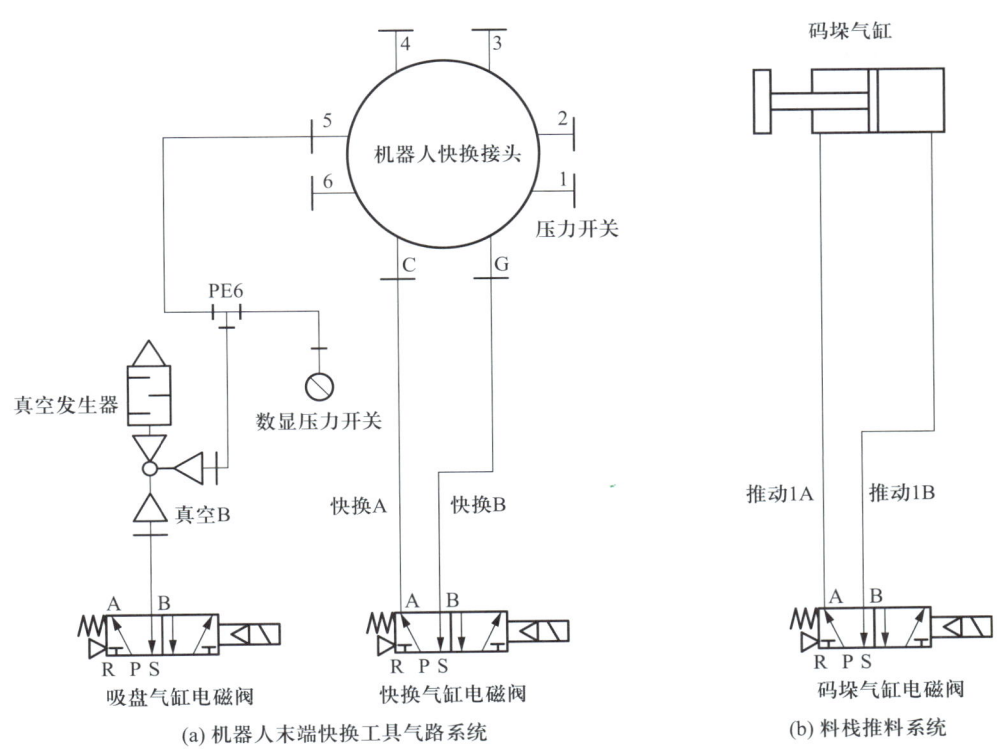

(a) 机器人末端快换工具气路系统　　　(b) 料栈推料系统

图 2-1-6　基础码垛气动回路图

图 2-1-7　电磁阀

图 2-1-8　机器人快换接头

的快速切换,其余接口用于工具气口的转接。本项目中仅使用吸盘工具,后续项目中会使用到多个工具。

码垛气缸是双作用往复直线运动气缸,如图 2-1-9 所示,气缸活塞的伸出实现了料栈中的物料推出。

真空发生器如图 2-1-10 所示,它是一种能够将正压气源转换为负压(真空)的装置,也就是说 P 进气口进入压缩空气,而 V 真空口则输出可用于吸附或搬运物体的真空。

图 2-1-9 双作用往复直线运动气缸

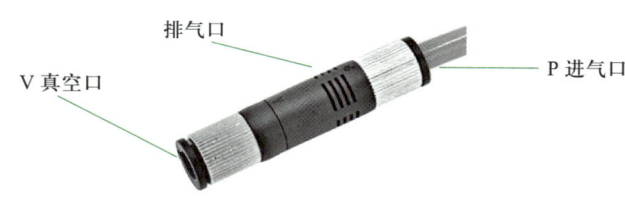

排气口
V 真空口
P 进气口

图 2-1-10 真空发生器

(3)I/O 分配表

根据 PLC 电路原理图与气动回路图,选用 PLC 控制电磁阀。基础码垛 I/O 分配表见表 2-1-2。

表 2-1-2 基础码垛 I/O 分配表

PLC 输出点	被控对象
Q1.3	码垛气缸电磁阀
Q1.4	吸盘气缸电磁阀
Q1.5	快换气缸电磁阀

(4)Modbus TCP 通信表

机器人和 PLC 之间的数据交换采用 Modbus TCP,因此,将 PLC 的软元件地址及机器人地址按照功能进行划分和映射,见表 2-1-3。

表 2-1-3 基础码垛 Modbus TCP 通信表

机器人地址	PLC 地址	功能
wo_b[0]	V669.0	吸盘工具开启/关闭真空
wo_b[1]	V669.1	码垛气缸伸出/缩回
wo_b[2]	V669.2	快换气缸锁紧/释放

特别说明:当机器人地址 wo_b[0]复位(写入 0)时,通过 Modbus TCP 控制 PLC 地址 V669.0 复位,通过 PLC 程序使吸盘工具关闭真空;当机器人地址 wo_b[0]置位(写入 1)时,通过 Modbus TCP 控制 PLC 地址 V669.0 置位,通过 PLC 程序使吸盘工具开启真空。

3. 吸盘工具和码垛物料准备

准备所需吸盘工具和码垛物料,具体清单见表 2-1-4。

表 2-1-4　基础码垛吸盘工具和码垛物料清单

名称	功能	图示
吸盘工具	单吸盘工具是一种利用真空原理来吸附和平移物体的设备,因其操作简便和设计简单而广泛应用于搬运、安装等行业。它能够吸附多种材质的平滑表面,如玻璃、瓷砖、金属板等,可提高工作效率并减少物品损坏的风险,尤其适用于建筑、装修及家具制造等领域	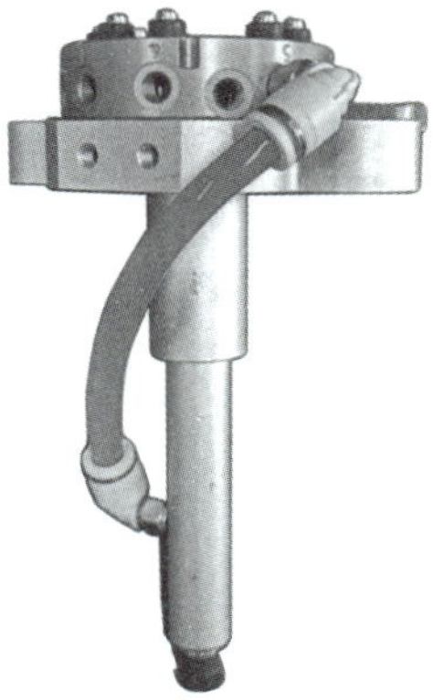
码垛物料	该样品采用聚甲醛(POM)材质制成,具有良好的耐磨性和自润滑性,尺寸规格为 60 mm × 30 mm × 15 mm,确保了其在实际应用中的稳定性和耐用性。物料数量为 6 个,每个物料均采用工字形设计,这样的设计有利于夹爪的准确夹持与稳固搬运,便于自动化设备进行抓取操作。此设计特别适用于在两个码垛台之间的物料搬运和码垛实训任务,能够有效提升实训过程中的操作效率和准确性,同时也为学习者提供了贴近实际工业场景的操作体验	

项目实施

1. PLC编程

PLC程序编程思路如图2-1-11所示。

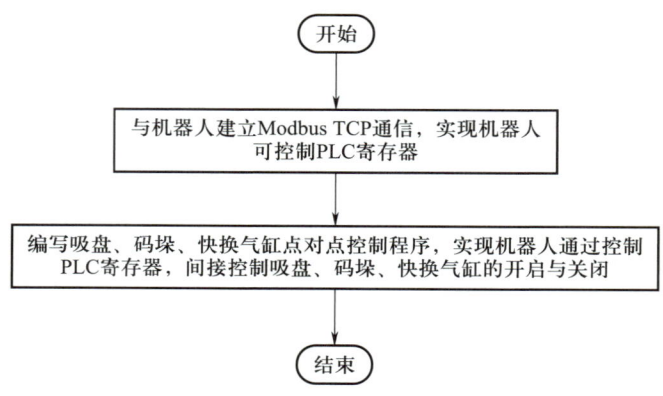

图 2-1-11　PLC 程序编程思路

（1）PLC与机器人建立Modbus TCP通信。

（2）使用Modbus TCP通信配置的地址实现吸盘、码垛、快换气缸点对点控制。PLC程序如图2-1-12所示。

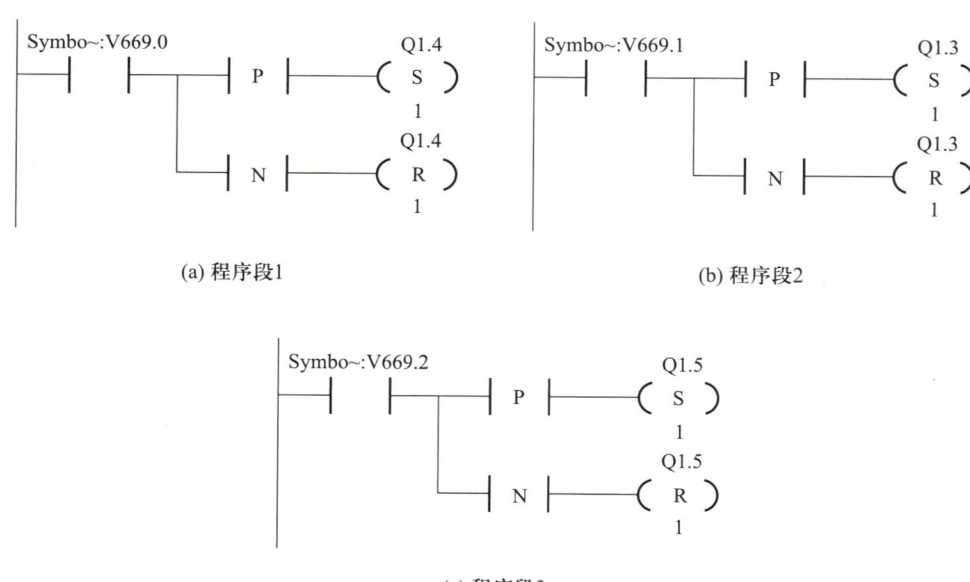

图 2-1-12　PLC 程序

程序段 1 : V669.0(wo_b [0])写入 1 时,通过上升沿置位 Q1.4(吸盘气缸);写入 0 时,通过下降沿复位 Q1.4(吸盘气缸)。

程序段 2 : V669.1(wo_b [1])写入 1 时,通过上升沿置位 Q1.3(码垛气缸);写入 0 时,通过下降沿复位 Q1.3(码垛气缸)。

程序段 3 : V669.2(wo_b [2])写入 1 时,通过上升沿置位 Q1.5(快换气缸);写入 0 时,通过下降沿复位 Q1.5(快换气缸)。

2. 码垛工业机器人编程

根据前述项目要求,需要完成基础码垛任务,为了增强程序的可读性与复用性,本项目中,机器人编程分为"基础码垛主程序""拾取吸盘工具子程序""码垛动作子程序""放置吸盘工具子程序",程序流程图如图 2-1-13 所示。

（1）创建变量

① 在功能块变量中创建所需变量,并将点位示教完成,变量表见表 2-1-5。

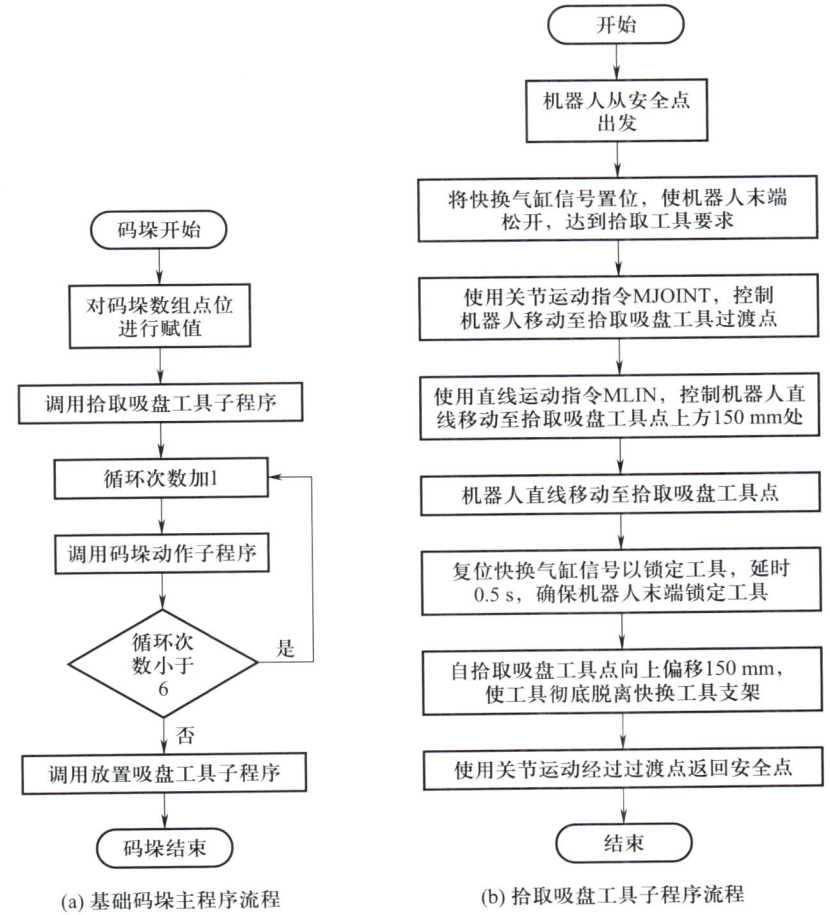

(a) 基础码垛主程序流程　　　　(b) 拾取吸盘工具子程序流程

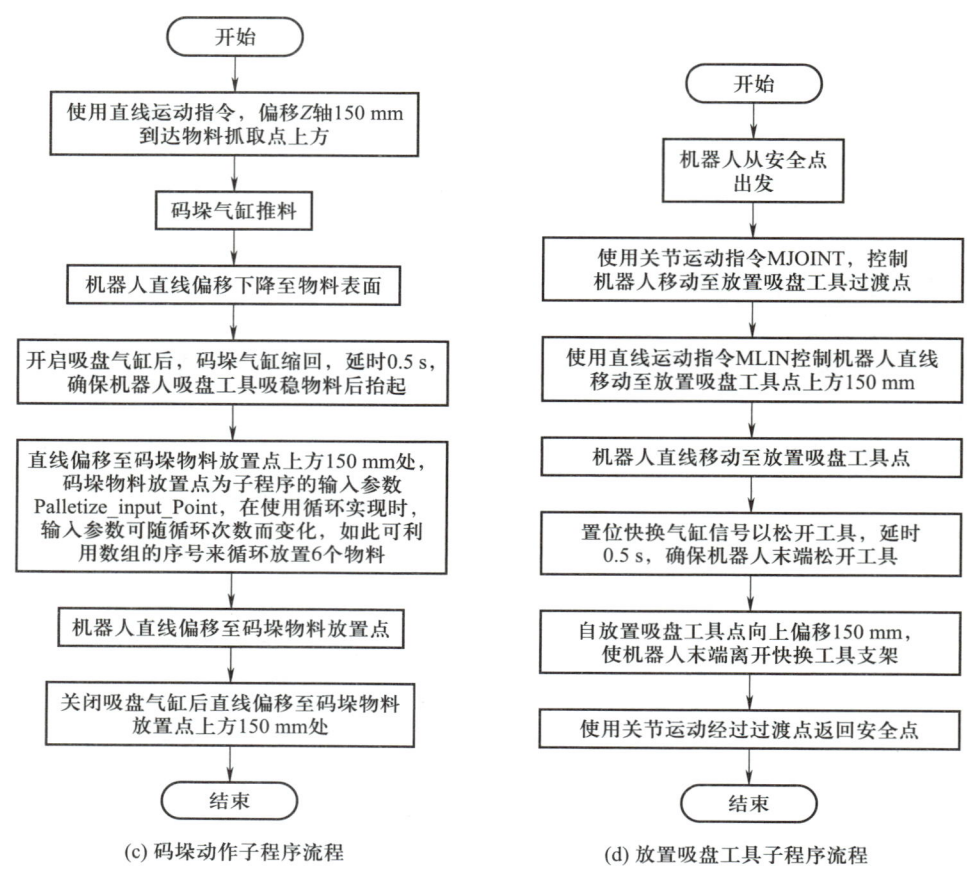

图 2-1-13　基础码垛程序流程图

表 2-1-5　基础码垛变量表

变量名	变量类型	变量说明
Home	POINTJ	安全点
Tool5_Transition	POINTJ	拾取吸盘工具过渡点
Tool5_Get	POINTC	拾取吸盘工具点
Palletize_Transition	POINTJ	机器人前往码垛工位过渡点
Palletize_Point	POINTC；数组	建立一组元素为 7 个的空数组

　　② 在基础码垛项目中，由于需要运用循环函数实现重复对物料拾取、放置的功能，因此在循环第 N 次时，拾取第 N 块物料，放置第 N 块物料，可将拾取与放置的物料点位赋值给数组，再用循环次数来调用数组中对应元素的序号即可实现。在功能块变量中添加新数组变量，名称为"Palletize_Point"，变量类型为"POINTC"，其作用是存储 1 个物料拾取点位和 6 个码垛物料放置点位，数组大小设置为"7"，也就是说最多能存储 7 个点位信息。功能块变量设置如图 2-1-14 所示。

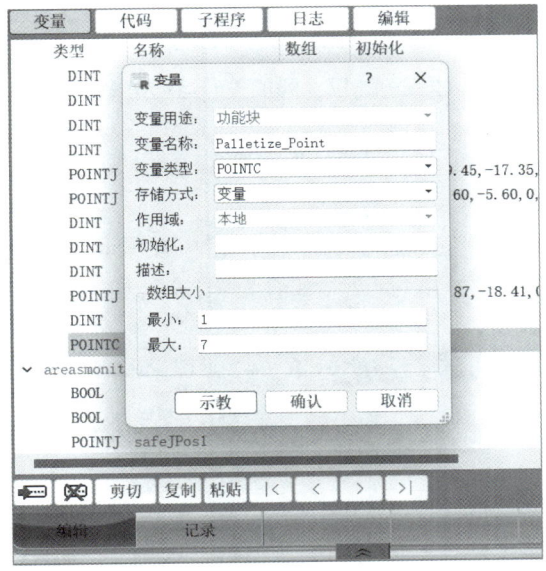

图 2-1-14　功能块变量设置

（2）创建拾取吸盘工具子程序

创建拾取吸盘工具子程序：Tool_Get( )，该子程序作用为机器人拾取吸盘工具，创建子程序的编程界面如图 2-1-15 所示。

切换至代码界面并选择"Tool_Get"，如图 2-1-16 所示，编写 Tool_Get( ) 子程序。

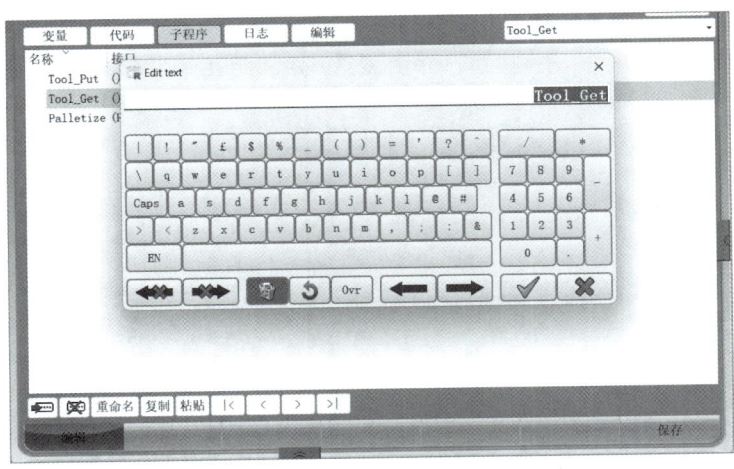

图 2-1-15　创建子程序的编程界面

图 2-1-16　选择"Tool_Get"

执行关节运动指令，使机器人从安全点开始。双击 MJOINT 指令，添加关节运动指令，如图 2-1-17 所示。

```
1   MJOINT (*, v500, fine, tool0) ;
```

图 2-1-17　添加关节运动指令

点击第一行关节运动指令并进入编辑页面,在工程变量中找到 Home 变量并添加至 target 参数中,如图 2-1-18 所示。

使用赋值指令初始化机器人快换气缸,快换接头锁紧装置缩回,赋值对象选择系统变量中的 fidbus.mtcp_wo_b,序号填写"2",赋值为"true",如图 2-1-19 所示。

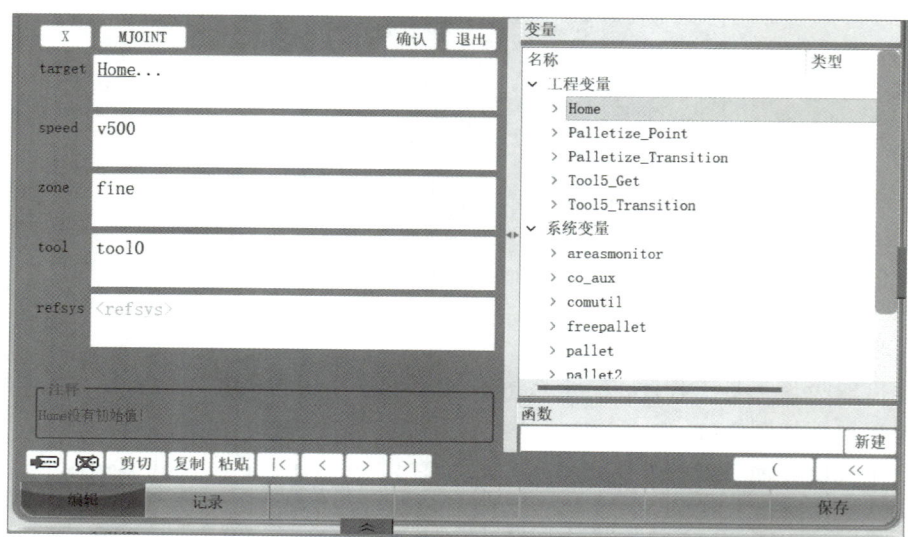

图 2-1-18　找到 Home 变量并添加至 target 参数中

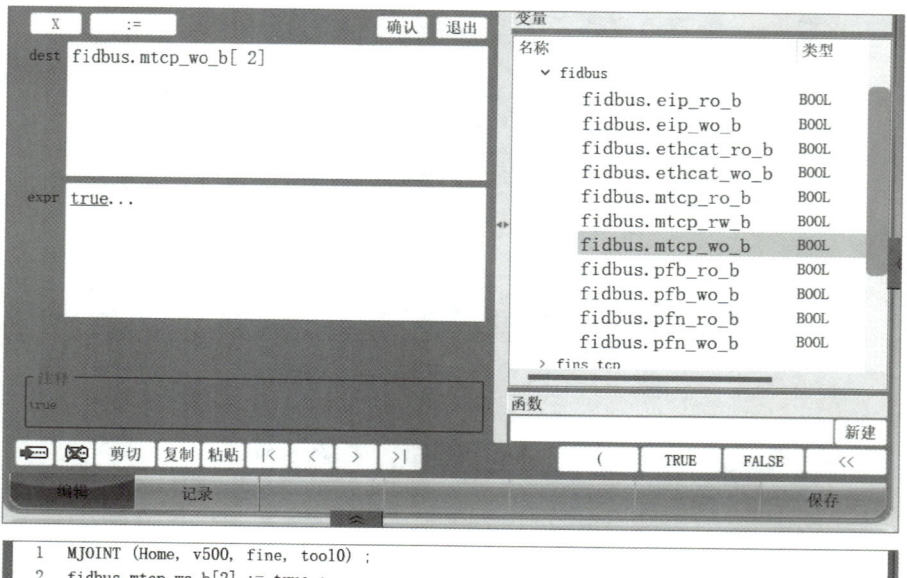

```
1   MJOINT (Home, v500, fine, tool0) ;
2   fidbus.mtcp_wo_b[2] := true ;
```

图 2-1-19　使用赋值指令初始化机器人快换气缸

使用关节运动指令 MJOINT,控制机器人移动至拾取吸盘工具过渡点,避免运动过程中发生碰撞,如图 2-1-20 所示。

```
1   MJOINT (Home, v500, fine, tool0) ;
2   fidbus.mtcp_wo_b[2] := true ;
3   MJOINT (Tool5_Transition, v500, fine, tool0) ;
```

图 2-1-20　控制机器人移动至拾取吸盘工具过渡点

使用直线运动指令 MLIN,控制机器人直线移动至拾取吸盘工具点上方 150 mm 处,调整末端姿态与工具方向对齐,预备拾取操作,如图 2-1-21 所示。

```
4   MLIN (OFFSETTOOL(Tool5_Get, 0, 0, -150), v500, fine, tool0) ;
```

图 2-1-21　预备拾取操作

机器人直线移动至拾取吸盘工具点,复位快换气缸信号以锁紧工具,延时 0.5 s,确保机器人末端锁紧工具,如图 2-1-22 所示。

```
5   MLIN (Tool5_Get, v500, fine, tool0) ;
6   fidbus.mtcp_wo_b[2] := false ;
7   DWELL (0.5) ;
```

图 2-1-22　机器人末端锁紧工具

机器人自拾取吸盘工具点向上偏移 150 mm,使工具彻底脱离快换工具支架,再次使用关节运动经过过渡点返回安全点 Home 点,拾取吸盘工具子程序结束,如图 2-1-23 所示。

```
8    MLIN (OFFSETTOOL(Tool5_Get, 0, 0, -150), v500, fine, tool0) ;
9    MJOINT (Tool5_Transition, v500, fine, tool0) ;
10   MJOINT (Home, v500, fine, tool0) ;
```

图 2-1-23　拾取吸盘工具子程序结束

（3）创建码垛动作子程序

创建码垛动作子程序,并命名为“Palletize( )”。在 Palletize( ) 子程序中创建并添加输入变量“Palletize_input_Point”,如图 2-1-24 所示,该变量为码垛物料放置点位。

打开 Palletize( ) 子程序编写机器人在码垛区的运动。由于本项目是用循环 6 次 Palletize( ) 子程序来实现码垛任务（数组中第 7 位元素为物料的拾取点,不参与循环）,因此在子程序中,为避免机器人多余动作,将不设过渡点与 Home 点。

机器人使用直线运动指令,偏移 Z 轴 150 mm 到达物料拾取点上方（物料拾取点位为 Palletize_Point 数组中第 7 位元素 Palletize_Point［7］,前 6 位元素为码垛物料放置点位）,如图 2-1-25 所示。

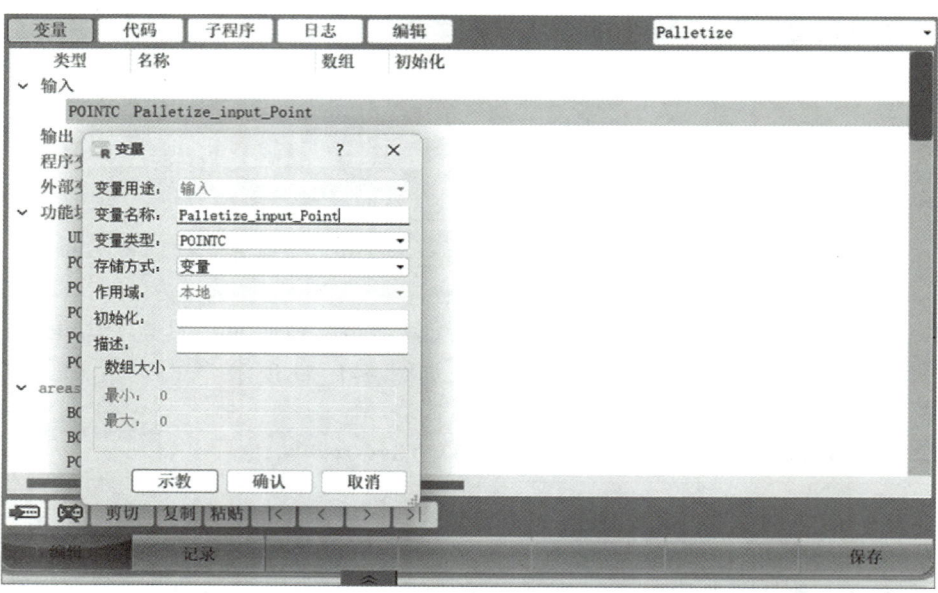

图 2-1-24 添加输入变量"Palletize_input_Point"

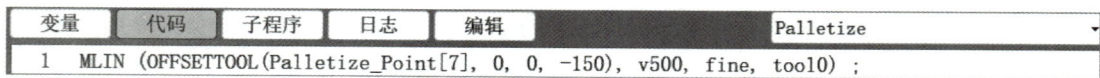

图 2-1-25 偏移 Z 轴 150 mm 到达物料拾取点上方

码垛气缸推料,机器人直线偏移下降至物料表面,开启吸盘真空后,码垛气缸缩回,延时 0.5 s,确保机器人吸盘工具吸稳物料后抬起,如图 2-1-26 所示。

```
2   fidbus.mtcp_wo_b[1] := true ;
3   MLIN (Palletize_Point[7], v500, fine, tool0) ;
4   fidbus.mtcp_wo_b[0] := true ;
5   fidbus.mtcp_wo_b[1] := false ;
6   DWELL (0.5) ;
7   MLIN (OFFSETTOOL(Palletize_Point[7], 0, 0, -150), v500, fine, tool0) ;
```

图 2-1-26 确保机器人吸盘工具吸稳物料后抬起

机器人直线偏移至码垛物料放置点上方 150 mm 处(码垛物料放置点为子程序的输入参数 Palletize_input_Point,在使用循环实现时,输入参数可随循环次数而变化,如此可利用数组的序号来循环放置 6 个物料),再向下放置,最后抬起,如图 2-1-27 所示。

```
8    MLIN (OFFSETTOOL(Palletize_Input_Point, 0, 0, -150), v500, fine, tool0) ;
9    MLIN (Palletize_Input_Point, v500, fine, tool0) ;
10   fidbus.mtcp_wo_b[0] := false ;
11   MLIN (OFFSETTOOL(Palletize_Input_Point, 0, 0, -150), v500, fine, tool0) ;
```

图 2-1-27 放置 6 个物料

（4）创建放置吸盘工具子程序

机器人放置吸盘工具子程序 Tool_Put( ) 与拾取吸盘工具子程序基本一致,但运动逻辑相反,具体程序如图 2-1-28 所示。

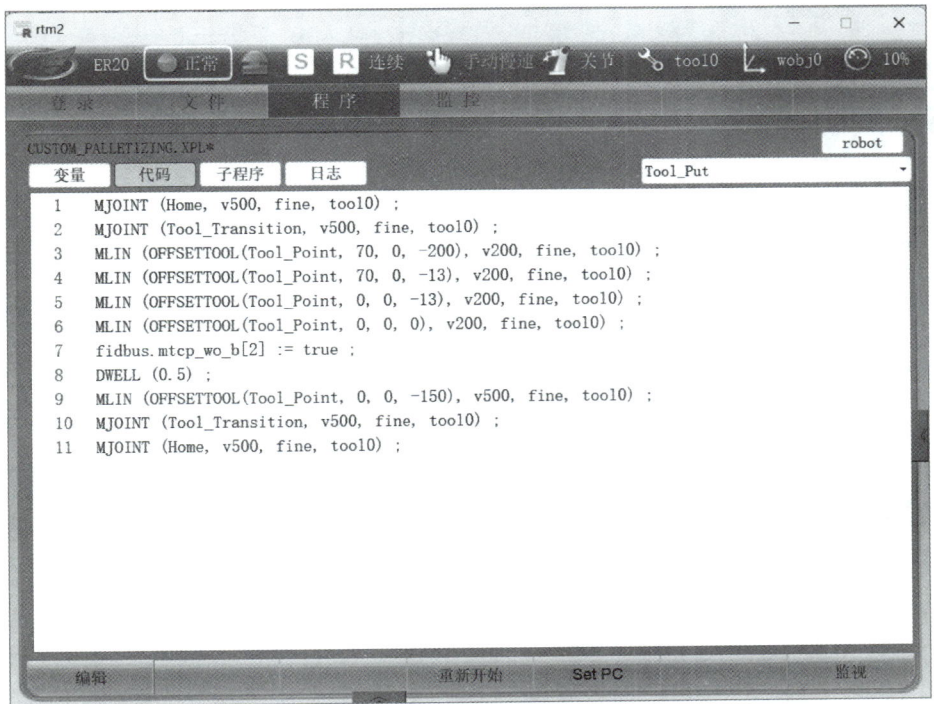

图 2-1-28　放置吸盘工具子程序

（5）创建基础码垛主程序

在主程序 main( ) 中编写程序,调用子程序 Tool_Get( )、Palletize( ) 和 Tool_Put( ),使用循环函数实现码垛任务。

将创建的数组 Palletize_Point 进行赋值,手动控制机器人示教第 1 至 6 位元素为码垛物料放置点位,第 7 位元素为物料拾取点位,图 2-1-29 所示点位仅供参考,赋值的实际点位以操作为准。

点击"编辑"按钮,选择 CALL 指令,调用 Tool_Get( ) 子程序,机器人拾取吸盘工具,如图 2-1-30、图 2-1-31 所示。

变量	代码	子程序	日志		Main	
1	Palletize_Point[1] := POINTC(600.00, 0.00, 0.00, 0.00, 0.00, 0.00, CFG3, 0, 0, 0) ;					
2	Palletize_Point[2] := POINTC(600.00, 0.00, 0.00, 0.00, 0.00, 0.00, CFG3, 0, 0, 0) ;					
3	Palletize_Point[3] := POINTC(600.00, 0.00, 0.00, 0.00, 0.00, 0.00, CFG3, 0, 0, 0) ;					
4	Palletize_Point[4] := POINTC(600.00, 0.00, 0.00, 0.00, 0.00, 0.00, CFG3, 0, 0, 0) ;					
5	Palletize_Point[5] := POINTC(600.00, 0.00, 0.00, 0.00, 0.00, 0.00, CFG3, 0, 0, 0) ;					
6	Palletize_Point[6] := POINTC(600.00, 0.00, 0.00, 0.00, 0.00, 0.00, CFG3, 0, 0, 0) ;					
7	Palletize_Point[7] := POINTC(600.00, 0.00, 0.00, 0.00, 0.00, 0.00, CFG3, 0, 0, 0) ;					

图 2-1-29　参考点位

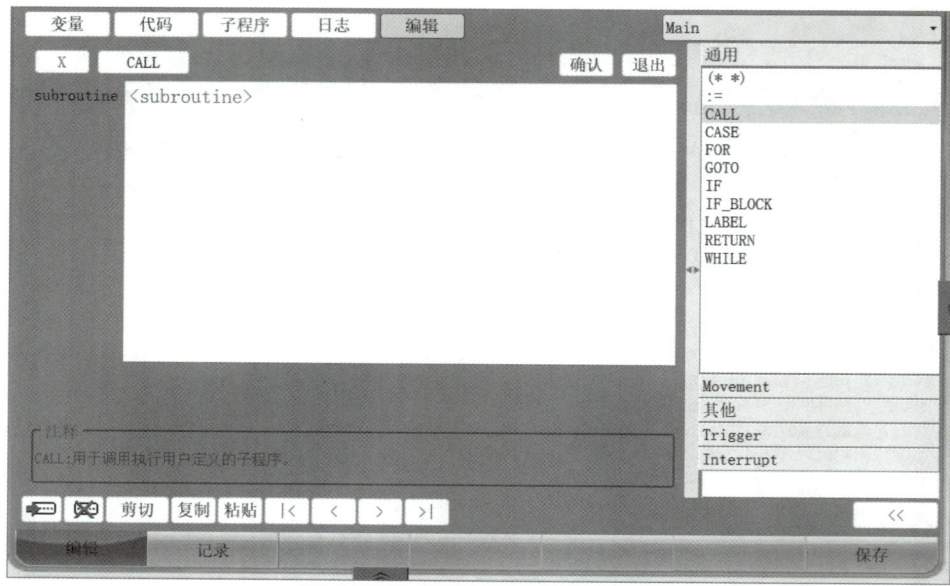

图 2-1-30　选择 CALL 指令

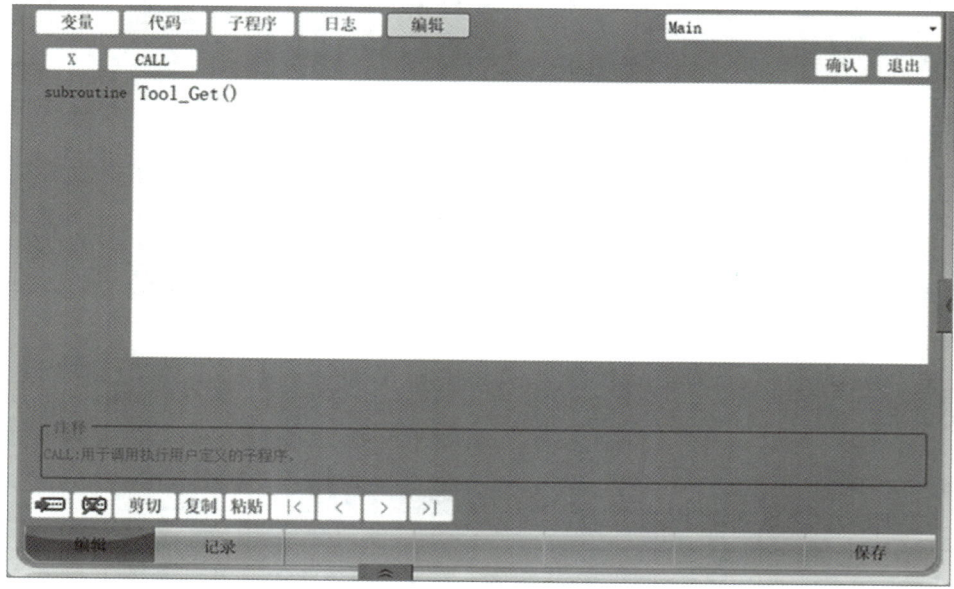

图 2-1-31　调用 Tool_Get( )子程序

点击"编辑"按钮,选择 for 指令,如图 2-1-32 所示。

在 var 参数中点击"新建"按钮,创建一个 DINT 变量类型的变量 i,如图 2-1-33 所示。

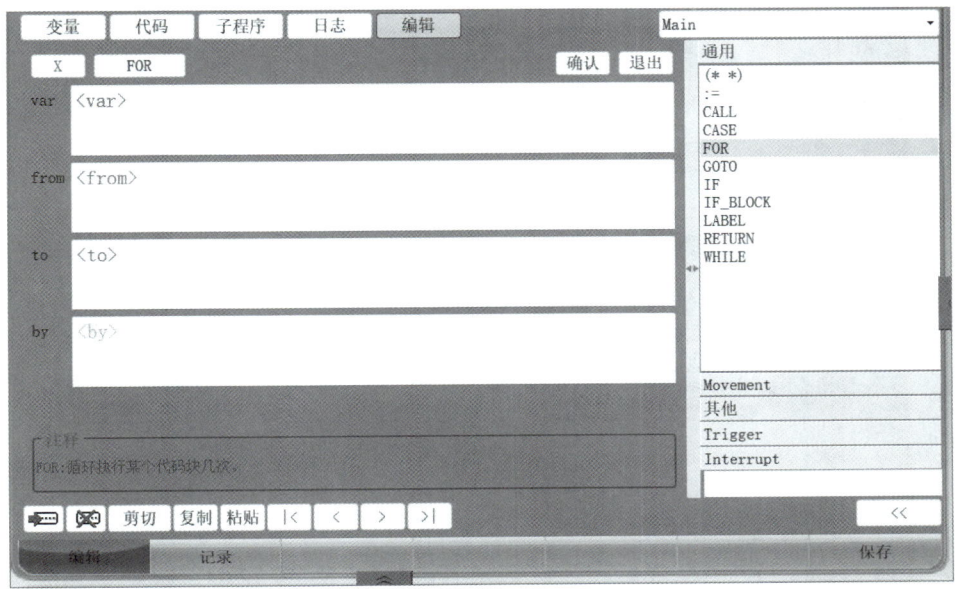

图 2-1-32 选择 for 指令

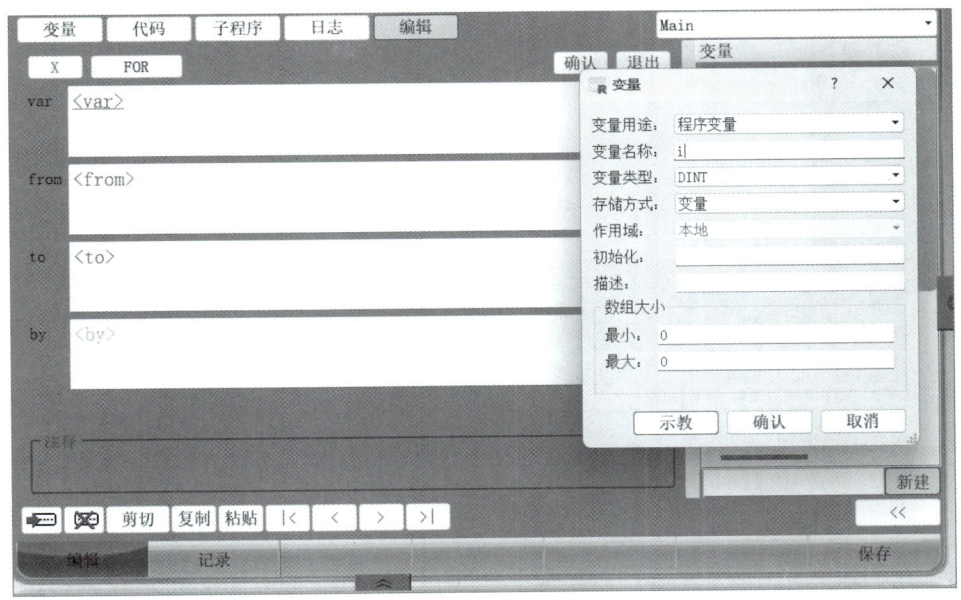

图 2-1-33 创建变量 i

在 var 参数中选择创建的变量 i,from 参数中填写"1"(循环起始),to 参数中填写"6"(循环结束),如图 2-1-34 所示。

在循环中调用 CALL 指令,subroutine 参数中选择 Palletize( ) 子程序,如图 2-1-35 所示。

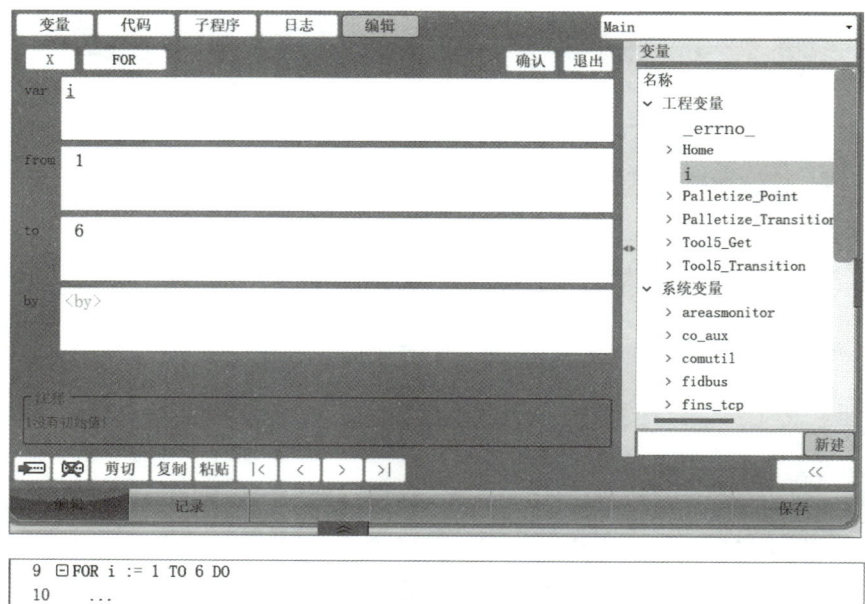

图 2-1-34 设置变量 i

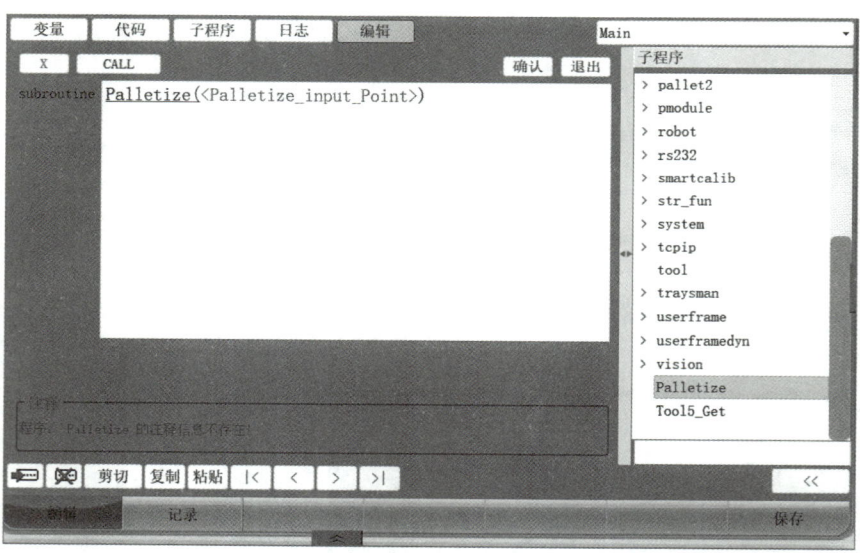

图 2-1-35 选择 Palletize( ) 子程序

由于在创建 Palletize( ) 子程序时添加了 Palletize_input_Point 输入参数,在调用这个子程序时需要给其一个输入参数才可运行该子程序,因此将赋值过的数组添加进去,数组中的元素填入循环次数 i,如图 2-1-36 所示,如此即可实现数组内元素随着循环次数变化而改变。

返回 Home 点,如图 2-1-37 所示。

使用 CALL 指令调用 Tool_Put( ) 子程序,机器人放置吸盘工具,至此码垛任务结束。

基础码垛主程序如图 2-1-38 所示。

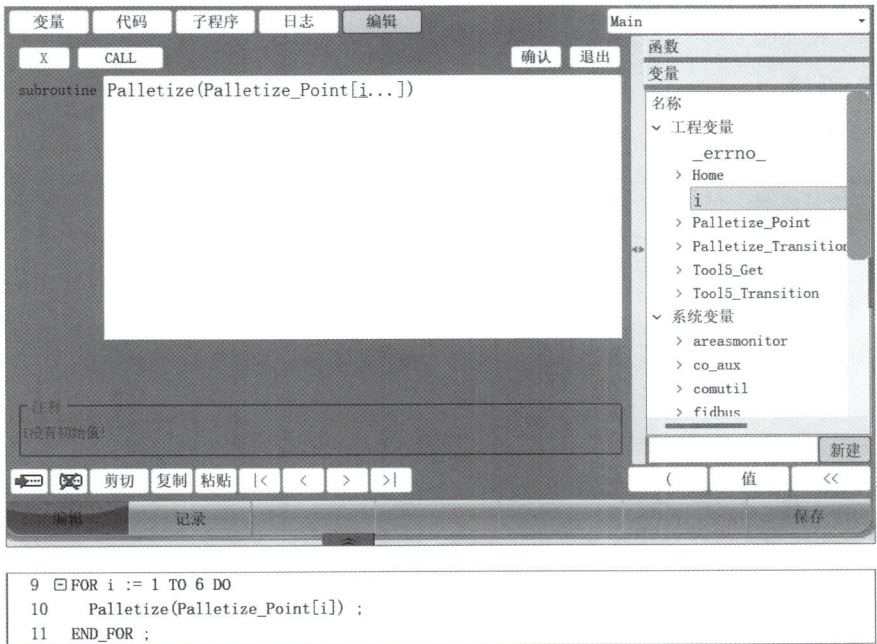

```
9  ⊟FOR i := 1 TO 6 DO
10     Palletize(Palletize_Point[i]) ;
11   END_FOR ;
```

图 2-1-36　子程序输入参数赋值

```
12   MJOINT (Home, v500, fine, tool0) ;
```

图 2-1-37　返回 Home 点

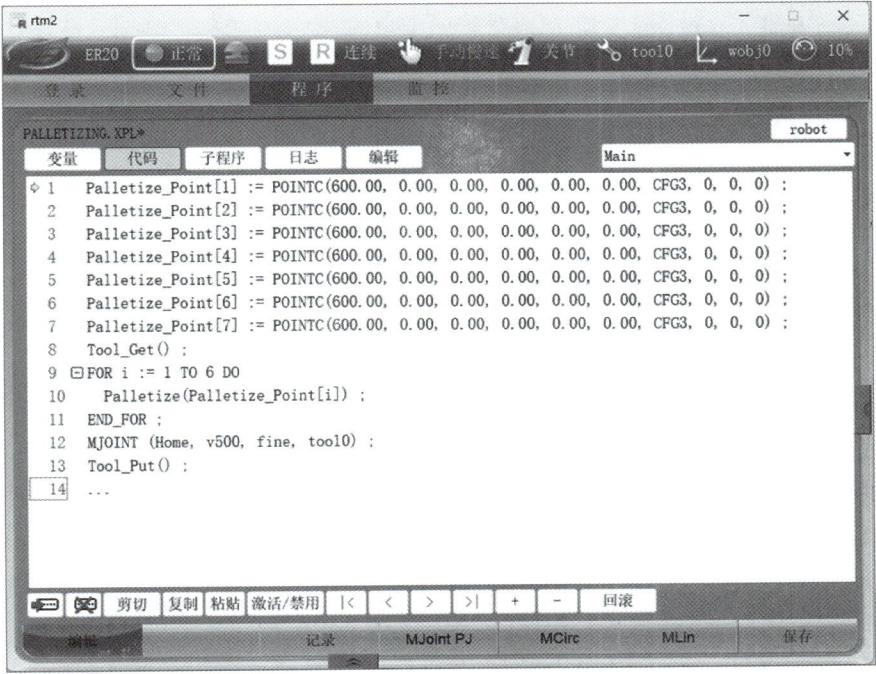

图 2-1-38　基础码垛主程序

👍 项目评价

序号	项目评价观测点	分数	得分
1	机器人从安全点出发拾取吸盘,要求机器人运动过程平顺,不得碰撞	15	
2	机器人按照垛型 A 完成第一层第 1 块物料的拾取与放置,物料姿态符合要求	10	
3	机器人按照垛型 A 完成第一层第 2 块物料的拾取与放置,物料姿态符合要求	10	
4	机器人按照垛型 A 完成第一层第 3 块物料的拾取与放置,物料姿态符合要求	10	
5	机器人按照垛型 B 完成第二层第 1 块物料的拾取与放置,物料姿态符合要求	10	
6	机器人按照垛型 B 完成第二层第 2 块物料的拾取与放置,物料姿态符合要求	10	
7	机器人按照垛型 B 完成第二层第 3 块物料的拾取与放置,物料姿态符合要求	10	
8	机器人放置吸盘工具,回到安全点,要求机器人运动过程平顺,不得碰撞	15	
9	安全意识、质量意识、绿色环保意识、团队协作意识	10	
合计总分			

📈 巩固提升

（1）在基础码垛过程中,如何优化机器人直线、关节等运动指令,以减少非生产性动作的时间,提高码垛效率?

（2）举例说明如何通过调整机器人运动速度、加速度和路径规划等方式,减少机器人在码垛过程中的总耗时。

（3）在码垛动作子程序中,如何灵活运用逻辑函数指令以应对不同的垛型、层数、物料顺序等多种变化?

（4）讨论并设计一种情景,说明在码垛过程中如何通过逻辑判断来处理临时出现的异常情况,如物料缺失或位置偏移。

（5）分析 PLC 与机器人之间的通信协议在码垛系统中的重要作用,解释为何在码垛开始前需要进行通信初始化,并探讨如何确保通信的可靠性和实时性。

（6）设想并描述一个场景,说明在不同码垛方式（按层或按区域）下,PLC 如何通过逻辑控制调整机器人动作序列。

（7）在实际码垛过程中,如何设计和实施有效的安全机制,确保机器人在发生故障或异常时能够立即停止,并采取适当的纠正措施? 分析在物料拾取、放置及上下料过程中,可能出现的故障及相应的预防与处理办法。

（8）实现机器人使用吸盘工具完成基础的两层码垛,使用按照区域 1—2—3 的顺序完成垛型 A 两层码垛,先将区域 1 中两块物料完成码垛后,依次完成区域 2 中两块物料与区域 3 中两块物料码垛。

项目二

基础涂胶

（1）能够识记埃夫特机器人的基本运动指令，包括直线、圆弧和关节运动指令。

（2）能够应用直线、圆弧和关节运动指令，编写程序使机器人能够执行基本运动。

（3）能够评价不同运动指令在实际应用中的有效性，判断其是否满足特定任务的需求。

✳ 观察思考

在汽车制造中,机器人涂胶系统因其高效、精确和一致性而备受青睐,如图 2-2-1、图 2-2-2 所示。机器人能够 24 h 连续作业,显著提高生产效率。其高精度的伺服电动机和传感器确保了涂胶路径和量的准确控制,从而提高了汽车的密封性和耐久性。

图 2-2-1　车身涂胶

图 2-2-2　电池仓装配涂胶

此外,机器人操作减少了人工成本和材料浪费,降低了生产成本。在安全性方面,机器人减少了操作人员接触有害化学物质的风险。机器人的灵活性和易于维护性使其能适应不同的生产需求,保证生产流程的连续性和稳定性。这些优势使得机器人涂胶成为汽车制造业中竞争力提升的关键技术。

ⓘ 项目要求

编写并调试机器人基础涂胶程序。涂胶轨迹如图 2-2-3 所示。机器人使用涂胶工具先完成轨迹 1 涂胶,然后完成轨迹 2 涂胶。其中,轨迹 1 涂胶时,机器人偏移 15 mm,运动速度为 100 mm/s;轨迹 2 涂胶时,机器人偏移 10 mm,运动速度为 100 mm/s。

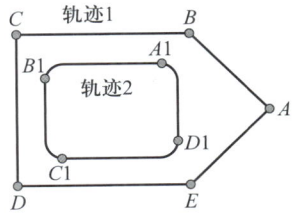

图 2-2-3　涂胶轨迹

视频　　　　　源文件

基础涂胶　　　　基础涂胶

项目导航

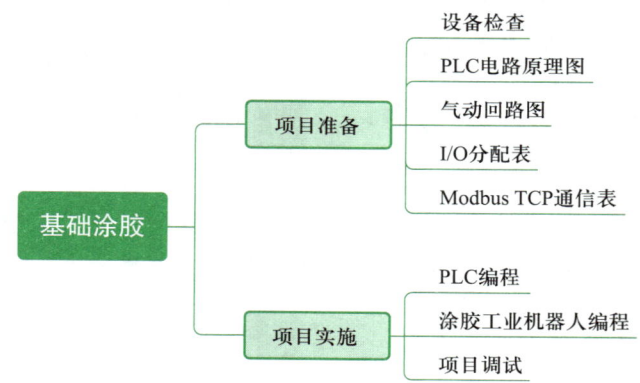

项目准备
- 设备检查
- PLC电路原理图
- 气动回路图
- I/O分配表
- Modbus TCP通信表

基础涂胶

项目实施
- PLC编程
- 涂胶工业机器人编程
- 项目调试

项目准备

1. 设备检查

检查并确认智能制造设备技术应用实训平台是否状态良好,涂胶工具是否安装正确,机器人系统是否处于待命状态。本项目因为实训平台并没有真实应用场景的胶枪工具,而是用涂胶笔模拟工具(涂胶工具)替代,所以没有涂胶动作,只能模拟胶枪涂胶的运动过程。机器人通过 Modbus TCP 通信,控制 PLC 的输出端连接的快换气缸电磁阀线圈,实现涂胶工具的取放控制。

2. PLC 电路原理图

基础涂胶 PLC 电路原理图如图 2-2-4 所示。

3. 气动回路图

基础涂胶气动回路图如图 2-2-5 所示。

4. I/O 分配表

根据 PLC 电路原理图与气动回路图,选用 PLC 控制电磁阀。基础涂胶 I/O 分配表见表 2-2-1。

5. Modbus TCP 通信表

基础涂胶 Modbus TCP 通信表见表 2-2-2。

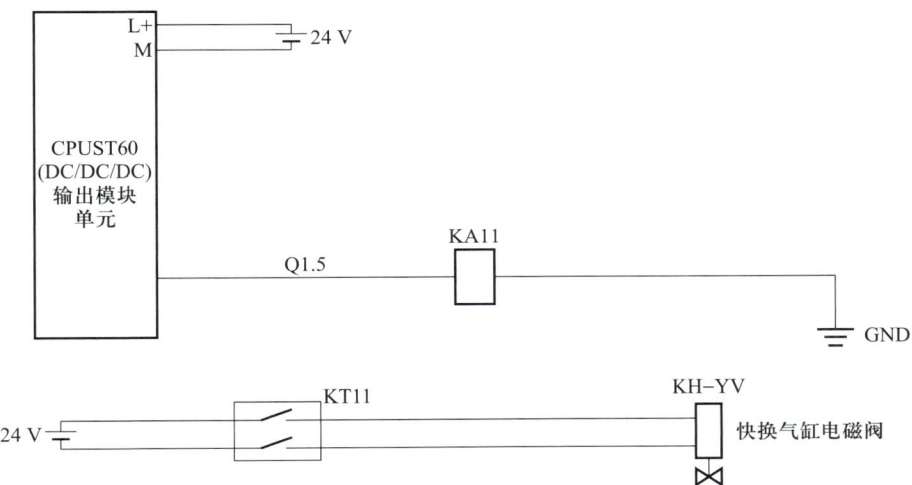

图 2-2-4　基础涂胶 PLC 电路原理图

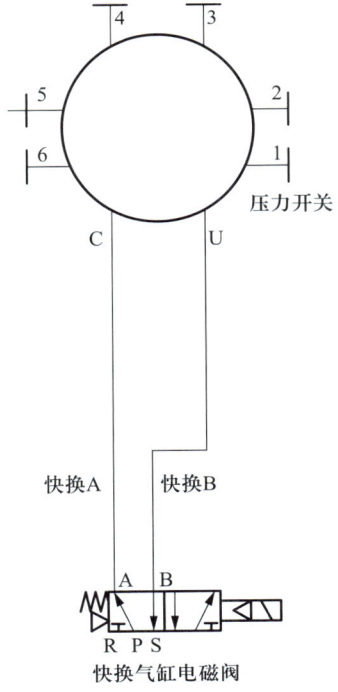

图 2-2-5　基础涂胶气动回路图

表 2-2-1　基础涂胶 I/O 分配表

PLC 输出点	被控对象
Q1.5	快换气缸电磁阀

表 2-2-2　Modbus TCP 通信表

机器人地址	PLC 地址	功能
wo_b11	V668.3	快换气缸锁紧 / 释放

 项目实施

1. PLC 编程

本项目的 PLC 程序任务有 2 个:

(1) 建立 Modbus TCP 客户端通信,实现 PLC 可以接收服务器(机器人)发送的数据。

(2) 机器人地址 wo_b[11]发送数据到 V668.3,PLC 使用 V668.3 控制快换电磁阀。
参考模块一项目二和模块二项目一自行编写程序。

2. 涂胶工业机器人编程

(1) 在功能块变量中创建所需变量,并完成点位示教,具体变量见表 2-2-3。

表 2-2-3　工业机器人运动点位变量

变量名	变量类型	变量说明
Home	POINTJ	安全点
Tool_Excessive	POINTJ	拾取涂胶工具过渡点
Tool3_Get	POINTC	拾取涂胶工具点
Track_Excessive	POINTJ	涂胶轨迹过渡点
Track1_P_A	POINTC	轨迹 1 中 A 点
Track1_P_B	POINTC	轨迹 1 中 B 点
Track1_P_C	POINTC	轨迹 1 中 C 点
Track1_P_D	POINTC	轨迹 1 中 D 点
Track1_P_E	POINTC	轨迹 1 中 E 点
Track2_P_A1	POINTC	轨迹 2 中 A1 点
Track2_P_A2	POINTC	轨迹 2 中 A2 点

续表

变量名	变量类型	变量说明
Track2_P_A3	POINTC	轨迹 2 中 A3 点
Track2_P_B1	POINTC	轨迹 2 中 B1 点
Track2_P_B2	POINTC	轨迹 2 中 B2 点
Track2_P_B3	POINTC	轨迹 2 中 B3 点
Track2_P_C1	POINTC	轨迹 2 中 C1 点
Track2_P_C2	POINTC	轨迹 2 中 C2 点
Track2_P_C3	POINTC	轨迹 2 中 C3 点
Track2_P_D1	POINTC	轨迹 2 中 D1 点
Track2_P_D2	POINTC	轨迹 2 中 D2 点
Track2_P_D3	POINTC	轨迹 2 中 D3 点

（2）创建拾取涂胶工具子程序。在子程序界面创建拾取涂胶工具子程序，命名为"Tool3_Get"，如图 2-2-6 所示。

```
Tool3_Get              ()
```

图 2-2-6　创建拾取涂胶工具子程序

切换至代码界面并选择"Tool3_Get"，对 Tool3_Get( ) 子程序进行编程。使用关节运动指令，机器人从安全点 Home 点开始运动。

初始化机器人夹具快换信号，现场总线 Modbus 位信号 fidbus.mtcp_wo_b［11］。

使用关节运动控制机器人移动至拾取涂胶工具过渡点，如图 2-2-7 所示。

```
变量   代码   子程序   日志   编辑                    Tool3_Get                    ▼
1   MJOINT (Home, v500, fine, tool0) ;
2   fidbus.mtcp_wo_b[11] := true ;
3   MJOINT (Tool_Excessive, v500, fine, tool0) ;
```

图 2-2-7　从安全点移动至拾取涂胶工具过渡点

到达拾取涂胶工具过渡点后，使用直线运动指令控制机器人直线移动至拾取涂胶工具点上方 150 mm 处，调整末端姿态与工具方向对齐，预备拾取操作，如图 2-2-8 所示。

```
4   MLIN (OFFSETTOOL(Tool3_Get, 0, 0, -150), v500, fine, tool0) ;
```

图 2-2-8　移动至拾取涂胶工具点正上方 150 mm 处

机器人直线移动至拾取涂胶工具点,激活快换工具信号以锁紧涂胶工具,延时 0.5 s,确保稳固且无损,如图 2-2-9 所示。

```
5    MLIN (Tool3_Get, v500, fine, tool0) ;
6    fidbus.mtcp_wo_b[11] := false ;
7    DWELL (0.5) ;
```

图 2-2-9　移动至拾取涂胶工具点,锁紧涂胶工具

使用直线运动指令控制机器人返回拾取涂胶工具点上方 150 mm 处,确认工具已成功转移并被稳定夹持,如图 2-2-10 所示。

```
8    MLIN (OFFSETTOOL(Tool3_Get, 0, 0, -150), v500, fine, tool0) ;
```

图 2-2-10　返回拾取涂胶工具点正上方 150 mm 处

机器人安全返回 Home 点,编写完成拾取涂胶工具子程序,如图 2-2-11 所示。

```
8    MJOINT (Home, v500, fine, tool0) ;
```

图 2-2-11　返回 Home 点

(3)编写放置涂胶工具子程序。在子程序界面新建子程序,命名为"Tool3_Put"。在程序界面对 Tool3_Put( ) 子程序进行编程。使用关节运动控制机器人从安全点出发,并移动至拾取涂胶工具过渡点,遵循预设路径与速度限制,确保精确安全移动,如图 2-2-12 所示。

```
1    MJOINT (Home, v500, fine, tool0) ;
2    MJOINT (Tool_Excessive, v500, fine, tool0) ;
```

图 2-2-12　移动至拾取涂胶工具过渡点

到达拾取涂胶工具过渡点后,使用直线运动指令控制机器人直线移动至拾取涂胶工具点上方 150 mm 处,调整末端姿态与工具方向一致,准备放置操作,如图 2-2-13 所示。

```
3    MLIN (OFFSETTOOL(Tool3_Get, 0, 0, -150), v500, fine, tool0) ;
```

图 2-2-13　移动至拾取涂胶工具点正上方 150 mm 处

机器人直线移动至拾取涂胶工具点并初始化快换工具信号以放置涂胶工具,适当延时 0.5 s 以确认平稳放置工具,如图 2-2-14 所示。

```
4    MLIN (Tool3_Get, v500, fine, tool0) ;
5    fidbus.mtcp_wo_b[11] := true ;
6    DWELL (0.5) ;
7    MLIN (OFFSETTOOL(Tool3_Get, 0, 0, -150), v500, fine, tool0) ;
```

图 2-2-14　放置涂胶工具

机器人返回拾取涂胶工具点上方,确认涂胶工具已顺利脱离。使用关节运动指令控制机器人移动至拾取涂胶工具点过渡点后返回安全点,放置涂胶工具子程序编写完成,如图 2-2-15 所示。

```
8   MJOINT (Tool_Excessive, v500, fine, tool0) ;
9   MJOINT (home, v500, fine, tool0) ;
```

图 2-2-15　返回安全点

（4）编写轨迹 1 涂胶子程序。在子程序界面新建 Track1_Gluing( ) 子程序,用于编写轨迹 1 涂胶子程序。

关节运动至涂胶轨迹过渡点,涂胶轨迹过渡点设定在涂胶板上方。使用直线运动指令控制机器人直线运动,由 A 点精准移动至 B 点,机器人运动轨迹与实际涂胶轨迹偏移 15 mm,速度设定为 v100。

到达 B 点后,机器人沿预设轨迹依次直线移动到 C、D、E 点,每到一个点即进行涂胶操作。

抵达 E 点后,机器人直线返回 A 点,并做最终涂胶,确保轨迹首尾连贯。最终回到涂胶轨迹过渡点。

轨迹 1 涂胶子程序及轨迹 1 如图 2-2-16 所示。

```
变量    代码    子程序    日志    编辑                        T
1   MJOINT (Track_Excessive, v500, fine, tool0) ;
2   MLIN (OFFSETTOOL(Track1_P_A, 0, 0, -15), v100, fine, tool0) ;
3   MLIN (OFFSETTOOL(Track1_P_B, 0, 0, -15), v100, fine, tool0) ;
4   MLIN (OFFSETTOOL(Track1_P_C, 0, 0, -15), v100, fine, tool0) ;
5   MLIN (OFFSETTOOL(Track1_P_D, 0, 0, -15), v100, fine, tool0) ;
6   MLIN (OFFSETTOOL(Track1_P_E, 0, 0, -15), v100, fine, tool0) ;
7   MLIN (OFFSETTOOL(Track1_P_A, 0, 0, -15), v100, fine, tool0) ;
8   MJOINT (Track_Excessive, v500, fine, tool0) ;
```

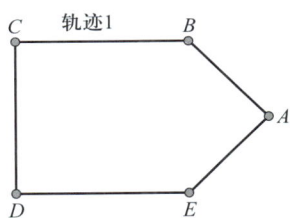

图 2-2-16　轨迹 1 涂胶子程序及轨迹 1

（5）编写轨迹 2 涂胶子程序。在子程序界面新建 Track2_Gluing( ) 子程序,用于编写轨迹 2 涂胶子程序。

关节运动至涂胶轨迹过渡点。然后直线运动至 A1 点,接着直线运动至 A2 点（圆弧起点）。使用圆弧运动指令控制机器人运动经 A3 点（圆弧辅助点）至 B1 点（圆弧终点）,如图 2-2-17 所示。

沿轨迹 2 编写类似 A1 → B1 段的涂胶程序,完成 B1 → C1、C1 → D1、D1 → A1 段涂胶。运动参数都是与实际轨迹偏移 10 mm,速度设定为 v100。轨迹 2 涂胶子程序及轨迹 2 如图 2-2-18 所示。

（6）编写基础涂胶主程序。在子程序界面新建 Gluing_Basis( ) 子程序,用于编写基础涂胶主程序。

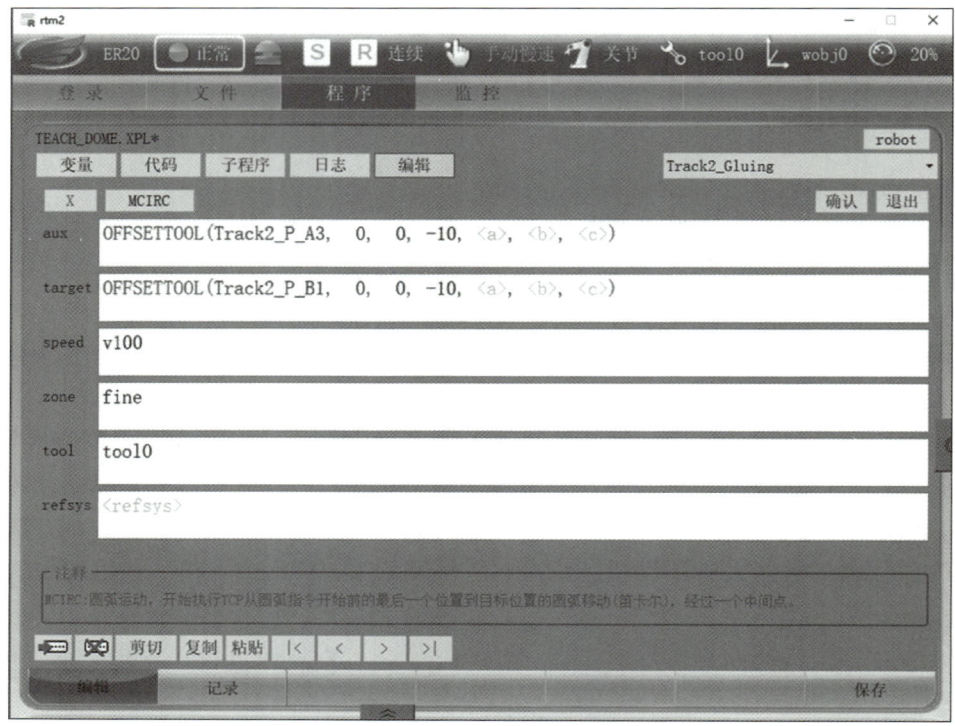

图 2-2-17 使用圆弧运动指令

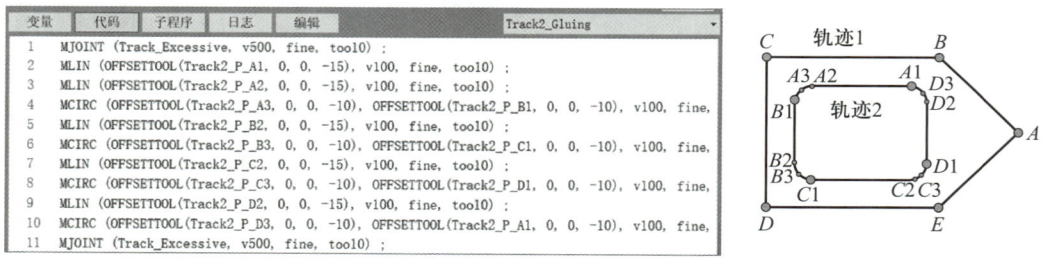

图 2-2-18 轨迹 2 涂胶子程序及轨迹 2

使用 CALL 指令调用 Tool3_Get( ) 子程序。使用 CALL 指令调用 Track1_Gluing( ) 子程序,该子程序操控机器人执行轨迹 1 涂胶。使用 CALL 指令调用 Track2_Gluing( ) 子程序,该子程序操控机器人执行轨迹 2 涂胶。使用 CALL 指令调用 Tool3_Put( ) 子程序,引导机器人安全放置涂胶工具至快换工具支架。

基础涂胶主程序如图 2-2-19 所示。

3. 项目调试

下载 PLC 程序到 CPU,PLC 设置为运行状态。将机器人运行模式切换为"单步进入",机器人运行速度调整为"20%",完整运行基础涂胶主程序,参数设置如图 2-2-20 所示。

图 2-2-19 基础涂胶主程序

图 2-2-20 机器人"单步进入"模式调试程序

👍 项目评价

序号	项目评价观测点	分类	得分
1	完成轨迹 1 涂胶	30	
2	完成轨迹 2 涂胶	30	
3	编写主程序,运行调试程序	30	
4	安全意识、质量意识、绿色环保意识、团队协作意识	10	
合计总分			

📈 巩固提升

（1）分析项目中涂胶速度、路径规划是如何通过指令实现的,探索如何实现动态调整涂胶速度及多层涂胶。

（2）在触摸屏中分别设定轨迹 1 和轨迹 2 的涂胶次数,控制机器人按照触摸屏中设定的涂胶次数准确完成轨迹 1（偏移 15 mm,速度为 100 mm/s）和轨迹 2（偏移 10 mm,速度为 100 mm/s）涂胶。

（3）圆弧运动指令需要几个位置点来编写? 轨迹 2 中共需要几条圆弧运动指令?

（4）简述 CALL 指令的作用。

项目三

定制码垛

 学习目标

（1）掌握定制码垛系统的组成，理解 PLC 与工业机器人的协调控制机制。

（2）熟练掌握机器人运动指令，实现定制码垛任务的编程与控制。

（3）学会机器人运动路径规划与优化，能应对复杂码垛场景。

（4）学会 PLC 程序设计及 HMI 应用，主程序、子程序等设计，实现状态监控。

（5）能够独立完成从规划、编程、HMI 设计到调试的定制码垛任务，解决实际生产问题。

⚛ 观察思考

　　传统的基础码垛方式往往难以满足各个行业和企业的多样化、个性化需求,缺乏足够的灵活性和适应性。为了应对这一挑战,定制码垛方案应运而生。以肉制品企业和大米加工企业为例,它们在生产过程中需要对包装好的肉制品和大米进行搬运和码垛,如图 2-3-1、图 2-3-2 所示。

图 2-3-1　包装好的肉制品的搬运和码垛

图 2-3-2　包装好的大米的搬运和码垛

　　与基础码垛相比,定制码垛在多个方面展现出了明显的优势,接下来从投资成本和工作质量两个角度进行对比分析。

　　从投资成本上看,虽然定制码垛的初期投入可能高于基础码垛,因为定制码垛需要根据企业的具体需求进行设计和制造,这涉及更多的研发、定制和安装成本。然而,从长远来看,定制码垛的高效率、低维护成本和长工作寿命能够使其投资回报率更高。相比之下,基础码垛虽然初期投入较低,但由于其通用性较强,可能无法完全满足企业的特定需求,导致生产效率低下、人力成本增加等,从而在长期运营中增加总体成本。

　　从工作质量上看,定制码垛的优势更为明显。首先,定制码垛能够精确匹配企业的产品特性和生产线需求,确保码垛的准确性和稳定性,减少产品损坏和返工率,从而提高产品质量和客户满意度。其次,定制码垛机器人通常采用先进的控制系统和传感器技术,能够实现智能化操作和远程监控,提高生产过程的可控性和安全性。最后,定制码垛还具备更高的灵活性,可以根据企业的生产需求快速调整和优化,以适应市场变化和产品升级。相比之下,基础码垛可能无法完全满足企业的特定需求,从而导致生产效率低、产品质量不稳定等。

ⓘ 项目要求

　　(1)按下触摸屏的"码垛开始"按钮,机器人先回到安全点,开始定制码垛流程。

（2）在触摸屏上可以选择不同的码垛工具、码垛顺序和码垛垛型。按下"码垛开始"按钮,开始根据触摸屏中设置的参数进行定制码垛。

（3）触摸屏中可选参数包括:码垛工具(吸盘、夹爪);码垛垛型(垛型 A、垛型 B、垛型 C),见表 2-1-1;第一层码垛顺序(1—2—3、2—1—3、3—1—2);第二层码垛顺序(1—2—3、2—1—3、3—1—2)。

（4）完成后,机器人回到安全点,放回工具,停止码垛。

视频

定制码垛

源文件

定制码垛

 项目导航

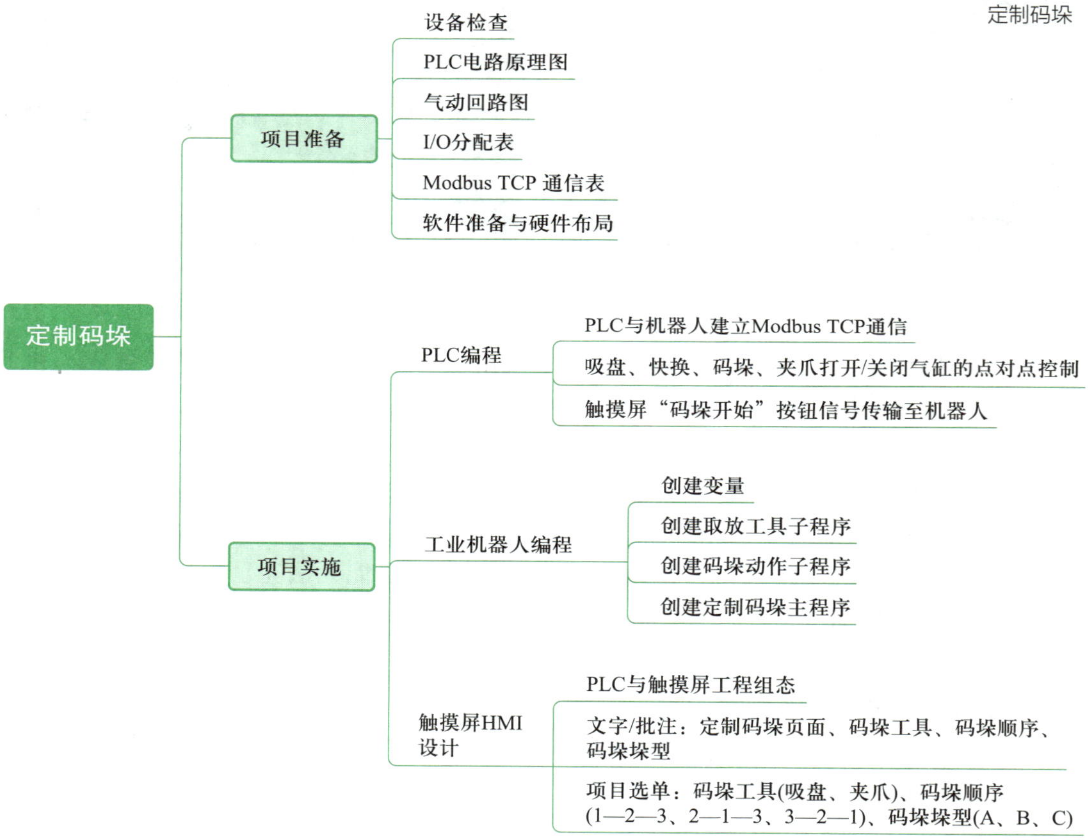

```
定制码垛 ─┬─ 项目准备 ─┬─ 设备检查
          │             ├─ PLC电路原理图
          │             ├─ 气动回路图
          │             ├─ I/O分配表
          │             ├─ Modbus TCP 通信表
          │             └─ 软件准备与硬件布局
          │
          └─ 项目实施 ─┬─ PLC编程 ─┬─ PLC与机器人建立Modbus TCP通信
                        │            ├─ 吸盘、快换、码垛、夹爪打开/关闭气缸的点对点控制
                        │            └─ 触摸屏"码垛开始"按钮信号传输至机器人
                        │
                        ├─ 工业机器人编程 ─┬─ 创建变量
                        │                    ├─ 创建取放工具子程序
                        │                    ├─ 创建码垛动作子程序
                        │                    └─ 创建定制码垛主程序
                        │
                        └─ 触摸屏HMI设计 ─┬─ PLC与触摸屏工程组态
                                           ├─ 文字/批注:定制码垛页面、码垛工具、码垛顺序、码垛垛型
                                           └─ 项目选单:码垛工具(吸盘、夹爪)、码垛顺序(1—2—3、2—1—3、3—2—1)、码垛垛型(A、B、C)
```

项目准备

1. 设备检查

（1）根据图纸检查实训平台中的机器人本体［图 2-1-4（a）］和拆码垛单元［图 2-1-4（b）］是否正确安装,如图 2-1-4（c）所示。

（2）确认智能制造设备技术应用实训平台状态良好，机器人系统正常运行，所需码垛工具（夹爪、吸盘）、码垛物料（6个）已正确安装。

2. PLC 电路原理图

绘制定制码垛 PLC 电路原理图，可以清晰地了解整个控制系统的电气布局，便于安装、调试和维护工作。同时，它为后续的系统扩展和改造提供了重要的参考依据。PLC 输出点分别连接码垛气缸、夹爪打开/关闭气缸、吸盘气缸和快换气缸的电磁阀线圈，如图 2-3-3 所示。

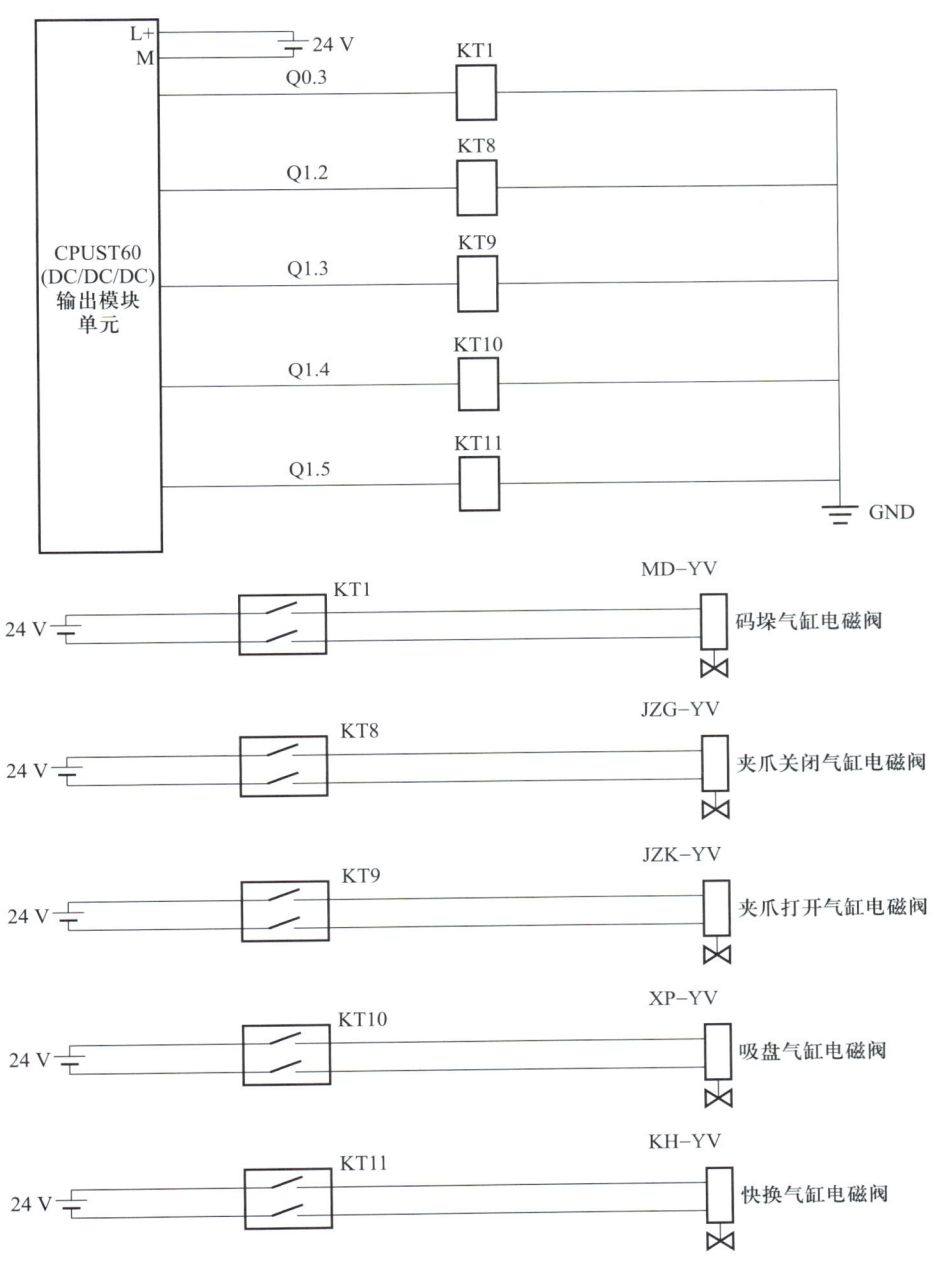

图 2-3-3 定制码垛 PLC 电路原理图

（1）每个电磁阀控制一个气缸的特定动作，如码垛、夹爪的开闭、吸盘的上下移动和快换装置的动作。

（2）接线过程中需要确保电源匹配、正确接地，并考虑信号隔离和维护便捷性。

（3）此电路原理图设计旨在实现 PLC 对气缸动作的精确控制，以满足自动化生产线的需求。

3. 气动回路图

本项目的气动回路图设计涵盖了吸盘、码垛、快换、夹爪打开 / 关闭气缸电磁阀的主要功能连接，如图 2-3-4 所示。

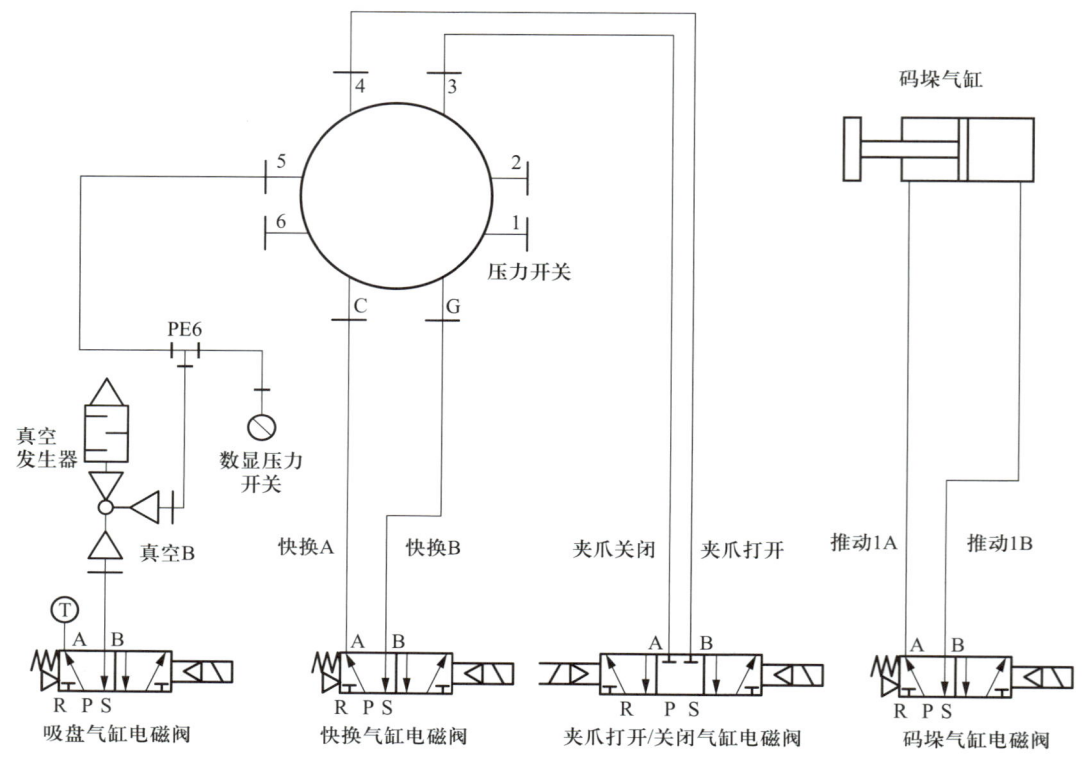

图 2-3-4　定制码垛气动回路图

（1）吸盘气缸电磁阀：该部分设计了一个电磁阀来控制真空吸盘的吸取与释放。当需要吸取物料时，吸盘气缸电磁阀打开，使真空吸盘产生负压，吸取物料；当需要释放物料时，吸盘气缸电磁阀关闭，负压消失，物料被释放。

（2）码垛气缸电磁阀：该部分设计了一个电磁阀来控制码垛气缸的伸缩动作。压缩空气通过气源进入电磁阀，电磁阀根据 PLC 或其他控制器的信号切换状态，从而控制气缸的进气或排气，实现码垛的精确动作。

（3）快换气缸电磁阀：此部分设计了一个电磁阀来控制机器人的快换装置。当需要更换工具时，电磁阀接收控制信号后，会切换气路，使快换气缸动作，完成工具的快速更换。

（4）夹爪打开/关闭控制电磁阀：此部分设计用于控制夹爪的打开和关闭动作。夹爪气缸通过电磁阀接收控制信号，当需要夹取物料时，电磁阀打开，使气缸伸出，夹爪闭合；当需要释放物料时，电磁阀关闭，气缸缩回，夹爪打开。如此，夹爪就能根据控制信号实现精确的抓取和释放动作。

整个气动回路图设计合理，各个部件之间连接紧密，确保了系统的稳定性和可靠性。同时，该设计也便于后续的维护和故障排查。通过该气动回路图，可以清晰地了解整个气动控制系统的布局和工作原理。

4. I/O 分配表

根据 PLC 电路原理图与气动回路图，选用 PLC 控制电磁阀。I/O 分配表见表 2-3-1。

表 2-3-1　定制码垛 I/O 分配表

PLC 输出点	被控对象
Q0.3	码垛气缸电磁阀
Q1.2	夹爪关闭气缸电磁阀
Q1.3	夹爪打开气缸电磁阀
Q1.4	吸盘气缸电磁阀
Q1.5	快换气缸电磁阀

5. Modbus TCP 通信表

机器人和 PLC 之间的数据交换采用 Modbus TCP，因此，将 PLC 的软元件地址及机器人地址按照功能进行划分和映射，见表 2-3-2。

表 2-3-2　定制码垛 Modbus TCP 通信表

机器人地址	PLC 地址	功能
wo_b[0]	V669.0	吸盘气缸打开/关闭
wo_b[1]	V669.1	码垛气缸伸出/缩回
wo_b[2]	V669.2	快换气缸锁紧/释放
ro_i[0]	VW876	码垛工具
ro_i[1]	VW878	码垛顺序
ro_i[2]	VW880	码垛垛型
ro_b[0]	V869.0	"码垛开始"按钮

6. 软件准备与硬件布局

熟悉并设置好机器人控制软件,确保该软件具备执行定制码垛任务所需的运动指令、逻辑函数指令及坐标系标定功能,并根据定制码垛的具体需求,合理布置物料输送带、堆垛区和物料检测设备等,以保障机器人在安全且无障碍的环境中运行。

 项目实施

1. PLC 编程

PLC 程序编程思路如图 2-3-5 所示。

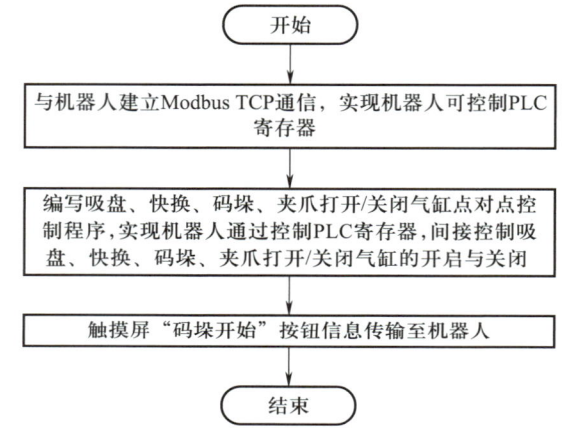

图 2-3-5　PLC 程序编程思路

（1）PLC 与机器人建立 Modbus TCP 通信。

（2）使用 Modbus TCP 通信配置的地址实现吸盘、快换、码垛、夹爪打开 / 关闭气缸点对点控制。PLC 程序如图 2-3-6 所示。

程序段 1：V669.0（wo_b［0］）写入 1 时,通过上升沿置位 Q1.4（吸盘气缸）；写入 0 时,通过下降沿复位 Q1.4（吸盘气缸）。

程序段 2：V669.1（wo_b［1］）写入 1 时,通过上升沿置位 Q0.3（码垛气缸）；写入 0 时,通过下降沿复位 Q0.3（码垛气缸）。

程序段 3：V669.2（wo_b［2］）写入 1 时,通过上升沿置位 Q1.5（快换气缸）；写入 0 时,通过下降沿复位 Q1.5（快换气缸）。

程序段 4：V669.3（wo_b［3］）写入 1 时,通过上升沿首先复位 Q1.2（夹爪关闭气缸）和置位 Q1.3（夹爪打开气缸）,再通过下降沿置位 Q1.2（夹爪关闭气缸）；机器人 V669.4（wo_b［4］）写入 1 时,通过上升沿首先复位 Q1.2（夹爪关闭气缸）和置位 Q1.3（夹爪打开气缸）,再通过下降沿置位 Q1.3（夹爪打开气缸）。

（3）触摸屏"码垛开始"按钮信息传输至机器人。触摸屏"码垛开始"按钮 V100.0 接通时,ro_b［0］置 1。触摸屏"码垛开始"按钮 PLC 程序如图 2-3-7 所示。

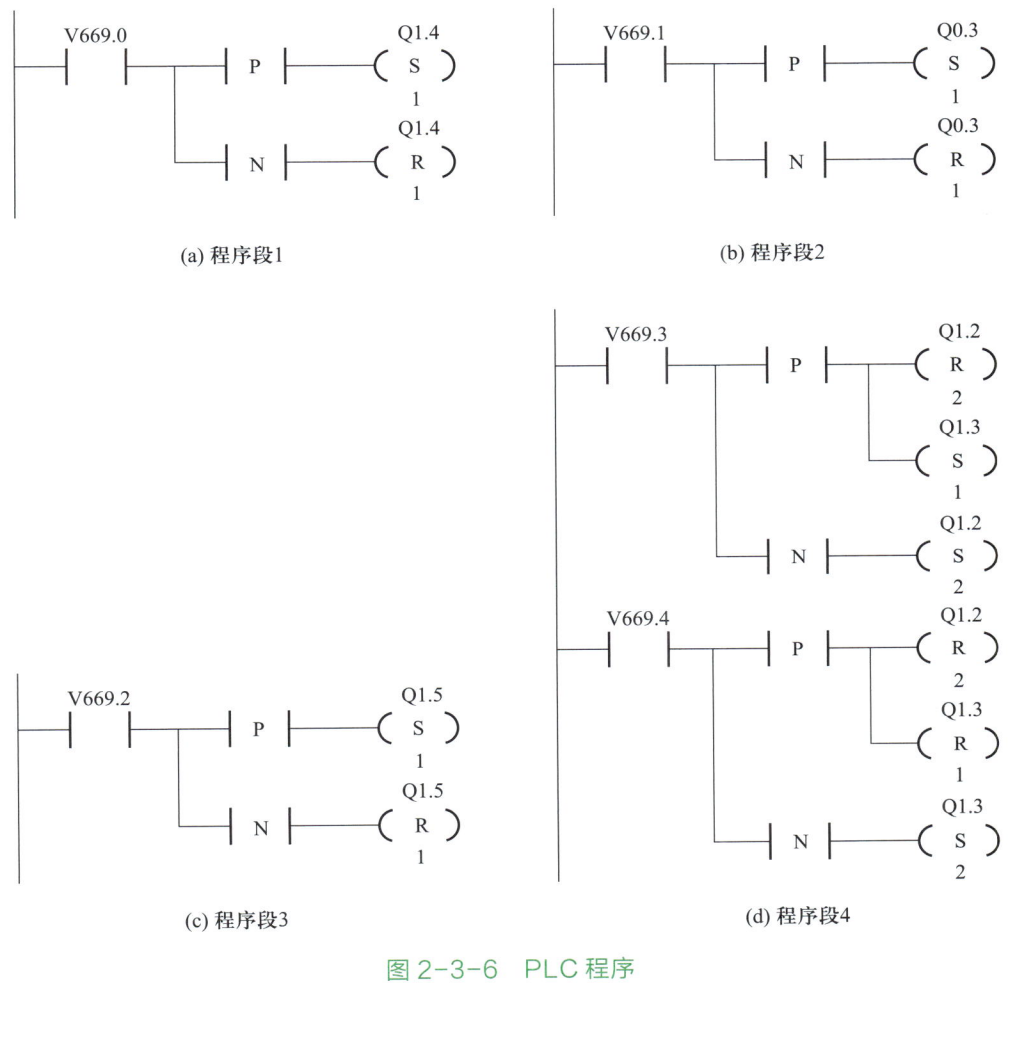

(a) 程序段1

(b) 程序段2

(c) 程序段3

(d) 程序段4

图 2-3-6 PLC 程序

图 2-3-7 触摸屏"码垛开始"按钮 PLC 程序

2. 工业机器人编程

根据前述项目要求,为了增强程序的可读性与可复用性,本项目中将机器人编程分为"定制码垛主程序""拾取工具子程序""码垛动作子程序""放置工具子程序",程序流程图如图 2-3-8 所示。

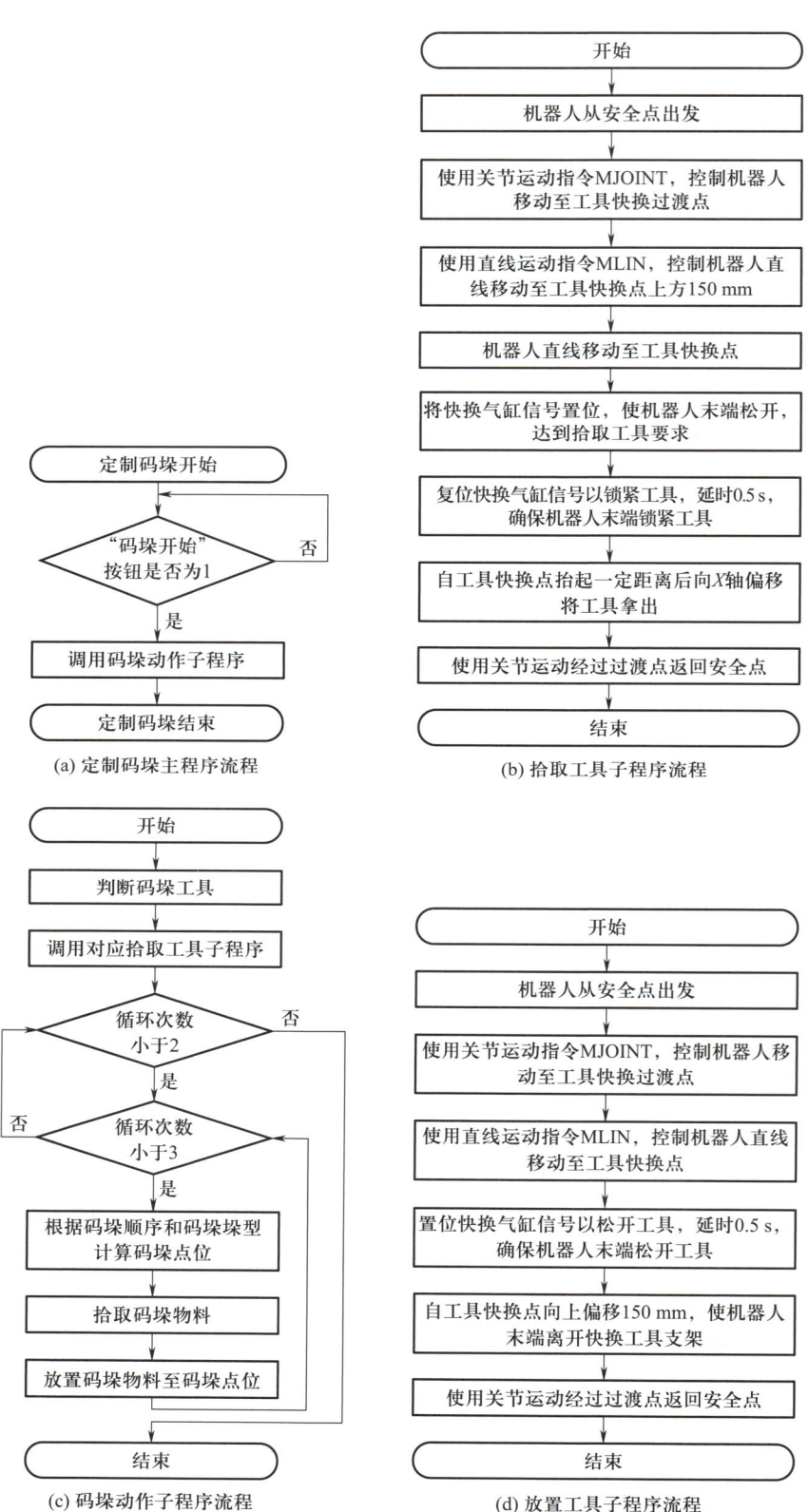

图 2-3-8　定制码垛程序流程图

（1）创建变量

在功能块变量中创建所需变量，并完成点位示教，变量见表2-3-3。

表2-3-3　定制码垛变量表

变量名	变量类型	变量说明
Home	POINTJ	安全点
Tool_Transition	POINTJ	工具快换过渡点
Tool2_Point	POINTC	吸盘工具快换点
Tool4_Point	POINTC	夹爪工具快换点
Palletize_Transition	POINTJ	机器人前往码垛工位过渡点
Palletize_Point［10...1］	POINTC；数组	建立一组元素为10个的空数组
Palletize_Order［2...0］	DINT；数组	码垛顺序
Tool_Point	POINTC；Tool_Get( ) 与Tool_Put( )子程序输入参数	工具快换点
i	DINT	循环2次
i1	DINT	循环3次
P	DINT	计算码垛点位

（2）创建取放工具子程序

在基础码垛中只用到一个末端工具，所以程序直接写吸盘工具的取放流程即可，但当使用多个工具时，则需要用替换输入参数的形式，来实现一个程序完成所有末端工具的拾取，而另一个程序实现所有工具的放置。

创建Tool_Get( )与Tool_Put( )两个子程序，如图2-3-9所示，在子程序中各创建一个输入参数"Tool_Point"，数据类型为POINTC，如图2-3-10所示。

首先机器人末端快换气缸缩回，机器人返回安全点"Home"，防止机器人在运行程序时轨迹不可预测而导致撞机；然后机器人运动到过渡点"Tool_Transition"；最后使用直线运动指令使机器人到达工具的正上方150 mm处，调整末端姿态与工具方向对齐，预备拾取操作。该程序的工具快换点位则需要输入子程序中的输入参数，在需要更换其他工具时替换输入参数的点位即可，如图2-3-11所示。

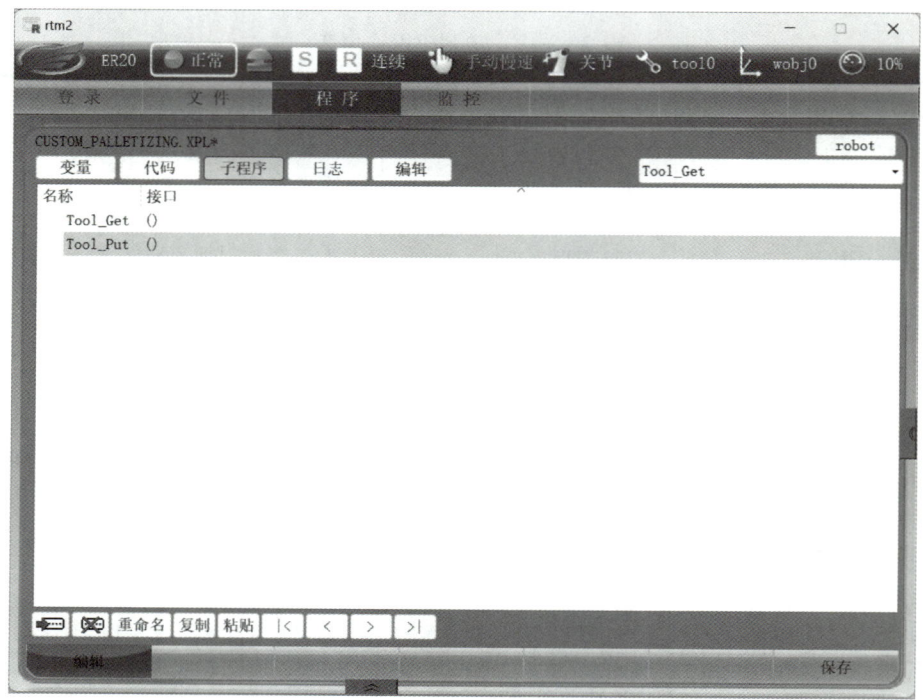

图 2-3-9 创建 Tool_Get( )与 Tool_Put( )两个子程序

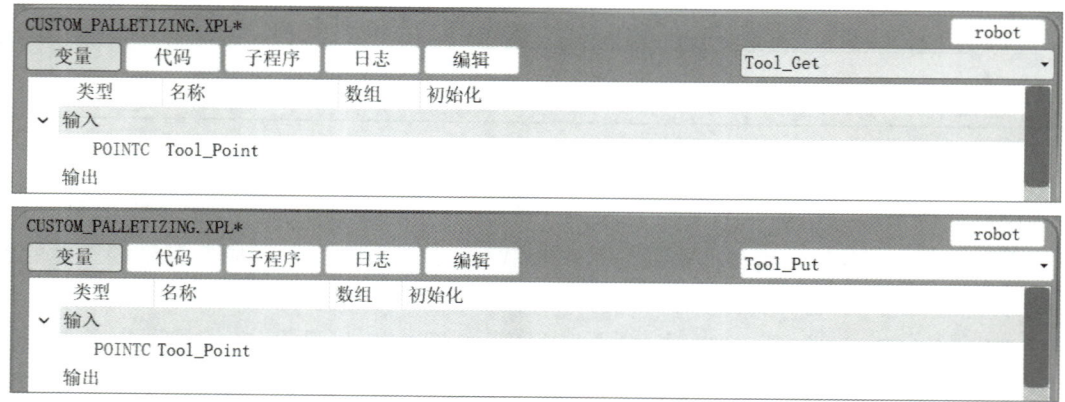

图 2-3-10 创建输入参数"Tool_Point"

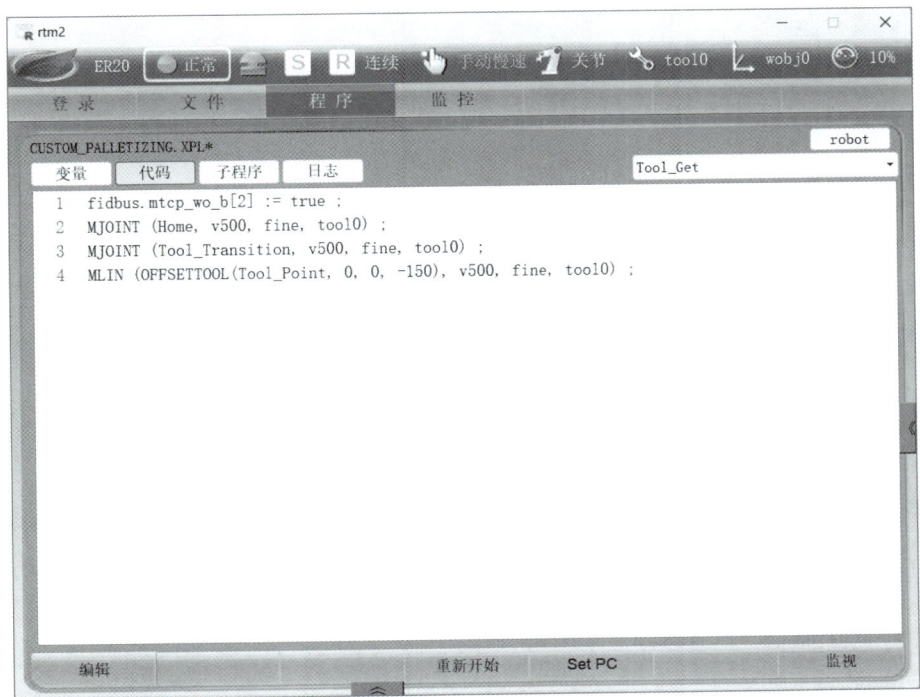

图 2-3-11 机器人末端快换气缸缩回程序

机器人直线移动至工具快换点,置位快换气缸信号以锁紧工具,延时 0.5 s,确保机器人末端锁紧工具,如图 2-3-12 所示。

```
5   MLIN (OFFSETTOOL(Tool_Point, 0, 0, 0), v200, fine, tool0) ;
6   fidbus.mtcp_wo_b[2] := false ;
7   DWELL (0.5) ;
```

图 2-3-12 置位快换气缸信号以锁紧工具

由于该子程序需要实现多个工具的拾取,机器人拾取工具后需要考虑所有工具的运动轨迹,因此,机器人不可直接抬起,需要抬起一定距离后向 X 轴偏移将工具拿出,最后抬起即可,如图 2-3-13 所示。

```
8    MLIN (OFFSETTOOL(Tool_Point, 0, 0, -13), v200, fine, tool0) ;
9    MLIN (OFFSETTOOL(Tool_Point, 70, 0, -13), v200, fine, tool0) ;
10   MLIN (OFFSETTOOL(Tool_Point, 70, 0, -200), v200, fine, tool0) ;
```

图 2-3-13 抬起一定距离后向 X 轴偏移将工具拿出

最终经过渡点返回 Home 点,具体程序如图 2-3-14 所示。

机器人放置工具子程序与拾取工具子程序基本一致,但运动逻辑相反,具体程序如图 2-3-15 所示。

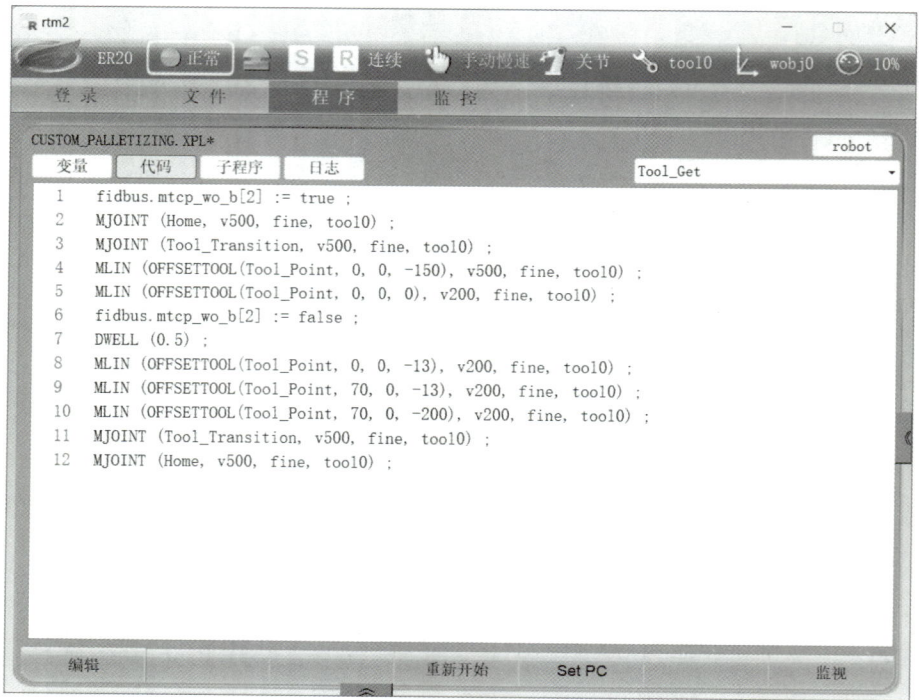

图 2-3-14　Tool_Get( )子程序

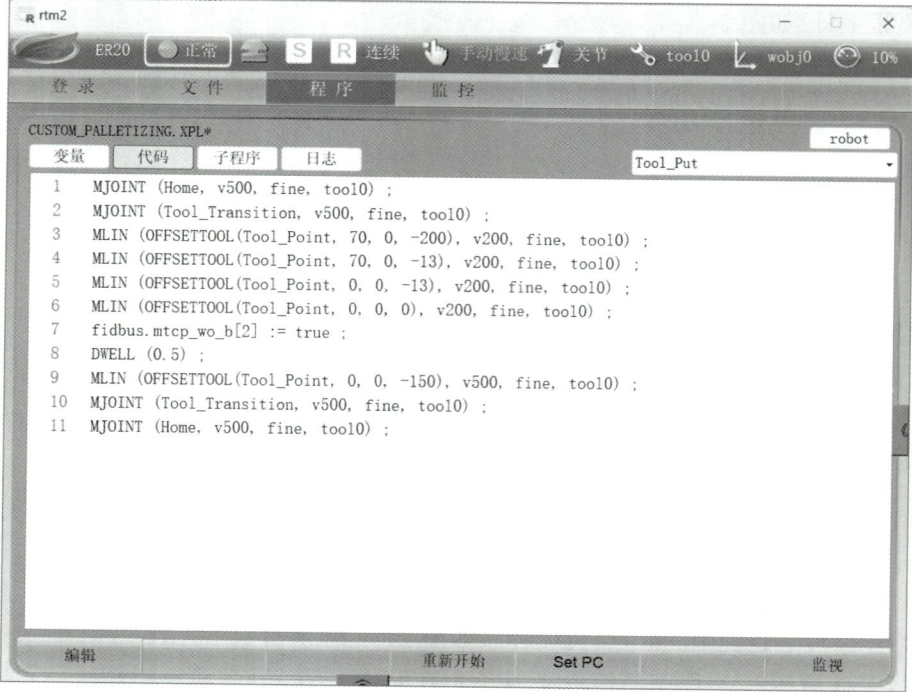

图 2-3-15　Tool_Put( )子程序

（3）创建码垛动作子程序

添加码垛动作子程序 Custom_Palletize( ) 并创建数组 Palletize_Point［1...10］。

在 Custom_Palletize( ) 子程序中为 Palletize_Point［1...10］数组依次赋值。第 1 至 3 位的数组元素为垛型 A 的三个物料点位；第 4 至 6 位的数组元素为垛型 B 的三个物料点位；第 7 至 9 位的数组元素为垛型 C 的三个物料点位；第 10 位数组元素为物料的拾取点位，具体点位以实际示教点位为准，图 2-3-16 所示为参考值。

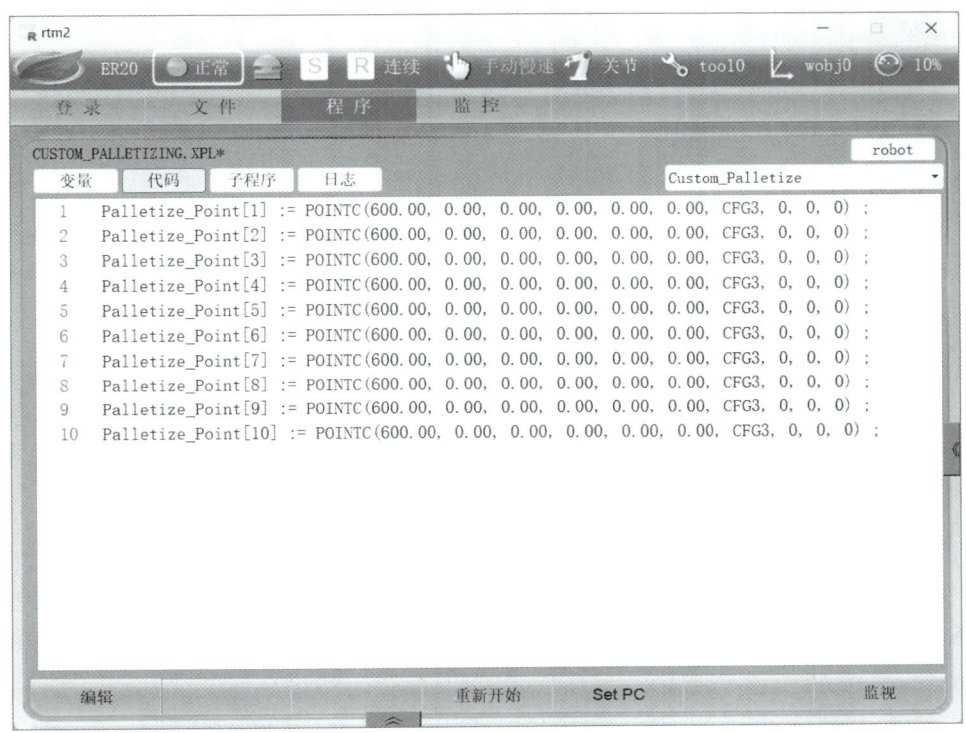

图 2-3-16　为 Palletize_Point［1...10］数组依次赋值

使用 CASE 指令判断码垛工具（ro_i［0］）选择的是"吸盘"（0）还是"夹爪"（1），并使用 CALL 指令选择跳转对应的子程序。

点击"编辑"按钮，在通用指令中选择 CASE 指令，如图 2-3-17 所示。

点击"expr"参数，选择"fidbus.mtcp_ro_i"（码垛工具地址），如图 2-3-18 所示。

点击 CASE 指令中的空行，选择"VALUE_LIST"参数，在"expr"参数中填入"0"，完成 fidbus.mtcp_ro_i［0］的值为 0 时的判断语句，如图 2-3-19~ 图 2-3-21 所示。

参照以上步骤完成 fidbus.mtcp_ro_i［0］的值为 1 时的判断语句，如图 2-3-22 所示。

在 CASE 指令中分别调用 Tool_Get( ) 子程序并更换输入参数即可，如图 2-3-23 所示。

判断码垛顺序（ro_i［1］）。例如，若码垛顺序为 3—2—1，那么当使用循环指令时，只需要将循环第 1 次的码垛点位赋值为数组的第 3 位即可，依此类推，具体实现如下所述。

创建数组 Palletize_Order［0...2］，判断码垛顺序，将 1、2、3、3、2、1、2、1、3 分别赋值给数组，如图 2-3-24 所示。

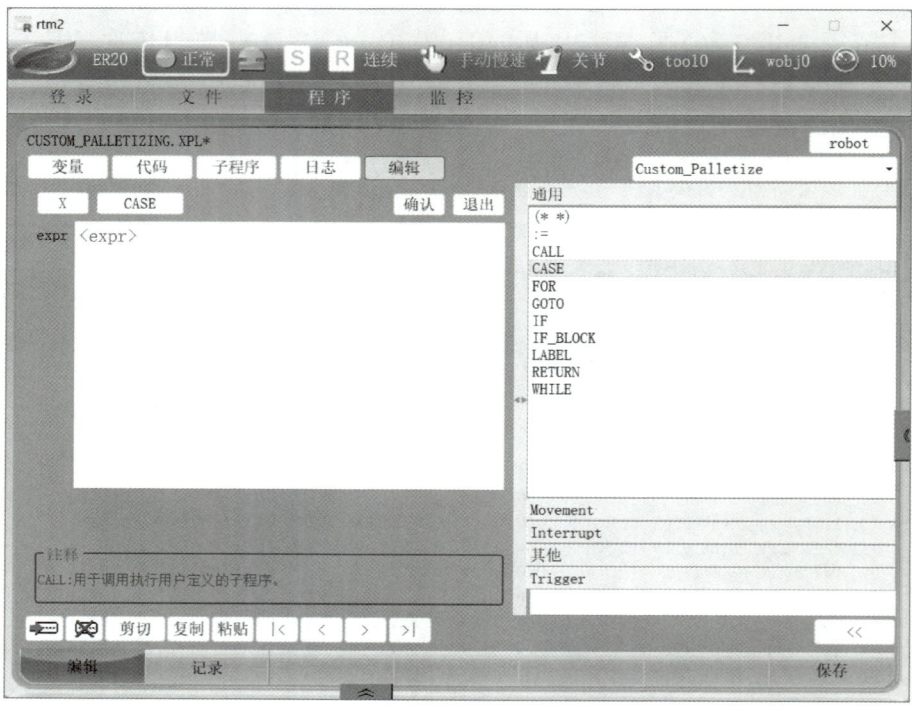

图 2-3-17　选择 CASE 指令

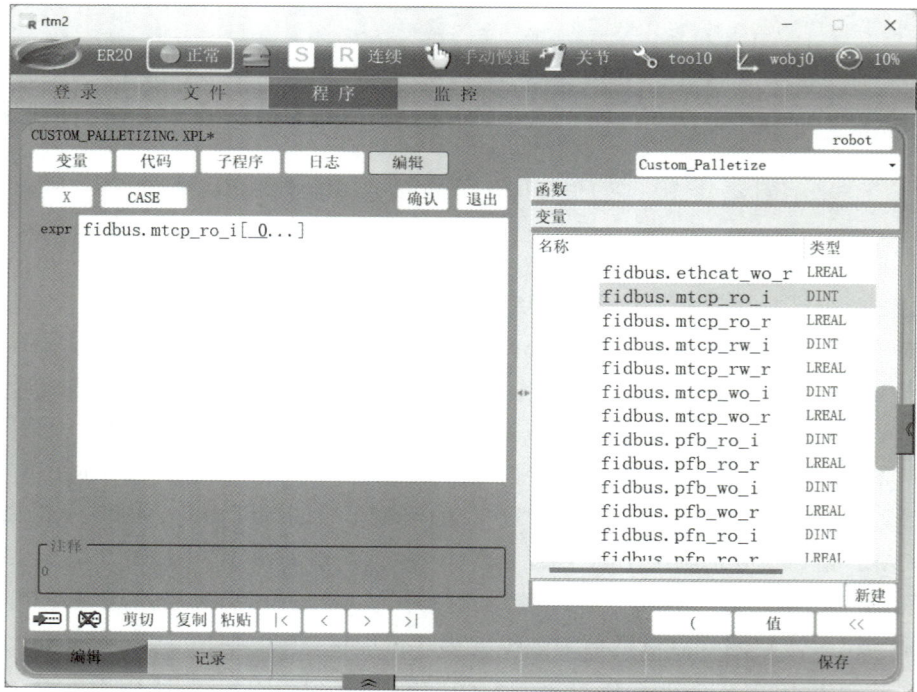

图 2-3-18　配置码垛工具地址

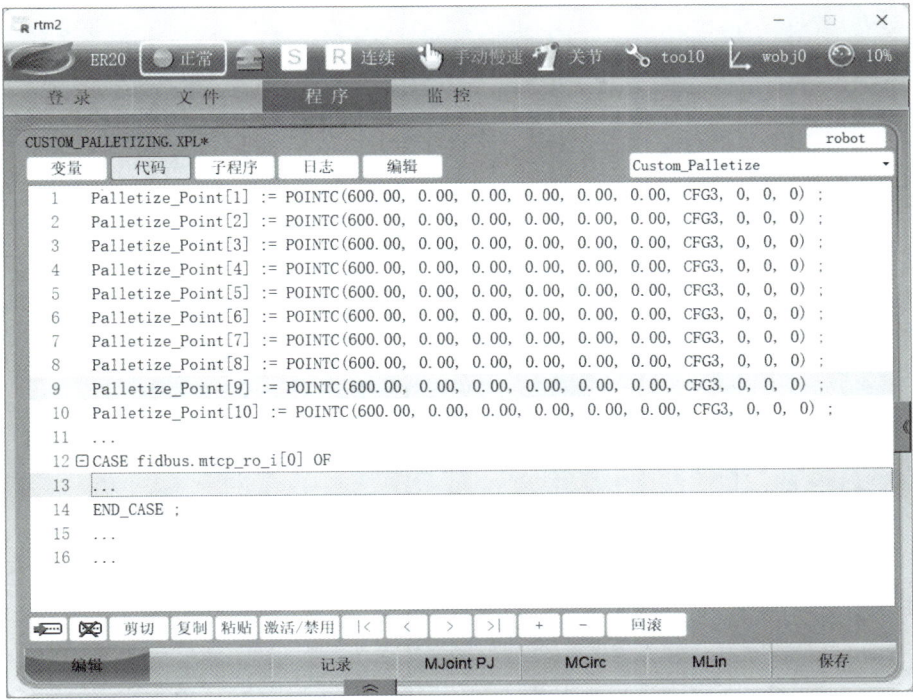

图 2-3-19 点击 CASE 指令中的空行

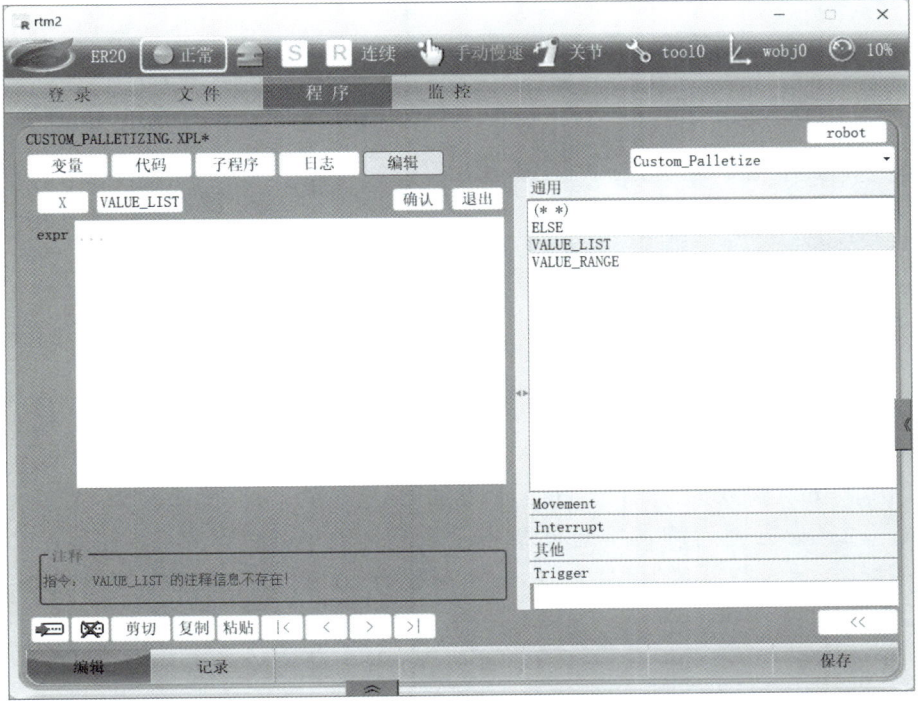

图 2-3-20 选择"VALUE_LIST"参数

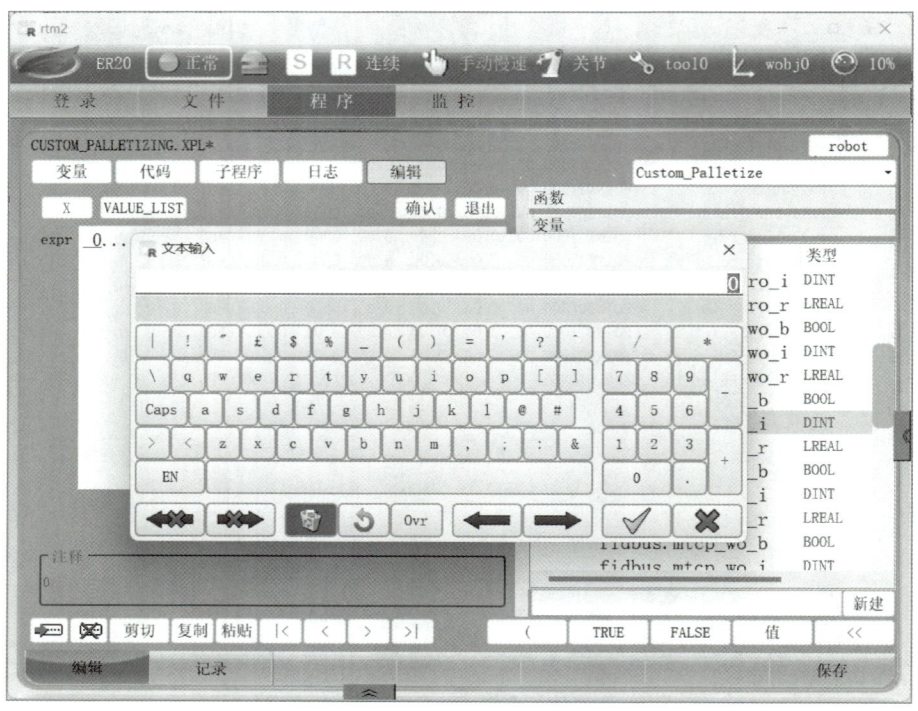

图 2-3-21　在"expr"参数中填入"0"

```
12 ⊟ CASE fidbus.mtcp_ro_i[0] OF
13 ⊟ 0:
14      ...
15   EXIT ;
16 ⊟ 1:
17      ...
18   EXIT ;
19   END CASE ;
```

图 2-3-22　fidbus.mtcp_ro_i[0]
的值为 1 时的判断语句

```
12 ⊟ CASE fidbus.mtcp_ro_i[0] OF
13 ⊟ 0:
14      Tool_Get(Tool2_Point) ;
15   EXIT ;
16 ⊟ 1:
17      Tool_Get(Tool5_Point) ;
18   EXIT ;
19   END CASE ;
```

图 2-3-23　调用 Tool_Get( ) 子程序
并更换输入参数

　　创建变量"i""i1",类型均为 DINT,添加 FOR 循环指令,"var"参数为"i","from"参数为"0","to"参数为"1",意为循环两次,第 1 次为"0"、第 2 次为"1",这段循环为码垛的第二层,方便后续直接通过循环次数沿 Z 轴坐标进行偏移;在该循环中嵌套 FOR 循环指令,"var"参数为"i1","form"参数为"0","to"参数为"2",循环三次,如图 2-3-25 所示。

```
21 ⊟ CASE fidbus.mtcp_ro_i[1] OF
22 ⊟ 0:
23      Palletize_Order[0] := 1 ;
24      Palletize_Order[1] := 2 ;
25      Palletize_Order[2] := 3 ;
26   EXIT ;
27 ⊟ 1:
28      Palletize_Order[0] := 3 ;
29      Palletize_Order[1] := 2 ;
30      Palletize_Order[2] := 1 ;
31   EXIT ;
32 ⊟ 2:
33      Palletize_Order[0] := 2 ;
34      Palletize_Order[1] := 1 ;
35      Palletize_Order[2] := 3 ;
36   EXIT ;
37   END_CASE ;
```

图 2-3-24　创建数组 Palletize_Order[0...2]

```
39 ⊟ FOR i := 0 TO 1 DO
40 ⊟    FOR i1 := 0 TO 2 DO
41        ...
42     END_FOR ;
43   END_FOR ;
```

图 2-3-25　添加 FOR 循环指令

创建变量 "P"，类型为 DINT，并在 i1 循环中进行具体的码垛点位计算：码垛点位 = 码垛顺序 + 码垛垛型 × 3。其中，码垛顺序引用了循环参数 "i1"，在循环时会将已经通过判断码垛顺序后赋值的值依次调用过来，这样即可算出每次循环应该放置的码垛点位，如图 2-3-26 所示。

```
39 ⊟ FOR i := 0 TO 1 DO
40 ⊟    FOR i1 := 0 TO 2 DO
41        P := Palletize_Order[i1] + fidbus.mtcp_ro_i[2] * 3 ;
42        ...
43     END_FOR ;
44   END FOR ;
```

图 2-3-26　在 i1 循环中进行具体的码垛点位计算

在得出具体点位 P 后，将变量 P 赋值至 "Palletize_Point[ ]" 的元素中进行直线偏移运动即可，其中，第二层的摆放在第一层点位中沿 Z 轴进行偏移 "–15.5 × i"，i 为第二层循环变量（0 或 1），那么在循环第一次中摆第一层时则不会进行偏移，循环第二次时则会偏移 –15.5mm，如图 2-3-27 所示。

循环码垛完成后放回末端工具即可，与拾取末端工具流程一致，如图 2-3-28 所示。

（4）创建定制码垛主程序

按下 "码垛开始" 按钮，机器人进行定制码垛，在本项目中需要在 Main() 主程序中实时监控这个按钮，当按钮置 1 时进入 Custom_Palletize() 子程序即可。

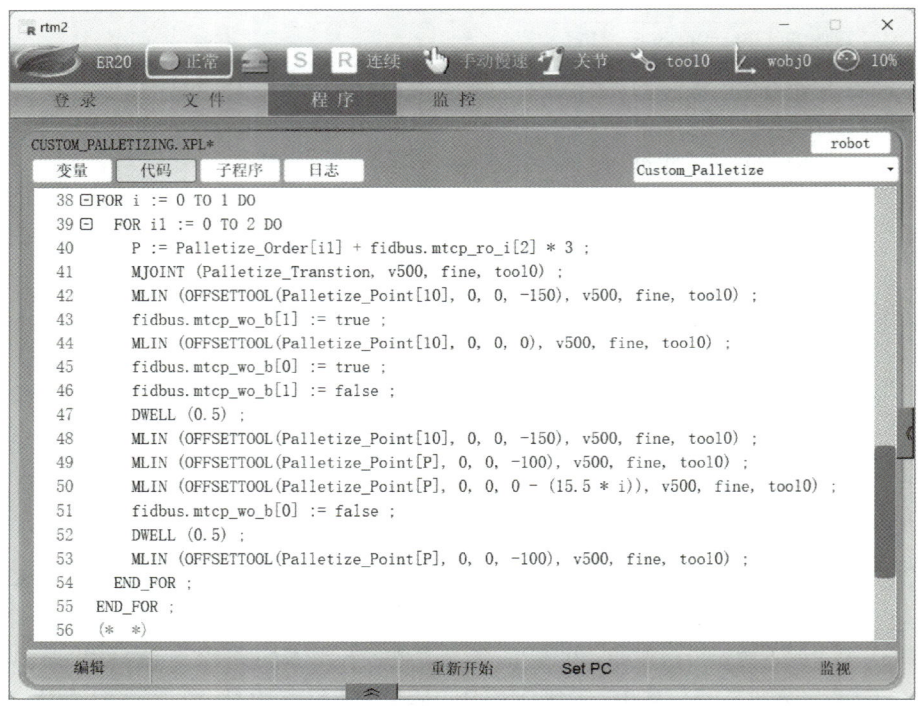

图 2-3-27　码垛点位赋值与 Z 轴偏移运动程序

```
56 □ CASE fidbus.mtcp_ro_i[0] OF
57 □ 0:
58     Tool_Put(Tool2_Point) ;
59   EXIT ;
60 □ 1:
61     Tool_Put(Tool5_Point) ;
62   EXIT ;
63   END_CASE ;
```

图 2-3-28　循环码垛完毕后放回末端工具

　　打开 Main( ) 主程序,使用 LABEL 指令创建标签并新建 STRING 类型变量,命名为"return",如图 2-3-29~ 图 2-3-31 所示。

　　使用 IF 指令判断"码垛开始"按钮是否为 1,如图 2-3-32 所示。

　　在 IF 指令的执行语句中,使用 CALL 指令调用 Custom_Palletize( ) 子程序即可,如图 2-3-33 所示。

　　添加 GOTO 指令,当按钮不为 1 时则跳转 return 标签再次判断,无限循环,定制码垛完成,如图 2-3-34 ~ 图 2-3-36 所示。

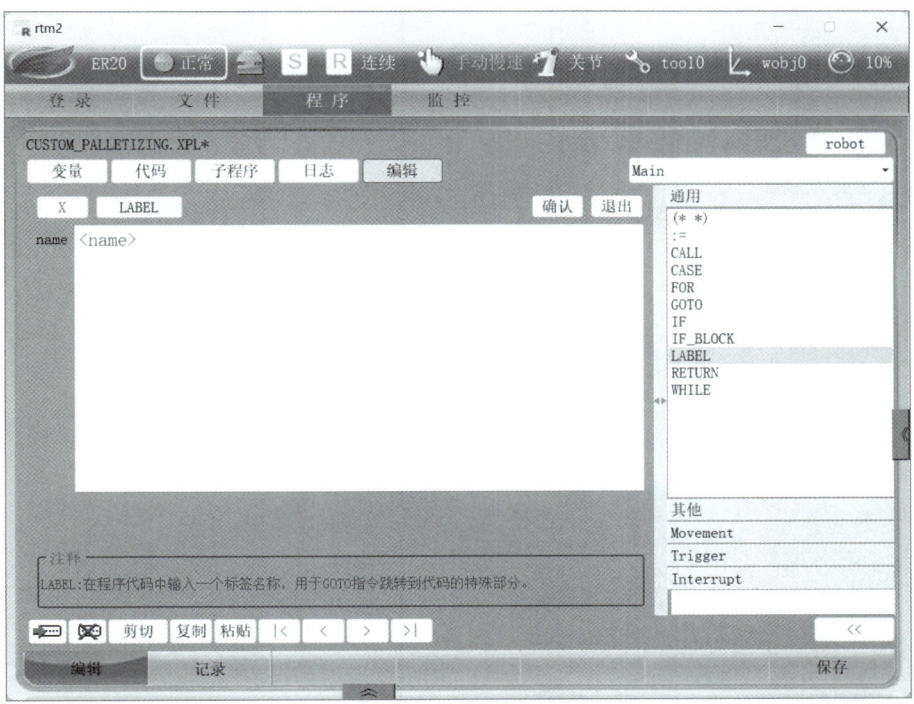

图 2-3-29　Main( )主程序中创建标签

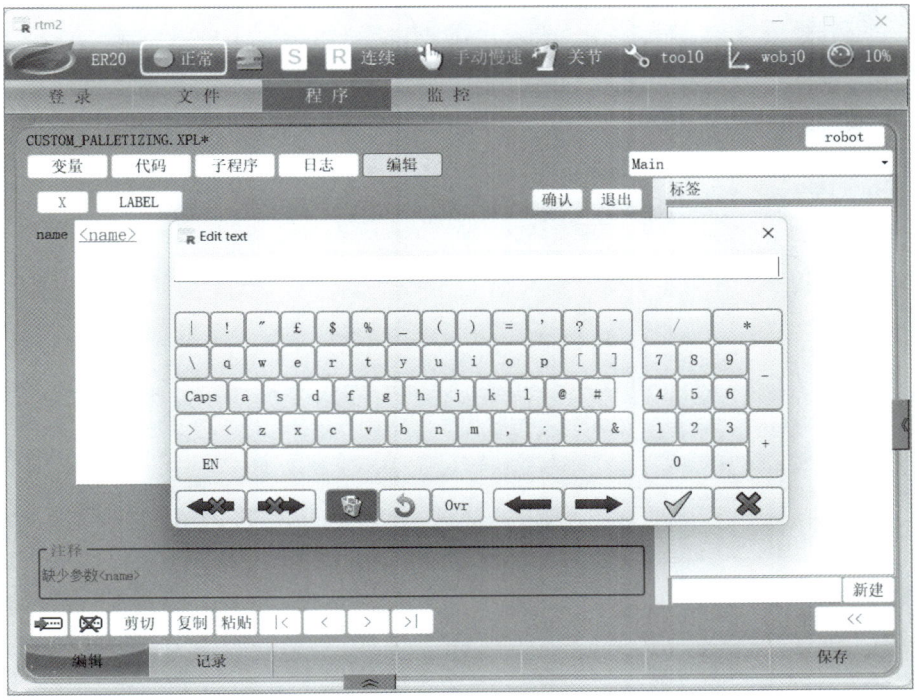

图 2-3-30　Main( )主程序中新建 STRING 类型变量

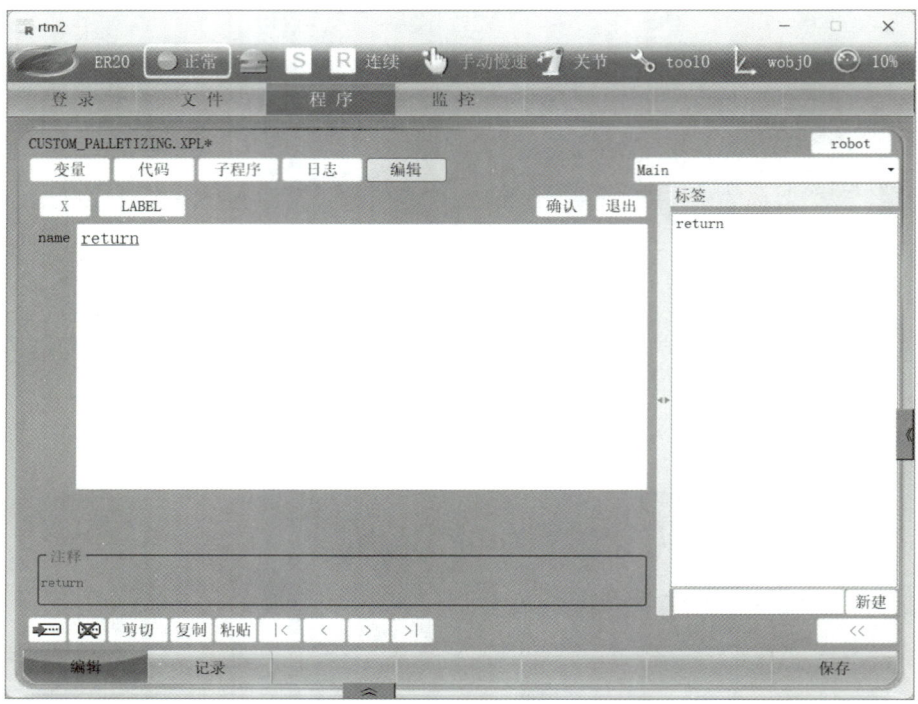

图 2-3-31 新建变量命名为"return"

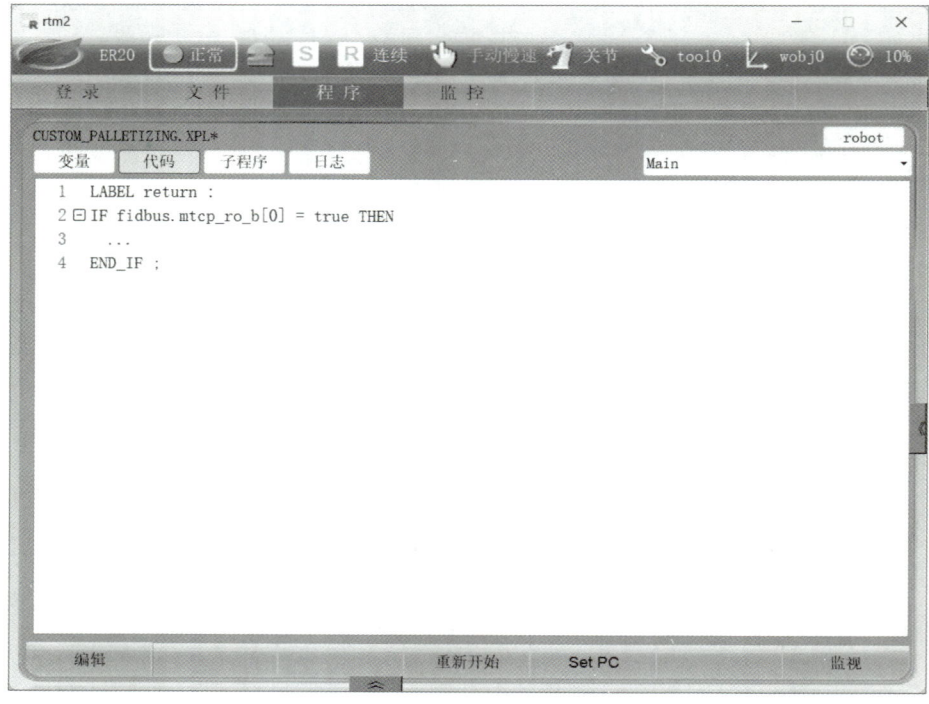

图 2-3-32 判断"码垛开始"按钮是否为 1

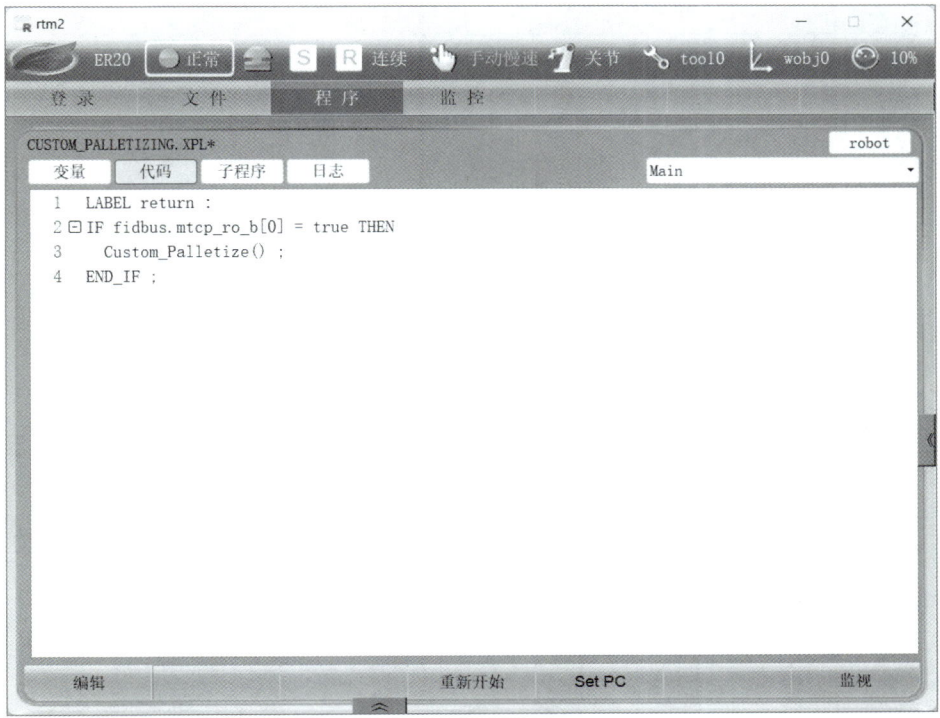

图 2-3-33 调用 Custom_Palletize( ) 子程序

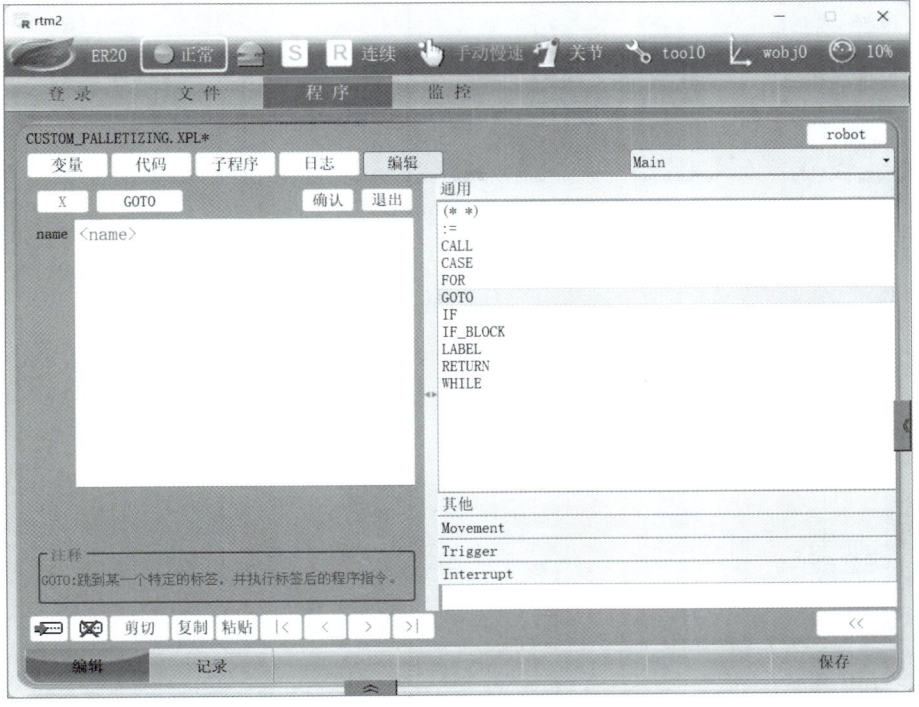

图 2-3-34 添加 GOTO 指令

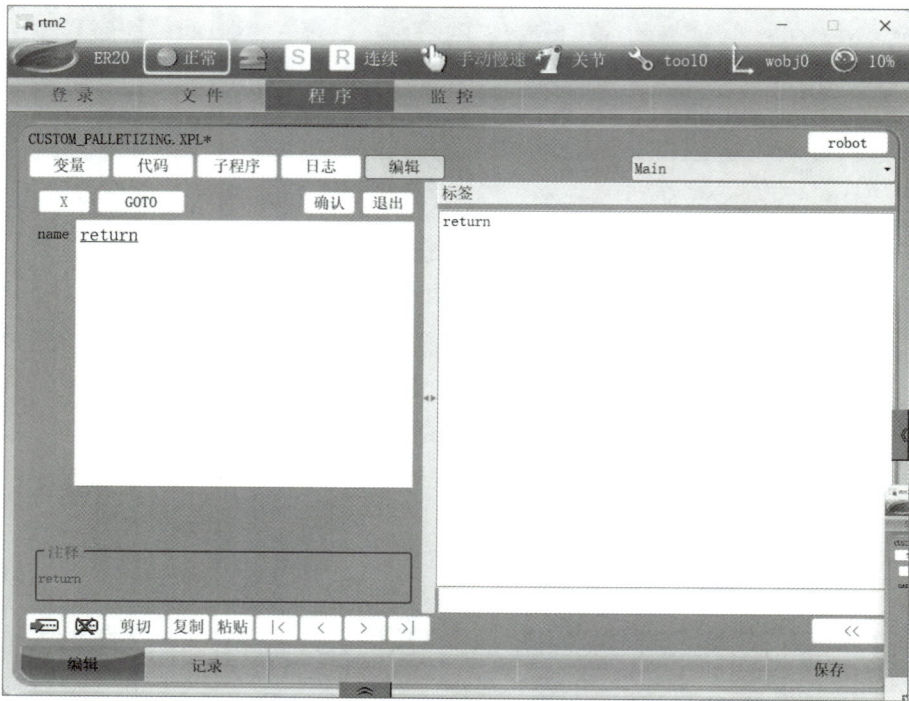

图 2-3-35　设置 return 标签

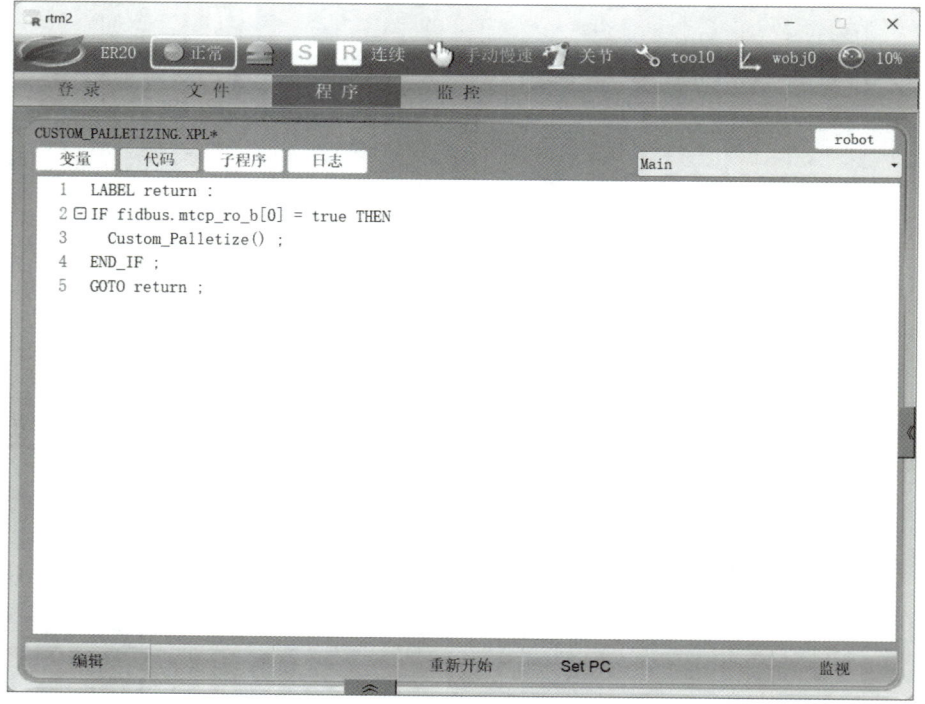

图 2-3-36　无限循环判断码垛开始并调用子程序

3. 触摸屏 HMI 设计

（1）启动 Easy Builder Pro 软件，新建工程。

（2）添加设备"Siemens S7-200 SMART（Ethernet）"，更改 IP 地址与 PLC 一致，确保与 PLC 通信无误。

（3）添加 4 个"文字 / 批注"元件，更改内容分别为"定制码垛页面""码垛工具""码垛顺序""码垛垛型"，图 2-3-37 只对其中一个元件的添加方法作出具体展示，整体效果图如图 2-3-38 所示。

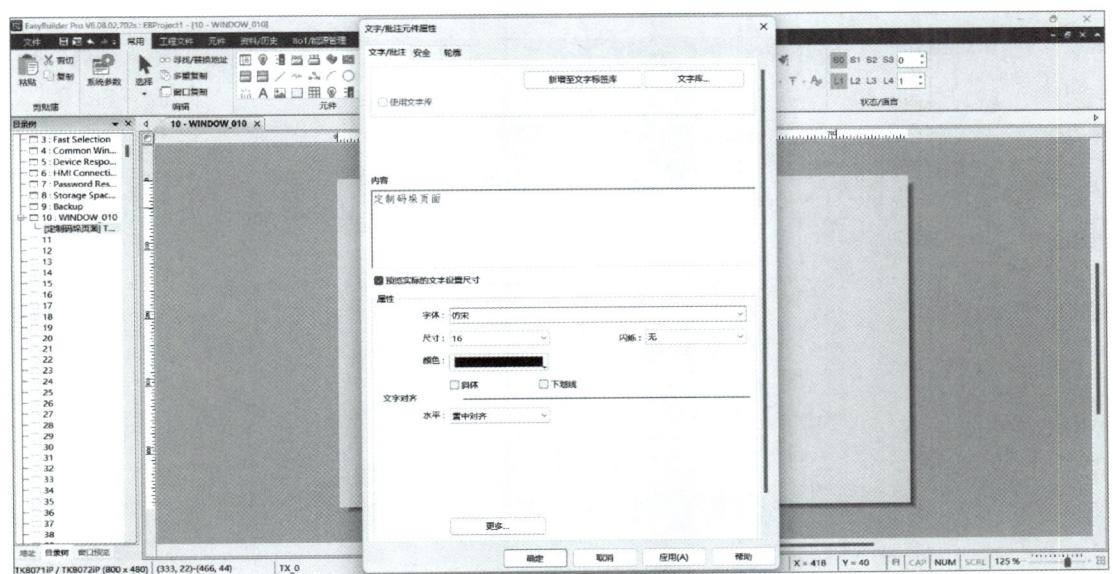

图 2-3-37　添加"文字 / 批注"元件"定制码垛页面"

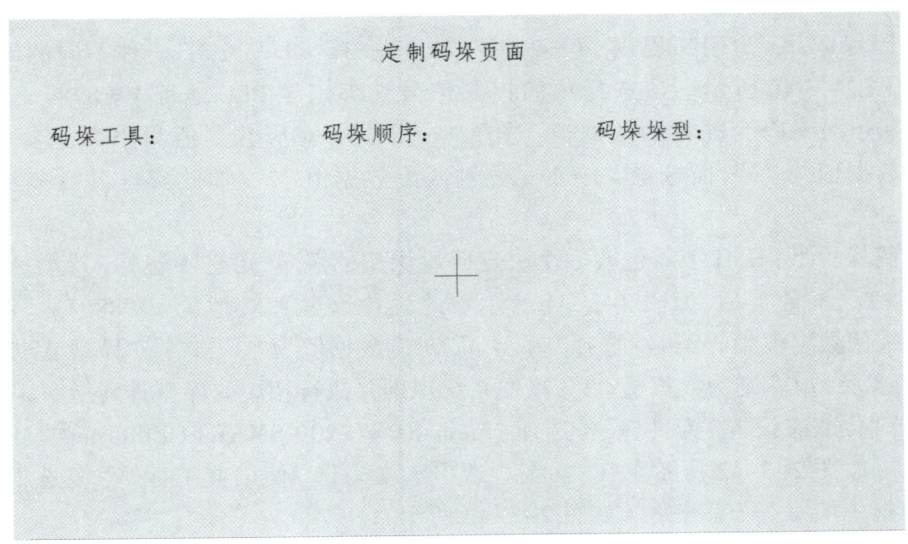

图 2-3-38　"文字 / 批注"元件添加整体效果图

为了满足项目要求,在触摸屏的 HMI 设计中,需要布置三项可选择的"项目选单"元件,"项目选单"元件的地址直接对应机器人的输出点位。

① 码垛工具:允许用户在"吸盘"和"夹爪"两种工具类型间做出选择,其控制信号直接映射至 PLC 地址 VW876(ro_i[0]),如图 2-3-39 所示。在系统中,选择"吸盘"对应的数据值为"0",而选择"夹爪"则设定为"1",从而确保了指令的准确传达。

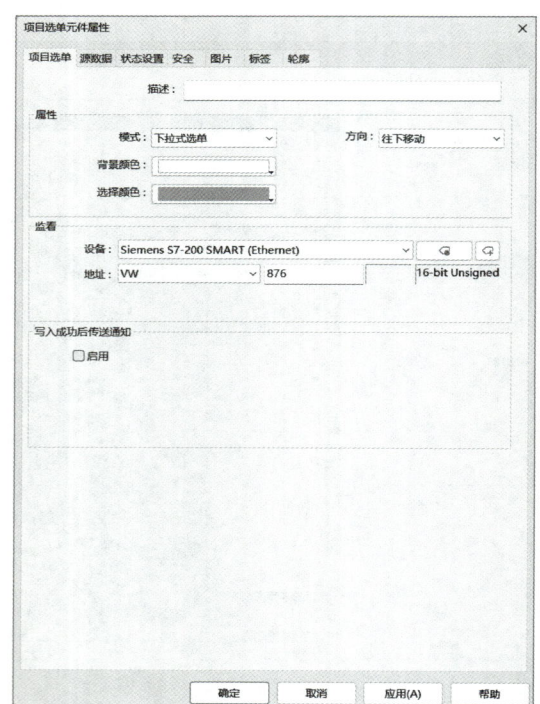
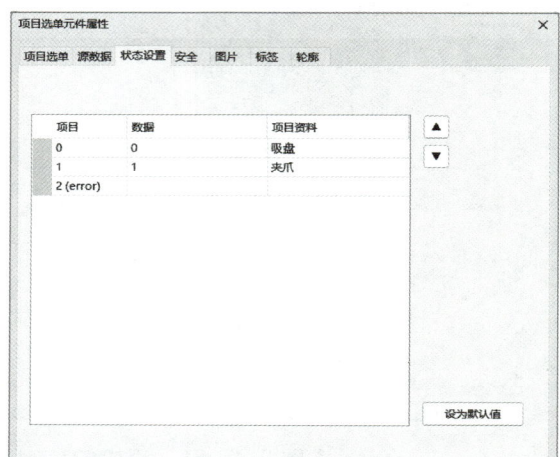

图 2-3-39　"项目选单"元件"码垛工具"属性设置

② 码垛顺序:为用户提供"1—2—3""2—1—3""3—1—2"三种不同的码垛顺序选项,如图 2-3-40 所示。该选择项的控制信号被绑定至 PLC 地址 VW878(ro_i[1]),每个选项分别编码为独特的数据值:选择"1—2—3"对应数据值为"0",选择"2—1—3"对应数据值为"1",而选择"3—1—2"则匹配数据值"2",如此实现灵活多变的顺序控制。

③ 码垛垛型:HMI 上需包含一个决定码垛垛型的选单,可选项包括"垛型 A""垛型 B""垛型 C"三种类型,如图 2-3-41 所示。此设置通过 PLC 地址 VW880(ro_i[2])调控,同样采用数据值编码策略:选择"垛型 A"对应数据值为"0",选择"垛型 B"为数据值"1",选择"垛型 C"则为数据值"2",以便系统识别并执行相应的垛型排列指令。

新增"位状态设置"元件,设备选择"Siemens S7-200 SMART(Ethernet)",地址填写"V100.0",如图 2-3-42 所示。在"标签"选项卡中勾选"使用文字标签"复选框,在"内容"文本框中填写"码垛开始",如图 2-3-43 所示。

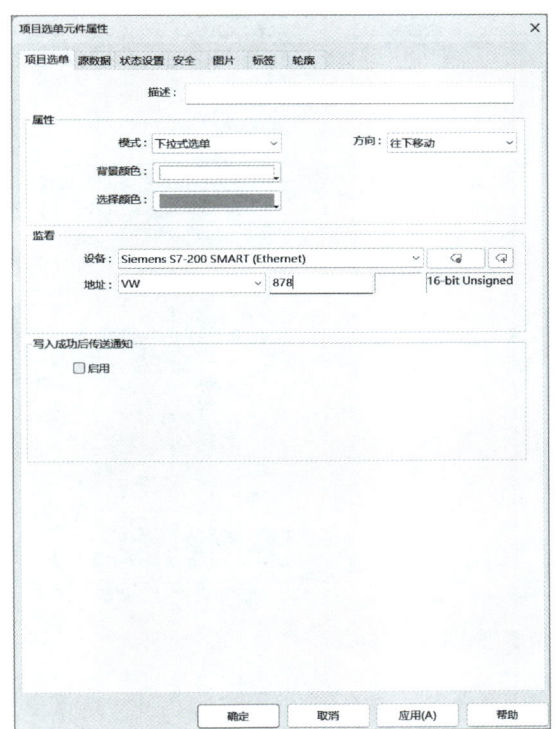
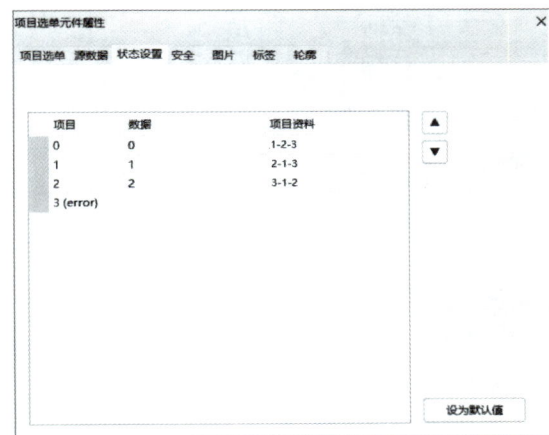

图 2-3-40　"项目选单"元件"码垛顺序"属性设置

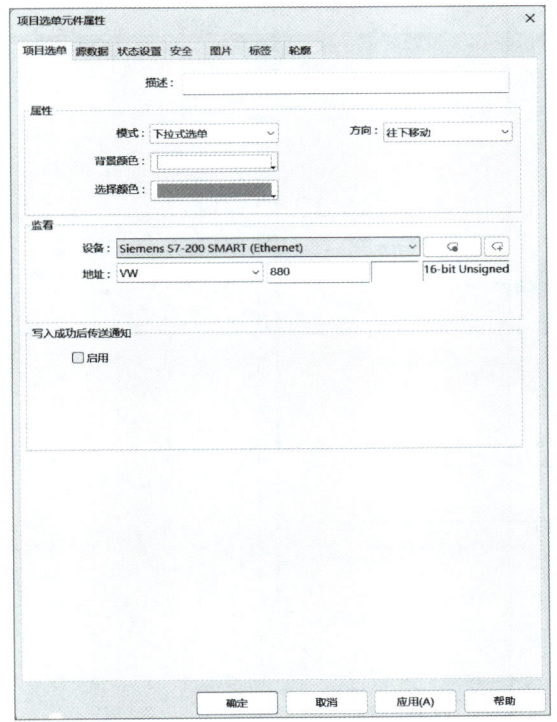

图 2-3-41　"项目选单"元件"码垛垛型"属性设置

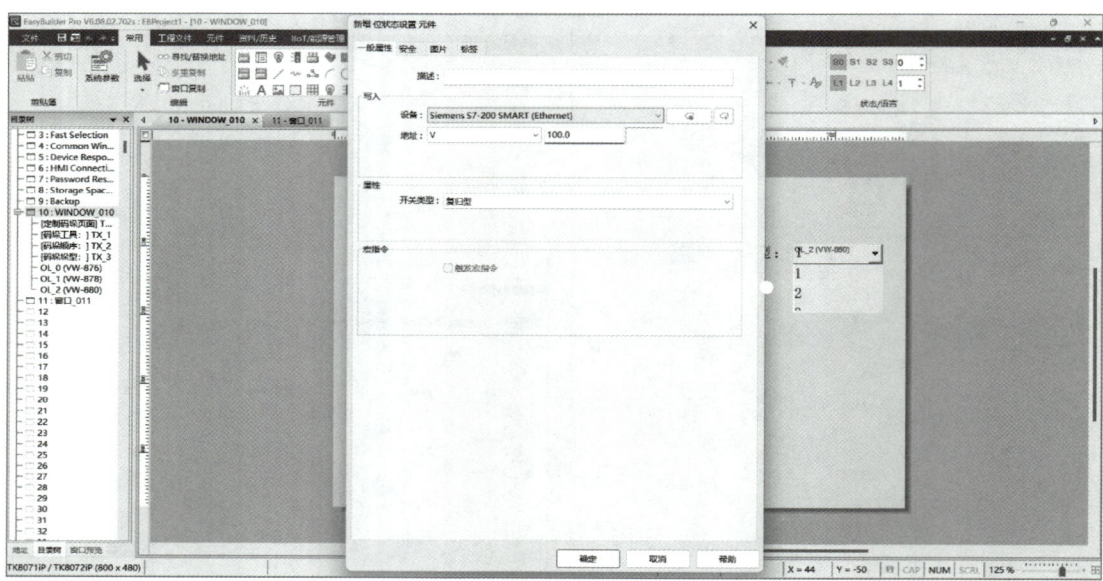

图 2-3-42 新增"位状态设置"元件

图 2-3-43 "标签"选项卡设置

（4）定制码垛页面如图 2-3-44 所示。

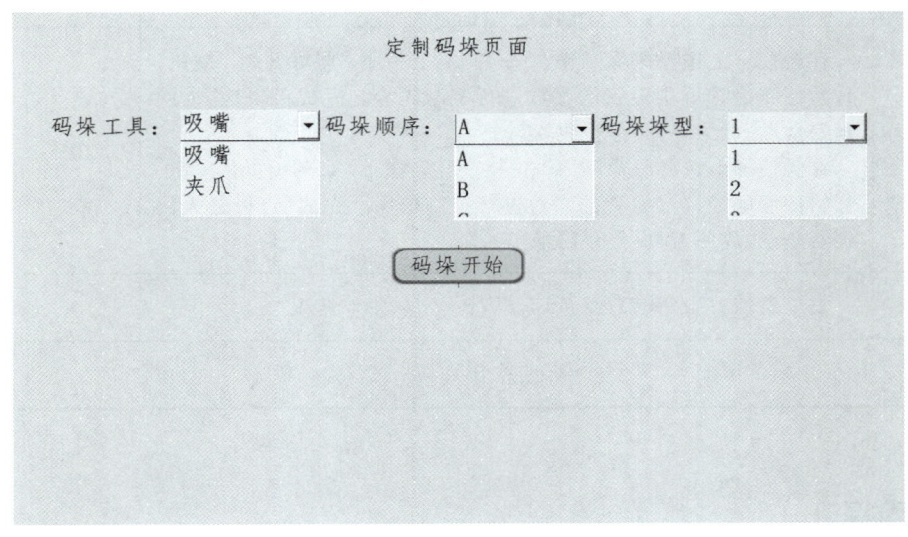

图 2-3-44　定制码垛页面

👍 项目评价

序号	项目评价观测点	分类	得分
1	按下触摸屏的"码垛开始"按钮，机器人先回到安全点，开始定制码垛流程	5	
2	在触摸屏上选择"垛型 A"码垛。按下"码垛开始"按钮，开始按照触摸屏中设置的参数进行定制码垛。完成后，机器人回到安全点，放回工具，停止码垛	15	
3	在触摸屏上选择"垛型 B"码垛。按下"码垛开始"按钮，开始按照触摸屏中设置的参数进行定制码垛。完成后，机器人回到安全点，放回工具，停止码垛	15	
4	在触摸屏上选择"垛型 C"码垛。按下"码垛开始"按钮，开始按照触摸屏中设置的参数进行定制码垛。完成后，机器人回到安全点，放回工具，停止码垛	15	
5	在触摸屏上选择码垛顺序"1—2—3"。按下"码垛开始"按钮，开始按照触摸屏中设置的参数进行定制码垛。完成后，机器人回到安全点，放回工具，停止码垛	20	

续表

序号	项目评价观测点	分类	得分
6	在触摸屏上选择码垛顺序"2—1—3"。按下"码垛开始"按钮，开始按照触摸屏中设置的参数进行定制码垛。完成后，机器人回到安全点，放回工具，停止码垛。 在触摸屏上选择码垛顺序"3—1—2"。按下"码垛开始"按钮，开始按照触摸屏中设置的参数进行定制码垛。完成后，机器人回到安全点，放回工具，停止码垛	20	
7	安全意识、质量意识、绿色环保意识、团队协作意识	10	
合计总分			

📈 巩固提升

（1）进入触摸屏"定制码垛页面"，在触摸屏上可选择不同的码垛工具、码垛垛型、码垛顺序。

（2）按下"定制码垛"按钮，机器人从安全点出发，按设定拾取工具，开始定制码垛流程和实时显示当前码垛物料数量。

（3）完成定制码垛全部工艺流程后，机器人放回工具，回到安全点，停止码垛。

项目四

定制涂胶

 **学习目标**

（1）了解触摸屏 HMI 在涂胶任务中的常见功能和操作。

（2）能够理解触摸屏 HMI 在定制涂胶任务中的作用，包括涂胶
起点与终点设置、涂胶次数调控和涂胶状态显示。

（3）能够应用 PLC 编程技术，设定涂胶轨迹，控制涂胶参数。

（4）能够分析触摸屏 HMI 在定制涂胶任务中的实际应用效果，
评估其对操作便利性和效率的影响。

（5）能够评价触摸屏 HMI 在定制涂胶任务中的应用效果，评估
其对用户操作体验和任务执行效率的贡献。

（6）能够设计和实施机器人涂胶任务的规划与调度，优化任务分配、顺序管理、异常处理和人机交互，提高整体作业效率和可靠性。

观察思考

在现代电子设备制造中，机器人涂胶技术被广泛应用于手机屏幕和计算机外壳等精密部件的加工。这些部件需要在微小的间隙中均匀涂胶，以确保产品的密封性和防水性。机器人系统通过高精度机械手和视觉识别技术，能够自动定位部件并调整涂胶路径。

通过精细控制涂胶量和速度，机器人确保了涂胶的均匀性和一致性，从而提高了产品的整体质量和可靠性，如图2-4-1所示。自动化操作不仅提高了生产效率，减少了人工成本，而且降低了操作人员接触有害化学物质的风险，增强了工作场所的安全性。机器人涂胶系统的灵活性和易于维护性，使其能够适应快速变化的生产需求，确保生产线的持续高效运行。

图2-4-1　机器人在涂胶领域的应用

项目要求

视频

定制涂胶

源文件

定制涂胶

按下触摸屏"开始"按钮，机器人完成轨迹涂胶，涂胶方向是顺时针方向，如图2-4-2所示。要求根据触摸屏中设定的任意指定的轨迹起点、轨迹终点完成涂胶。

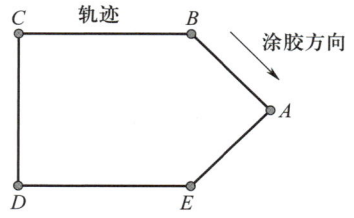

图2-4-2　轨迹样式

项目导航

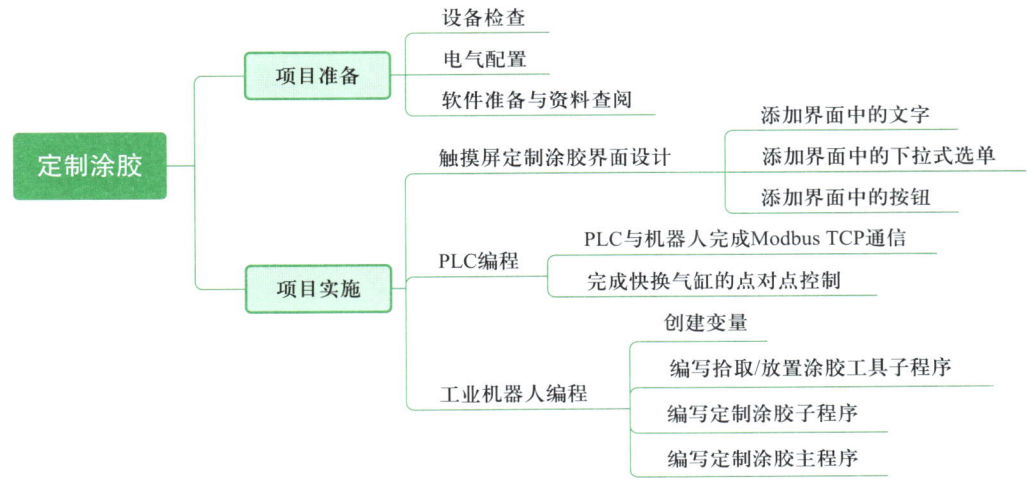

```
                          设备检查
              项目准备  ─  电气配置
                          软件准备与资料查阅
                                                     添加界面中的文字
                          触摸屏定制涂胶界面设计  ─  添加界面中的下拉式选单
                                                     添加界面中的按钮
  定制涂胶                                PLC与机器人完成Modbus TCP通信
                          PLC编程  ─  完成快换气缸的点对点控制
              项目实施
                                                     创建变量
                                                     编写拾取/放置涂胶工具子程序
                          工业机器人编程  ─  编写定制涂胶子程序
                                                     编写定制涂胶主程序
```

项目准备

1. 设备检查

轨迹图样可以按照图 2-4-2 轨迹样式绘制，将绘制好的轨迹图样放置到透明塑料板下方，轨迹模块如图 2-4-3 所示。确保机器人、PLC、触摸屏设备通信接口畅通。

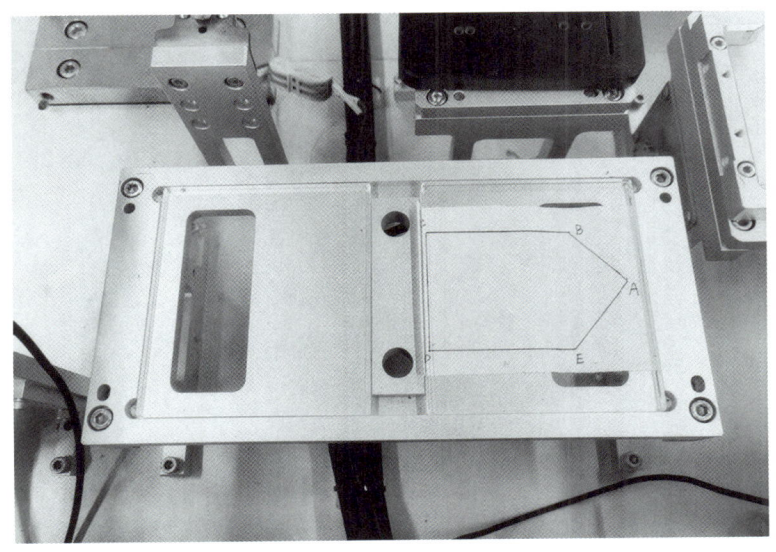

图 2-4-3　轨迹模块

2. 电气配置

（1）PLC 电路原理图

定制涂胶 PLC 电路原理图如图 2-4-4 所示。

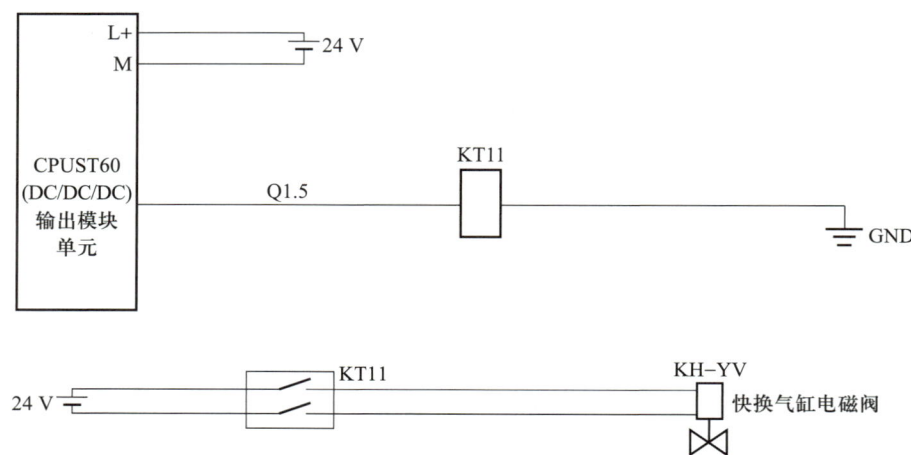

图 2-4-4　定制涂胶 PLC 电路原理图

（2）气动回路图

定制涂胶气动回路图如图 2-4-5 所示。

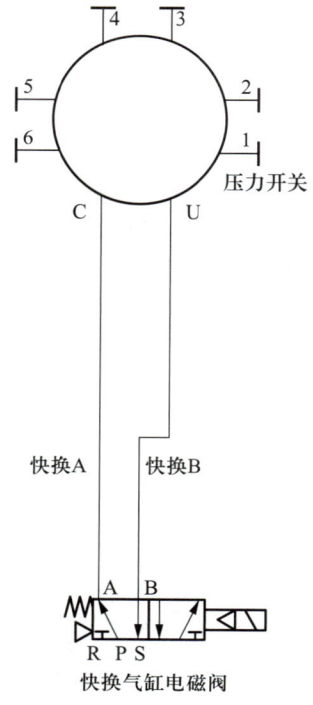

图 2-4-5　定制涂胶气动回路图

（3）I/O 分配表

根据 PLC 电路原理图与气动回路图,选用 PLC 控制快换电磁阀。定制涂胶 I/O 分配表见表 2-4-1。

表 2-4-1　定制涂胶 I/O 分配表

PLC 输出点	被控对象
Q1.5	快换气缸电磁阀

（4）Modbus TCP 通信表

机器人和 PLC 之间的数据交换采用 Modbus TCP,因此,将 PLC 的软元件地址及机器人地址按照功能进行映射,见表 2-4-2。

表 2-4-2　定制涂胶 Modbus TCP 通信表

机器人地址	PLC 地址	功能
wo_b［11］	V668.3	快换气缸锁紧/释放

3. 软件准备与资料查阅

安装并熟悉 PLC 编程软件、触摸屏组态软件。查阅相关编程手册与 API 文档,获取涂胶工艺要求、机器人运动学参数、涂胶设备技术规格等相关资料。

项目实施

1. 触摸屏定制涂胶界面设计

界面中的元件由"元件"栏进行添加,如图 2-4-6 所示。

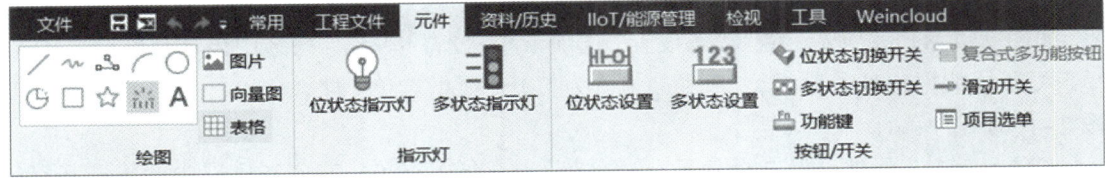

图 2-4-6　"元件"栏

（1）添加界面中的文字

在"元件"栏点击"文字/批注"元件,如图 2-4-7（a）所示。在图 2-4-7（b）所示窗口中对该元件进行属性设置,"内容"即界面上显示的文字信息。

（2）添加界面中的下拉式选单

在"元件"栏点击"项目选单"元件,如图 2-4-8（a）所示。在"项目选单"选项卡中,设置"设备"为对应的 PLC,"地址"为 PLC 中的数据地址,如图 2-4-8（b）所示;在"源数

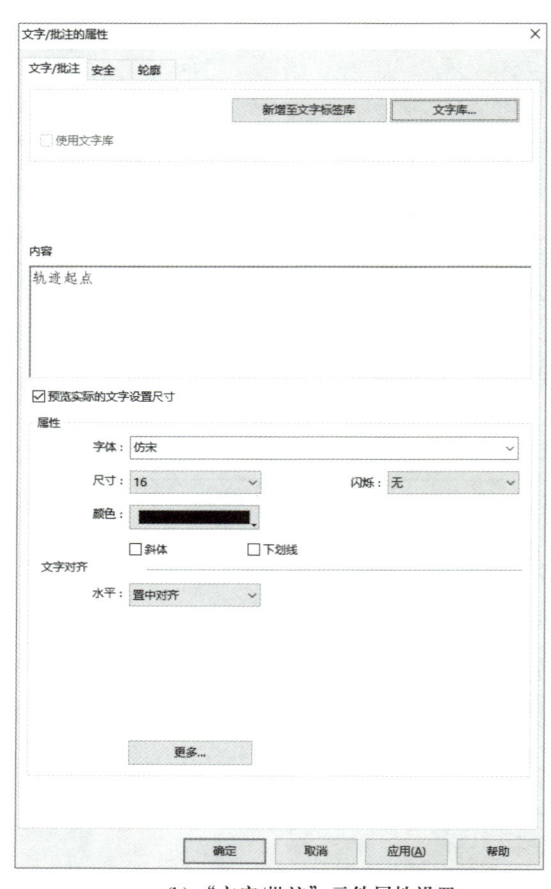

(a)"文字/批注"元件   (b)"文字/批注"元件属性设置

图 2-4-7 添加界面中的文字

据"选项卡中,设置"项目资料来源"为"预设","项目数"为下拉式选单可选择的项目数量,如图 2-4-8(c)所示;在"状态设置"选项卡中,设置"数据"为选中该项目时"项目选单"关联的数据地址的数据,"项目资料"为打开"项目选单"时每个项目显示的内容,如图 2-4-8(d)所示。

"项目选单"元件涉及 2 个地址,一个是起点地址 VW906,对应触摸屏中的轨迹起点;另一个是终点地址 VW908,对应触摸屏中的轨迹终点。

(3)添加界面中的按钮

在"元件"栏点击"位状态设置"元件,如图 2-4-9(a)所示。在"位状态设置的属性"窗口中对该元件进行设置:在"一般属性"选项卡中,"开关类型"选择"复归型",如图 2-4-9(b)所示,即按下为高电平、松开为低电平;在"图片"选项卡可设置该元件在界面上显示的图片;在"标签"选项卡可设置元件上的文字。

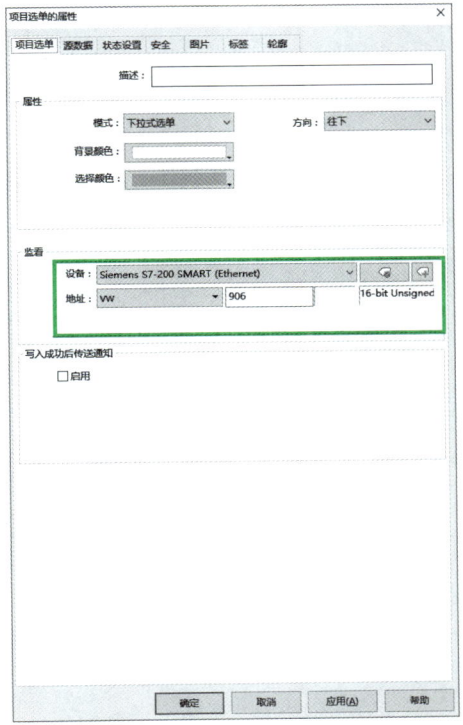

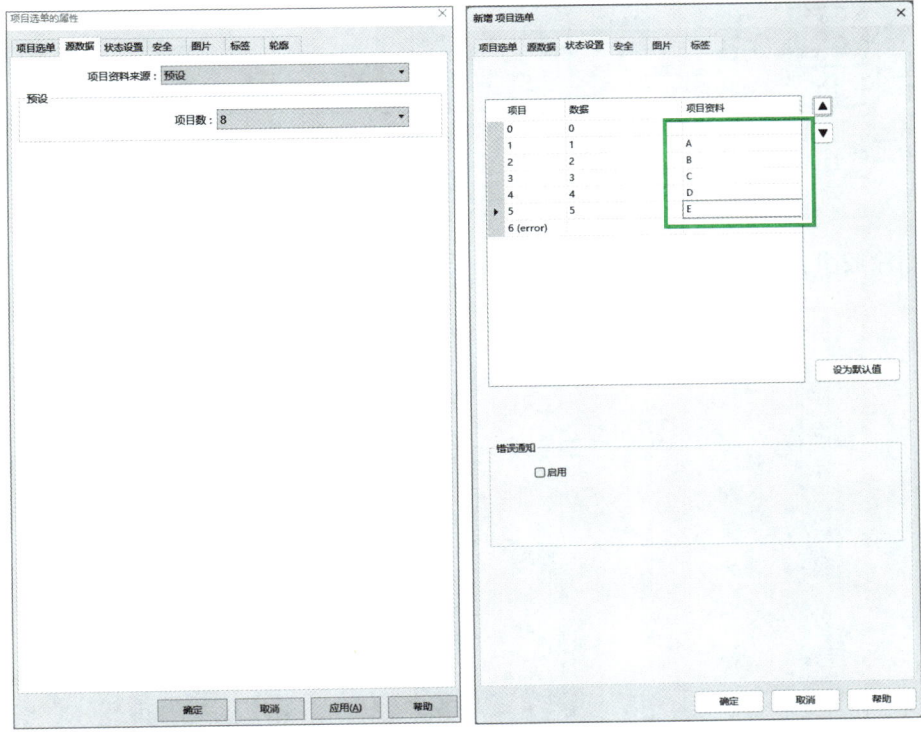

(a) "项目选单"元件

(b) "项目选单"选项卡

(c) "源数据"选项卡

(d) "状态设置"选项卡

图 2-4-8 添加界面中的下拉式选单

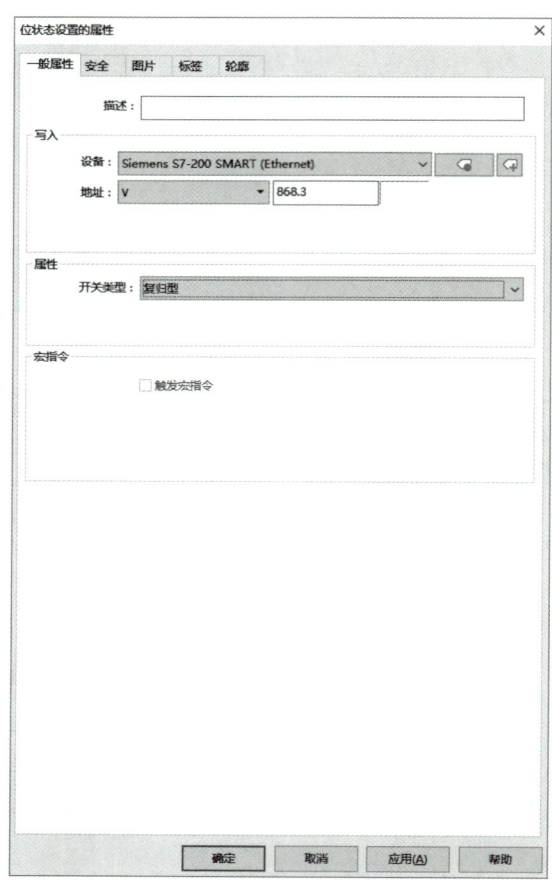

(a) "位状态设置" 元件　　　　　(b) "一般属性" 选项卡

图 2-4-9　添加界面中的按钮

定制涂胶页面如图 2-4-10 所示。

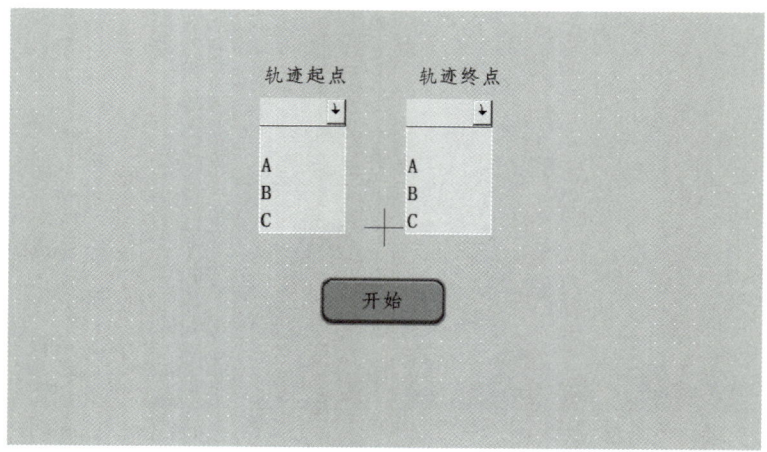

图 2-4-10　定制涂胶页面

2. PLC 编程

可参考模块一项目二中的实例,完成 PLC 与机器人 Modbus TCP 通信的自动化控制流程,并可直接通过机器人控制外围设备的动作,通过响应不同的数字输入信号变化(上升沿或下降沿触发),实现精确的控制逻辑。

3. 工业机器人编程

本项目中,轨迹起点和轨迹终点的选择可能性很多,根据组合数学分析,总共有 $5×5=25$ 种情况,如果使用 IF 多条件分支编程,则程序量庞大,编程效率低。但本项目巧妙利用机器人"求余"指令,可以化解此类问题,使得程序代码简洁高效。

"求余"通常指的是取模运算,也就是计算两个数相除后的余数。在埃夫特机器人编程语言中,取模运算是通过 MOD 指令实现的。例如,表达式"Target_P:= MOD(Target_P,5)"会返回 Target_P 除以 5 后得到的余数。

本项目中,需要循环访问轨迹起点数据,可以使用"求余"操作来确保轨迹起点位置,利用轨迹起点数据的自加运算,控制涂胶自动执行。当轨迹起点数据和轨迹终点数据一致时,涂胶结束。接下来介绍机器人程序的主要编写过程。

(1)在示教器功能块变量中创建所需的变量,并将点位示教完成,变量表见表 2-4-3。

表 2-4-3 定制涂胶变量表

变量名	变量类型	变量说明
Target_P	DINT	轨迹起点数据
End_P	DINT	轨迹终点数据
Home	POINTJ	安全点
Tool_Excessive	POINTJ	拾取涂胶工具过渡点
Tool3_Get	POINTC	拾取涂胶工具点
Track_Excessive	POINTJ	涂胶轨迹过渡点
Track1_P_A	POINTC	轨迹 1 中 A 点
Track1_P_B	POINTC	轨迹 1 中 B 点
Track1_P_C	POINTC	轨迹 1 中 C 点
Track1_P_D	POINTC	轨迹 1 中 D 点
Track1_P_E	POINTC	轨迹 1 中 E 点

(2)完成拾取涂胶工具子程序与放置涂胶工具子程序编写,操作步骤可参考模块二项目一,编写完成 Tool3_Get( ) 与 Tool3_Put( ) 子程序。

(3)在子程序界面创建定制涂胶子程序,命名为"Gluing_Customized"。切换至代码界面并选择 Gluing_Customized( ) 子程序,对 Gluing_Customized( ) 子程序进行编程。根据 PLC 与机器人 Modbus TCP,机器人接收 VW906 与 VW908 两个地址数据的信号分别为 ro_i[6]与 ro_i[7]。机器人程序通过 ro_i[6]和 ro_i[7]信号即可得到触摸屏中轨迹起点和轨迹终点数据,见表 2-4-4。

表 2-4-4 PLC 与机器人信号映射

机器人输入信号	PLC 信号	功能
ro_i[2]	VW880	轨迹起点数据
ro_i[3]	VW882	轨迹终点数据

使用赋值指令,获取触摸屏中轨迹起点和终点数据,如图 2-4-11 所示。

变量	代码	子程序	日志	编辑		Gluing_Customized	▼

```
1   Target_P := fidbus.mtcp_ro_i[6] ;
2   End_P := fidbus.mtcp_ro_i[7] ;
```

图 2-4-11 轨迹 1 起点和终点数据赋值

使用 FOR 循环指令,循环次数参数需要大于轨迹段数 5,设置为 7 次,如图 2-4-12 所示。此处循环的目的是确保完整执行所有轨迹,在 7 次循环中,当轨迹起点数据和轨迹终点数据相等时,跳出循环。

```
5 ⊟FOR Loop_I := 1 TO 7 DO
6     ...
7   END_FOR ;
```

图 2-4-12 FOR 循环指令

在循环指令中继续编程,对轨迹起点和终点数据对轨迹段数 5 进行求余,得到轨迹起点 Target_P 和轨迹终点 End_P 数据。定制涂胶子程序如图 2-4-13 所示。

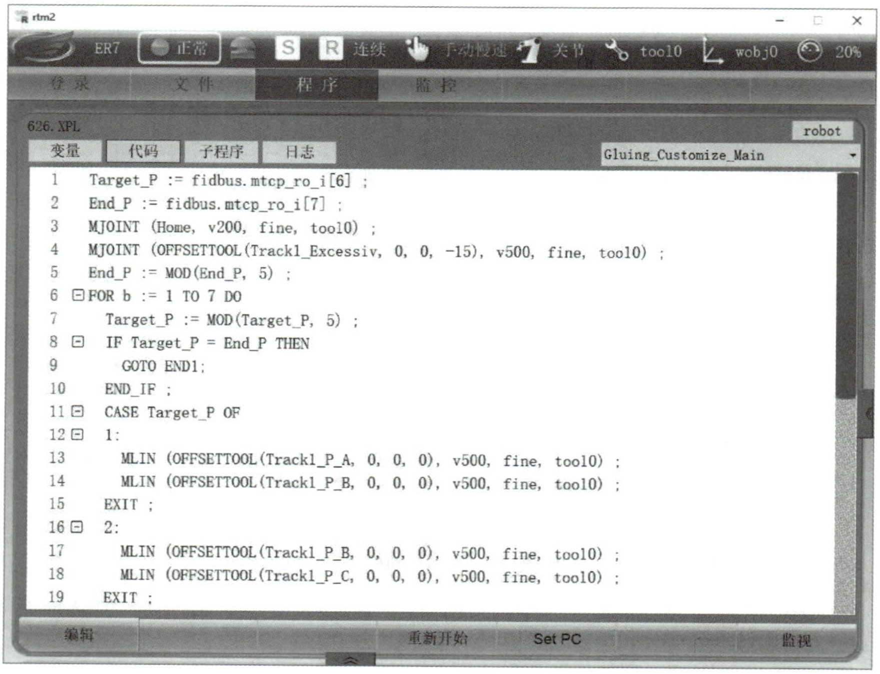

```
626.XPL                                                                robot
| 变量 | 代码 | 子程序 | 日志 |              Gluing_Customize_Main ▼

1   Target_P := fidbus.mtcp_ro_i[6] ;
2   End_P := fidbus.mtcp_ro_i[7] ;
3   MJOINT (Home, v200, fine, tool0) ;
4   MJOINT (OFFSETTOOL(Track1_Excessiv, 0, 0, -15), v500, fine, tool0) ;
5   End_P := MOD(End_P, 5) ;
6 ⊟FOR b := 1 TO 7 DO
7     Target_P := MOD(Target_P, 5) ;
8 ⊟   IF Target_P = End_P THEN
9         GOTO END1;
10    END_IF ;
11⊟   CASE Target_P OF
12⊟   1:
13        MLIN (OFFSETTOOL(Track1_P_A, 0, 0, 0), v500, fine, tool0) ;
14        MLIN (OFFSETTOOL(Track1_P_B, 0, 0, 0), v500, fine, tool0) ;
15    EXIT ;
16⊟   2:
17        MLIN (OFFSETTOOL(Track1_P_B, 0, 0, 0), v500, fine, tool0) ;
18        MLIN (OFFSETTOOL(Track1_P_C, 0, 0, 0), v500, fine, tool0) ;
19    EXIT ;
```

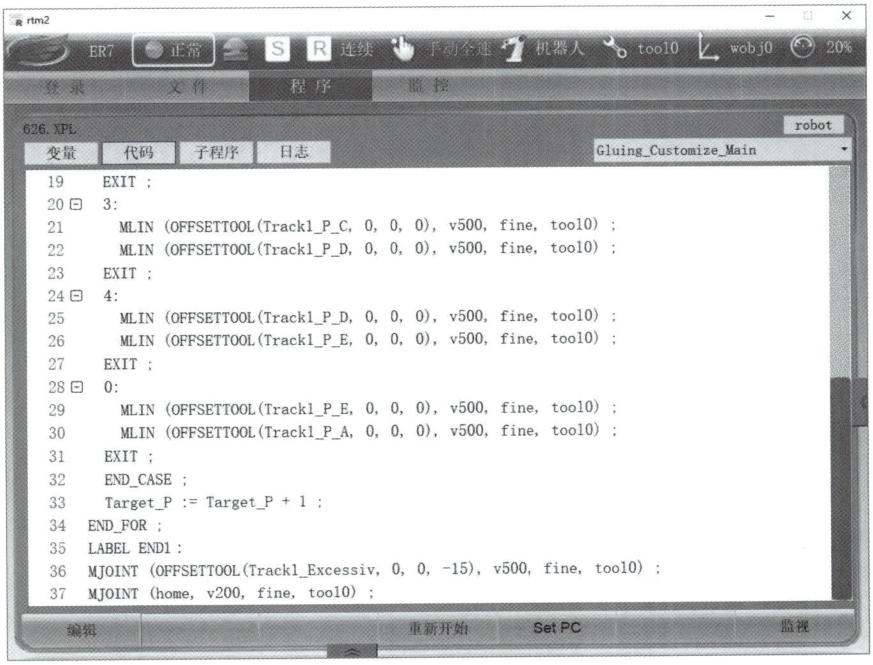

图 2-4-13　定制涂胶子程序

在 END1 标签后使用关节运动指令控制机器人返回涂胶板正上方涂胶轨迹过渡点，而后返回安全点。至此定制涂胶子程序编写完成。

（4）在子程序界面创建定制涂胶主程序，命名为"Gluing_Customized_Main"。使用 CALL 指令调用拾取涂胶工具子程序，确保机器人准确拾取并安装涂胶工具至末端。继续使用 CALL 指令调用定制涂胶子程序，该子程序操控机器人按照触摸屏中的参数执行轨迹涂胶。涂胶轨迹完成后，机器人返回工件上方准备放置工具。使用 CALL 指令调用涂胶工具放置子程序，引导机器人安全放置涂胶工具至指定位置，保持工具区整洁有序，不影响后续生产。机器人返回安全点位待机。定制涂胶主程序如图 2-4-14 所示。

变量	代码	子程序	日志	编辑		Gluing_Customized_Main	▼
1	Tool3_Get () ;						
2	Gluing_Customized () ;						
3	Tool3_Put () ;						

图 2-4-14　定制涂胶主程序

（5）将机器人运行模式切换为单步进入，并将机器人运行速度调整为 20%，完整运行 Gluing_Customized_Main( ) 程序。

 项目评价

序号	项目评价观测点	分数	得分
1	机器人从安全点出发拾取涂胶工具,要求机器人运动过程平顺,不得碰撞	15	
2	机器人在定制涂胶运行中,要求设置涂胶轨迹过渡点	10	
3	机器人轨迹起点定制第一个点,轨迹终点定制不同的点,要求涂胶轨迹能够完整运行	10	
4	机器人轨迹起点定制第二个点,轨迹终点定制不同的点,要求涂胶轨迹能够完整运行	10	
5	机器人轨迹起点定制第三个点,轨迹终点定制不同的点,要求涂胶轨迹能够完整运行	10	
6	机器人轨迹起点定制第四个点,轨迹终点定制不同的点,要求涂胶轨迹能够完整运行	10	
7	机器人轨迹起点定制第五个点,轨迹终点定制不同的点,要求涂胶轨迹能够完整运行	10	
8	机器人放置涂胶工具,回到安全点,要求机器人运动过程平顺,不得碰撞	15	
9	安全意识、质量意识、绿色环保意识、团队协作意识	10	
合计总分			

📈 巩固提升

（1）思考如何将涂胶子系统与其他生产环节（如上游的分拣、下游的检验包装）无缝对接,形成一个流畅的自动化流水线。检索资料,绘制一个包含涂胶工艺的自动化流程图。

（2）拓展本项目内容,按下触摸屏"开始"按钮,机器人完成轨迹涂胶,要求:可在触摸屏中设置轨迹中任意点为轨迹起点、轨迹终点;可设置轨迹涂胶次数。

项目五

行星齿轮装配

（1）能够叙述六维力控传感器在机器人精密装配中的重要性及其信号转换机制。

（2）能够分析寻位指令SLINB中布尔变量和EDGE参数在装配中的作用。

（3）能够通过六维力控传感器反馈数据分析装配零件的受力情况。

（4）能够熟练编写行星齿轮装配子程序，并应用于行星齿轮装配任务中。

（5）能够结合力控传感器数据，调整机器人运动速度和力参数，优化装配过程。

（6）能够评价循环逻辑和变量控制在多轮装配任务中的应用效果，确保装配顺序和关联关系的准确性。

（7）能够结合跨学科知识，设计更高效、更安全的机器人装配工艺和控制系统。

（8）能够通过行星齿轮装配项目实训来验证和优化机器人程序，提出并实施改进措施。

观察思考

在工业自动化装配中，行星齿轮的装配需要精确控制力度大小。首先，将行星齿轮放置在轴上，使用力控设备，如扭矩扳手，缓慢施加力，确保齿轮均匀接触轴。然后，通过实时监测施加的力，避免受力过大导致损坏。一旦齿轮就位，施加最终固定力，确保齿轮牢固固定。最后，进行视觉检查和专业测试，如扭矩测试，确保装配质量达标。利用力控装配技术，装配过程既精确又可靠，如图 2-5-1 所示。

图 2-5-1　力控装配技术

　　机器人能够精确控制施加在行星齿轮上的力,确保齿轮与轴的精确配合,避免过紧或过松。机器人能够不断重复同一装配动作,保证每个齿轮的装配质量一致,提升生产效率。机器人可以轻松调整以适应不同尺寸和形状的齿轮,增强生产线的灵活性。在高压或高温环境下,机器人可以替代人工操作,减少操作人员的安全风险。机器人在装配过程中可以自动记录所有相关数据,便于后续的数据分析和质量控制。

⊙ 项目要求

　　(1)根据实训设备,正确安装适合行星齿轮装配的机器人工具。

　　(2)编写并调试机器人行星齿轮装配子程序,包含抓取、寻位、装配和放置等步骤,并确保程序具有良好的可移植性和可扩展性。

　　(3)在实训过程中,触摸屏中显示力控传感器的数据变化。

　　(4)完成 3 个行星齿轮的装配任务,检验机器人装配的准确性和稳定性。

视频　　　　　　　　　　　源文件

行星齿轮装配　　　　　　　　行星齿轮装配

⌂ 项目导航

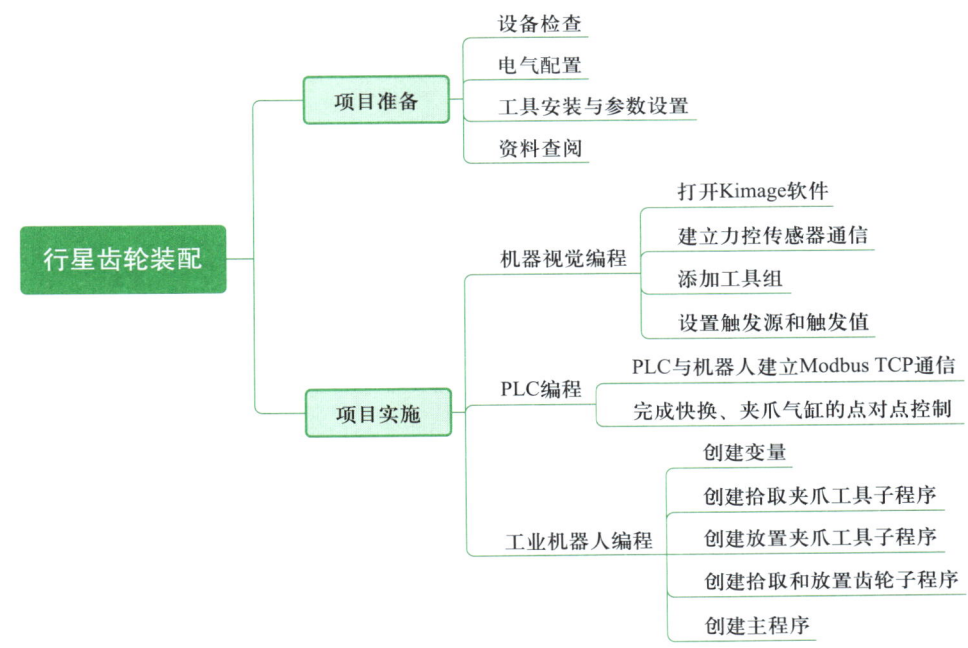

项目准备

1. 设备检查

确保智能制造设备技术应用实训平台（型号：ZM-IMET-2023-A）状态良好，机器人系统已正确配置。

2. 电气配置

（1）PLC 电路原理图

行星齿轮装配 PLC 电路原理图如图 2-5-2 所示。

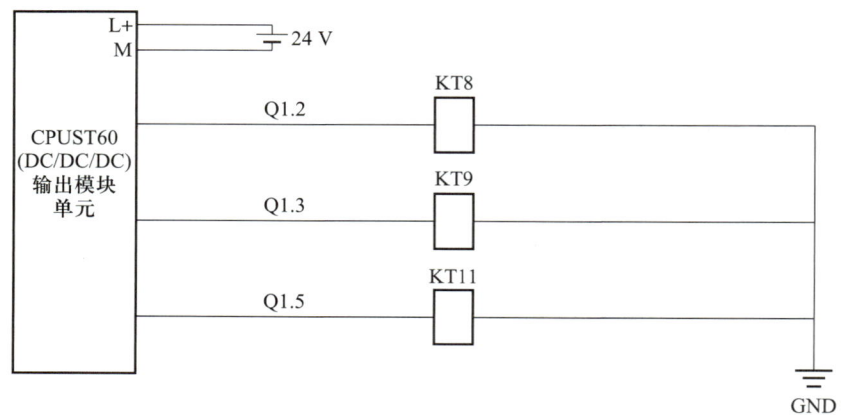

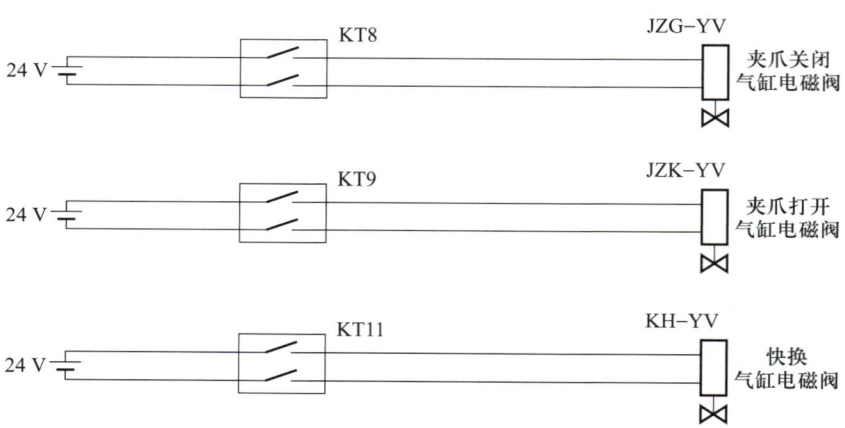

图 2-5-2　行星齿轮装配 PLC 电路原理图

（2）气动回路图

行星齿轮装配气动回路图如图 2-5-3 所示。

（3）I/O 分配表

根据 PLC 电路原理图与气动回路图，选用 PLC 控制电磁阀。行星齿轮装配 I/O 分配表见表 2-5-1。

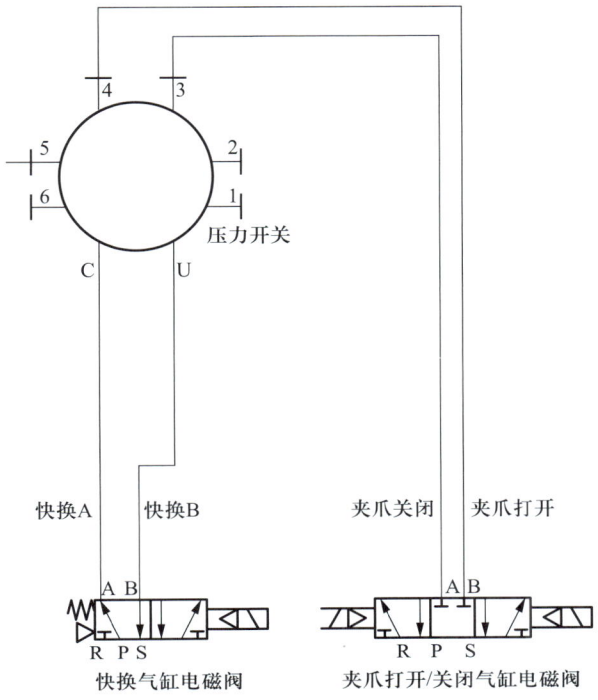

图 2-5-3 行星齿轮装配气动回路图

表 2-5-1 行星齿轮装配 I/O 分配表

PLC 输出点	被控对象
Q1.2	夹爪关闭气缸电磁阀
Q1.3	夹爪打开气缸电磁阀
Q1.5	快换气缸电磁阀

（4）Modbus TCP 通信表

机器人与 PLC 之间的数据交换采用 Modbus TCP，因此，将 PLC 地址及机器人地址按照功能进行划分和映射，见表 2-5-2。

表 2-5-2 行星齿轮装配 Modbus TCP 通信表

机器人地址	PLC 地址	功能
wo_b［0］	V669.0	夹爪打开
wo_b［1］	V669.1	夹爪关闭
wo_b［2］	V669.2	快换气缸锁紧／释放
ro_b［0］	V869.0	力控受力信号

3. 工具安装与参数设置

准备好用于行星齿轮装配的夹爪工具，并进行工具参数的设置和校准。设计并初始化行星齿轮的拾取点和放置点坐标，编写并设置子程序输入参数。

4. 资料查阅

学习和理解寻位指令 SLINB 的使用方法及其参数含义，以及如何结合力控传感器进行装配过程的控制。

项目实施

1. 机器视觉编程

（1）打开 Kimage 软件，点击图 2-5-4 中标注的"设备"，点击"设备"页面中的"资源"，在"资源"页面中找到力反馈的服务器"KWeiSensor0"。

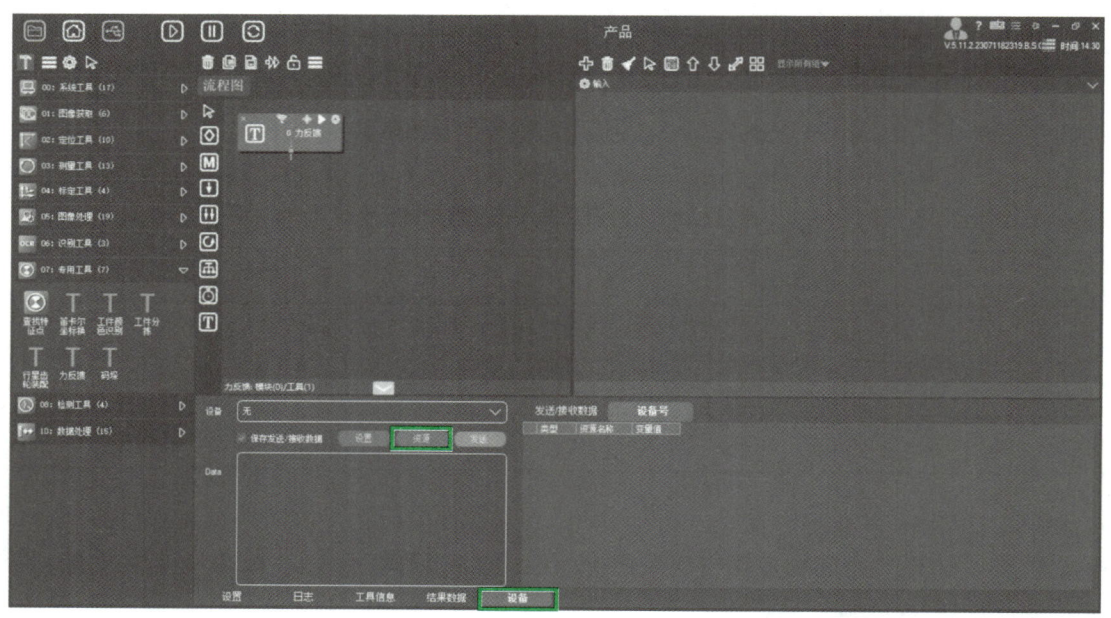

图 2-5-4　Kimage 软件界面

（2）建立力控传感器通信。设置端口号（以实际端口号为准），波特率为"460800"，极性为"None"，数据位为"8"，停止位为"One"，数据格式为"Hex"，如图 2-5-5 所示。

（3）添加工具组。双击工具组图标修改名称为"力反馈"。打开"力反馈"工具组添加专用工具"力反馈"。双击"力反馈"工具打开参数面板，可以看到 PLCDeviceKey 参数，IP 地址为"192.168.1.1"（与 PLC 的 IP 地址一致），端口号为"102"，如图 2-5-6（a）所示。打开"InputParam"，选择变量属性"WriteDataAddress"，可以看到六个 PLC

地址，分别为 V210、V214、V218、V222、V226、V230。该工具在执行时会直接将六维力控传感器数值写到对应的 PLC 地址，可直接在 PLC 中监控读取并发送至触摸屏显示，如图 2-5-6（b）所示。

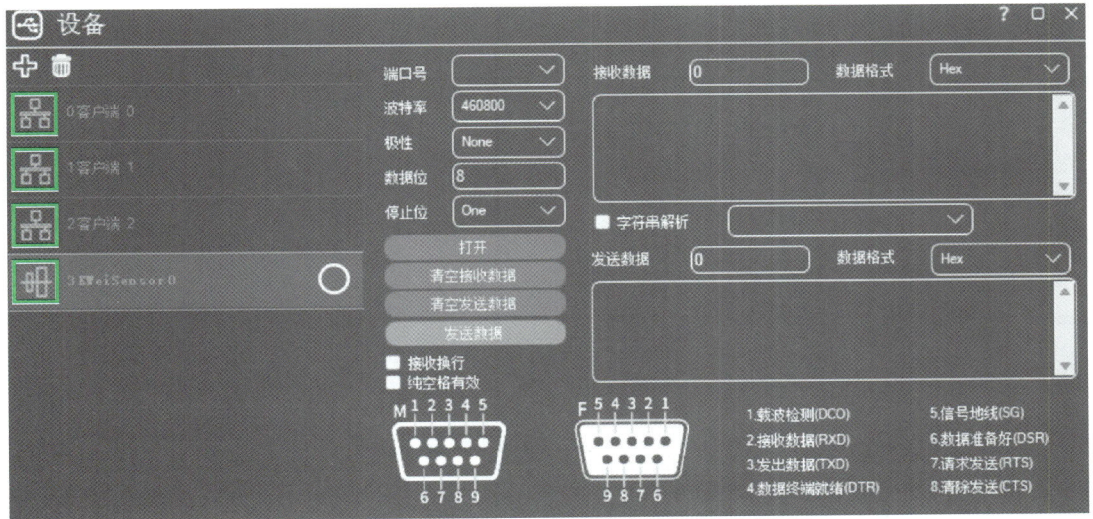

图 2-5-5　建立力控传感器通信

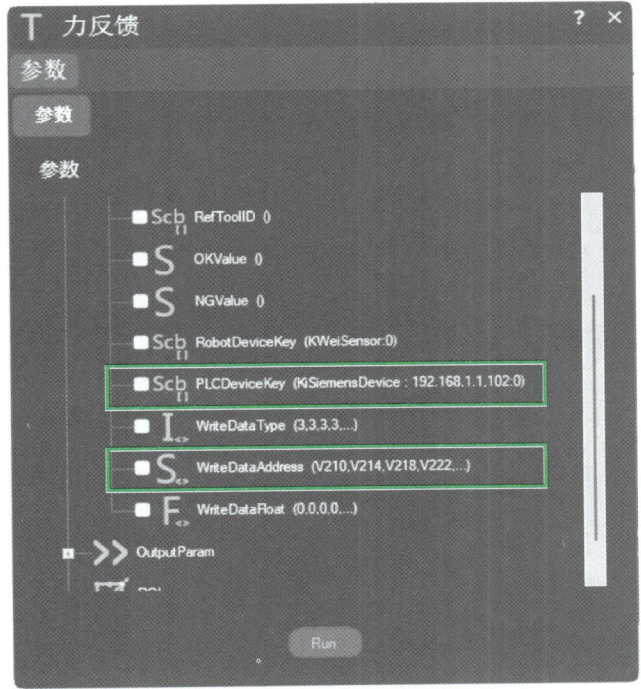

(a) PLC 与寄存器地址

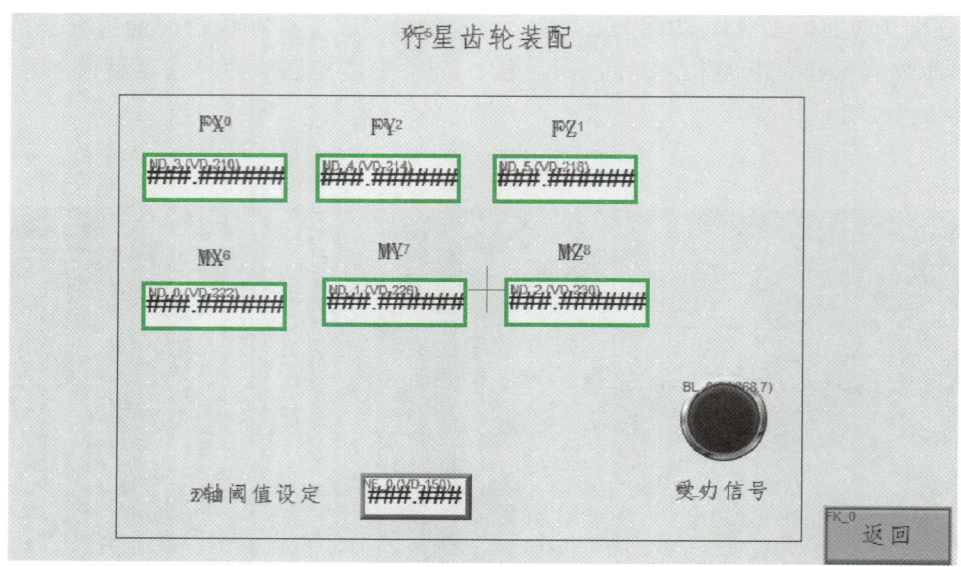

(b) 触摸屏与PLC匹配的地址

图 2-5-6 添加工具组

（4）设置触发源为"KWeiSensor0"，触发值为"OK"，如图 2-5-7 所示。该设置实现在力控数据接收完成后运行该工具组。

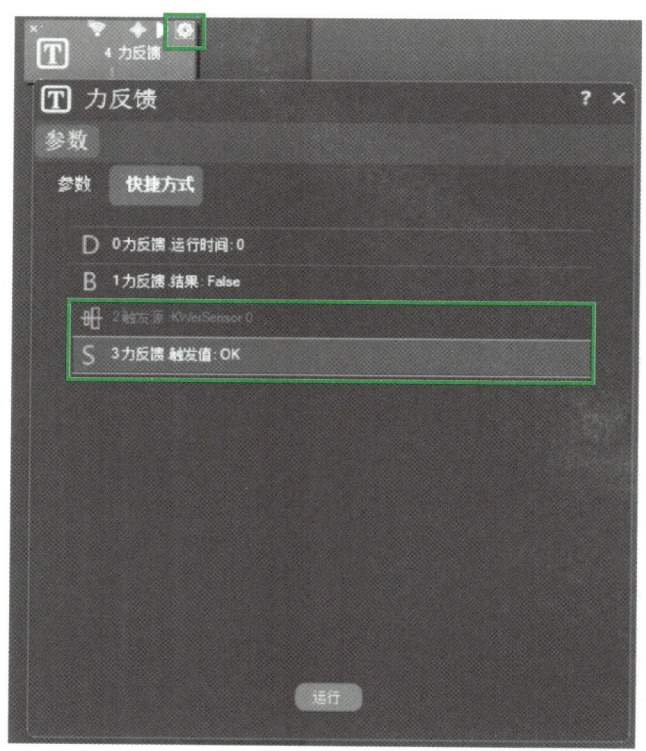

图 2-5-7 设置触发源与触发值

2. PLC 编程

（1）PLC 与机器人建立 Modbus TCP 通信。

（2）使用 TCP 通信配置的地址实现机器人控制机器人末端快换、夹爪打开 / 关闭气缸的控制，PLC 程序如图 2-5-8 所示。

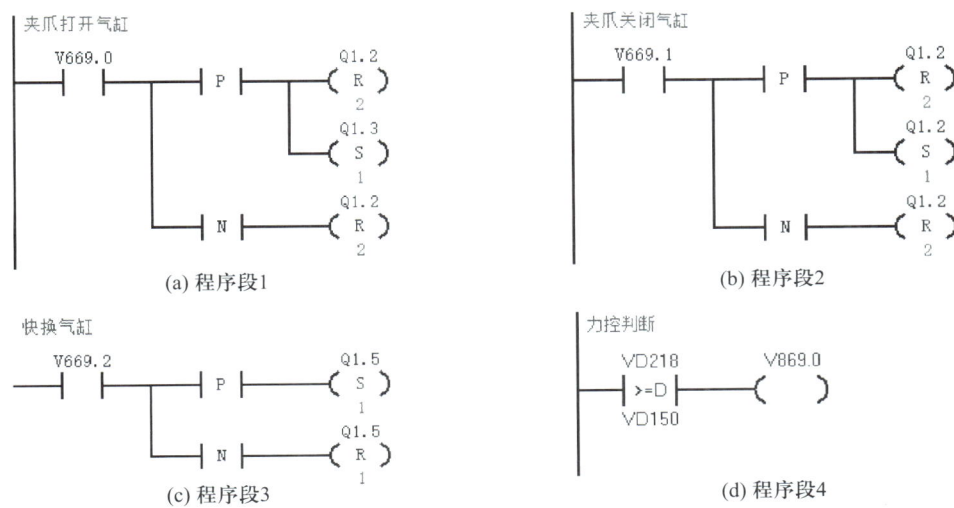

（a）程序段1　　（b）程序段2

（c）程序段3　　（d）程序段4

图 2-5-8　PLC 程序

程序段 1：V669.0（wo_b［0］）写入 1 时，通过上升沿复位 Q1.2 和 Q1.3，再置位 Q1.3（夹爪打开气缸）；写入 0 时，通过下降沿复位 Q1.2 和 Q1.3。

程序段 2：V669.1（wo_b［1］）写入 1 时，通过上升沿复位 Q1.2 和 Q1.3，再置位 Q1.3（夹爪关闭气缸）；写入 0 时，通过下降沿复位 Q1.2 和 Q1.3。

程序段 3：V669.2（wo_b［2］）写入 1 时，通过上升沿置位 Q1.5（快换气缸）；写入 0 时，通过下降沿复位 Q1.5（快换气缸）。

程序段 4：当监测到工业机器人末端力控数值（VD218）不小于触摸屏设定值（VD150）时，置位 V869.0，PLC 将该信号发送给机器人，机器人 ro_b［0］读取为 1。

3. 工业机器人编程

（1）创建变量

在功能块变量中创建所需的变量，并完成点位示教，变量见表 2-5-3.

表 2-5-3　行星齿轮装配变量表

变量名	变量类型	变量说明
Home	POINTJ	安全点
transitions	POINTJ	夹爪工具快换过渡点
tool_get	POINTC	拾取 / 放置夹爪工具点

续表

变量名	变量类型	变量说明
n	DINT	累加变量
i	DINT	缓存变量
Gear_Get	POINTC;[1..3]	拾取三个齿轮位置的数组
Gear_Put	POINTC;[1..3]	放置三个齿轮位置的数组
Gear_Get	POINTC	行星齿轮拾取点
Gear_Put	POINTC	行星齿轮放置点

（2）创建拾取夹爪工具子程序

创建一个新的子程序并命名为"tool_get"。这个程序用于控制机器人拾取夹爪工具。如图 2-5-9 所示，点击①处"子程序"按钮，点击左下角②处"新建"按钮，在弹出的软键盘中输入子程序的名称，即可新建一个子程序；切换至代码界面，选择"tool_get"（③处），对 tool_get() 子程序进行编辑。

使用关节运动指令，使机器人从安全点开始并初始化机器人快换信号，利用关节运动控制机器人移动至夹爪工具快换过渡点，如图 2-5-10 所示。

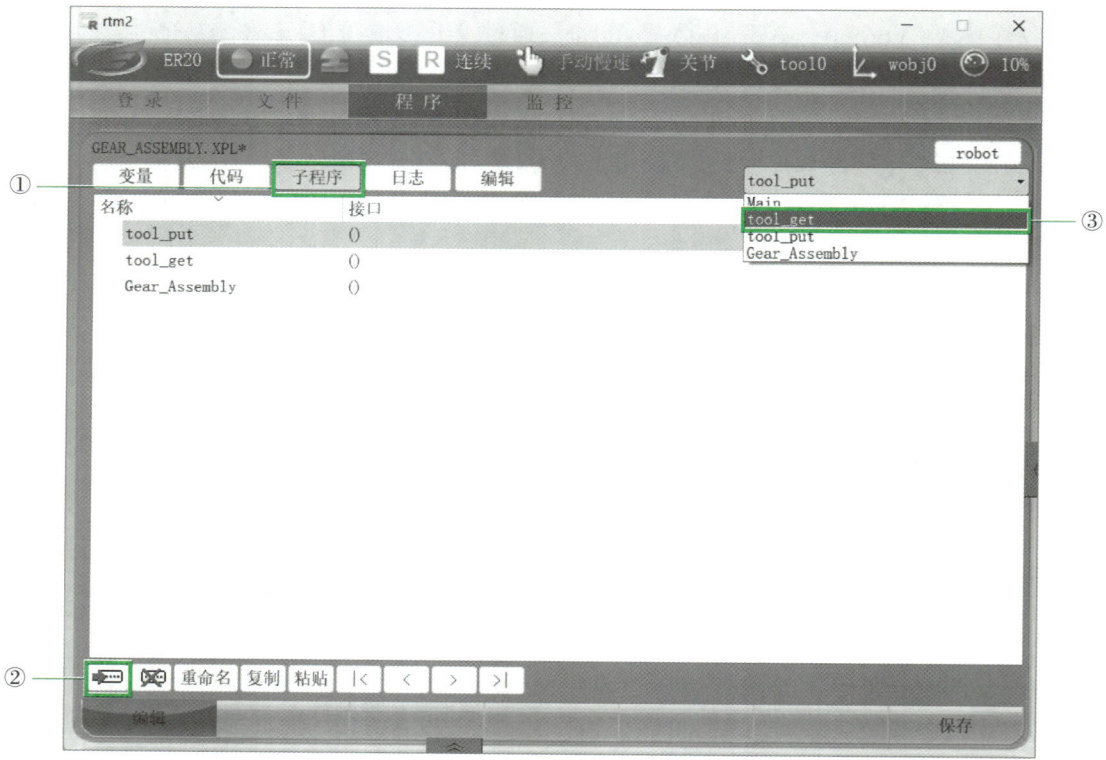

图 2-5-9 创建拾取夹爪工具子程序

```
1    MJOINT (Home, v500, fine, tool0) ;
2    fidbus.mtcp_wo_b[2] := false ;
3    MJOINT (transitions, v500, fine, tool0) ;
```

图 2-5-10　控制机器人移动至夹爪工具快换过渡点

到达夹爪工具快换点后,使用直线运动指令控制机器人移动至拾取夹爪工具点上方 150 mm 处,调整末端姿态与工具方向对齐,预备拾取操作,如图 2-5-11 所示。

```
4    MLIN (OFFSETTOOL(tool_get, 0.00, 0.00, -150, 0.00, 0.00, 0.00), v500, fine, tool0) ;
```

图 2-5-11　预备拾取操作

机器人直线移动至拾取夹爪工具点,激活夹具信号以锁紧夹爪工具,延时 0.5 s 确保稳固且无损,如图 2-5-12 所示。

```
5    MLIN (tool_get, v500, fine, tool0) ;
6    fidbus.mtcp_wo_b[2] := true ;
7    DWELL (0.5) ;
```

图 2-5-12　锁紧夹爪工具

使用直线运动指令控制机器人向上抬起 15 mm,接着沿 Y 轴偏移 40 mm,再返回拾取夹爪工具点上方 150 mm 处,确认夹爪工具已成功转移并被稳定夹持,如图 2-5-13 所示。

```
8    MLIN (OFFSETTOOL(tool_get, 0.00, 0.00, -15, 0.00, 0.00, 0.00), v500, fine, tool0) ;
9    MLIN (OFFSETTOOL(tool_get, 0.00, 40, 0.00, 0.00, 0.00, 0.00), v500, fine, tool0) ;
10   MLIN (OFFSETTOOL(tool_get, 0.00, 0.00, -150, 0.00, 0.00, 0.00), v500, fine, tool0) ;
```

图 2-5-13　确认夹爪工具已成功转移并被稳定夹持

机器人安全移动至过渡点再返回安全点,拾取夹爪工具子程序编写完成。

（3）创建放置夹爪工具子程序

在子程序界面新建子程序并命名为“tool_put”。在子程序界面对 tool_put( ) 子程序进行编写,如图 2-5-14 所示。

使用关节运动指令控制机器人从安全点出发并移动至夹爪工具快换过渡点,遵循预设路径与速度限制,确保精确安全移动,如图 2-5-15 所示。

到达夹爪工具快换过渡点后,使用直线运动指令控制机器人直线移动至放置夹爪工具点上方 150 mm,沿 Y 轴偏移 40 mm 后下降至 15 mm 处,到达放置夹爪工具点左上方,如图 2-5-16 所示。

使用直线运动指令控制机器人沿 Y 轴直线移动至放置夹爪工具点上方处,调整末端姿态与工具方向一致,准备放置夹爪工具,如图 2-5-17 所示。

```
1    MJOINT (Home, v500, fine, tool0) ;
2    MJOINT (transitions, v500, fine, tool0) ;
3    MLIN (OFFSETTOOL(tool_get, 0, 40, -150), v500, fine, tool0) ;
4    MLIN (OFFSETTOOL(tool_get, 0, 40, -15), v500, fine, tool0) ;
5    MLIN (OFFSETTOOL(tool_get, 0, 0, -15), v500, fine, tool0) ;
6    MLIN (tool_get, v500, fine, tool0) ;
7    fidbus.mtcp_wo_b[2] := false ;
8    DWELL (0.5) ;
9    MLIN (OFFSETTOOL(tool_get, 0, 0, -150), v500, fine, tool0) ;
10   MJOINT (transitions, v500, fine, tool0) ;
11   MJOINT (Home, v500, fine, tool0) ;
```

图 2-5-14　tool_put( ) 子程序

```
1    MJOINT (Home, v500, fine, tool0) ;
2    MJOINT (transitions, v500, fine, tool0) ;
```

图 2-5-15　机器人移至夹爪工具快换过渡点

```
3    MLIN (OFFSETTOOL(tool_get, 0, 40, -150), v500, fine, tool0) ;
4    MLIN (OFFSETTOOL(tool_get, 0, 40, -15), v500, fine, tool0) ;
```

图 2-5-16　到达放置夹爪工具点左上方

```
5    MLIN (OFFSETTOOL(tool_get, 0, 0, -15), v500, fine, tool0) ;
```

图 2-5-17　准备放置夹爪工具

使用直线运动指令控制机器人移动至放置夹爪工具点处放置夹爪工具,适当延时 0.5 s,以确认平稳放置夹爪工具,如图 2-5-18 所示。

```
6    MLIN (tool_get, v500, fine, tool0) ;
7    fidbus.mtcp_wo_b[2] := false ;
8    DWELL (0.5) ;
```

图 2-5-18　放置夹爪工具

机器人返回放置夹爪工具点上方,确认行星齿轮工具已顺利脱离。

机器人返回过渡点再返回安全点,放置夹爪工具子程序编写完成。

（4）创建拾取和放置齿轮子程序

在子程序界面新建子程序并命名为"Gear_Assembly",在子程序界面对 Gear_Assembly( )子程序进行编写,如图 2-5-19 所示。

在子程序中新建"Gear_Get""Gear_Put"两个 POINTC 类型的输入变量,具体如图 2-5-20 所示。

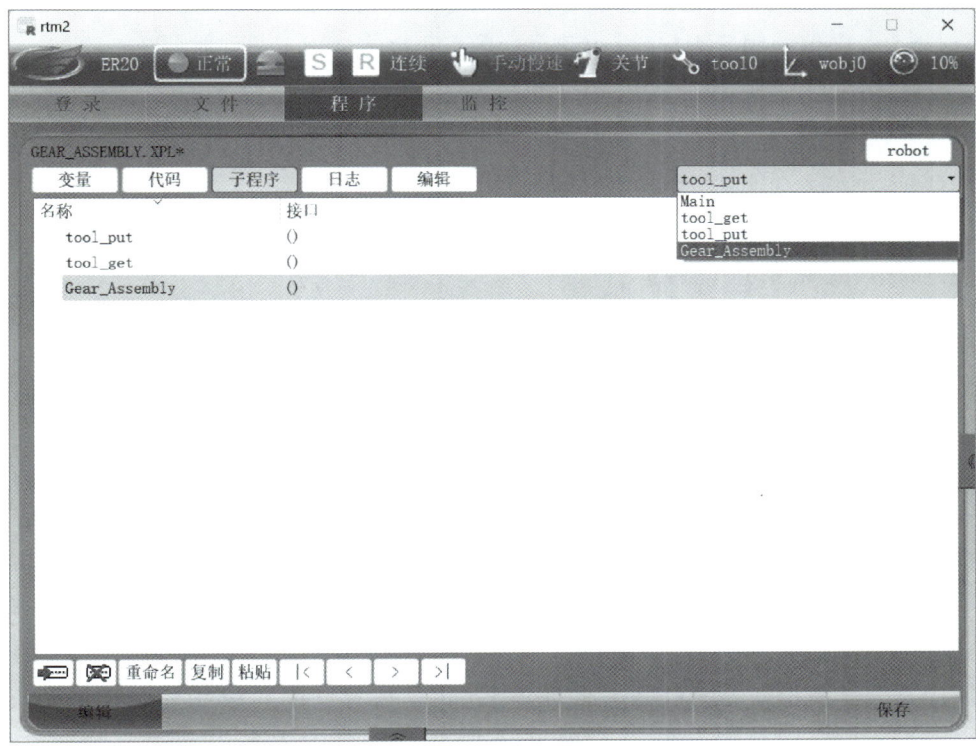

图 2-5-19 创建 Gear_Assembly( ) 子程序

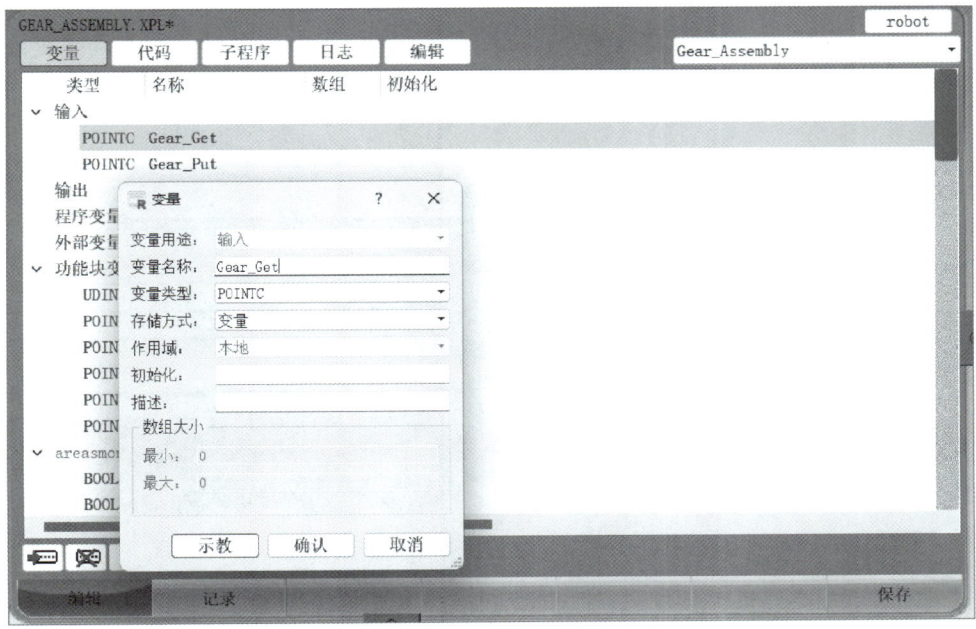

图 2-5-20 新建输入变量

打开机器人夹爪工具，为拾取行星齿轮做准备。使用直线运动指令控制机器人运动至行星齿轮拾取点上方 40 mm 处，再运动至行星齿轮拾取点，激活夹爪信号以拾取行星齿轮，延时 0.5 s，确保稳固且无损，再运动至拾取点正上方 40 mm 处，如图 2-5-21 所示。

```
1    fidbus.mtcp_wo_b[1] := true ;
2    DWELL (0.5) ;
3    fidbus.mtcp_wo_b[1] := false ;
4    MJOINT (OFFSETTOOL(Gear_Get, 0, 0, -40), v500, fine, tool0) ;
5    MLIN (Gear_Get, v500, fine, tool0) ;
6    fidbus.mtcp_wo_b[0] := true ;
7    DWELL (0.5) ;
8    MJOINT (OFFSETTOOL(Gear_Get, 0, 0, -40), v500, fine, tool0) ;
```

图 2-5-21　拾取行星齿轮

添加 LABEL 指令，建立标签 back，用于接下来 GOTO 指令的跳转，重复执行，直到拾取到为止，如图 2-5-22 所示。

```
7    LABEL back :
```

图 2-5-22　添加 LABEL 指令

使用直线运动指令控制机器人运动至行星齿轮放置点正上方 20 mm 处，当累加变量 n 发生变化的时候，末端轴角度会随着 n 的累加而变化，如图 2-5-23 所示。

```
8    MLIN (OFFSETTOOL(Gear_Get, 0, 0, -20, 0.9 * n), v500, fine, tool0) ;
```

图 2-5-23　运动至行星齿轮放置点正上方

使用寻位指令控制机器人到达行星齿轮放置点正上方 7 mm 处，相关参数设置如图 2-5-24 所示。

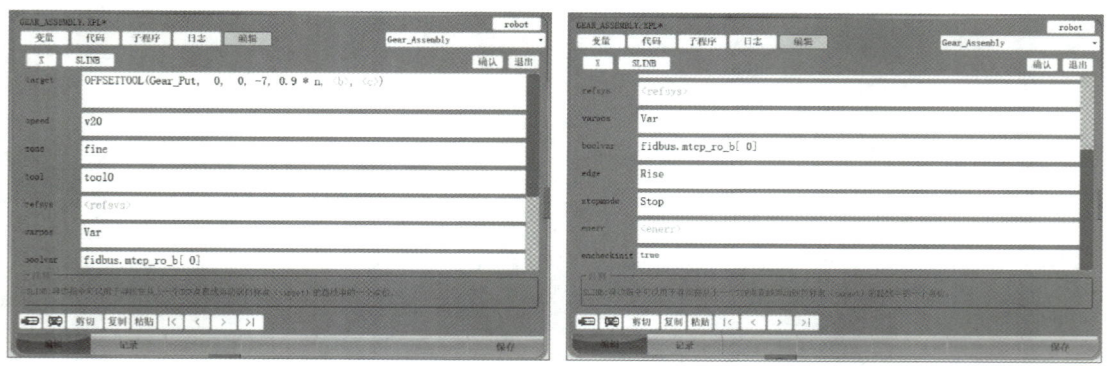

图 2-5-24　寻位指令相关参数设置

其中各参数解释如下。

① boolvar 参数为必须设置的 BOOL 类型参数，指令将会监控该参数值的变化。

② varpos 参数为必须设置的 POINTC 类型参数,指令将会把机器人的姿态信息存储进该变量。

③ edge 参数为必须设置的枚举类型参数,该参数指定 boolvar 参数值的变化类型:Rise——上升沿触发;Fall——下降沿触发;Low——值为 false;High——值为 true。

④ 如果可选参数 encheckinit 被设置为 true,则在运动开始之前会确认 BOOL 类型参数 boolvar 的值。如果运动开始时,boolvar 已为 edge 设置的值,则指令将会直接报错,并结束执行。

当可选参数 encheckinit 被设置为 true 时,如果 edge 为 Rise,机器人在执行寻位指令前,boolvar 已是 true,则指令将会直接报错,并结束执行。

当可选参数 encheckinit 被设置为 true 时,如果 edge 为 Fall,机器人在执行寻位指令前,boolvar 已是 false,则指令将会直接报错,并结束执行。

⑤ 当搜索完成后,可以使用可选参数 stopmode 指定停止移动的类型:Stop——运动结束时,将正常减速,并保持减速时 TCP 点的运动轨迹依然为指令运动时的直线;Abort——运动结束时,机器人以快速减速到停止,该过程中不会保持 TCP 点的运动轨迹与指令运动时的直线一致。

⑥ 如果需要改变角度,则旋转角度(参数 a,b 和 c)将被插入到主轴(参数 x,y 和 z)中,旋转与偏移将同步开始,并同时到达目标位置。

⑦ 如果省略 refsys 参数,则使用世界坐标系进行运动。

⑧ 当 enerr 参数设置为 true 时,寻位到结束而未触发停止信号,在指令完成时会触发报警。当寻位完成时,指令结束。

如果寻位在机器人进入由圆滑过渡参数决定的圆滑过渡区域前没有结束,则会有指令执行错误发出。

如果目标点位具有附加轴的位置,则附加轴将会与机器人的轴同步运动。添加 IF 指令,当判断 IF 指令条件为真时,则执行 IF 后的直线运动指令控制机器人运动至行星齿轮放置点正上方 20 mm 处,如图 2-5-25 所示。

```
10 ⊟ IF fidbus.mtcp_ro_b[0] = true THEN
11     MLIN (OFFSETTOOL(Gear_Put, 0, 0, -20, 0.9 * n), v20, fine, tool0) ;
```

图 2-5-25　添加 IF 判断指令

运行当前程序后,变量 n 自加 1,如图 2-5-26 所示。

```
12     n := n + 1 ;
13     GOTO back ;
14  END_IF ;
```

图 2-5-26　变量 n 自加 1

当判断 IF 指令条件不满足时,使用直线运动指令控制机器人运动至行星齿轮放置点,松开夹爪后延时 0.5 s,以确认平稳放置行星齿轮,如图 2-5-27 所示。

```
15    MLIN (OFFSETTOOL(Gear_Put, 0, 0, 0, n * 0.9), v500, fine, tool0) ;
16    fidbus.mtcp_wo_b[1] := true ;
17    DWELL (0.5) ;
```

图 2-5-27　放置行星齿轮

使用直线运动指令控制机器人运动至行星齿轮放置点正上方 30 mm 处,初始化变量 n,程序如图 2-5-28 所示。

```
18    MLIN (OFFSETTOOL(Gear_Put, 0, 0, -30, 0.9 * n), v500, fine, tool0) ;
19    n := 0 ;
```

图 2-5-28　运动至行星齿轮放置点正上方

（5）创建主程序

使用调用子程序指令,调用拾取夹爪工具子程序拾取工具,完成机器人拾取夹爪工具动作,如图 2-5-29 所示。

```
1    tool_get() ;
```

图 2-5-29　调用拾取夹爪工具子程序

使用赋值指令将变量数组 Gear_Get 和 Gear_Put 进行赋值,将拾取与放置的 6 个点位赋值给这两个数组,具体点位根据实际情况而定,如图 2-5-30 所示。

```
2    Gear_Get[0] := POINTC(0, 0, 0, 0, 0, 0) ;
3    Gear_Get[1] := POINTC(0, 0, 0, 0, 0, 0) ;
4    Gear_Get[2] := POINTC(0, 0, 0, 0, 0, 0) ;
5    Gear_Put[0] := POINTC(0, 0, 0, 0, 0, 0) ;
6    Gear_Put[1] := POINTC(0, 0, 0, 0, 0, 0) ;
7    Gear_Put[2] := POINTC(0, 0, 0, 0, 0, 0) ;
```

图 2-5-30　数组赋值

i 为缓存变量,循环执行 1 到 3 次行星齿轮的拾取和放置,如图 2-5-31 所示。

```
8    FOR i := 1 TO 3 DO
9        Gear_Assembly(Gear_Get[i], Gear_Put[i]) ;
10   END_FOR ;
```

图 2-5-31　循环执行 1 到 3 次行星齿轮的拾取和放置

调用放置夹爪工具子程序,即在执行完任务后放置夹爪工具,如图 2-5-32 所示。

```
11   tool_put() ;
```

图 2-5-32　放置夹爪工具

主程序结束,机器人圆满完成拾取夹爪工具、拾取行星齿轮、放置行星齿轮、放置夹爪工具的全程,为后续任务准备就绪。

调试验证:将机器人运行模式切换为单步进入,并将机器人运行速度调整为20%,完整运行 main( )程序。

👍 项目评价

序号	项目评价观测点	分数	得分
1	在 Kimage 软件中,正确设置触发源为 KWeiSensor0,触发值为 OK	10	
2	PLC 与机器人建立 Modbus TCP 通信,能自动控制快换和夹爪气缸正常伸缩	10	
3	机器人从安全点出发拾取夹爪工具,要求机器人运动过程平顺,不得碰撞	15	
4	机器人成功取、放第一个齿轮,触摸屏中力控数值动态变化	15	
5	机器人成功取、放第二个齿轮,触摸屏中力控数值动态变化	15	
6	机器人成功取、放第三个齿轮,触摸屏中力控数值动态变化	15	
7	机器人放置夹爪工具,返回安全点,要求机器人运动过程平顺,不得碰撞	10	
8	安全意识、质量意识、绿色环保意识、团队协作意识	10	
合计总分			

📈 巩固提升

(1)根据实训设备,正确安装适合行星齿轮装配的机器人工具。

(2)在实训过程中,触摸屏中可设定三个行星齿轮安装顺序并显示力控传感器的数值变化,安装顺序可设定为 1—2—3、3—1—2、2—3—1。

(3)按照触摸屏设定的安装顺序完成三个行星齿轮的装配任务,检验机器人装配的准确性和稳定性。

项目六

视觉检测与分拣

（1）能够叙述视觉系统坐标系的基本概念。

（2）能够叙述图像处理工具的基本功能,如颜色提取、腐蚀、膨胀等。

（3）能够应用 Blob 分析技术进行目标物体识别与定位。

（4）能够应用图像处理工具进行有效的图像预处理和特征抽取。

（5）能够分析颜色模型在颜色识别中的作用,区分其优势和局限性。

（6）能够评价视觉工具与机器人系统的配合使用效果,评估其对系统智能化和自主性的贡献。

（7）能够创新视觉分拣策略,设计新的图像处理算法,提高识别

　　精度和效率。

（8）能够通过实际操作和项目实践，验证和优化视觉分拣程序，提高系统的整体性能。

⚛ 观察思考

　　在食品加工行业，机器人视觉分拣系统已成为提高效率和确保品质的关键技术。例如，机器人视觉系统可以利用高分辨率相机捕捉水果和蔬菜的图像，并通过视觉识别技术分析其大小、颜色和成熟度，从而实现自动分选和包装，如图 2-6-1 所示。

图 2-6-1　机器人视觉分拣系统在食品加工行业的应用

　　机器人的连续工作能力大幅提高了生产速度，减少了人工成本和培训费用。同时，减少了工人接触可能引起过敏的农产品，提高了工作场所的安全性。机器人系统的灵活性和易于维护性使其能够适应不同季节和不同种类的农产品分选需求。

　　这种自动化技术不仅提高了食品加工的效率和准确性，还确保了产品的一致性和市场竞争力，为食品加工行业带来了显著的经济效益。

视频

视觉检测与分拣

源文件

视觉检测与分拣

！项目要求

完整实施 N 点标定试验,包括制定合理的标定方案、采集图像数据、计算仿射矩阵并验证其准确性。

设计并搭建视觉分拣实训平台,整合硬件资源(如相机、光源、机器人、PLC 等),并通过软件实现全流程控制。

编写一套完整的视觉识别与分拣程序,涵盖图像采集、图像预处理、特征提取、目标定位、指令生成与执行等功能。

控制机器人将振动盘中的红色正方形的零件 B 样品分拣至零件 B 原料区。

🏠项目导航

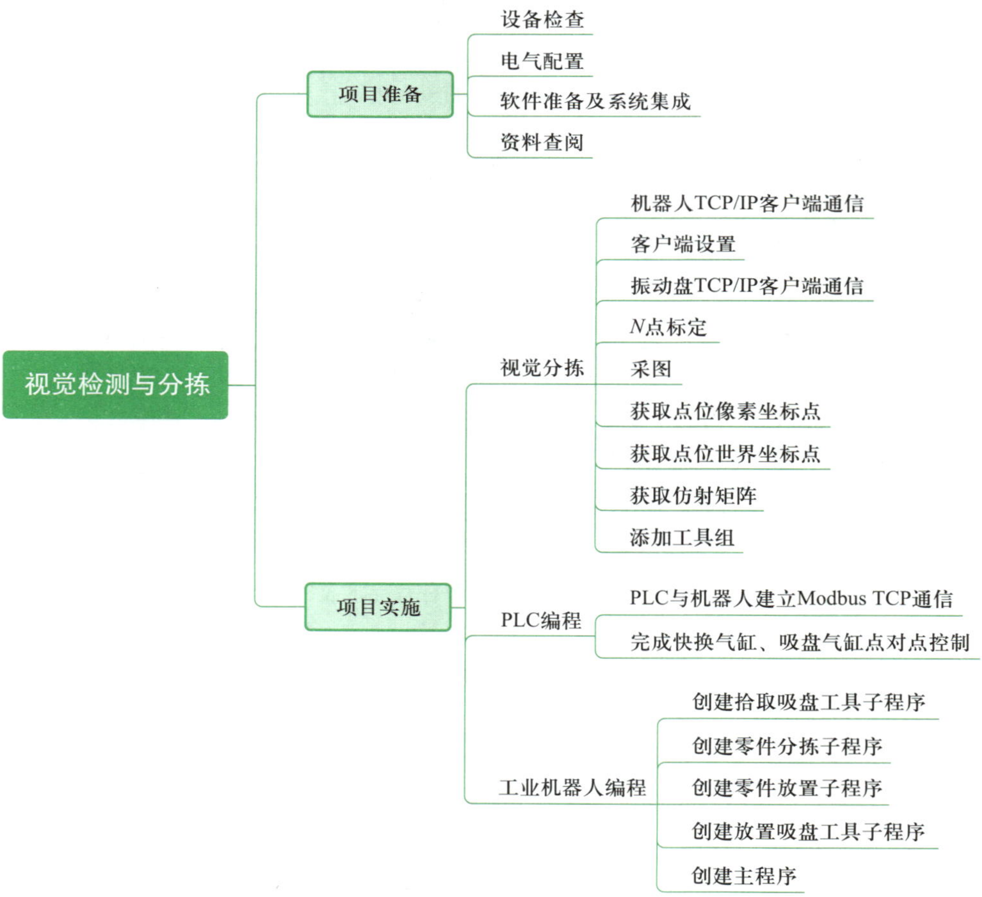

视觉检测与分拣

- **项目准备**
  - 设备检查
  - 电气配置
  - 软件准备及系统集成
  - 资料查阅

- **项目实施**
  - **视觉分拣**
    - 机器人TCP/IP客户端通信
    - 客户端设置
    - 振动盘TCP/IP客户端通信
    - N点标定
    - 采图
    - 获取点位像素坐标点
    - 获取点位世界坐标点
    - 获取仿射矩阵
    - 添加工具组
  - **PLC编程**
    - PLC与机器人建立Modbus TCP通信
    - 完成快换气缸、吸盘气缸点对点控制
  - **工业机器人编程**
    - 创建拾取吸盘工具子程序
    - 创建零件分拣子程序
    - 创建零件放置子程序
    - 创建放置吸盘工具子程序
    - 创建主程序

项目准备

1. 设备检查

确保智能制造设备技术应用实训平台（型号：ZM-IMET-2023-A）状态良好，机器人系统已正确配置。

2. 电气配置

（1）PLC 电路原理图

视觉检测与分拣 PLC 电路原理图如图 2-6-2 所示。

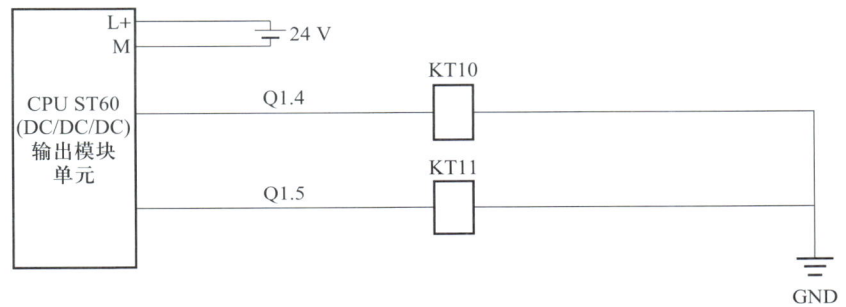

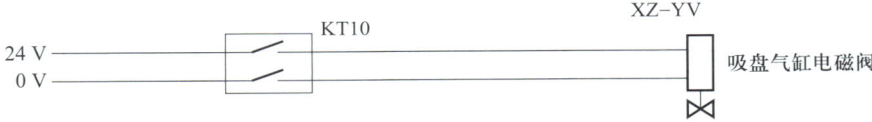

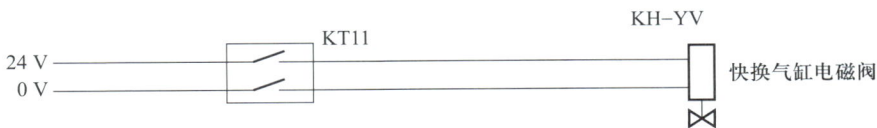

图 2-6-2　视觉检测与分拣 PLC 电路原理图

（2）气动回路图

视觉检测与分拣气动回路图如图 2-6-3 所示。

（3）I/O 分配表

根据 PLC 电路原理图与气动回路图，选用 PLC 控制电磁阀。视觉检测与分拣 I/O 分配表见表 2-6-1。

（4）Modbus TCP 通信表

视觉检测与分拣 Modbus TCP 通信表见表 2-6-2。

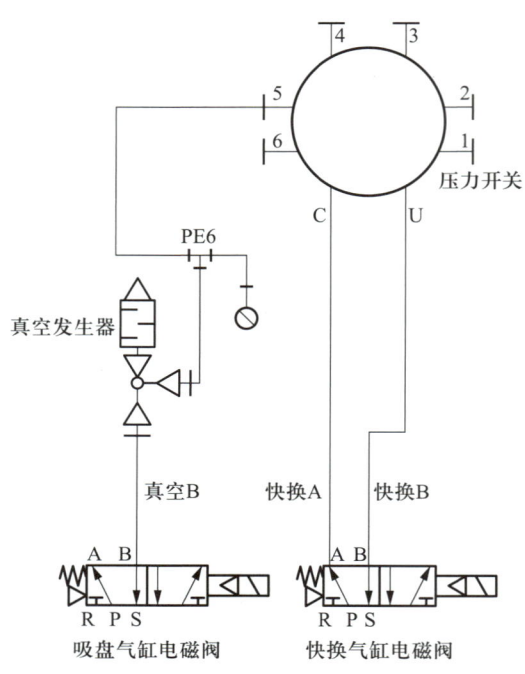

图 2-6-3　视觉检测与分拣气动回路图

表 2-6-1　视觉检测与分拣 I/O 分配表

PLC 输出点	被控对象
Q1.4	吸盘气缸电磁阀
Q1.5	快换气缸电磁阀

表 2-6-2　视觉检测与分拣 Modbus TCP 通信表

机器人地址	PLC 地址	功能
wo_b[10]	V669.0	吸盘工具开启/关闭真空
wo_b[2]	V669.2	快换气缸锁紧/释放

3. 软件准备及系统集成

安装和熟悉 Kimage 视觉软件及其他辅助开发工具,提前准备好试验所需的各类图像样本和标定板。

确保相机、机器人和 PLC 之间的通信线路畅通无阻,正确配置串口通信、TCP/IP 通信参数。

4．资料查阅

查阅相关技术文档、研究报告和应用案例，了解视觉分拣技术的最新进展和前沿技术，为项目实施提供理论和技术支持。

项目实施

1．视觉分拣

（1）机器人 TCP/IP 客户端通信

使用机器人示教器，双击图中标注的机器人标志，进入机器人配置界面，双击"TCPIP"按钮，如图 2-6-4 所示。

图 2-6-4　机器人配置界面

将机器人协议类型修改为"服务器"，将首字符、结束符删除，端口设置为"2000"，点击"保存"按钮。点击"停止监听"按钮再切换至开始监听，如图 2-6-5 所示。

（2）客户端设置

设置客户端 IP 端口号为"192.168.1.12"，客户端地址根据机器人地址进行设置，端口号为"2000"，接收、发送格式为"UTF_8"，点击"连接"按钮，显示客户端连接成功则说明通信建立成功，如图 2-6-6 所示。

（3）振动盘 TCP/IP 客户端通信

设置 IP 为"192.168.1.30"，端口号为"2000"，接收、发送格式为"Hex"，如图 2-6-7 所示。

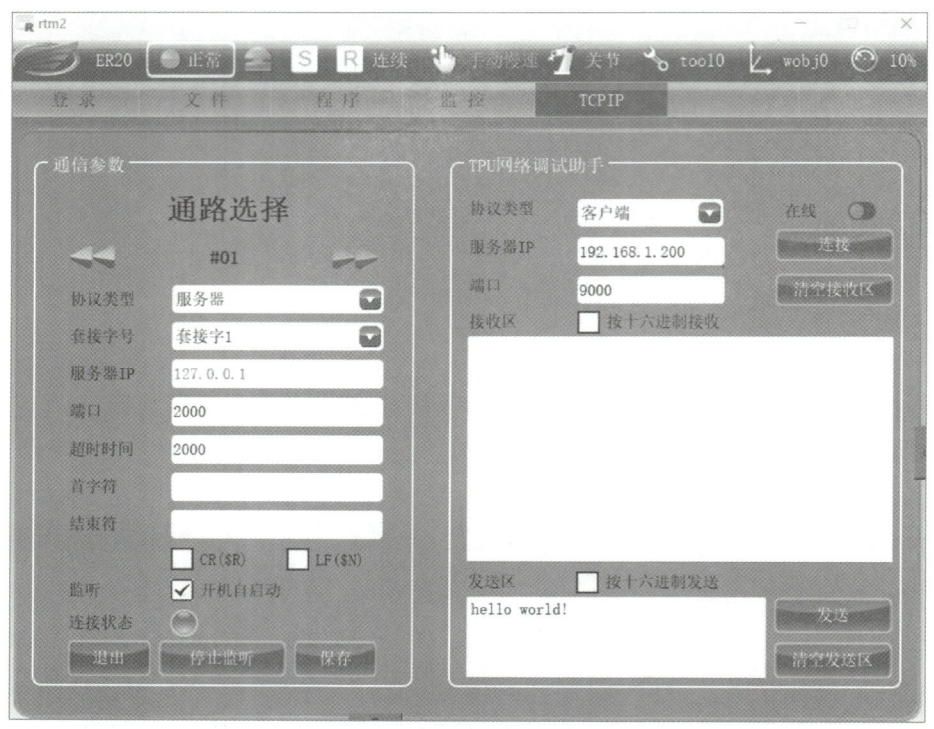

图 2-6-5　机器人 TCP/IP 客户端通信

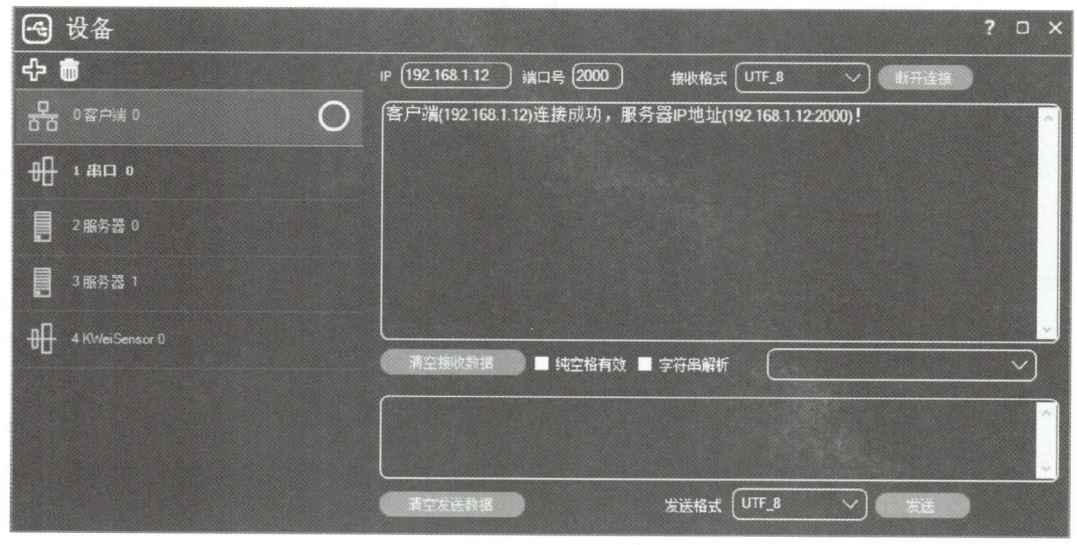

图 2-6-6　客户端设置

（4）N 点标定

如图 2-6-8（a）所示，将图中①处工具组图标拖动至流程图空白处，即可在流程图中新建工具组，点击图中②处工具组图标，打开"工具组"设置界面，如图 2-6-8（b）所示，重命名为"N 点标定"，关闭设置界面，"N 点标定"工具组设置完成。

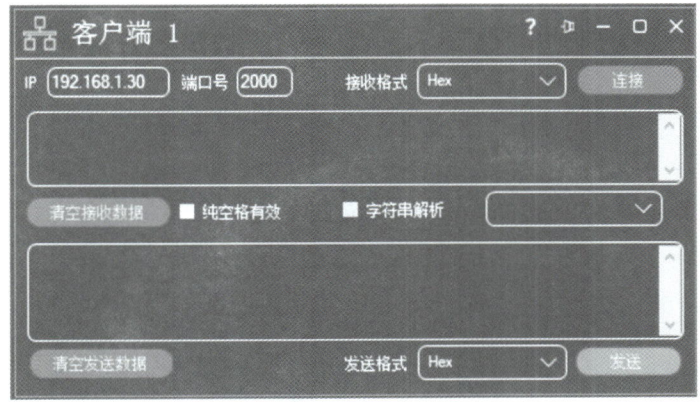

图 2-6-7 振动盘 TCP/IP 客户端通信

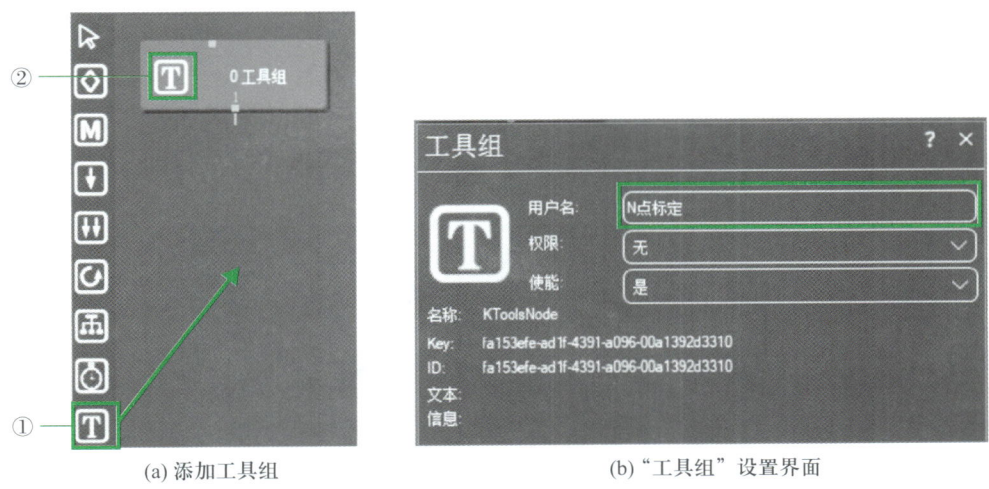

(a) 添加工具组   (b)"工具组"设置界面

图 2-6-8 "N 点标定"工具组设置

（5）采图

图 2-6-9 所示为相机工具"基础参数"界面，在图中①处选择要使用的相机，并点击"执行"按钮后再退出界面。

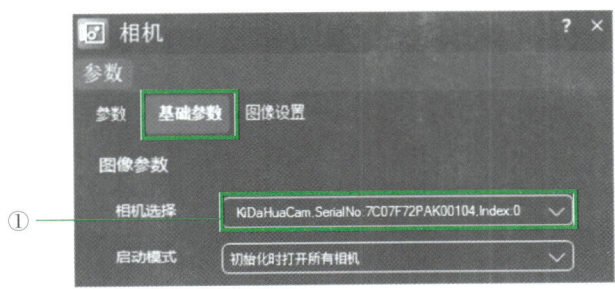

图 2-6-9 相机工具"基础参数"界面

如图 2-6-10 所示,点击图中①处"图像设置"选项卡进入"图像设置"界面,调整图中②处"曝光"与"增益"提高图像效果,点击"执行"按钮进行采图。

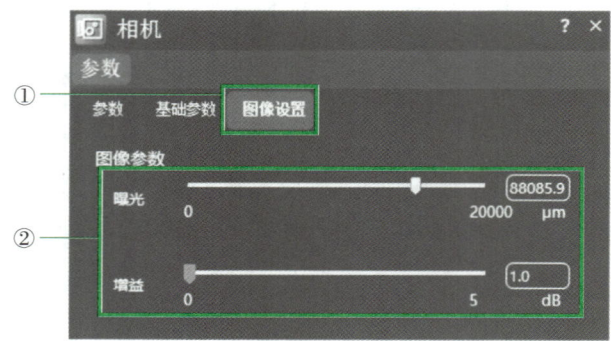

图 2-6-10　相机工具"图像设置"界面

（6）获取点位像素坐标点

进入"查找特征点"设置界面,如图 2-6-11 所示,点击图中①处"参数"选项卡,打开"参数"界面;点击图中②处,打开"输入参数"下拉列表,点击"输入图像"参数后的括号打开"输入图像"参数的设置界面;点击图中③处进入"添加引用"界面。

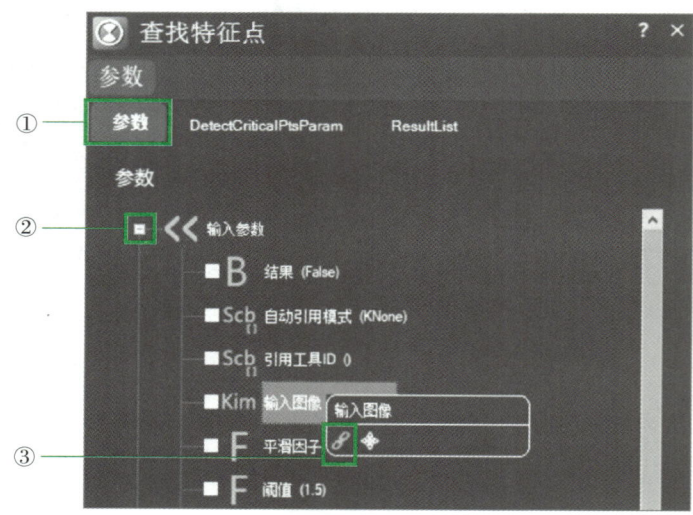

图 2-6-11　"查找特征点"设置界面

如图 2-6-12 所示,点击图中①处,打开"N点标定"工具组下拉列表,点击图中②处,打开"相机"工具参数,选择图中③处"输出参数.输出图片"。

如图 2-6-13 所示,设置查找特征点 ROI,用注册框（默认在图像左上角）框选需要注册的位置。双击相机输出的图片,将注册框依次框在需要注册的点,点击"执行"按钮。

如图 2-6-14 所示,特征点识别结果会在显示窗口显示,记下特征点顺序,"N点标定"工具输入的世界坐标需要与特征点识别到的图像坐标一一对应。

图 2-6-12 查找特征点参数

图 2-6-13 查找特征点 ROI 设置

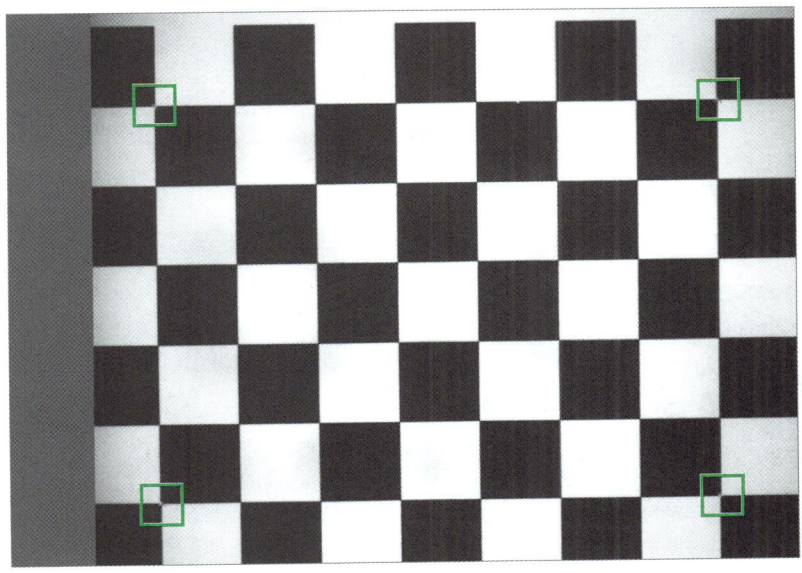

图 2-6-14 注册执行

进入"N点标定"工具"基础参数"界面,如图2-6-15(a)所示,点击图中①处打开"像素坐标"参数设置选项,点击图中②处进行添加引用。如图2-6-16(b)所示,选择"查找特征点"工具的"输出参数.关键点"。如图2-6-16(c)所示,点击"参数"返回参数界面。如图2-6-16(d)所示,点击图中①处"多点更新"按钮,即可获得4个特征点的像素坐标。

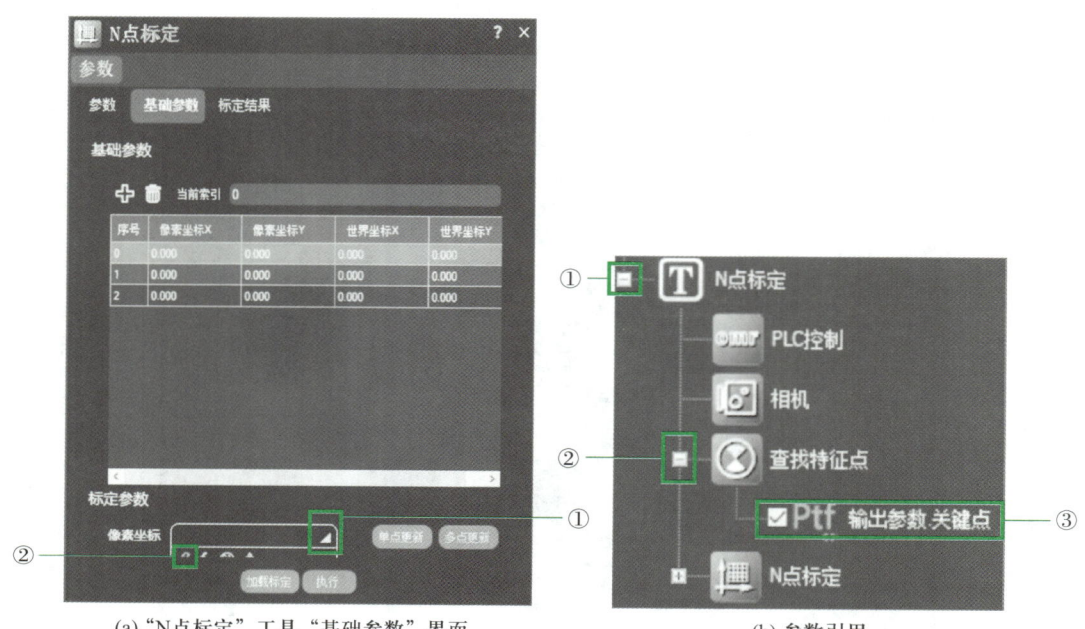

(a)"N点标定"工具"基础参数"界面　　　　　(b)参数引用

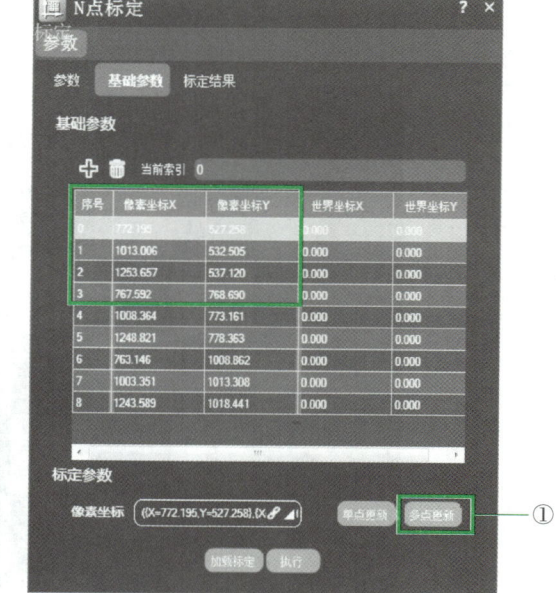

(c)返回参数界面　　　　　(d)更新像素点位结果图

图2-6-15　添加"N点标定"工具

（7）获取点位世界坐标点

控制机器人将标定针移动至标定板 Mark 点（标定板上黑白相间的圆心）正上方，点击"监视"选项卡，显示位置栏，点击位置栏，选择程序中使用的用户坐标系与工具坐标系，显示机器人实时位置，如图 2-6-16 所示。

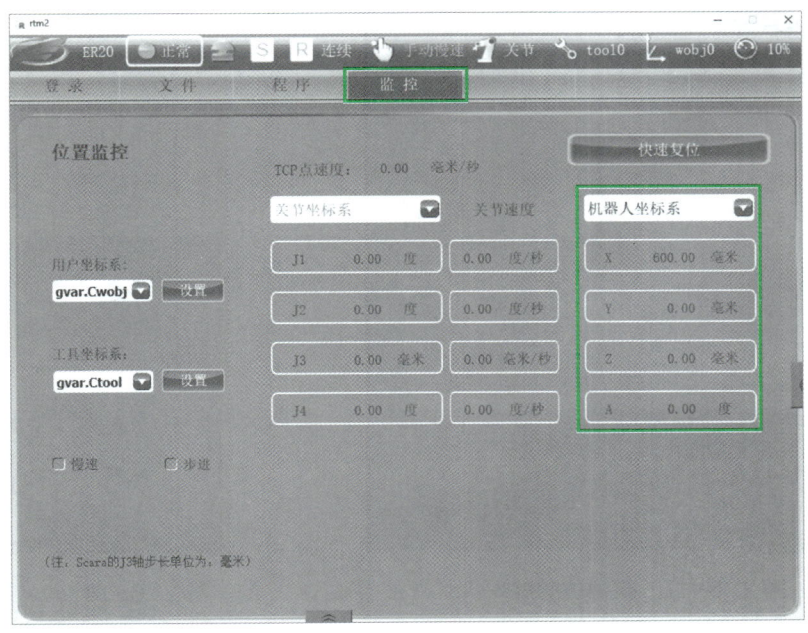

图 2-6-16　获得点位世界坐标点

（8）获取仿射矩阵

如图 2-6-17 所示，依次获取各个点位的世界坐标并将该坐标输入"世界坐标"栏（注意像素坐标与世界坐标一一对应），点击"执行"按钮后即可完成 N 点标定，从而获得 N 点标定程序，如图 2-6-18 所示。

（9）添加工具组

添加"相机"工具，调整相机的曝光参数使相机采集的图像更为清晰，双击"相机"工具，打开"相机"工具"基础参数"界面，将相机的标定数据修改为"N 点标定"，点击"执行"按钮，如图 2-6-19 所示。

在工具组内添加"工件分拣"工具，双击"工件分拣"工具打开"基础参数"界面，点击"+"按钮，添加序号"0"，如图 2-6-20 所示。

双击颜色提取"参数"按钮，打开颜色提取的"基础参数"界面，将输出模式修改为"二值图"，将黄色提取框拉到需要提取的位置，鼠标移动到需要提取的位置的周围观察RGB 值，以该值为基础对颜色提取的"红色""绿色""蓝色"（RGB 值）进行修改，点击"执行"按钮，如图 2-6-21 所示。若提取不全则再次将鼠标移动到提取不全的位置观察 RGB值，对颜色提取的 RGB 值进行修改直到提取齐全为止。若还不清晰可以调节开运算的掩码高度、宽度和斑点分析设置提取的识别范围。分别点击"放置位 X""放置位 Y"，输入放置点的基坐标数据。

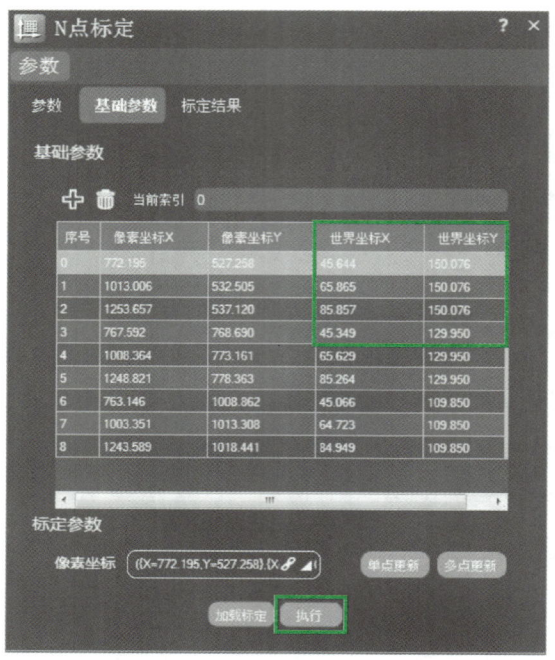

图 2-6-17　获得仿射矩阵

图 2-6-18　N 点标定程序

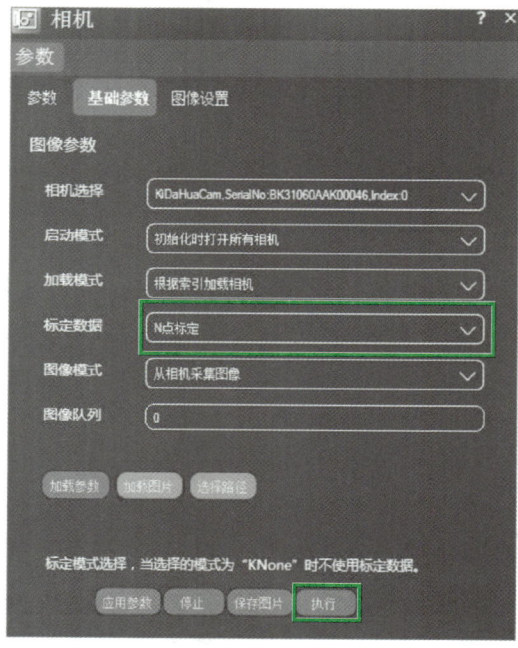

图 2-6-19　"相机"工具"基础参数"界面

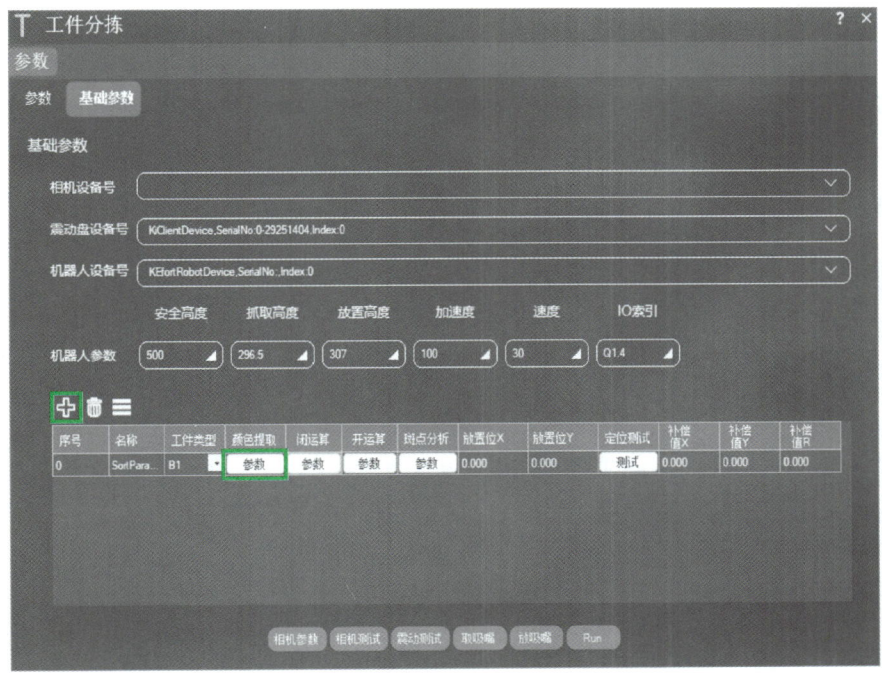

图 2-6-20 "工件分拣"工具"基础参数"界面

图 2-6-21 修改 RGB 值

如图 2-6-22 所示，双击打开"工件分拣"工具"参数"界面，选择输入参数"InputParam"，最下面的"OperateMode"有两种模式，分别为"MasterCtrl"（仅作为运行机器人）和"Recognition"（只输出点位）。

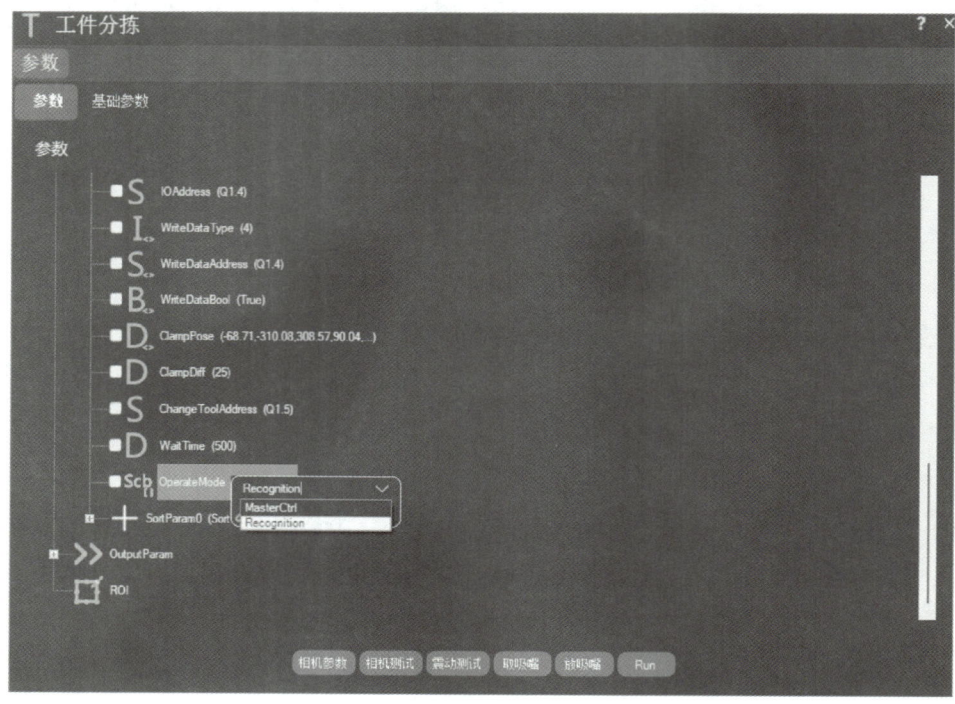

图 2-6-22　"工件分拣"工具"参数"界面

如图 2-6-23 所示，打开"工件分拣"工具"参数"界面，选择输出参数"OutputParam"，此时的"检测点"是一个数据，需要将其拆开。

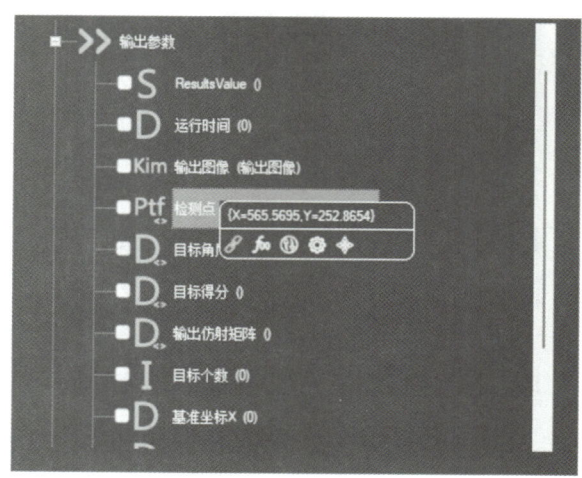

图 2-6-23　"工件分拣"工具"检测点"选项

如图 2-6-24（a）所示，双击"检测点"并打开"变量转换"界面。勾选"检测点"复选框，将源始类型依次修改为"PointFList.X""PointFList.Y"，点击"+"按钮分别进行添加处理，添加完成后进入"工件分拣"工具"参数"界面，点击"执行"按钮，此时检测点已一分为二，如图 2-6-24（b）所示。

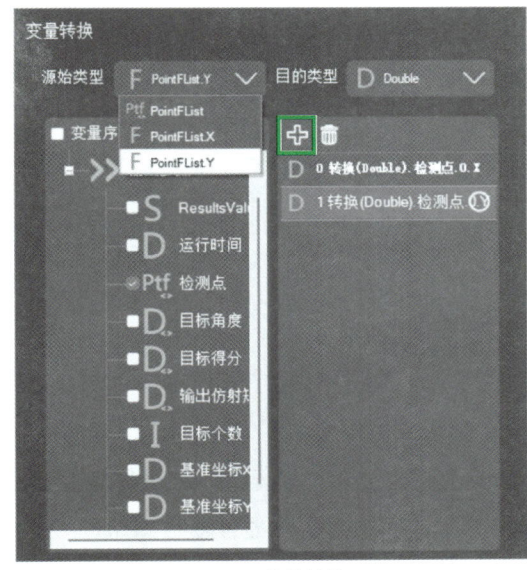

(a) 变量转换　　　　　　　　　　　(b) 检测点一分为二效果图

图 2-6-24　工件分拣变量转换

打开"数据处理"工具，添加"格式转换"工具，如图 2-6-25 所示。

打开"格式转换"工具"基础参数"界面，修改起始符类型为"自定义"，并删除起始符；修改结束符类型为"自定义"，并删除结束符，如图 2-6-26 所示。

如图 2-6-26 所示，点击"+"按钮进入"变量添加"界面，并添加变量。因为前面添加的是长浮点数，所以这里需要添加三个长浮点数。选择长浮点数"Double"并进行添加，用户名依次为"长符点""长浮点 1""长浮点 2"，分别代表形状匹配检测点 X、Y 和目标角度，如图 2-6-27 所示。

添加完成后切换到"格式转换"工具"参数"界面，打开输入参数可看到刚刚添加的三个长浮点数，点击参数并点击"引用"按钮，如图 2-6-28 所示。

进入长浮点数参数引用界面，打开流程图进入工具组，选择形状匹配输出参数，引用"基准坐标 X"，长浮点数 1 为"基准坐标 Y"，如图 2-6-29 所示。

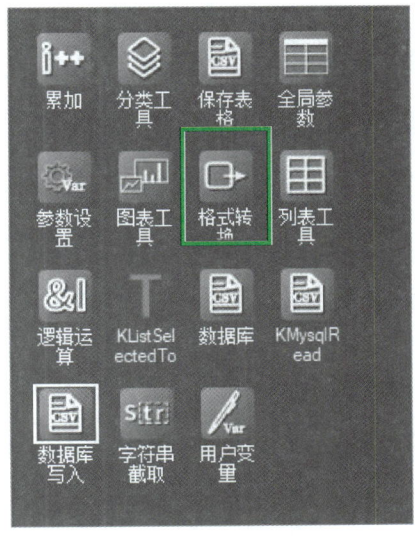

图 2-6-25　添加"格式转换"工具

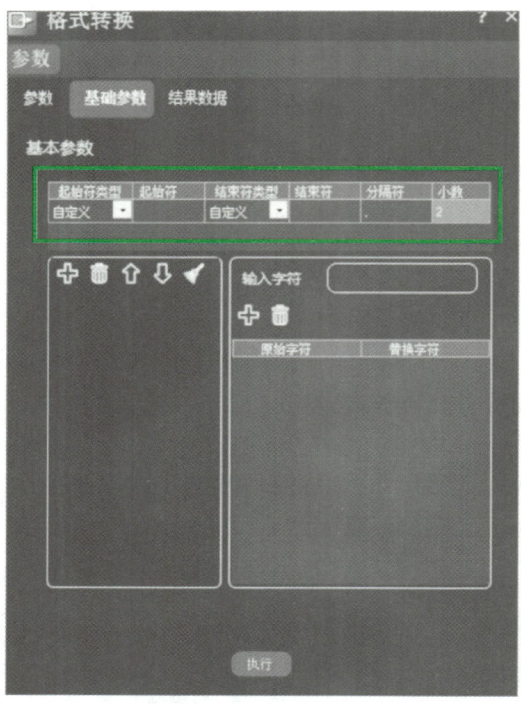

图 2-6-26 "格式转换"工具
"基础参数"界面

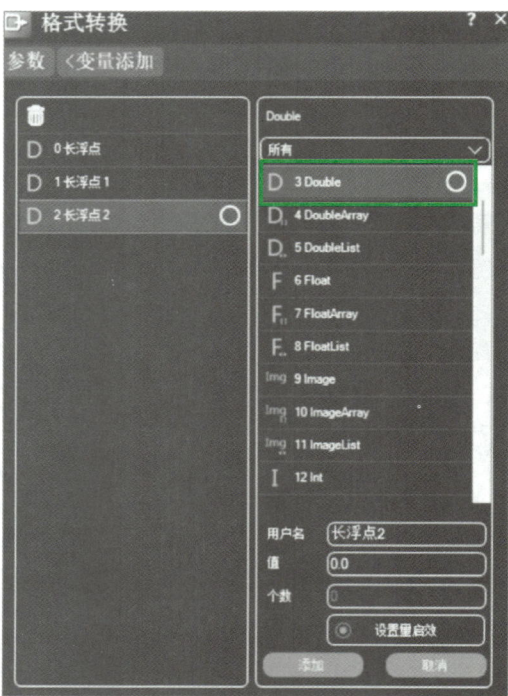

图 2-6-27 "变量添加"界面

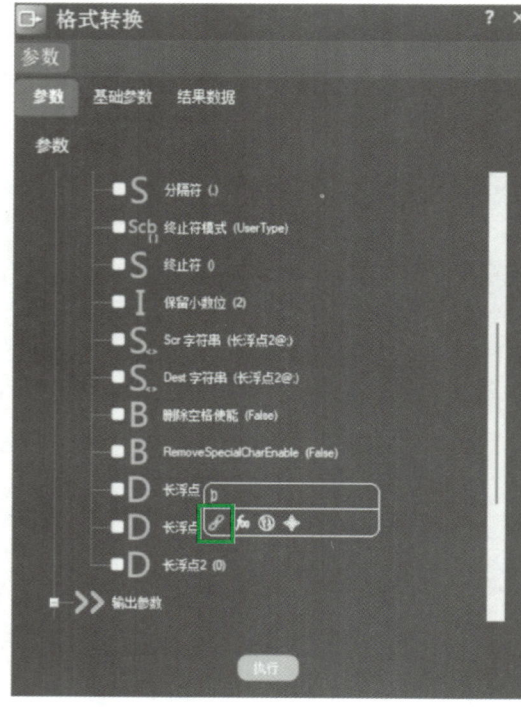

图 2-6-28 长浮点数参数引用

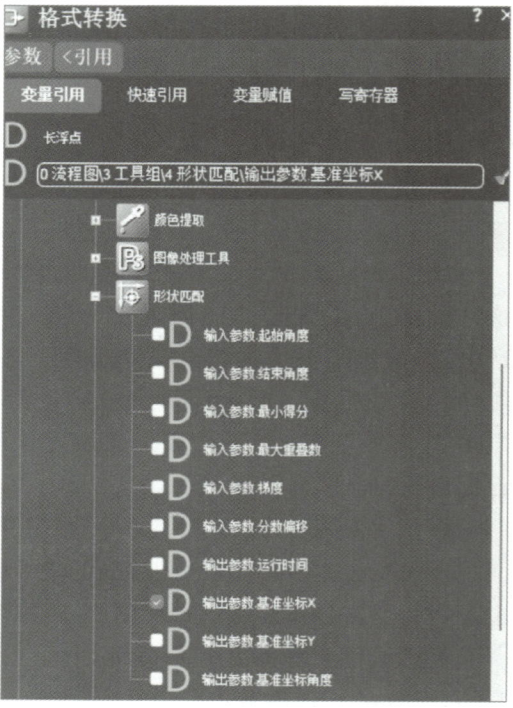

图 2-6-29 输出参数.基准坐标

长浮点数 2 的数据类型为列表形式，与前两个数据类型不一致，需要变量赋值。如图 2-6-30 所示，将格式转换的"参数"界面切换到"变量赋值"界面。打开工具组里面的"形状匹配"，勾选"输出参数·目标角度"，赋值完成后切换到"参数"界面，点击"执行"按钮。

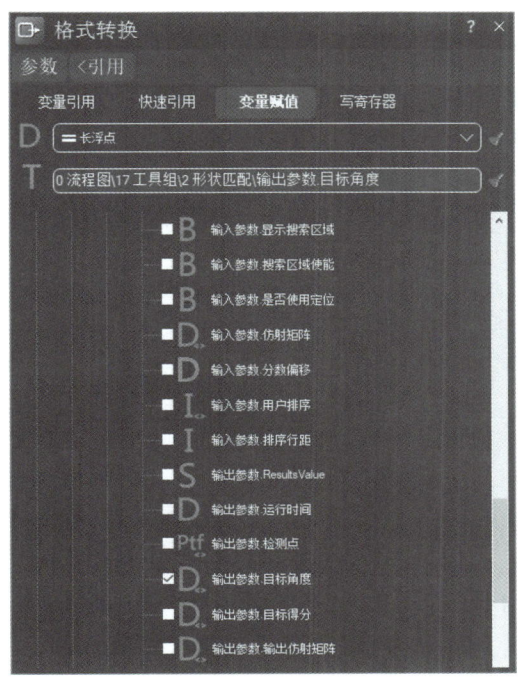

图 2-6-30　变量赋值

如图 2-6-31 所示，打开"系统"工具，添加"客户端"工具。双击"客户端"工具，打开"客户端"工具"参数"界面，选择输入参数、修改设备名，根据前面学习可知客户端 0 是连接机器人，因此本处可直接引用。

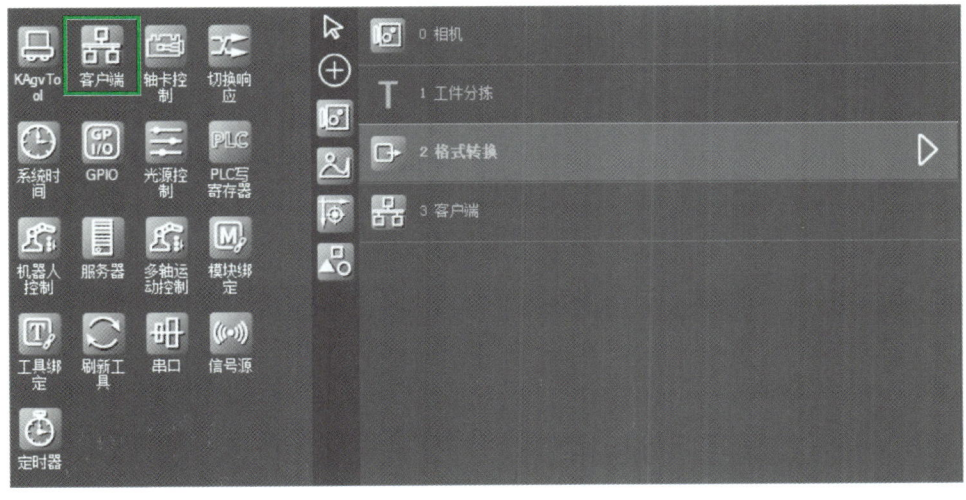

图 2-6-31　添加"客户端"工具

如图 2-6-32（a）所示，单击"发送数据"参数，打开发送数据的"添加引用"界面，选择流程图工具组。打开变量引用的"输出参数.输出结果"，点击"执行"按钮，如图 2-6-32（b）所示。

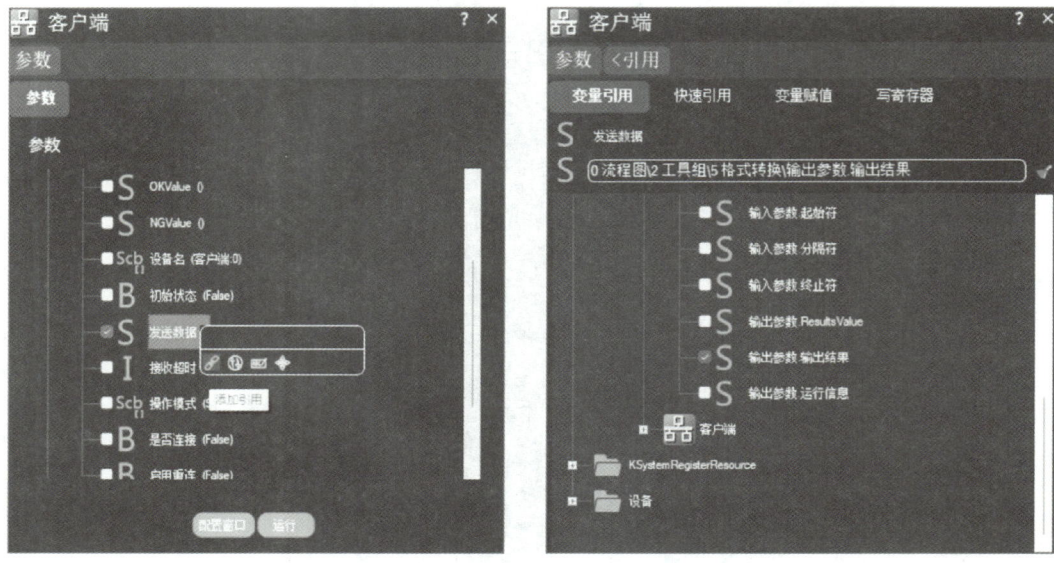

| (a) 发送数据引用 | (b) 变量引用 |

图 2-6-32　客户端参数引用

切换到主页面，如图 2-6-33 所示，打开工具组的"参数"界面。由于该程序并非一直运行，其触发源是"客户端 0"，触发值为"2"，因此，客户端 0 接收 2 后才会运行当前工具组里面的程序。

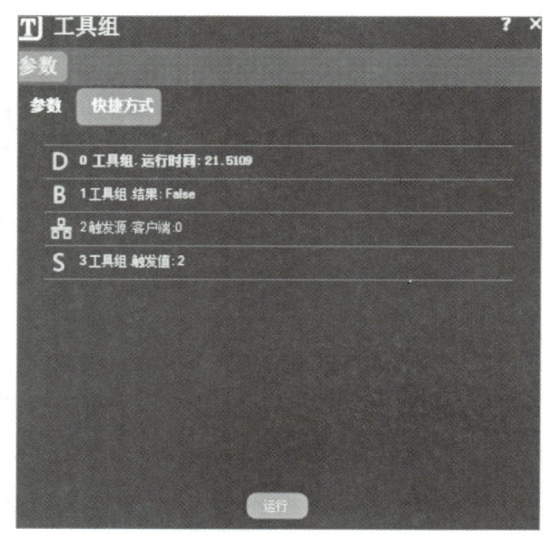

图 2-6-33　工具组"参数"界面

2. PLC 编程

（1）PLC 与机器人建立 Modbus TCP 通信。

（2）使用 TCP 通信配置的地址实现机器人控制机器人末端快换、吸盘气缸的点对点控制。PLC 程序如图 2-6-34 所示。

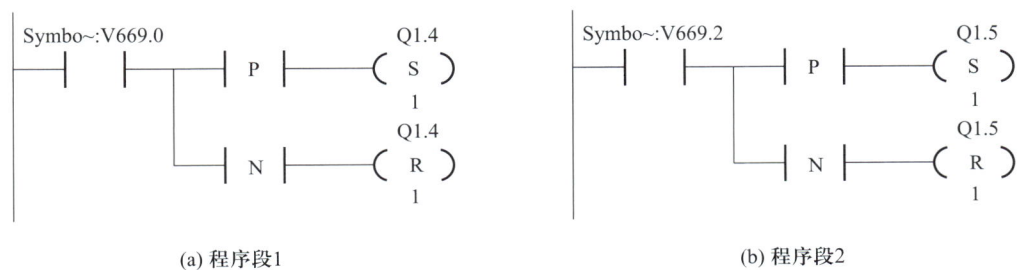

(a) 程序段1　　　　　　　　　　　　　　　　(b) 程序段2

图 2-6-34　PLC 程序

程序段 1：V669.0（wo_b［10］）写入 1 时，通过上升沿置位 Q1.4（吸盘气缸）；写入 0 时，通过下降沿复位 Q1.4（吸盘气缸）。

程序段 2：V669.2（wo_b［2］）写入 1 时，通过上升沿置位 Q1.5（快换气缸）；写入 0 时，通过下降沿复位 Q1.5（快换气缸）。

3. 工业机器人编程

本次工业机器人编程重点是编写视觉分拣子程序，具体操作步骤如下。

打开虚拟示教器。点击左下角"新建"按钮，选择文件，修改名称为"Identifygrab"，如图 2-6-35 所示。

文件新建完成后，点击"子程序"按钮进入子程序界面，点击左下角"添加"按钮，新建子程序，修改名称为"Visual_sorting"，如图 2-6-36 所示。创建完成后点击代码，将右上角的程序切换至刚刚创建的子程序。

点击"变量"按钮，切换至变量控制界面。选择"功能块变量"，点击左下角"添加"按钮，添加变量并修改变量名称为"visual_transition"，变量类型为"POINTJ"，点击"确认"按钮，如图 2-6-37 所示。

点击"代码"按钮，切换至代码界面。点击下方"MJoint PJ"指令进行添加，如图 2-6-38 所示。

双击刚刚添加的指令"MJOINT（*,v500,fine,tool0）"，进入程序编辑界面，选择"EPOINTJ"，点击左下角"删除"按钮，进行删除。删除完成后点击右侧"工程变量"，选择"工程变量"里面的"visual_transition"，点击下方的"添加"按钮，进行添加。添加完成后，左侧的"target"会出现刚刚添加的变量名称，点击"确认"按钮，关节运动指令添加完成，如图 2-6-39 所示。

点击"编辑"按钮，进入编辑界面。点击右侧"通用"里面的"IF"指令，点击下方的"添加"按钮进行添加，如图 2-6-40 所示。

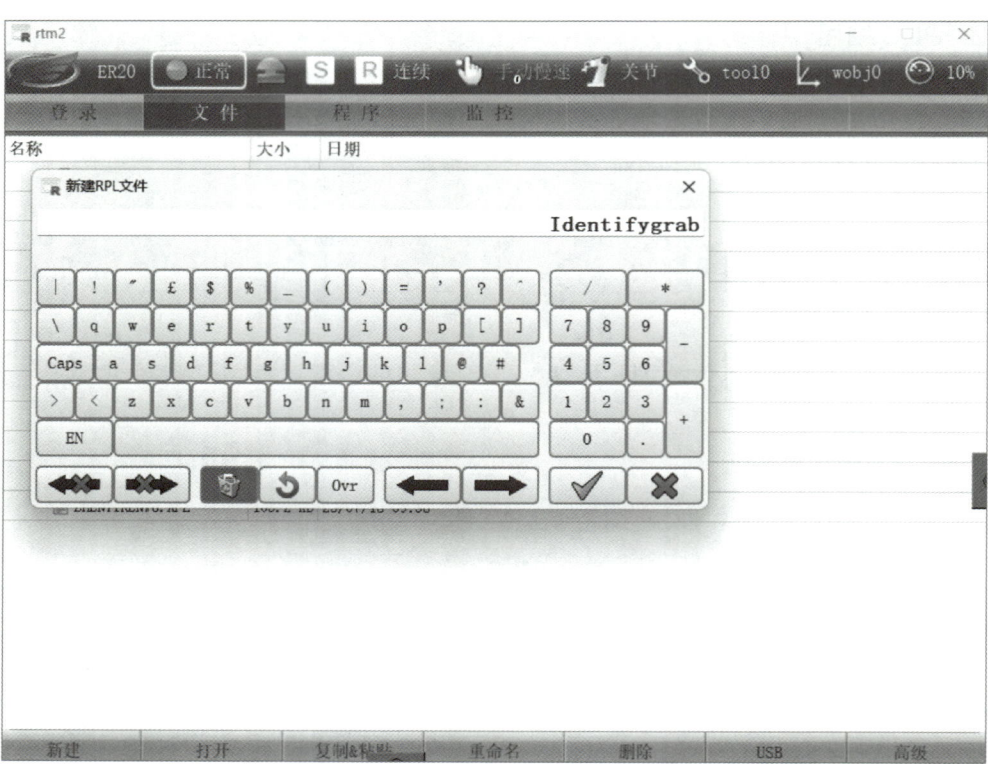

图 2-6-35 新建"Identifygrab"文件

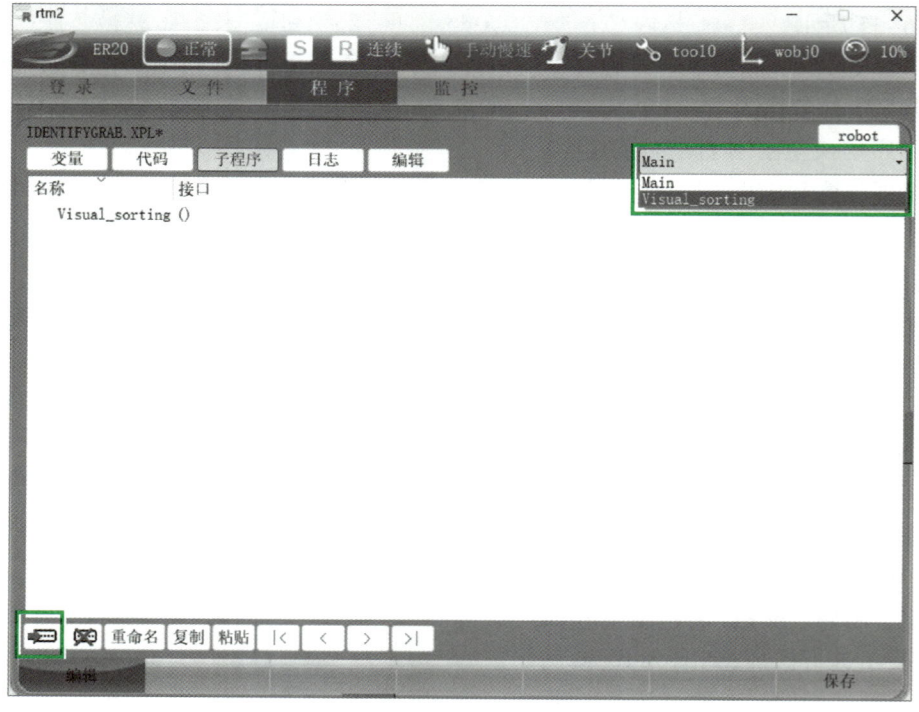

图 2-6-36 新建"Visual_sorting"子程序

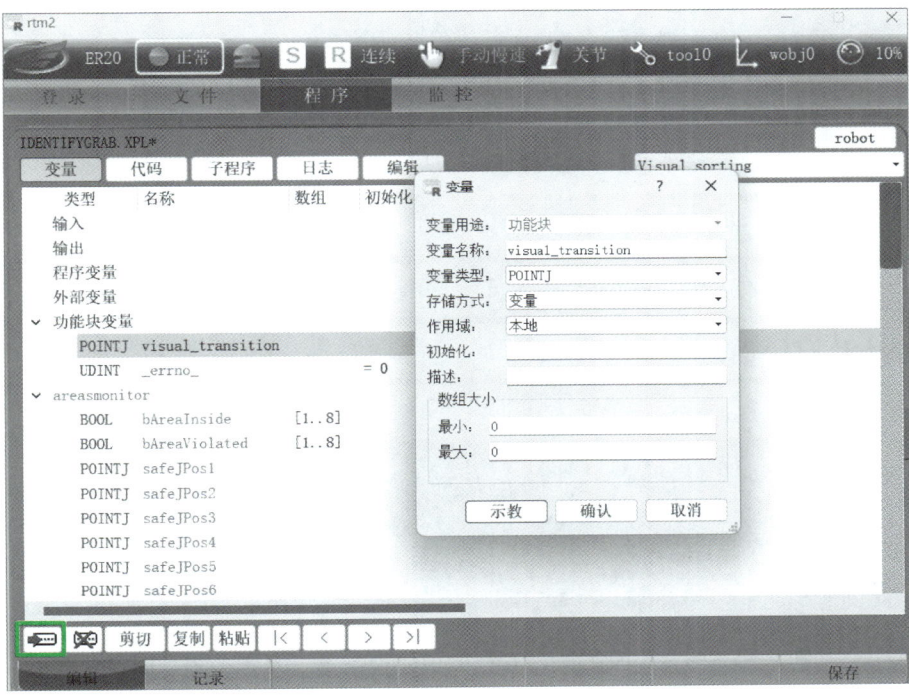

图 2-6-37 添加"visual_transition"变量

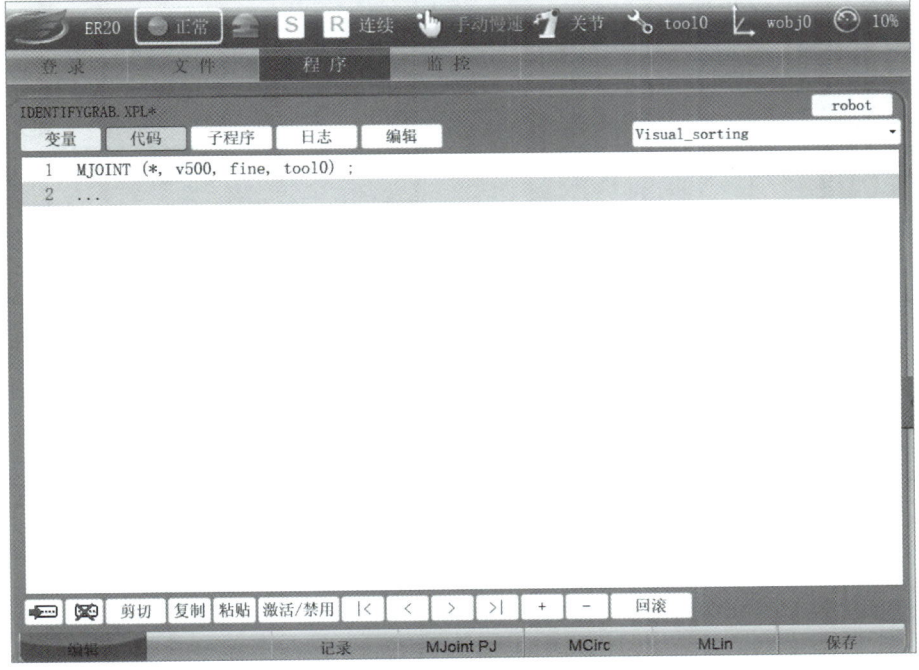

图 2-6-38 添加 MJOINT 指令

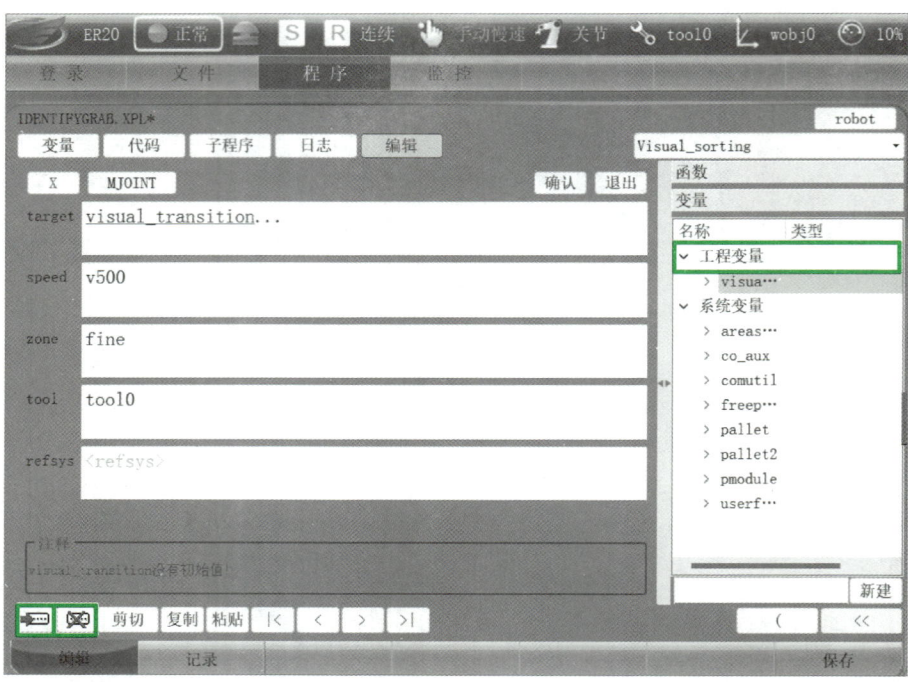

图 2-6-39 添加含 "visual_transition" 变量的关节运动指令

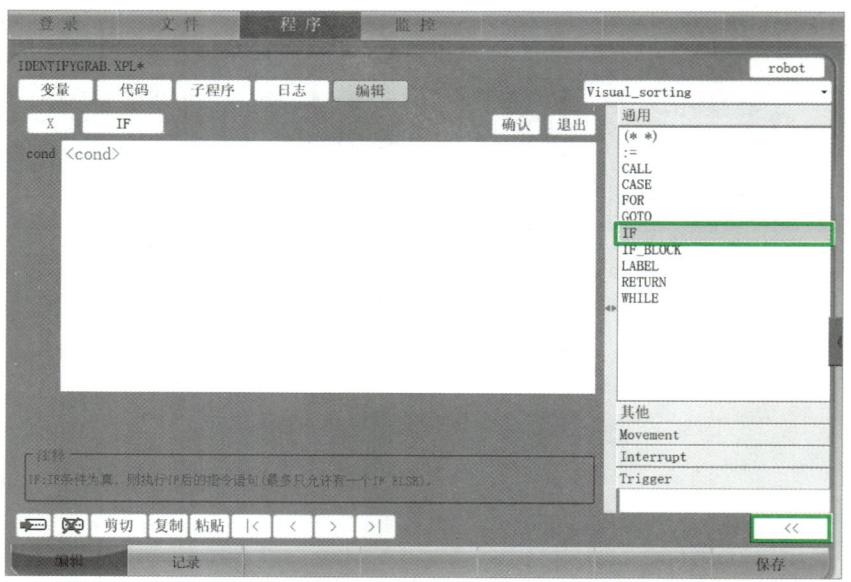

图 2-6-40 添加 IF 指令

客户端接收判断如图 2-6-41 所示,点击 IF 指令下的 "cond",选择右侧 "系统变量" 中的 "tcpip",选择 "tcpip.server_con",与服务器建立连接,后面方括号内的值输入 "1", "1" 是 TCP/IP 通信中的客户端套接字号。

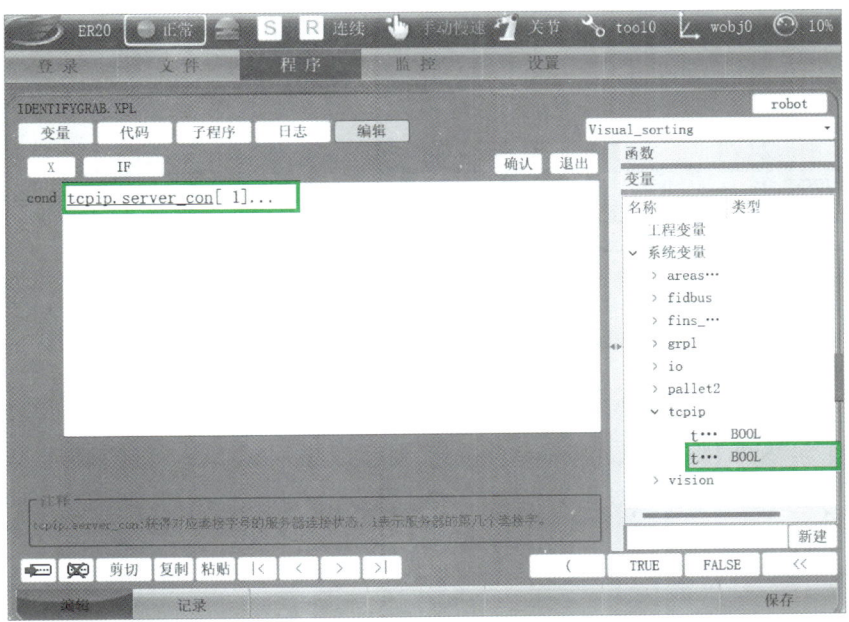

图 2-6-41　客户端接收判断

点击"编辑"按钮,进入编辑界面,如图 2-6-42 所示。添加右侧的子程序调用指令"CALL",点击"subroutine",选择右边的"tcpip.scoksend"进行添加。后面的"id"输入客户端套接字号"1","str"需要发送的值为"1",分别点击"id""str",再选择右下角的值输入数字"1"进行添加。"type"的选择取决于是服务器还是客户端,若使用的是服务器,

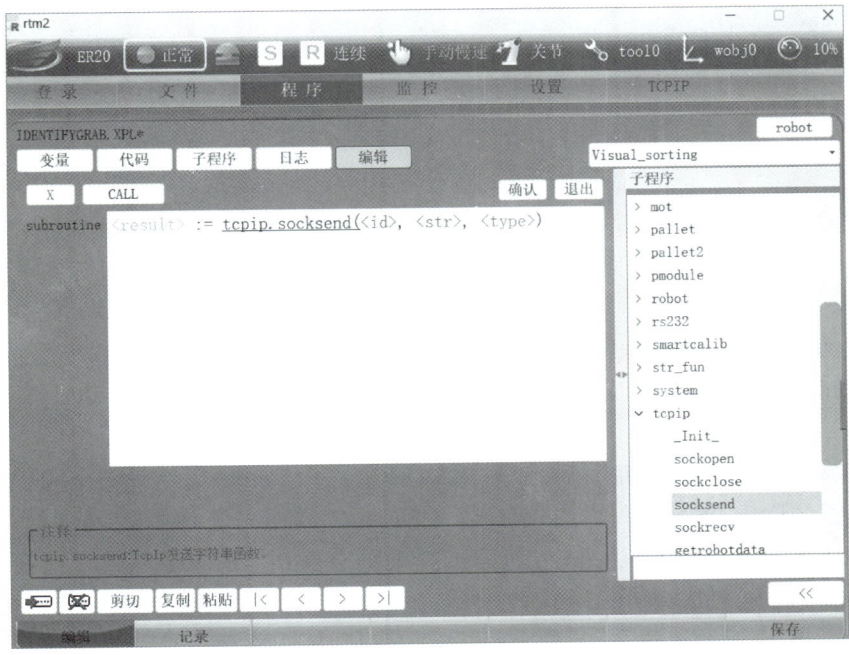

图 2-6-42　添加 tcpip.scoksend 指令

"type"选择"false",反之为"true"。点击"确认"按钮,tcpip.scoksend指令添加成功,如图2-6-43所示。

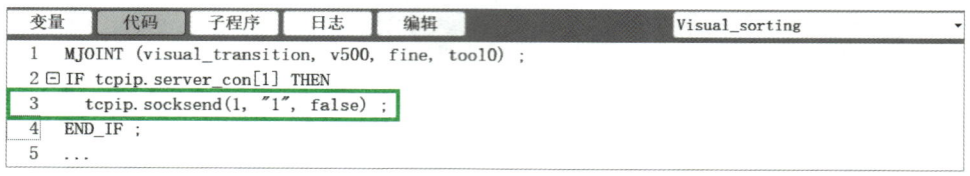

| 变量 | 代码 | 子程序 | 日志 | 编辑 | | Visual_sorting | |

```
1   MJOINT (visual_transition, v500, fine, tool0) ;
2 ⊟ IF tcpip.server_con[1] THEN
3       tcpip.socksend(1, "1", false) ;
4   END_IF ;
5   ...
```

图2-6-43　tcpip.scoksend指令添加成功

打开程序的变量界面,选择功能块变量,点击下方的"添加"按钮,添加变量"ctr",修改数据类型为"STRING",点击"确认"按钮,如图2-6-44所示。继续添加变量,修改变量名称为"bear_fruit",修改数据类型为"DINT",点击"确认"按钮,如图2-6-45所示。

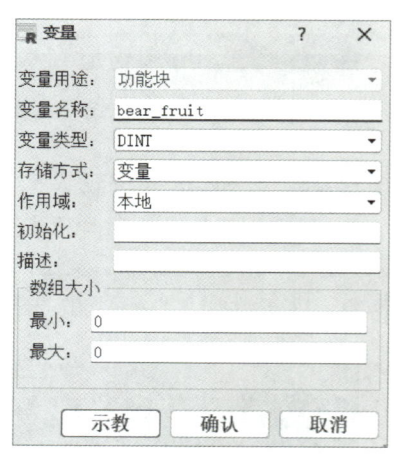

图2-6-44　添加变量"ctr"　　　　图2-6-45　添加变量"bear_fruit"

点击"编辑"按钮,进入编辑界面。添加指令"CALL",点击"subroutine",添加右侧的"tcpip.sockrecv",点击后面的"id",输入通道数"1",点击"type",继续选择"false"。点击左边的"result",选择右边的工程变量"bear fruit"进行添加,点击"确认"按钮,如图2-6-46所示。

倘若通信不成功,则点击"END_IF",选择右下角的"ELSE"进行添加,如图2-6-47所示。

在MJOINT程序后面添加标签指令"LABEL",点击"name",选择右下角的"新建"按钮,新建标签名称为"BACK",点击"确认"按钮,标签创建完成,如图2-6-48所示。

在ELSE后面添加GOTO指令,名称选择前面创建的"BACK"标签,点击"确认"按钮,GOTO指令添加完成,如图2-6-49所示。

在END_IF后面继续添加IF指令,点击"cond",填入右侧"工程变量"里面的"ctr",填入后,点击后面的"!",填入"=","="后面是一个空值,如图2-6-50所示。

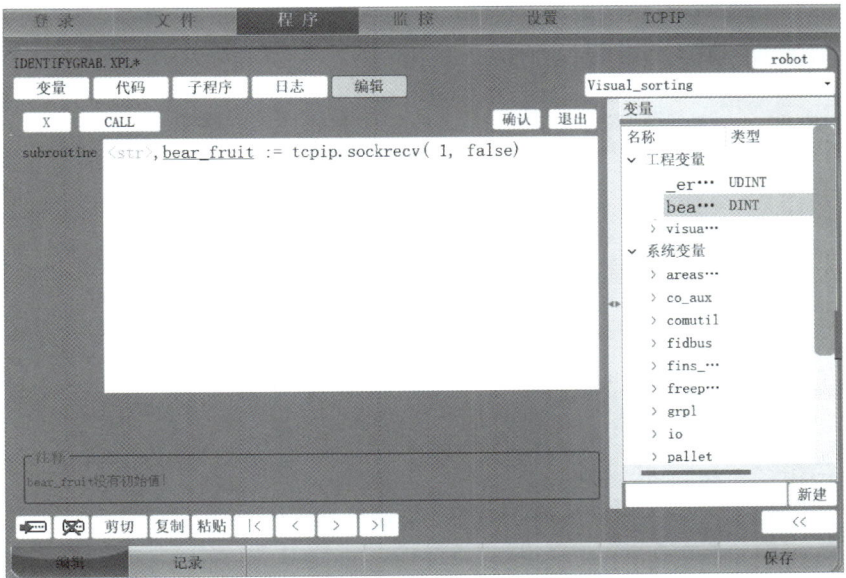

图 2-6-46　添加 tcpip.sockrecv 程序

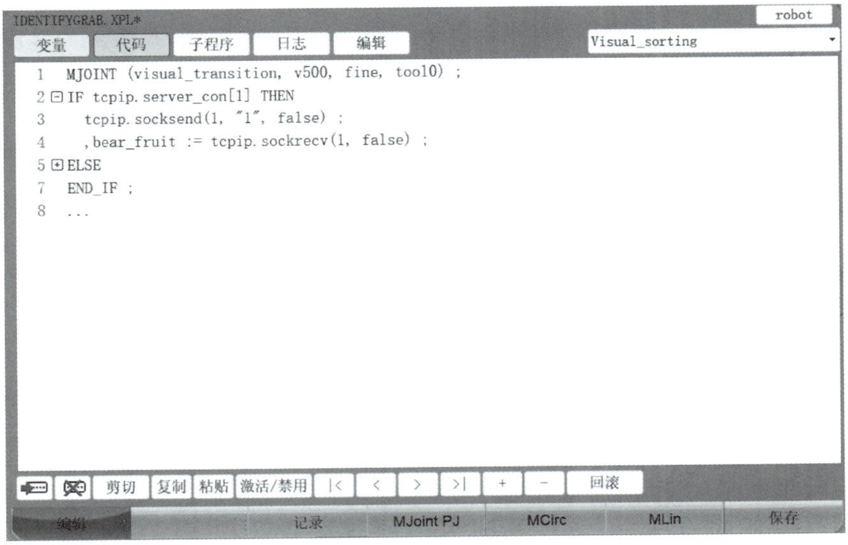

```
IDENTIFYGRAB. XPL*                                              robot
  变量    代码    子程序    日志    编辑          Visual_sorting  ▾
1   MJOINT (visual_transition, v500, fine, tool0) ;
2 ⊟ IF tcpip. server_con[1] THEN
3      tcpip. socksend(1, ″1″, false) ;
4      , bear_fruit := tcpip. sockrecv(1, false) ;
5 ⊞ ELSE
7   END_IF ;
8   ...
```

图 2-6-47　添加 "ELSE"

```
1   MJOINT (visual_transition, v500, fine, tool0) ;
2   LABEL BACK :
3 ⊟ IF tcpip. server_con[1] THEN
4     tcpip. socksend(1, ″1″, false) ;
5     , bear_fruit := tcpip. sockrecv(1, false) ;
6   ELSE
7   END_IF ;
8   ...
```

图 2-6-48　创建标签

```
1    MJOINT (visual_transition, v500, fine, tool0) ;
2    LABEL BACK :
3 ⊟ IF tcpip. server_con[1] THEN
4       tcpip. socksend(1, "1", false) ;
5       , bear_fruit := tcpip. sockrecv(1, false) ;
6 ⊟ ELSE
7       GOTO BACK ;
8    END_IF ;
9    ...
```

图 2-6-49　添加 GOTO 指令

```
9 ⊟ IF ctr = "" THEN
```

图 2-6-50　添加判断指令

继续添加 GOTO 指令，"name"引用"BACK"，点击"确认"按钮。此时数据已获取完成，如图 2-6-51 所示。

```
1     MJOINT (visual_transition, v500, fine, tool0) ;
2     LABEL BACK :
3  ⊟ IF tcpip. server_con[1] THEN
4        tcpip. socksend(1, "1", false) ;
5        , bear_fruit := tcpip. sockrecv(1, false) ;
6  ⊟ ELSE
7        GOTO BACK ;
8     END_IF ;
9  ⊟ IF ctr = "" THEN
10       GOTO BACK ;
11    END_IF ;
12    ...
```

图 2-6-51　继续添加 GOTO 指令

在功能块里面添加变量，变量名称为"X1""X11""Y1""Y11""A1""A11"。"X1""Y1""A1"变量类型为"STRING"，如图 2-6-52 所示；"X11""Y11""A11"的变量类型为"LREAL"，如图 2-6-53 所示。

添加 CALL 指令，点击"subroutine"，插入子程序里面的"str_fun.strmid"。分别点击"str1""start""len""str2"，"str1"里面插入"工程变量"里面的"str"，"start"里面插入值"1"，"len"里面插入值"6"，"str2"里面插入工程变量"X1"，点击"确认"按钮，程序添加完成。复制当前程序，将前面"X1"分别修改为"Y1""A1"，后面数值修改为"8""15"，如图 2-6-54 所示。

添加 CALL 指令，点击"subroutine"，插入右侧子程序里面的"str_fun.str2real"，点击后面的"str"，插入右侧的"X1"。插入完成后，点击前面的"real"，插入右侧的"X11"，以此为案例，分别进行数据转换，"Y1"转为"Y11"，"A1"转为"A11"，如图 2-6-55 所示。

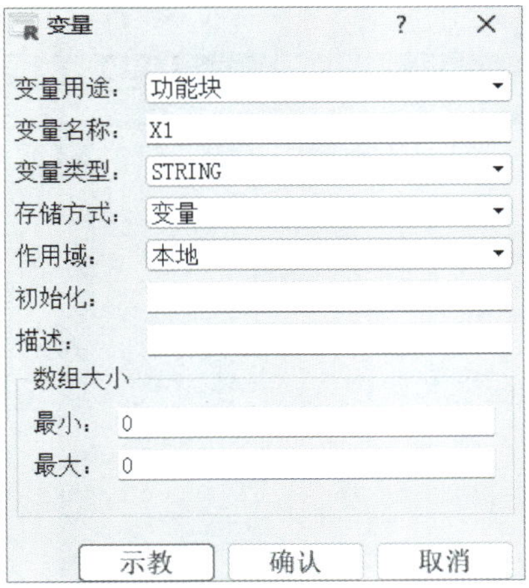

图 2-6-52 添加 STRING 变量

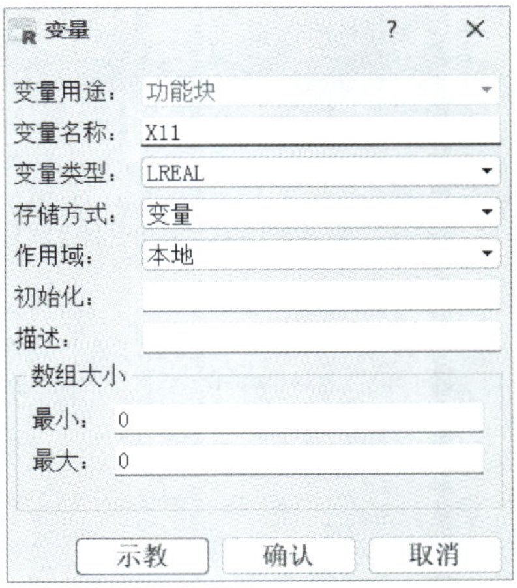

图 2-6-53 添加 LREAL 变量

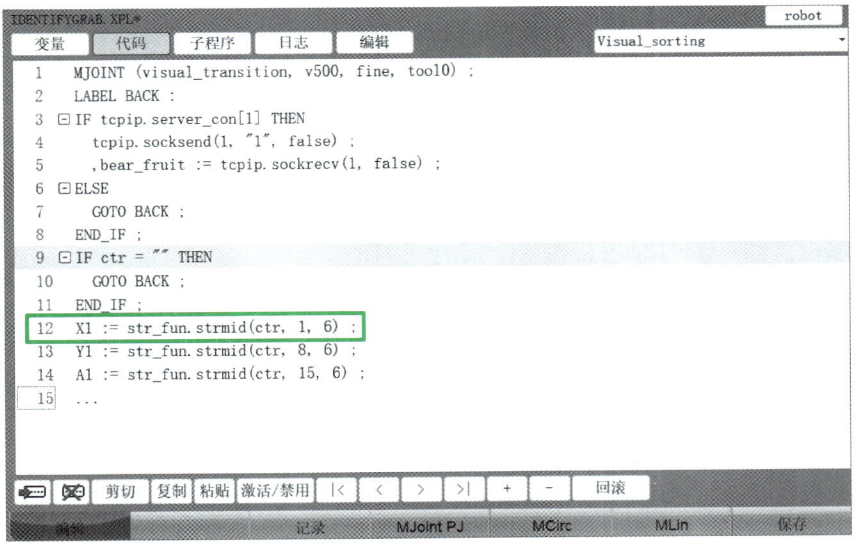

图 2-6-54 添加 CALL 指令

添加 MLIN 指令,双击"MLIN",进入程序编辑界面,将原本的"x""y"删除,分别插入"X11""Y11",点击"确认"按钮。点击下面的"复制"按钮,粘贴此程序,如图 2-6-56 所示。

添加赋值指令,点击"dest",插入"系统变量"里面的"fidbus.mtcp_wob",插入完成后,点击后面的方括号,添加值"10",为真空。点击下方的"expr",修改为"true",如图 2-6-57 所示。

打开程序编辑界面添加"其他"里面的延时指令"DWELL",点击"expr",修改为"0.5"。延时 0.5 s,点击"确认"按钮,复制前面的 MLIN 程序,粘贴此程序,如图 2-6-58 所示。

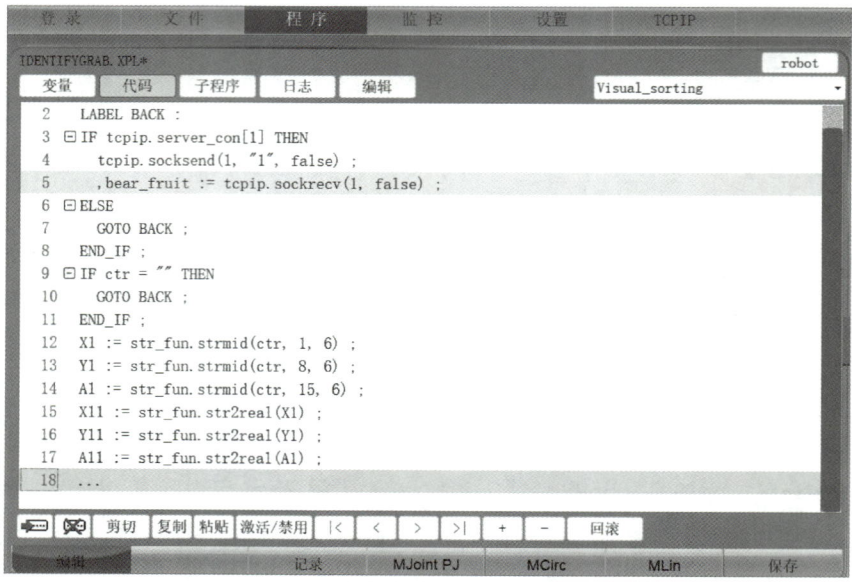

图 2-6-55 数据转换

| 18 | MLIN (EPOINTC(X11, Y11, 0.00, 0.00, 0.00, 0.00, 0.00, 0.00, 0.00, 0.00, 0.00, 0.00, CFG3 |
| 19 | MLIN (EPOINTC(X11, Y11, 0.00, 0.00, 0.00, 0.00, 0.00, 0.00, 0.00, 0.00, 0.00, 0.00, CFG3 |

图 2-6-56 添加 MLIN 指令

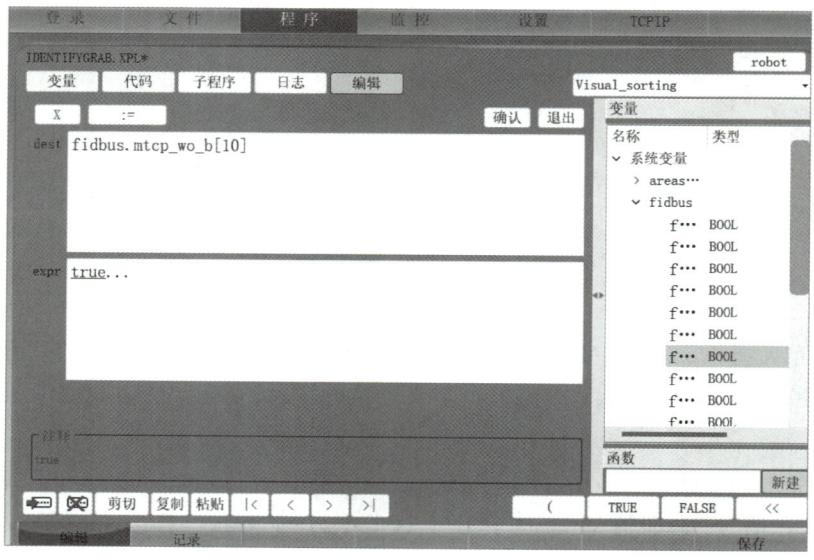

图 2-6-57 添加赋值指令

```
21    DWELL (0.5) ;
22    MLIN (EPOINTC(X11, Y11, 0.00, 0.00, 0.00, 0.00, 0.00, 0.00, 0.00, 0.00, 0.00, 0.00, CFG3
```

图 2-6-58　添加延时指令

添加功能块变量,变量名称为"visual_placement_point",变量类型为"POINTC",点击"确认"按钮,如图 2-6-59 所示。

添加 MLIN 指令,双击打开程序编辑界面,删除"EPOINTC",添加"OFFSETTOOL",添加完成后,点击红色"pt",插入"工程变量"里面的"visual_placement_point"。修改后面的"X"为"0","Y"为"0","Z"为"−200","a"添加变量"A11",点击"确认"按钮后,进行复制,粘贴此程序,修改下一段程序的"Z"为"0",点击"确认"按钮,如图 2-6-60 所示。

复制前面的 fidbus.mtcp_wo_b 程序和延时程序,fidbus.mtcp_wo_b 程序修改为"false"。复制放置上方偏移 −200 mm 的程序和 MJOINT 程序,返回安全点,如图 2-6-61 所示。

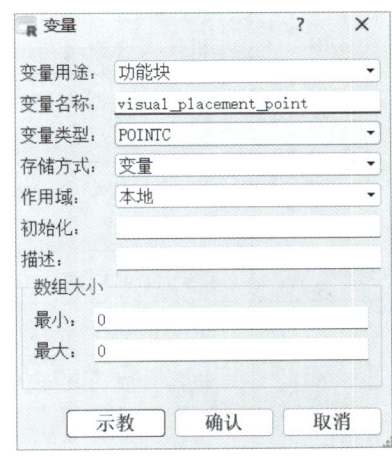

图 2-6-59　添加"visual_placement_point"变量

```
23    MLIN (OFFSETTOOL(visual_placement_point, 0, 0, -200, A11), v500, fine, tool0) ;
24    MLIN (OFFSETTOOL(visual_placement_point, 0, 0, 0, A11), v500, fine, tool0) ;
```

图 2-6-60　添加 MLIN 指令

```
22    MLIN (EPOINTC(X11, Y11, 0.00, 0.00, 0.00, 0.00, 0.00, 0.00, 0.00, 0.00, 0.00, 0.00, CFG3
23    MLIN (OFFSETTOOL(visual_placement_point, 0, 0, -200, A11), v500, fine, tool0) ;
24    MLIN (OFFSETTOOL(visual_placement_point, 0, 0, 0, A11), v500, fine, tool0) ;
25    fidbus.mtcp_wo_b[10] := false ;
26    DWELL (0.5) ;
27    MLIN (OFFSETTOOL(visual_placement_point, 0, 0, -200, A11), v500, fine, tool0) ;
28    MJOINT (visual_transition, v500, fine, tool0) ;
29    ...
```

图 2-6-61　机器人返回 visual_transition 点程序

至此,机器人视觉检测与分拣程序编写完毕,依据前期的学习和经验,自行编写 PLC 与机器人的 Modbus TCP 通信、快换与吸盘 PLC 程序,以及拾取吸盘工具子程序、放置吸盘工具子程序、零件放置子程序及 Main( ) 主程序,使机器人圆满完成视觉检测、振动盘振动和零件分拣任务,为后续项目的学习打下基础。

调试验证:将机器人运行模式切换为单步进入,并将机器人运行速度调整为 20%,完整运行 Main( ) 程序。

👍 项目评价

序号	项目评价观测点	分数	得分
1	机器人客户端与视觉软件成功通信	10	
2	PLC 与机器人建立 Modbus TCP 通信,能自动控制快换和吸盘气缸	10	
3	机器人从安全点出发拾取吸盘工具,要求机器人运动过程平顺,不得碰撞	15	
4	当未能识别到所需零件时,振动盘发生振动	15	
5	成功识别所需零件的颜色与形状	15	
6	机器人成功取、放所需零件	15	
7	机器人放置吸盘工具,返回安全点,要求机器人运动过程平顺,不得碰撞	10	
8	安全意识、质量意识、绿色环保意识、团队协作意识	10	
合计总分			

📈 巩固提升

（1）完整实施 N 点标定试验,包括制定合理的标定方案、采集图像数据、计算仿射矩阵并验证其准确性。

（2）编写一套完整的视觉识别与分拣程序,涵盖图像采集、图像预处理、特征提取、目标定位、指令生成与执行等功能。

（3）控制机器人将振动盘中的红色正方形与绿色正方形的零件 B 样品依次分拣至零件 B 原料区。

项目七

输送带跟踪抓取

🎯 **学习目标**

（1）掌握输送带跟踪在智能制造（特别是食品与包装行业）中的典型应用场景，了解如何根据机器视觉提供的实时位置信息指导机器人进行抓取任务。

（2）学会设置和实现机器人与视觉系统（相机）的联动，包括 N 点标定、坐标系转换，确保准确获取工件位置。

（3）掌握 TCP/IP 通信原理，实现机器人与外部设备（如 PLC、振动盘）的可靠数据交换，以控制振动盘动作和接收状态信息。

（4）能够编写机器人与视觉相关的子程序，包括视觉检测、条件判断、数据处理、动作执行等，实现智能决策逻辑。

（5）学会如何根据输送带上的工件动态位置调整机器人的运动路径，实现精准抓取，包括等待、抓取位调整、放回等。

观察思考

观察图 2-7-1 并思考机器人在实际生产中为何要对输送带上的物体进行抓取、哪些因素（如输送带速度波动、物体形状变化）可能引起定位误差，以及如何减小这些误差。

图 2-7-1　机器人分拣货物

评估从传感器检测到机器人行动的响应时间，分析如何优化系统响应速度以适应高速生产线需求。

项目要求

通过机器人配合输送带，完成输送带运动过程中零件 A 的抓取任务，具体工艺过程要求如下：

（1）机器人从安全点出发，拾取夹爪工具。

（2）分料器推出零件 A 至输送带。

（3）机器人控制输送带运行。

（4）机器人从输送带上抓取零件 A。

（5）机器人控制输送带停止。

（6）机器人将零件 A 放回立体料库（任意空位均可）。

（7）机器人放置夹爪工具。

软件配置要求：熟悉并设置好机器人控制软件，确保具备执行定制码垛任务所需的运动指令、逻辑函数指令及坐标系标定功能。

工作台布置要求：根据定制码垛需求，布置好物料、输送带、堆垛区、物料检测设备等，确保机器人在安全范围内无障碍运行。

视频	源文件

输送带跟踪抓取	输送带跟踪抓取

项目导航

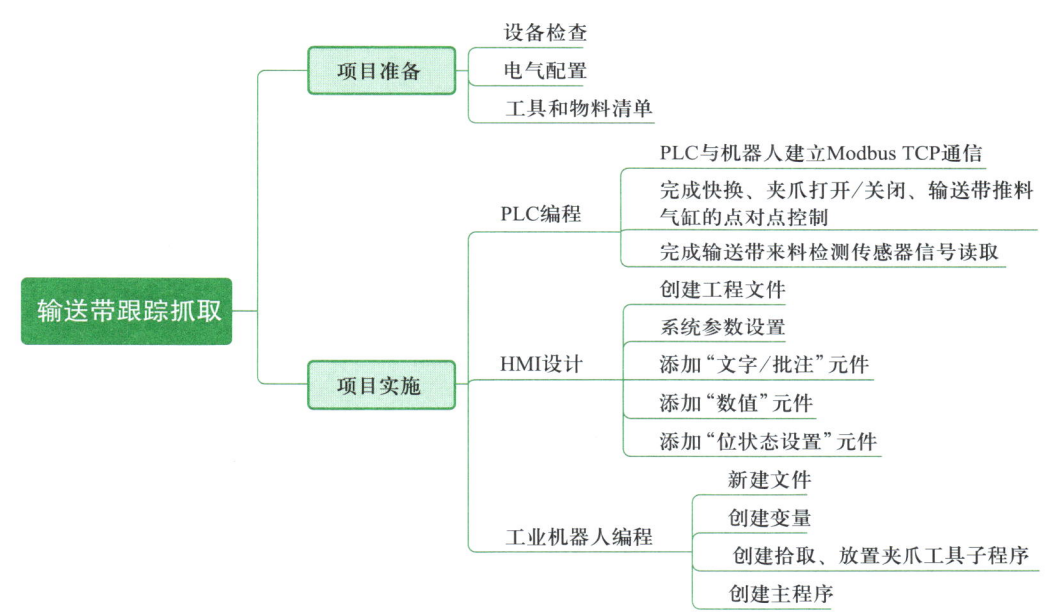

项目准备

1. 设备检查

确认智能制造设备技术应用实训平台（型号：ZM-IMET-2023-A）状态良好，机器人系统正常运行，所需盖板夹爪工具已正确安装。

2. 电气配置

（1）PLC 电路原理图

输送带跟踪抓取 PLC 电路原理图如图 2-7-2 所示。

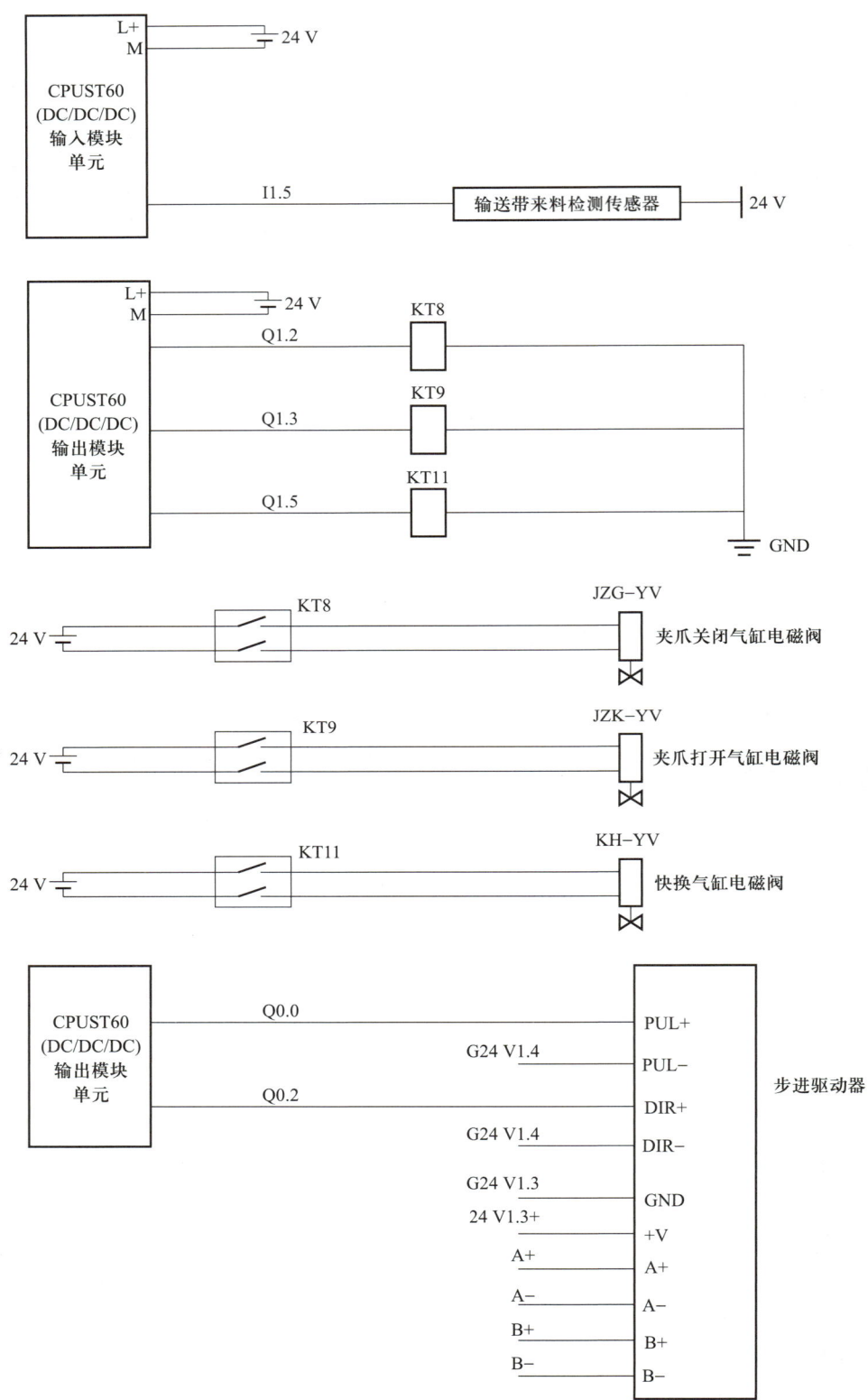

图 2-7-2　输送带跟踪抓取 PLC 电路原理图

（2）气动回路图

输送带跟踪抓取气动回路图如图 2-7-3 所示。

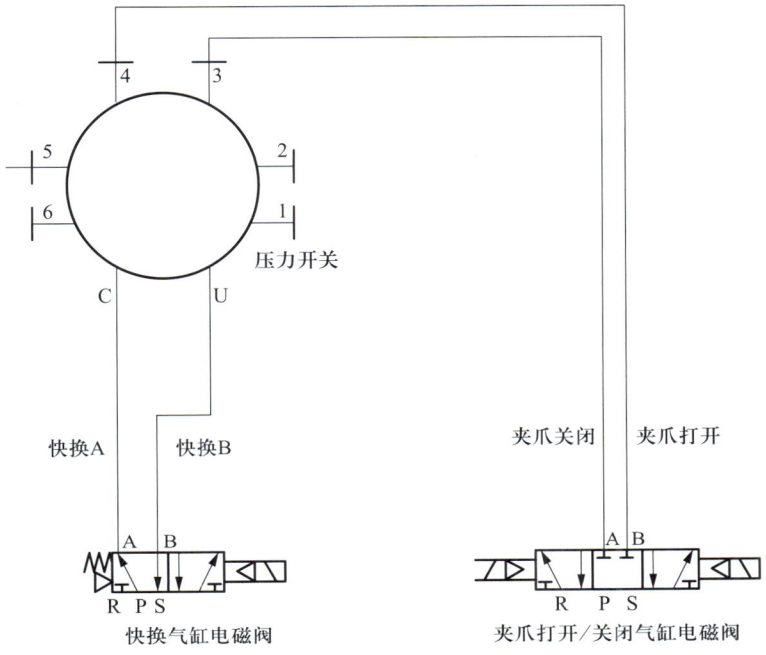

图 2-7-3　输送带跟踪抓取气动回路图

（3）I/O 分配表

根据 PLC 电路原理图与气动回路图，选用 PLC 控制电磁阀。输送带跟踪抓取 I/O 分配表见表 2-7-1。

表 2-7-1　输送带跟踪抓取 I/O 分配表

PLC 输出点	被控对象
Q1.1	输送带推料气缸电磁阀[①]
Q1.5	快换气缸电磁阀
Q1.2	夹爪关闭气缸电磁阀
Q1.3	夹爪打开气缸电磁阀

（4）Modbus TCP 通信表

机器人与 PLC 之间的数据交换采用 Modbus TCP，因此，将 PLC 地址及机器人地址按照功能进行划分和映射，见表 2-7-2。

① 输送带推料气缸的电气配置属基础应用，其 PLC 电路原理图及气动回路图省略，全书同。

表 2-7-2　输送带跟踪抓取 Modbus TCP 通信表

机器人地址	PLC 地址	功能
wo_b[0]	V669.0	快换气缸锁紧／释放
wo_b[1]	V669.1	夹爪工具关闭气缸
wo_b[2]	V669.2	夹爪工具打开气缸
wo_b[3]	V669.3	输送带推料气缸
wo_b[4]	V669.4	输送带启动／停止
ro_i[0]	VW876	输送带运行速度

3. 工具和物料准备

准备所需夹爪工具和物料 A，见表 2-7-3。

表 2-7-3　输送带跟踪抓取工具和物料清单

工具和物料	图示
夹爪工具	
物料 A	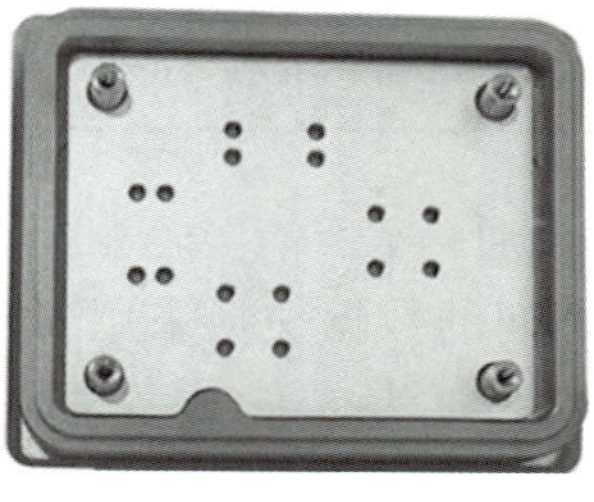

1. PLC 编程

PLC 程序编程思路如图 2-7-4 所示。

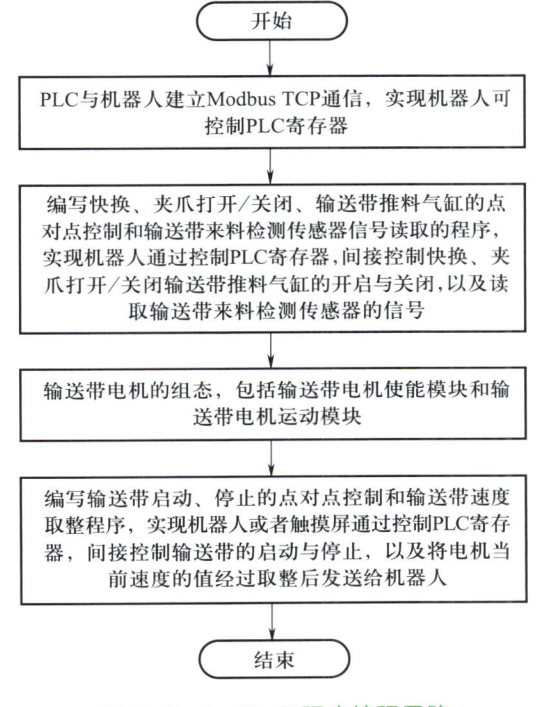

图 2-7-4　PLC 程序编程思路

（1）PLC 与机器人建立 Modbus TCP 通信。

（2）使用 TCP 通信配置的地址实现快换、夹爪打开 / 关闭、输送带推料气缸的点对点控制和输送带来料检测传感器信号读取，具体程序如图 2-7-5 所示。

（3）输送带电机组态。

打开"向导"栏，选择"运动"，如图 2-7-6 所示。

勾选"轴 0"复选框，如图 2-7-7 所示。

在"测量系统"栏中，设置"选择测量系统"为"工程单位"，"电机一次旋转所需的脉冲数"为"10000"，"测量的基本单位"为"mm"，"电机一次旋转产生多少'mm'的运动？"为"130.0"，如图 2-7-8 所示。

在"电机速度"栏中，设置"应用的最大电机速度（MAX_SPEED）为？"为"50.0 mm/s"，如图 2-7-9 所示。

在"存储器分配"栏中，点击"建议"按钮后直接点击"生成"按钮即可，如图 2-7-10 所示。

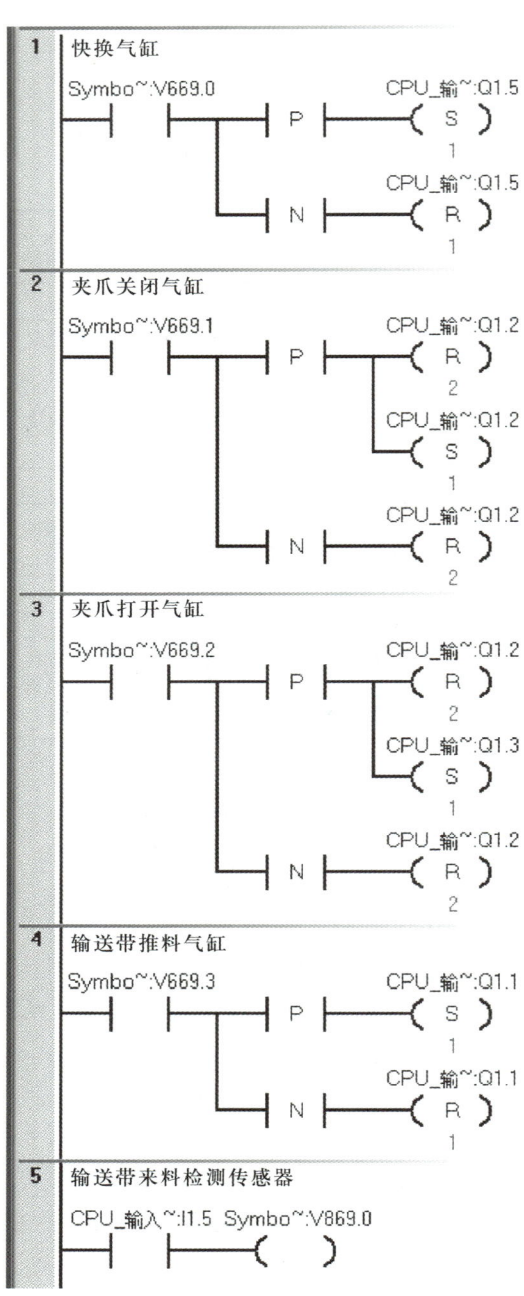

图 2-7-5 PLC 程序

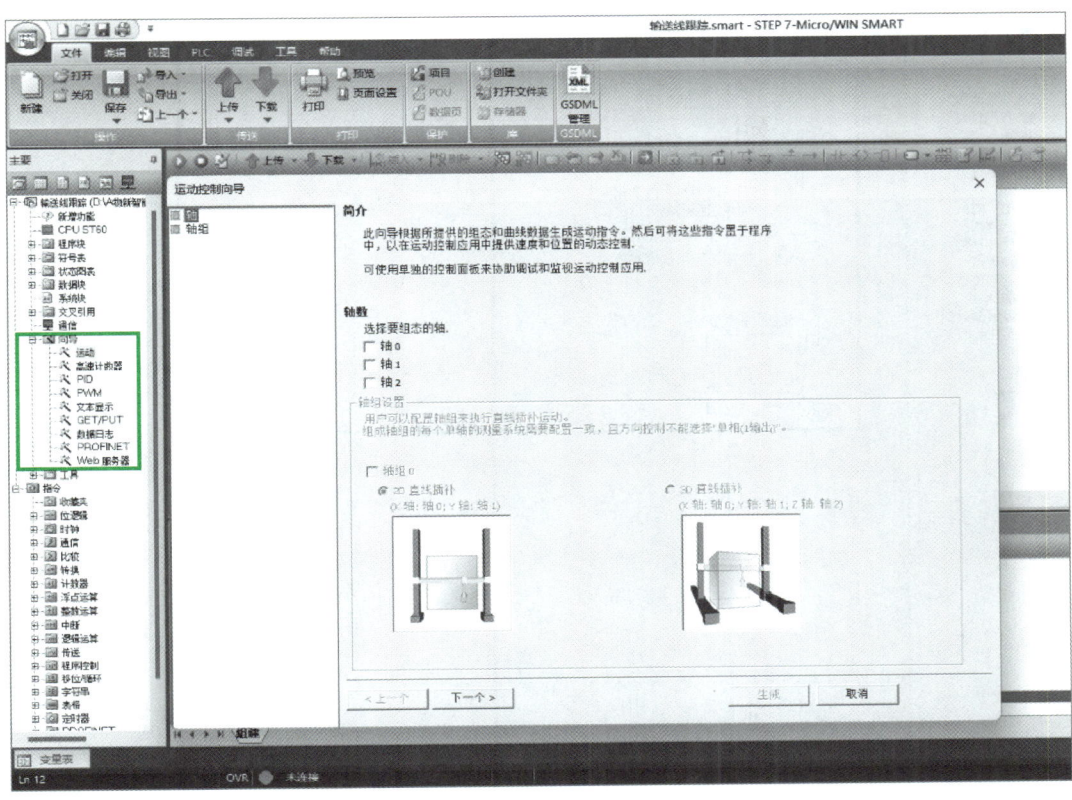

图 2-7-6　选择"运动"

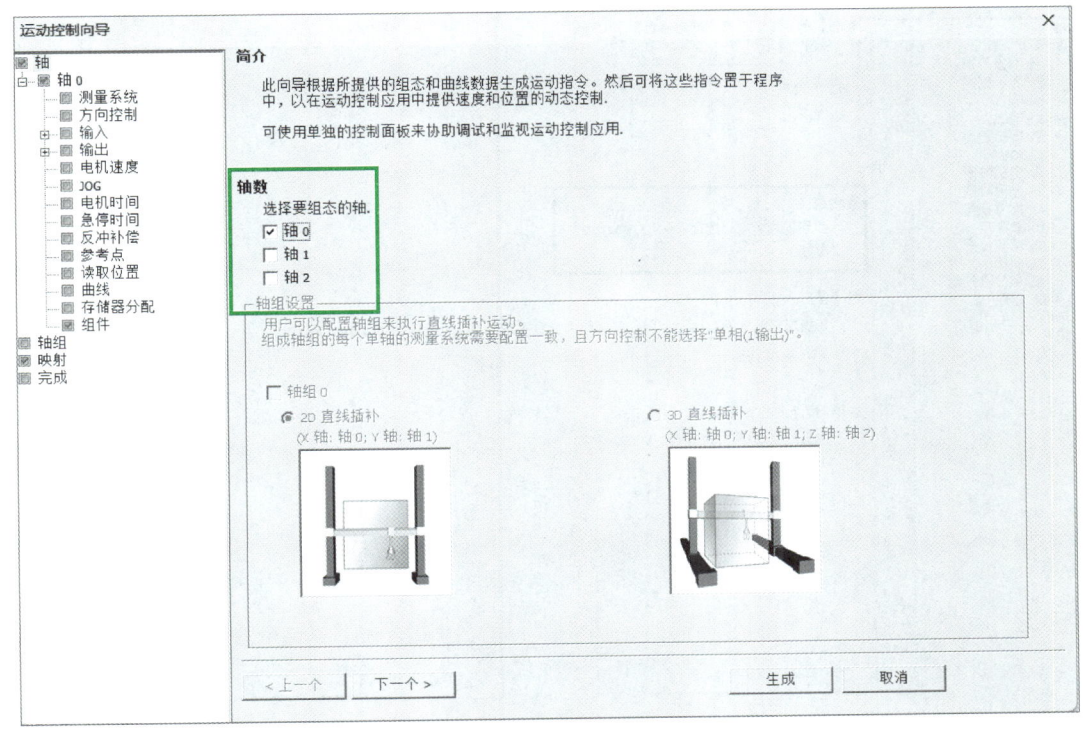

图 2-7-7　勾选"轴 0"复选框

181

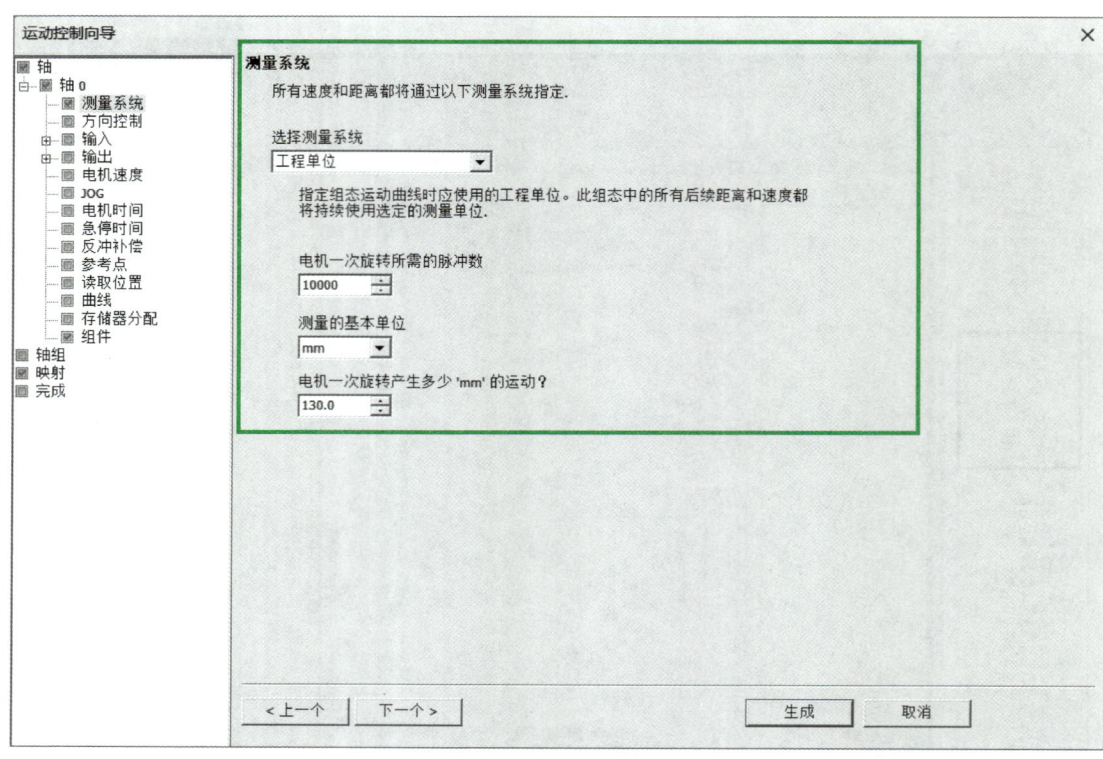

图 2-7-8　"测量系统"栏设置

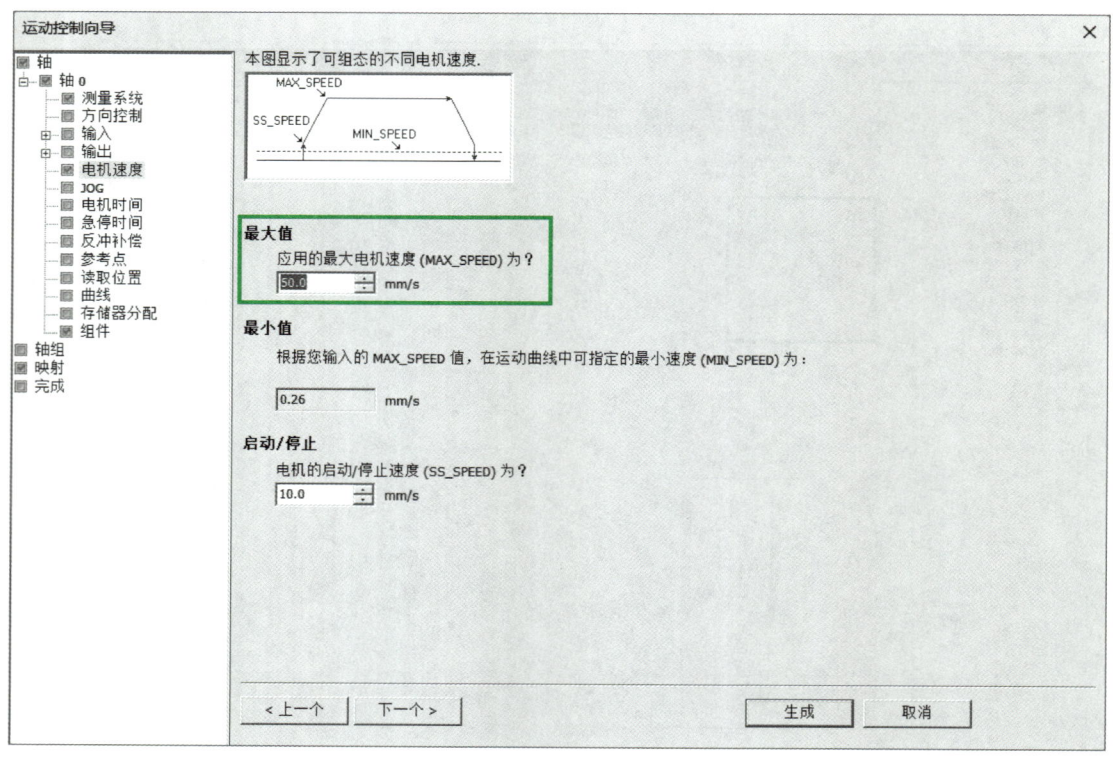

图 2-7-9　"电机速度"栏设置

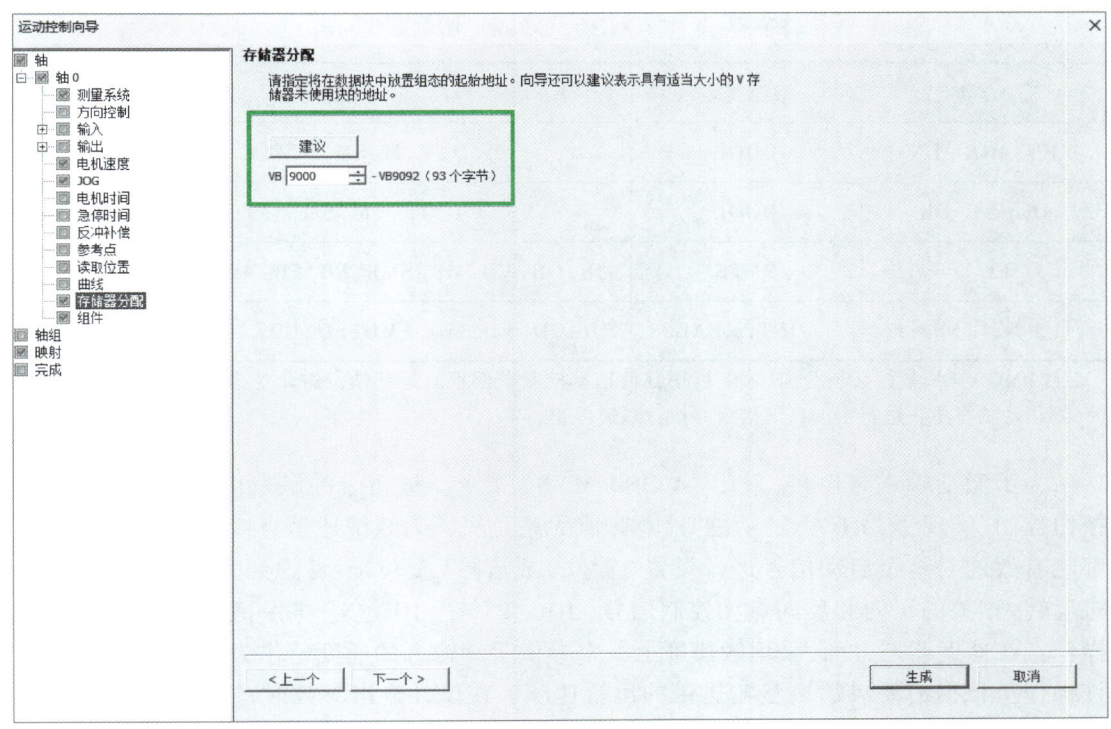

图 2-7-10　"存储器分配"栏设置

（4）添加"AXIS0_CTRL"指令为输送带电机使能，如图 2-7-11 所示，"EN""MOD_EN"输入一直接通执行，"Done""Error"等输出需要按照规定的数据格式填入地址，具体见表 2-7-4。

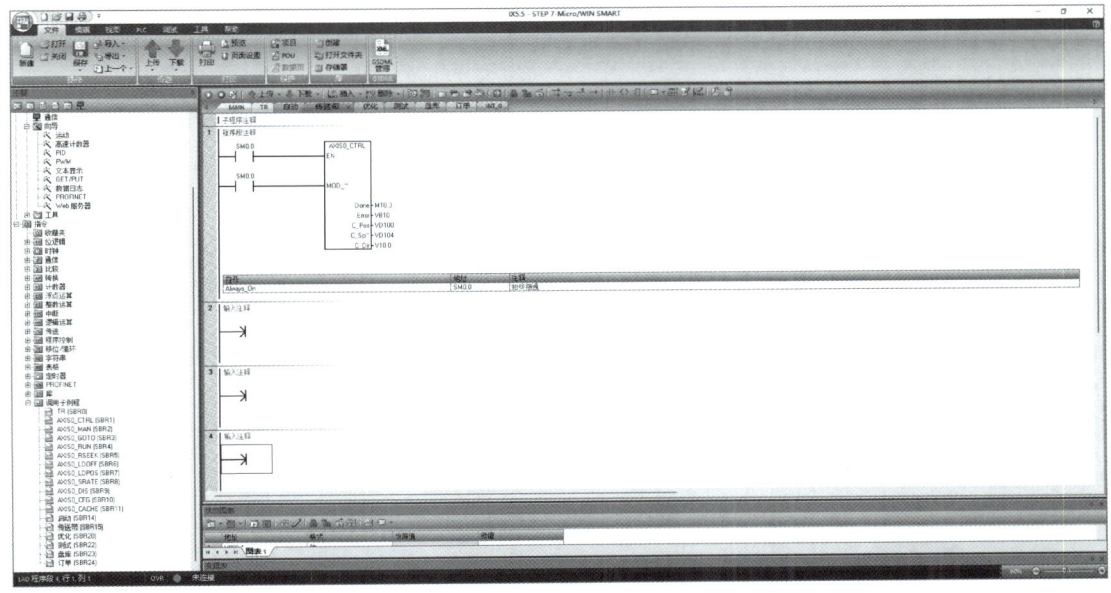

图 2-7-11　添加"AXIS0_CTRL"指令

表 2-7-4　"AXIS0_CTRL"指令参数说明

输入/输出	数据类型	操作数
EN, MOD_EN	BOOL	I, Q, V, M, SM, S, T, C, L, 能流
Done, C_Dir	BOOL	I, Q, V, M, SM, S, T, C, L
Error	BYTE	IB, QB, VB, MB, SMB, SB, LB, AC, *VD, *AC, *LD
C_Pos, C_Speed	DINT, REAL	ID, QD, VD, MD, SMD, SD, LD, AC, *VD, *AC, *LD

注：MOD_EN 参数必须开启，才能启用其他运动控制子例程向运动轴发送命令，如果 MOD_EN 参数关闭，则运动轴将中止进行中的任何指令并执行减速停止。

　　为了激活输送带电机，采用"AXIS0_MAN"指令。该指令的触发由触摸屏上的启动按钮控制，实现了"RUN"的功能，这意味着无论是机器人系统还是直接通过触摸屏操作，都能有效地对这个启动信号进行设置（置位）或清除（复位）。考虑到实际应用中无须电机反转，相关的正向和反向点动控制信号"JOG_P"与"JOG_N"将保持断开状态，以免误操作。在速度调控方面，采用触摸屏上一个专供手动输入的速度值作为"Speed"参数，允许操作员根据需要灵活调整输送带的运行速度。在设计输出参数时，特别注意分配之前未被使用的内存地址给错误报告与当前电机位置的反馈信息，以此防止地址冲突，确保系统的稳定运行，具体如图 2-7-12 所示。

　　（5）输送带速度需要传给机器人使用，所以需要将输送带速度取整后再发送给机器人地址 ro_i［0］（VW876）中，如图 2-7-13 所示。

2．HMI 设计

　　HMI 设计思路如图 2-7-14 所示。

　　（1）打开 Utility Manager 软件，点击"EasyBuilder Pro"创建工程文件，如图 2-7-15 所示。

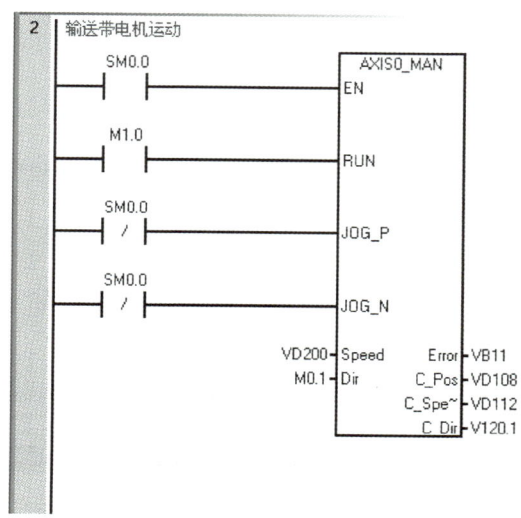

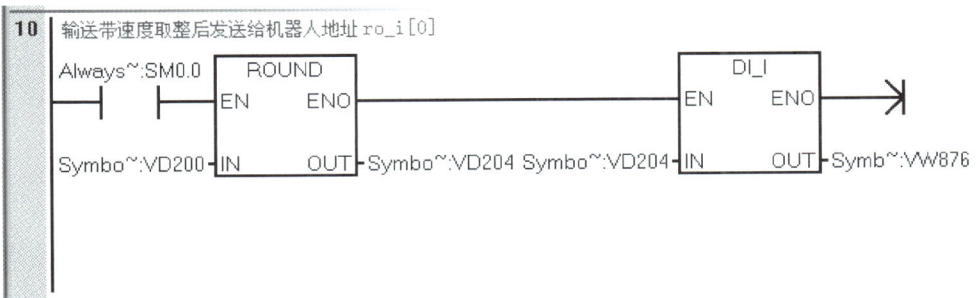

图 2-7-12　添加"AXIS0_MAN"指令

图 2-7-13　输送带速度取整后发送给机器人地址 ro_i[0]

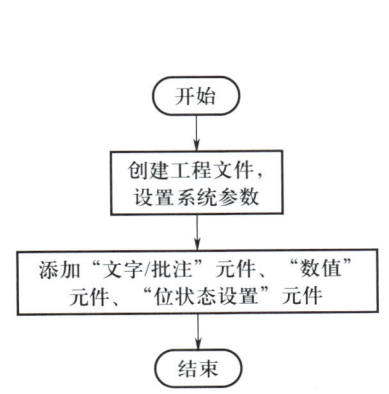

图 2-7-14　HMI 设计思路

图 2-7-15　创建工程文件

（2）在"系统参数设置"界面中,点击"新增设备/服务器..."按钮,在弹出的"设备属性"界面中,"设备类型"选择"Siemens S7-200 SMART（Ethernet）","IP"选择"192.168.1.9"（与 PLC 的 IP 地址一致）,"端口号"选择"102"（PLC 的端口号）,如图 2-7-16 所示。

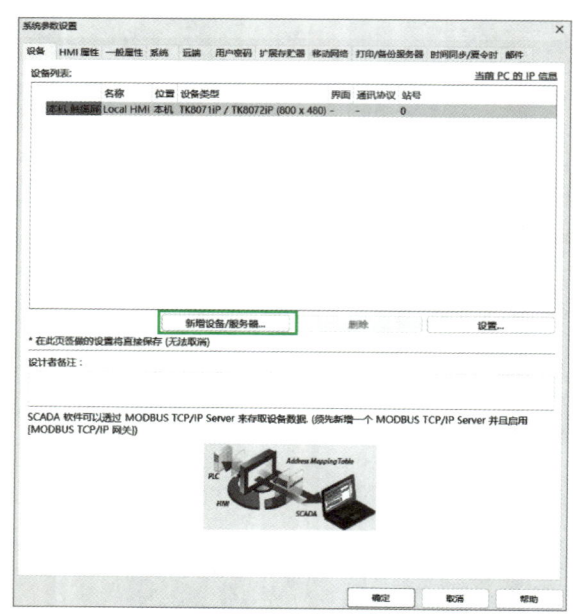

(a)"系统参数设置"界面

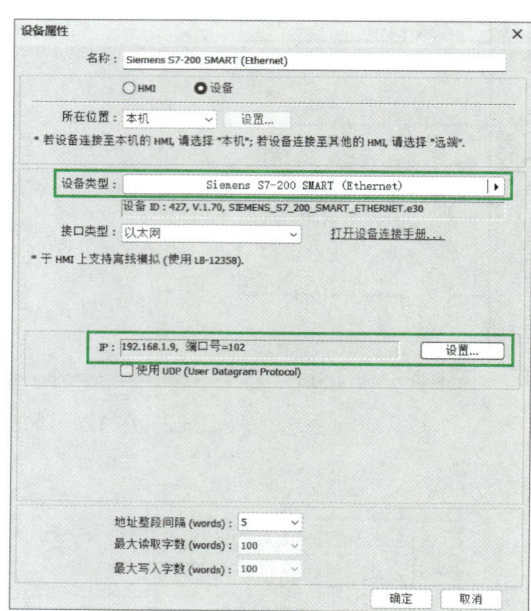

(b)"设备属性"界面

图 2-7-16　设置系统参数

（3）在"WINDOW"主界面中选择"文字/批注"元件,在"内容"文本框中更改文字为"输送带跟踪抓取",点击"确定"按钮;在显示界面选中文字"输送带跟踪抓取",点击"窗口之水平中心点"按钮使其位于中心即可,如图 2-7-17 所示。

同上,添加文字"输送线速度:",如图 2-7-18 所示。

（4）选择"数值"元件,勾选"启用输入功能"复选框,"设备"选择"Siemens S7-200 SMART（Ethernet）","地址"选择"VD200"（对应 PLC 梯形图的地址）,如图 2-7-19（a）所示。在"格式"选项卡中,"资料格式"改为"32-bit Float","小数点以上位数"改为"2",点击"确定"按钮,如图 2-7-19（b）所示。最后显示界面如图 2-7-19（c）所示。

（5）选择"位状态设置"元件,"设备"选择"Siemens S7-200 SMART（Ethernet）","地址"选择"M1.1"（对应 PLC 梯形图输送带启动地址）,"开关类型"选择"复归型",如图 2-7-20（a）所示。在"标签"选项卡中,勾选"使用文字标签"复选框,"内容"改为"输送带启动",如图 2-7-20（b）所示。重复以上操作再次添加一个"位状态设置"元件,"地址"改为"M1.2","内容"改为"输送带停止";最后显示界面如图 2-7-21（c）所示。

3. 工业机器人编程

根据前述项目要求,须完成输送带跟踪抓取任务,为了增强程序的可读性与可复用性,本项目的工业机器人编程分为"输送带跟踪抓取主程序""拾取夹爪工具子程序""放置夹爪工具子程序",编程流程如图 2-7-22 所示。

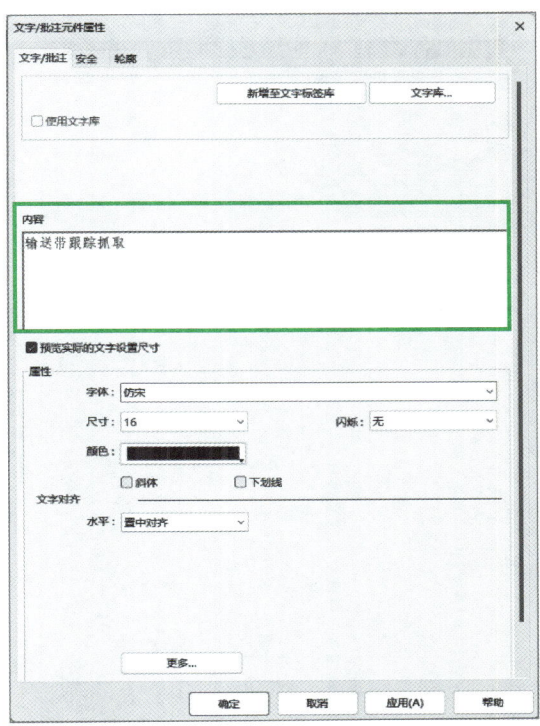

(a) 选择"文字/批注"元件

(b) 编辑文字内容

(c) 选中文字"输送带跟踪抓取"

(d) 点击"窗口之水平中心点"按钮

图 2-7-17 添加文字"输送带跟踪抓取"

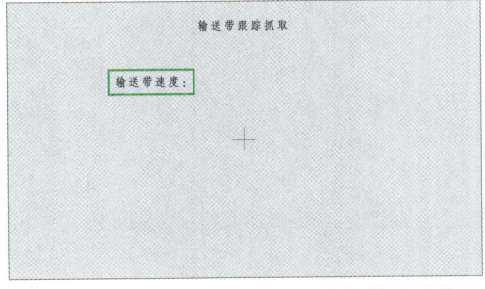

图 2-7-18 添加文字"输送带速度"

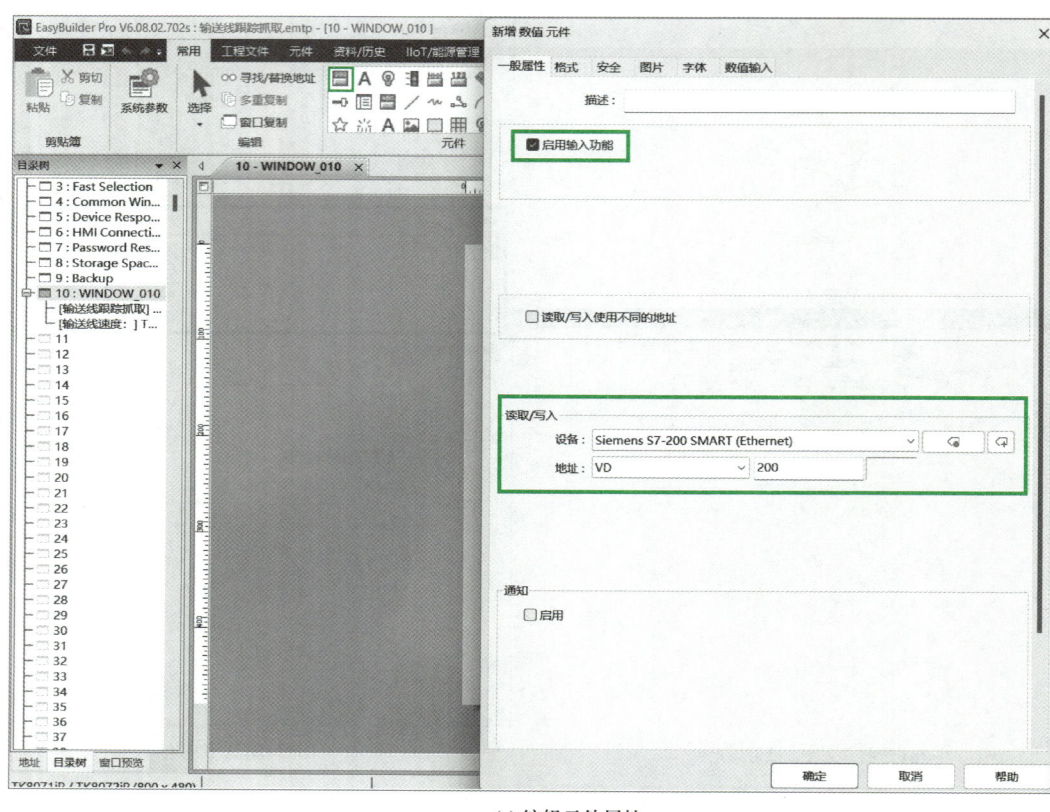

(a) 编辑元件属性

(b) 编辑元件格式

(c) 显示界面

图 2-7-19　添加"数值"元件

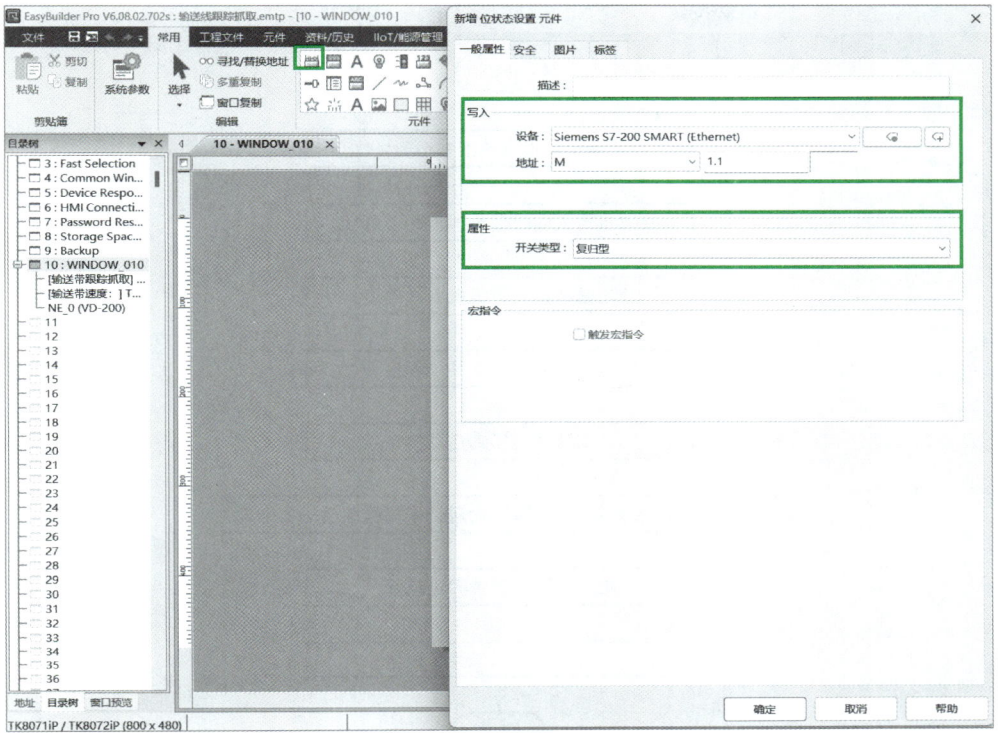

(a) 编辑元件属性

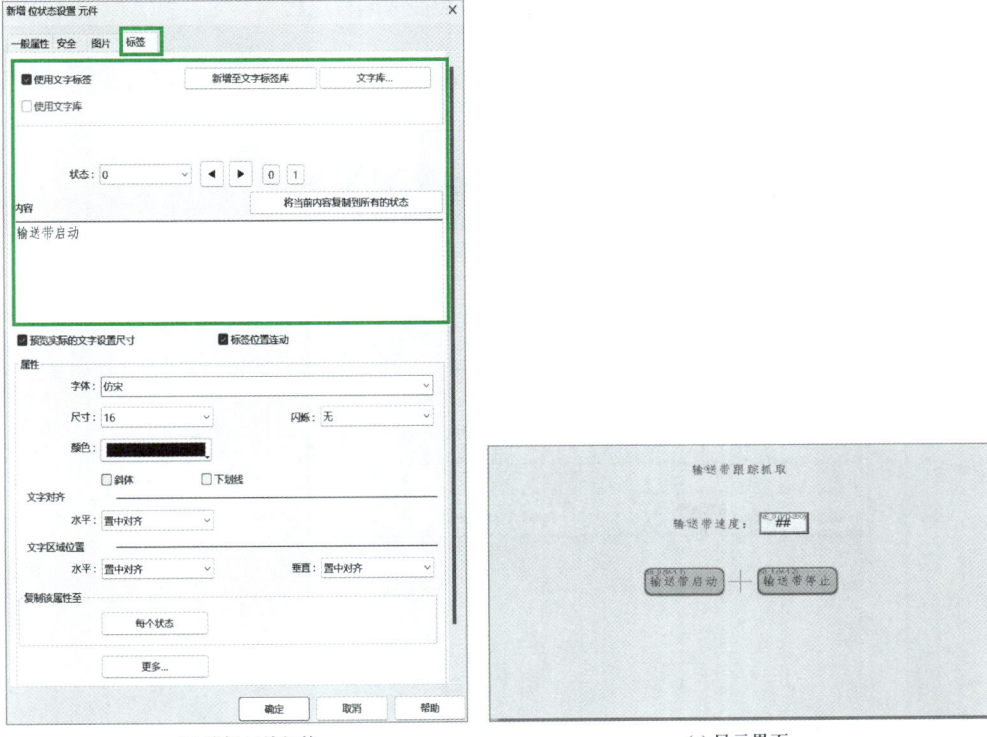

(b) 编辑元件标签　　　　　(c) 显示界面

图 2-7-20　添加"位状态设置"元件

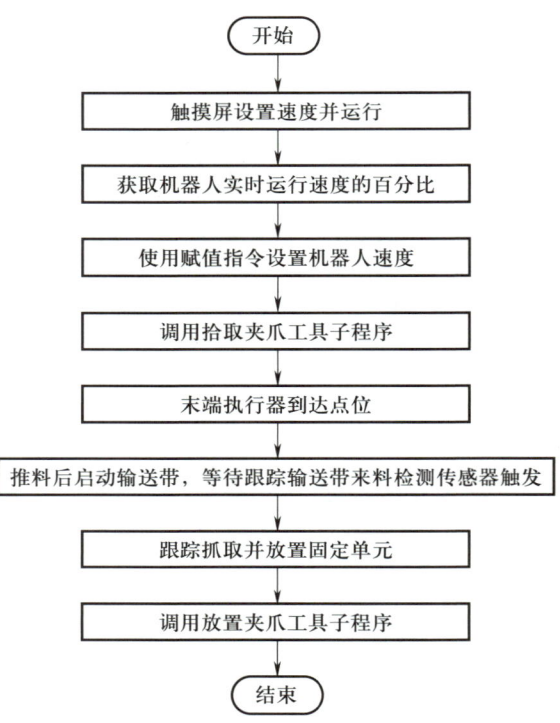

图 2-7-21 输送带跟踪抓取编程流程

（1）点击"新建"按钮新建文件，并命名为"CONVEYOR_TRACK"，如图 2-7-22 所示。

图 2-7-22 新建文件

（2）在功能块变量中创建所需的变量，并完成点位示教，变量表见表 2-7-5。

表 2-7-5 输送带跟踪抓取变量表

变量名	变量类型	变量说明
Home	POINTJ	安全点
Tool5_Transition	POINTJ	工具快换过渡点
Tool5_Point	POINTC	拾取夹爪工具点
TRACK_Transition	POINTJ	机器人前往输送带跟踪过渡点
TRACK	POINTC	跟踪点
Robot_Speed	LREAL	机器人运行速度
Robot_Speed1	LREAL	机器人运行速度的百分比
Speed	LREAL	根据输送带速度得出机器人需要的运行速度
Speed1	SPEED	机器人运行速度转换为 SSPEED 类型

（3）创建拾取、放置夹爪工具子程序"Tool5_Get""Tool5_Put"：参考模块二项目一"基础码垛"中机器人末端取放程序。

（4）在"Main"主程序中，添加 MJOINT 指令，调用"Home"变量，机器人先返回安全点，如图 2-7-23 所示。

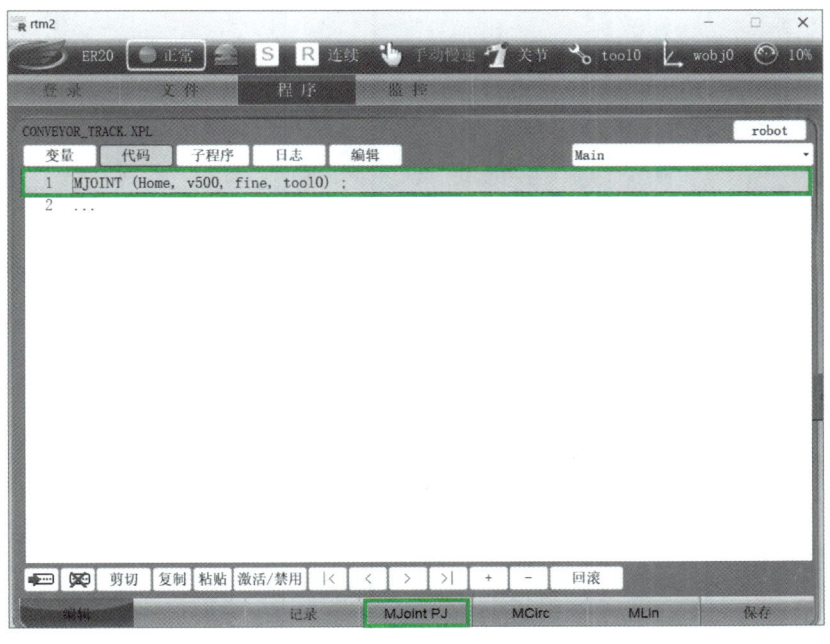

图 2-7-23 设置安全点

　　获取机器人运行速度,使用CALL指令,调用"robot"中的"getSpePCT"实时获取机器人当前运行速度,以0~100的形式显示,将获取的值赋值给创建的LREAL类型的变量"Robot_Speed",如图2-7-24所示。

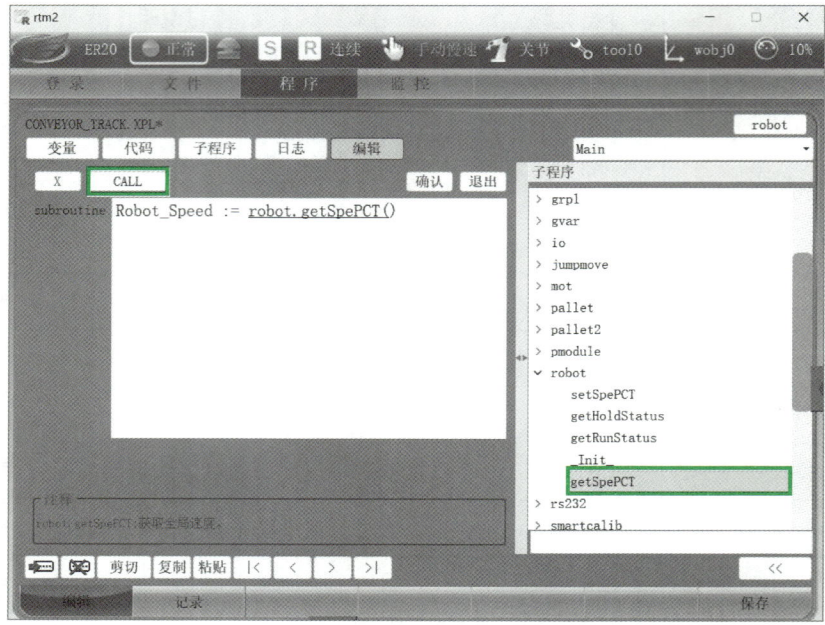

图2-7-24　获取机器人当前运行速度

　　使用赋值指令将"Robot_Speed"变量除以100并赋值给LREAL类型的变量"Robot_Speed1",如图2-7-25所示。

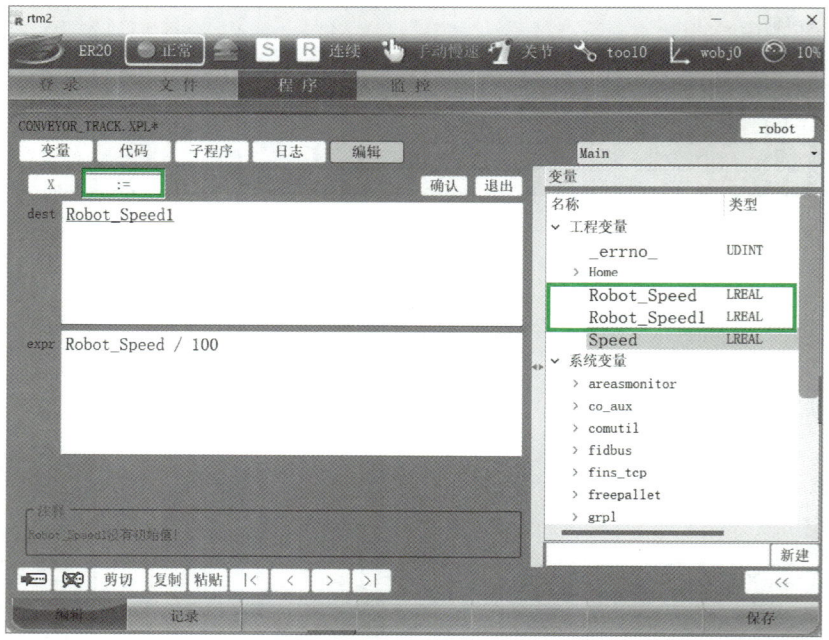

图2-7-25　获取机器人运行速度的百分比

使用赋值指令，"dest"参数选择事先创建的 LREAL 类型的变量"Speed"，"expr"参数中选择"系统参数"中的"fidbus.mtcp_ro_i[0]"，并除以变量"Robot_Speed1"，如图 2-7-26 所示。

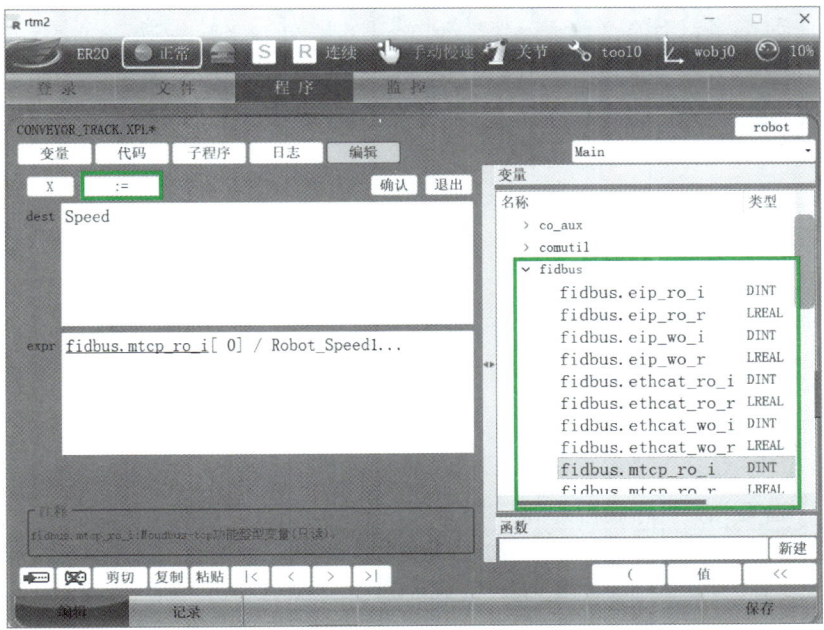

图 2-7-26　根据输送带速度得出机器人需要的运行速度

使用赋值指令，将 LREAL 类型的"Speed"变量转换为 SSPEED 类型的变量并赋值给 SSPEED 类型的变量"Speed1"。经过这段数据处理的变量"Speed1"才能用作机器人运动指令中的速度变量，具体数据处理阶段程序如图 2-7-27 所示。

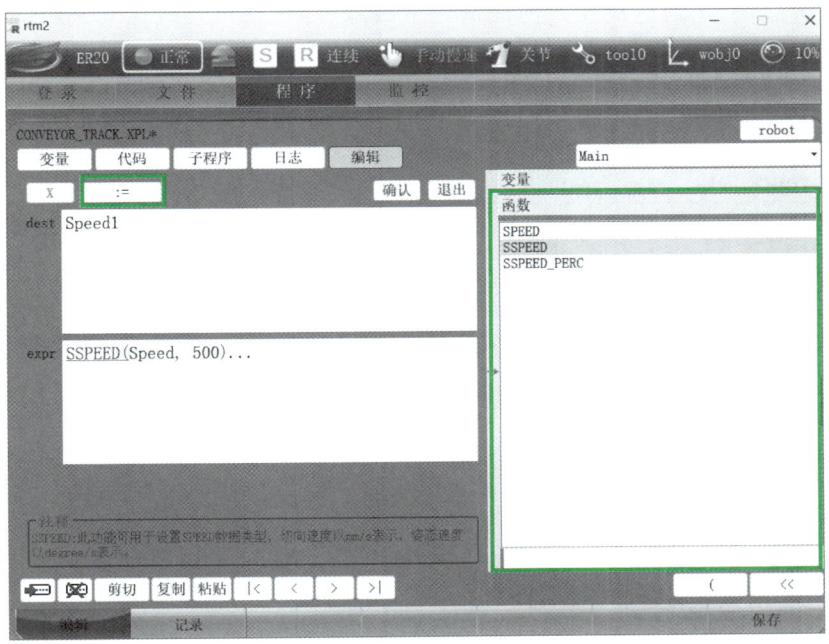

图 2-7-27　将机器人运行速度变量转换为 SSPEED 类型

获取机器人运行速度的程序如图 2-7-28 所示。

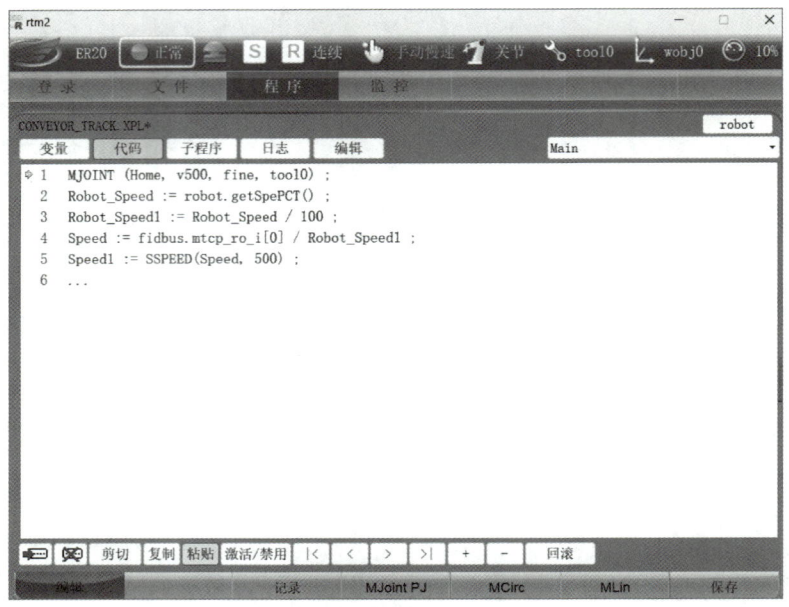

图 2-7-28 获取机器人运行速度程序

使用 CALL 指令调用 Tool5_Get() 子程序,拾取夹爪工具,如图 2-7-29 所示。

```
6    Tool5_Get () ;
```

图 2-7-29 拾取夹爪工具

使用运动指令,先到达机器人前往输送带跟踪过渡点,再直线运动到跟踪点(输送带来料检测传感器上方),夹爪工具等待来料的点位高度需要尽量贴近物料的高度,但不可阻挡物料的运动,如图 2-7-30 所示。

```
7    MJOINT (TRACK_Transition, v500, fine, tool0) ;
8    MLIN (TRACK, v500, fine, tool0) ;
```

图 2-7-30 到达跟踪点

机器人运动到位后,为了防止出现信号未复位的情况,先将夹爪工具所有信号(wo_b[1]、wo_b[2])进行复位,输送带推料气缸(wo_b[3])伸出,延时 2 s 后缩回,输送带按触摸屏设置的速度启动(wo_b[4]),信号赋值之间都需要给延时指令,如图 2-7-31 所示。

```
8     fidbus.mtcp_wo_b[1] := false ;
9     DWELL (0.2) ;
10    fidbus.mtcp_wo_b[2] := false ;
11    DWELL (0.2) ;
12    fidbus.mtcp_wo_b[3] := true ;
13    DWELL (2) ;
14    fidbus.mtcp_wo_b[3] := false ;
15    DWELL (0.2) ;
```

图 2-7-31 跟踪前初始化

点击"编辑"按钮,在"其他"指令中选择"WAIT"指令,如图 2-7-32(a)所示；"condition"参数中填入"fidbus.mtcp_ro_b[0]=true",该指令为等待指令,意为等待输送带来料检测传感器信号为 1 时,才会执行后续指令,如图 2-7-32(b)所示。

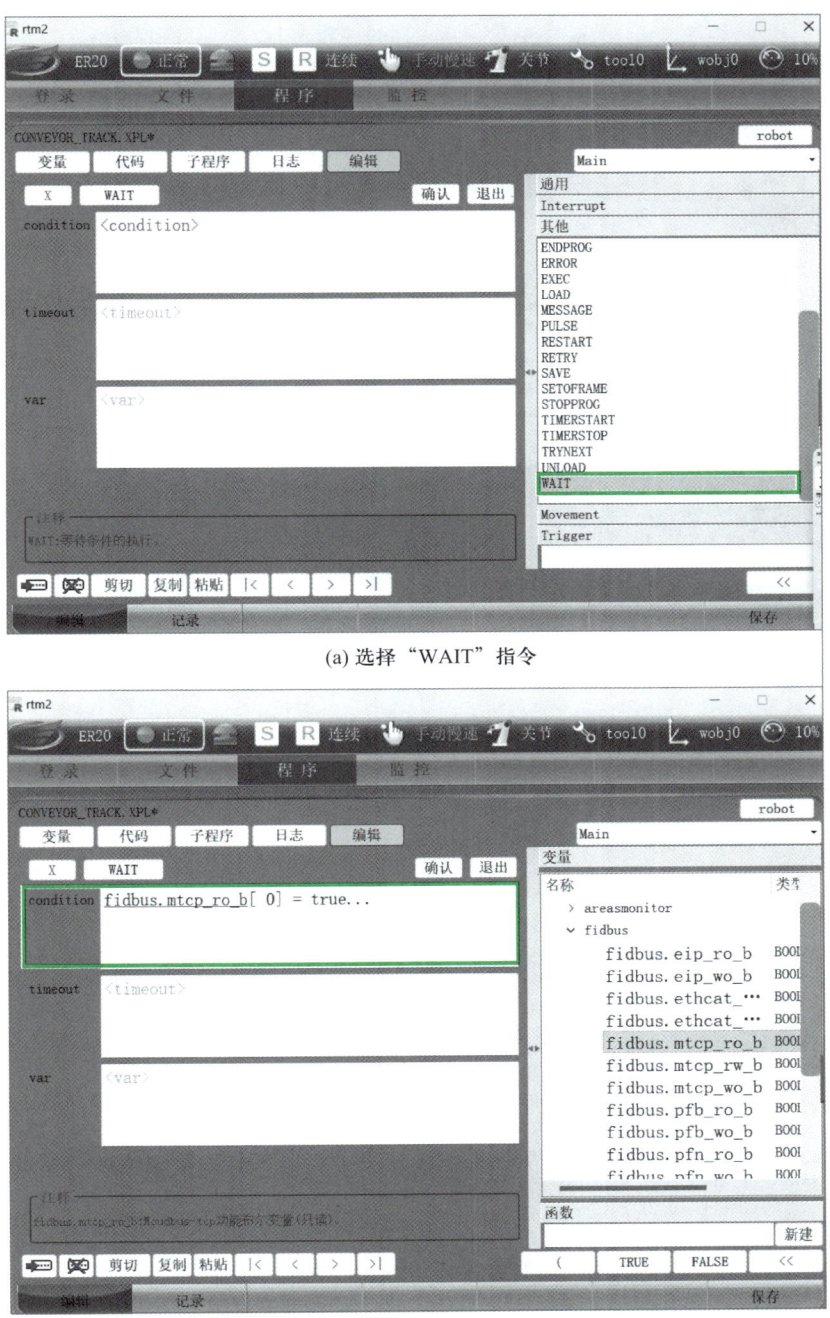

(a) 选择"WAIT"指令

(b) 选择参数

图 2-7-32　设置等待输送带来料检测传感器信号为 1

添加 MLIN 直线运动指令,在"target"参数中选择偏移指令"OFFSETTOOL",点位选择"TRACK",沿 Y、X 轴偏移 –75 mm、Z 轴偏移 5 mm,速度参数"speed"则填入 SSPEED 类型的变量"Speed1",如图 2-7-33 所示。

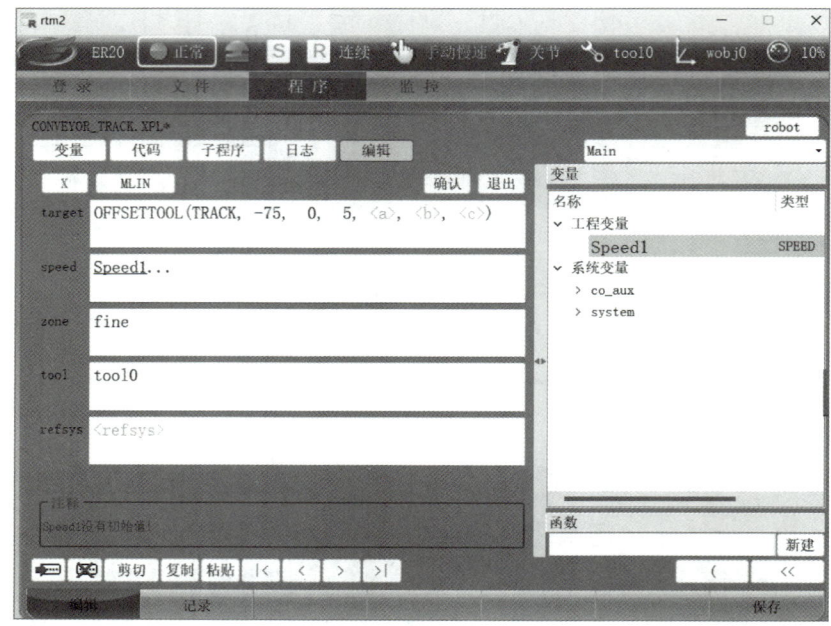

图 2-7-33　设置到位上方点

复位夹爪打开信号,如图 2-7-34 所示。

```
20   fidbus.mtcp_wo_b[2] := true ;
21   DWELL (0.2) ;
```

图 2-7-34　复位夹爪打开信号

机器人抓取到物料后,抬起机器人,并关闭输送带,将物料放置到料仓中,复位夹爪关闭信号,置位夹爪打开信号,抬起机器人,如图 2-7-35 所示。

```
22   MLIN (OFFSETTOOL(TRACK, 0, -75, -150), v500, fine, tool0) ;
23   fidbus.mtcp_wo_b[4] := false ;
24   MLIN (OFFSETTOOL(Warehouse_Point, 0, 0, -100), v500, fine, tool0) ;
25   MLIN (OFFSETTOOL(Warehouse_Point, 0, 0, 0), v500, fine, tool0) ;
26   fidbus.mtcp_wo_b[1] := true ;
27   DWELL (0.2) ;
28   fidbus.mtcp_wo_b[1] := false ;
29   MLIN (OFFSETTOOL(Warehouse_Point, 0, 0, -100), v500, fine, tool0) ;
```

图 2-7-35　将物料放置到料仓中

完成放置后返回安全点,使用 CALL 指令调用 Tool5_Put() 子程序,放置夹爪工具,如图 2-7-36 所示。

```
32  MJOINT (Home, v500, fine, tool0) ;
33  Tool5_Put () ;
```

图 2-7-36 放置夹爪工具

👍 项目评价

序号	项目评价观测点	分数	得分
1	机器人从安全点出发拾取夹爪工具,要求机器人运动过程平顺,不得碰撞	15	
2	分料器推出零件 A,要求分料器推料顺畅,零件 A 被正确推送至下一工作阶段	10	
3	零件 A 被推出后,输送带开始运行,要求输送带运行平稳	10	
4	输送带来料检测传感器检测零件 A,要求传感器能够准确检测到零件 A 的到达	10	
5	机器人抓取零件 A 完成抓取任务,要求机器人运动过程平顺,不得碰撞	10	
6	零件 A 抓取完成后,输送带及时停止,同时将零件 A 放置到料仓中,要求输送带没有出现无效运行或零件堆积	20	
7	机器人放置夹爪工具,返回安全点,要求机器人运动过程平顺,不得碰撞	15	
8	安全意识、质量意识、绿色环保意识、团队协作意识	10	
合计总分			

📈 巩固提升

通过机器人配合输送带,完成输送带运动过程中零件 B 的装配任务,具体工艺过程要求如下:

(1)机器人从安全点出发,拾取吸盘工具。

(2)分料器推出零件 A 至输送带中。

(3)机器人拾取零件 B。

(4)机器人控制输送带运行。

(5)机器人从输送带上装配零件 B 至零件 A 中。

(6)机器人控制输送带停止。

(7)机器人放置吸盘工具,返回安全点。

项目八

输送带跟踪涂胶

学习目标

（1）能够描述和应用实时跟踪工件在输送带上的技术。

（2）能够运用不同运动指令实现精确涂胶，分析速度和轨迹对涂胶效果的影响。

（3）能够应用逻辑函数指令进行条件判断和循环控制，以及与PLC的交互逻辑。

（4）能够分析涂胶轨迹，评估并调整速度和路径以优化涂胶质量。

（5）能够评价机器人、PLC、视觉系统协同工作流程，判断如何优化通信效率和系统响应时间。

观察思考

以往快递分拣中心在包裹封装上主要依赖大量人力,这导致了巨大的工作量和错误的频繁出现,影响了处理速度和包裹安全。然而,随着输送带跟踪涂胶技术的引入,机器人在封装过程中的作用显著改善了这一问题。现代的机器人能够精确追踪每一个包裹的位置和尺寸,同时精准施加涂胶,确保每个包裹牢固封装,有效减少人为错误的发生,如图 2-8-1 所示。

图 2-8-1　快递包裹封装

从投资成本上看,引入机器人封装技术虽然需要一定的投资,但长期来看可以大幅降低人力资源成本,提高封装质量和效率,进而减少包裹损坏或遗漏的风险。

从工作质量上看,机器人封装技术的精准性和一致性能够提高服务水平,增强客户满意度,使快递公司在竞争激烈的市场中占据优势。

通过对比说明,技术的应用不仅可以解决传统劳动密集型工作的效率问题,还能够提高产品和服务的质量。

项目要求

通过机器人配合输送带,完成输送带运动过程中零件 A 的涂胶任务,具体工艺过程要求如下:

(1)机器人从安全点出发,拾取涂胶工具。

(2)分料器推出零件 A 至输送带。

(3)机器人控制输送带运行。

(4)机器人在输送带运行过程中对零件 A 一侧进行涂胶,涂胶轨迹如图 2-8-2 所示。

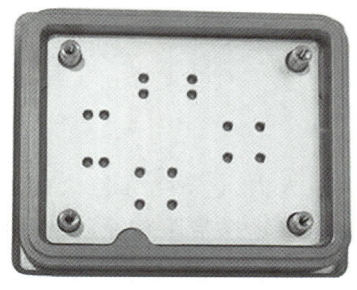

图 2-8-2　涂胶轨迹

（5）涂胶完成后，机器人控制输送带停止。

（6）机器人放置涂胶工具。

软件配置要求：深入了解并配置涂胶机器人控制系统，编程设定包含精确涂胶路径规划与速度控制指令，以实现对动态输送带上零件的高精度跟踪涂胶。

工作台布置要求：根据输送带跟踪涂胶需求，布置好物料、输送带、物料区等，确保机器人在安全范围内无障碍运行。

项目导航

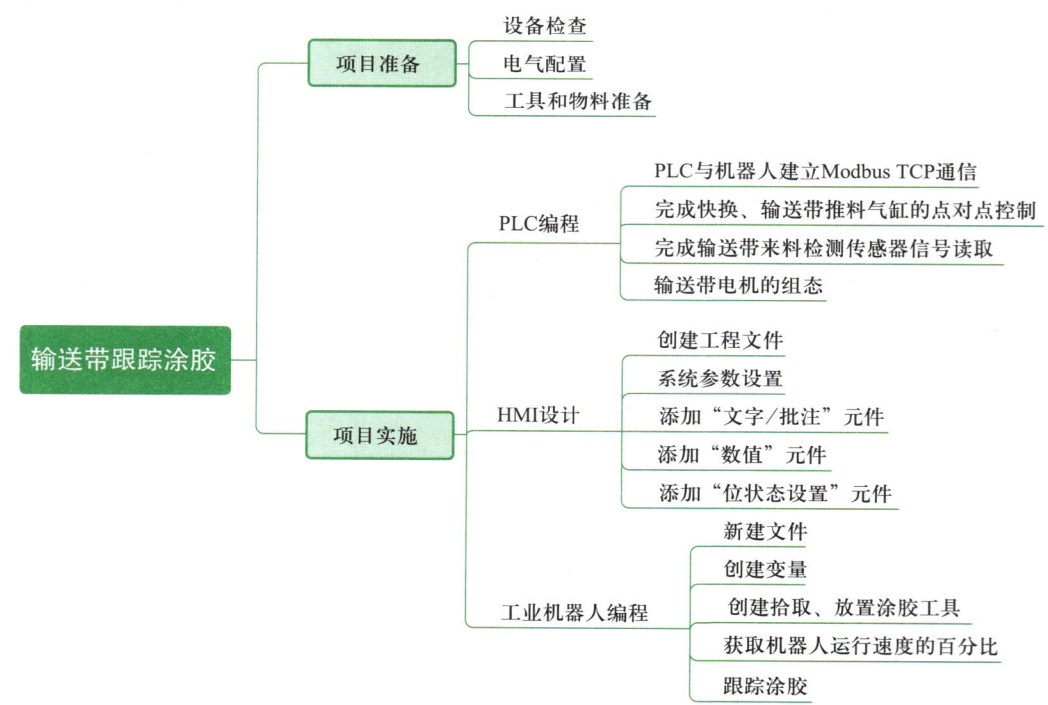

项目准备

1. 设备检查

确认设备（型号：ZM-IMET-2023-A）运行状态良好,机器人系统无故障,涂胶工具已按照规定要求安装调试完毕,确保涂胶精度与均匀性。

2. 电气配置

（1）PLC 电路原理图

输送带跟踪涂胶 PLC 电路原理图如图 2-8-3 所示。

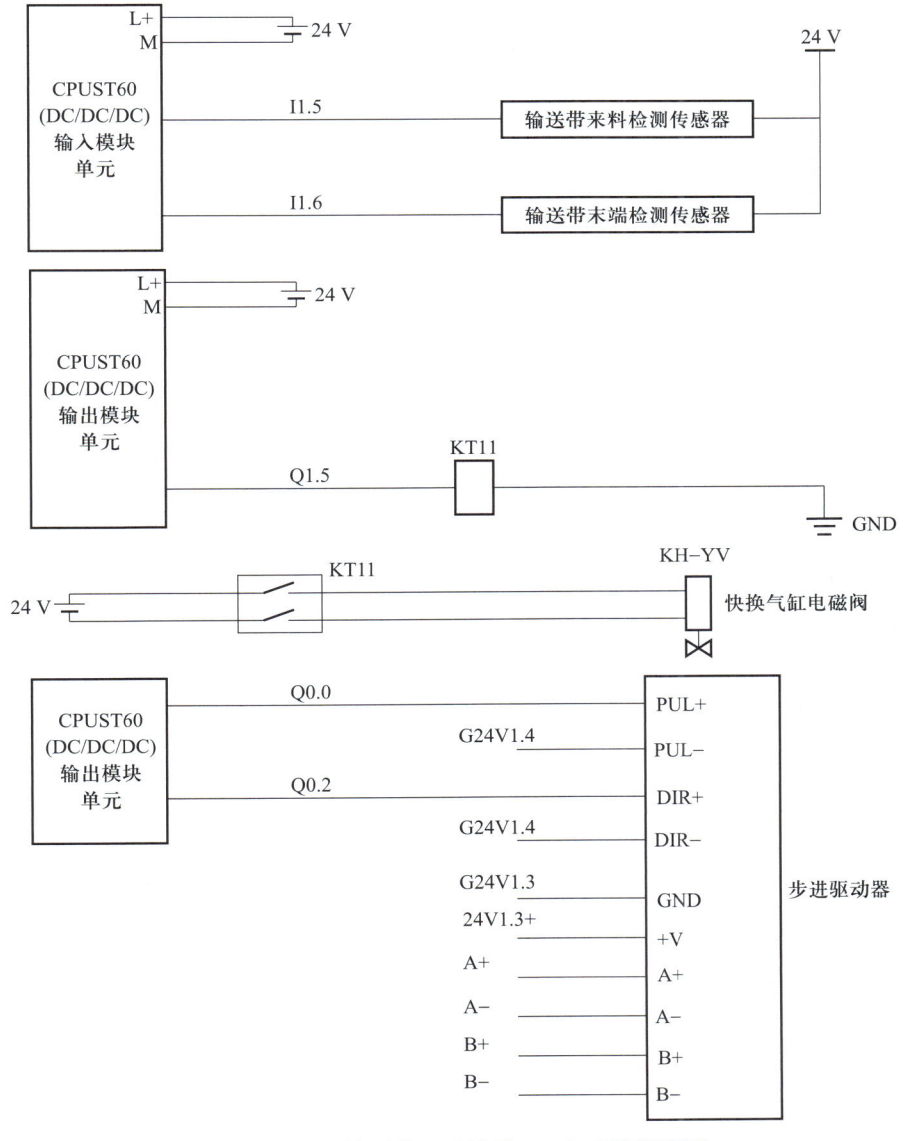

图 2-8-3　输送带跟踪涂胶 PLC 电路原理图

（2）气动回路图

输送带跟踪涂胶气动回路图如图 2-8-4 所示。

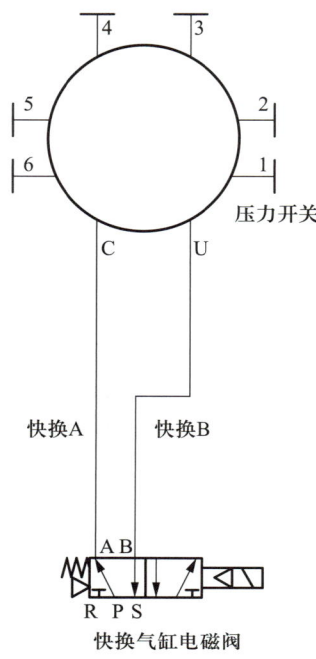

图 2-8-4　输送带跟踪涂胶气动回路图

（3）I/O 分配表

根据 PLC 电路原理图与气动回路图，选用 PLC 控制电磁阀。输送带跟踪涂胶 I/O 分配表见表 2-8-1。

表 2-8-1　输送带跟踪涂胶 I/O 分配表

PLC 输出点	被控对象
I1.5	输送带来料检测传感器
I1.6	输送带末端检测传感器
Q1.1	输送带推料气缸电磁阀
Q1.5	快换气缸电磁阀

（4）Modbus TCP 通信表

机器人与 PLC 之间的数据交换采用 Modbus TCP，因此，将 PLC 地址及机器人地址按照功能进行划分和映射，见表 2-8-2。

表 2-8-2 输送带跟踪涂胶 Modbus TCP 通信表

机器人地址	PLC 地址	功能
wo_b[0]	V669.0	快换气缸锁紧 / 释放
wo_b[1]	V669.1	输送带推料气缸
wo_b[2]	V669.2	输送带启动
ro_i[0]	VW876	输送带运行速度
ro_b[0]	V869.0	输送带来料检测传感器信号

3. 工具和物料准备

准备所需涂胶工具和物料 A，见表 2-8-3。

表 2-8-3 输送带跟踪涂胶工具和物料清单

工具和物料	图示
涂胶工具	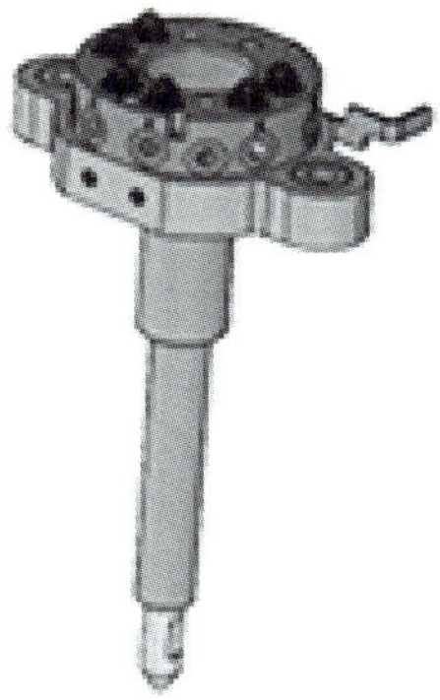
物料 A	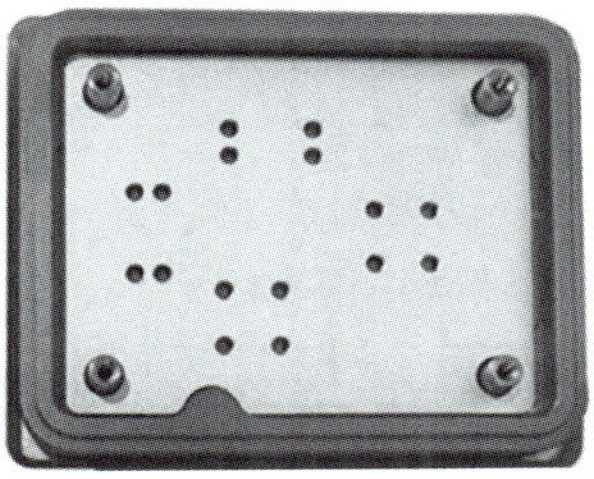

◇ 项目实施

1. PLC 编程

PLC 程序编程思路如图 2-8-5 所示。

（1）PLC 与机器人建立 Modbus TCP 通信。

（2）使用 TCP 通信配置的地址实现快换、输送带推料气缸的点对点控制和输送带来料检测传感器信号读取，具体程序如图 2-8-6 所示。

203

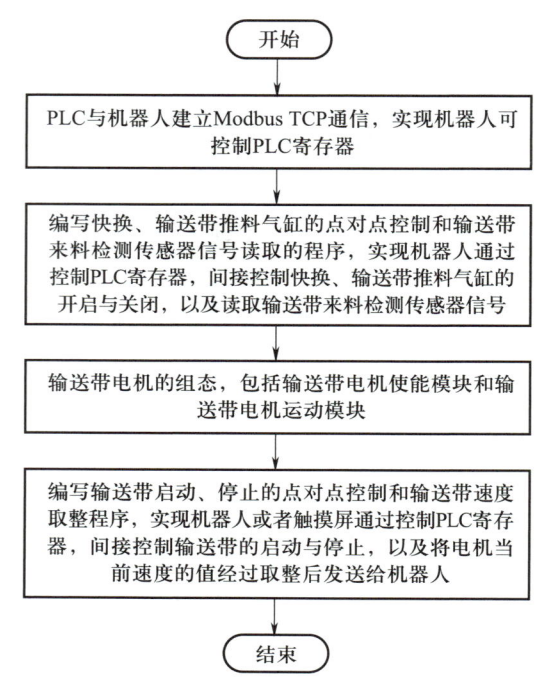

图 2-8-5 PLC 程序编程思路

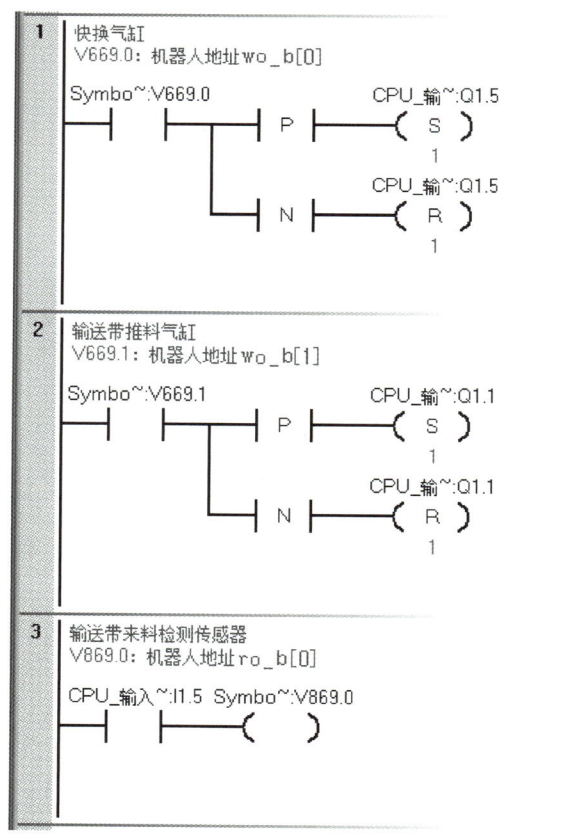

图 2-8-6 快换、输送带推料气缸点对点控制和输送带来料检测传感器的信号读取 PLC 程序

（3）输送带电机的组态可参照模块二项目七"输送带跟踪抓取"PLC 部分的程序,具体程序如图 2-8-7 所示。

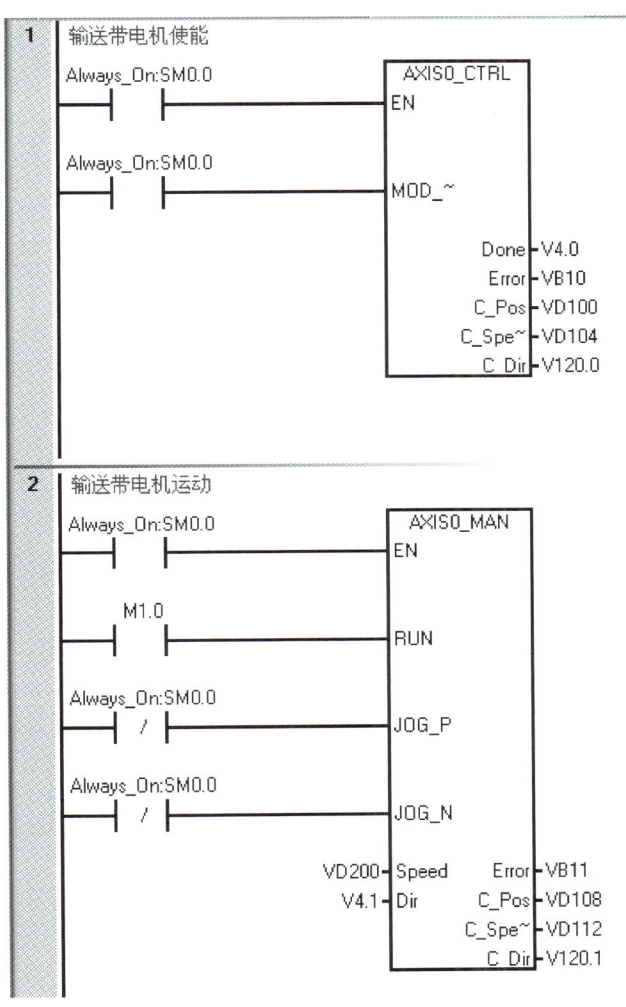

图 2-8-7　输送带电机的组态 PLC 程序

该指令的触发由触摸屏启动按钮、机器人地址 wo_b［2］实现"RUN"的功能,这意味着无论是机器人系统还是直接通过触摸屏操作,都能有效地对这个启动信号进行设置（置位）或清除（复位）,且在复位信号中当输送带末端检测传感器（I1.6）检测物料到位后也会复位电机的运动,同时还须将电机当前速度的值取整后发送给机器人,具体 PLC 程序如图 2-8-8 所示。

2. HMI 设计

HMI 设计思路如图 2-8-9 所示。

（1）打开 Utility Manager 软件,点击"EasyBuilder Pro"创建工程文件,如图 2-8-10所示。

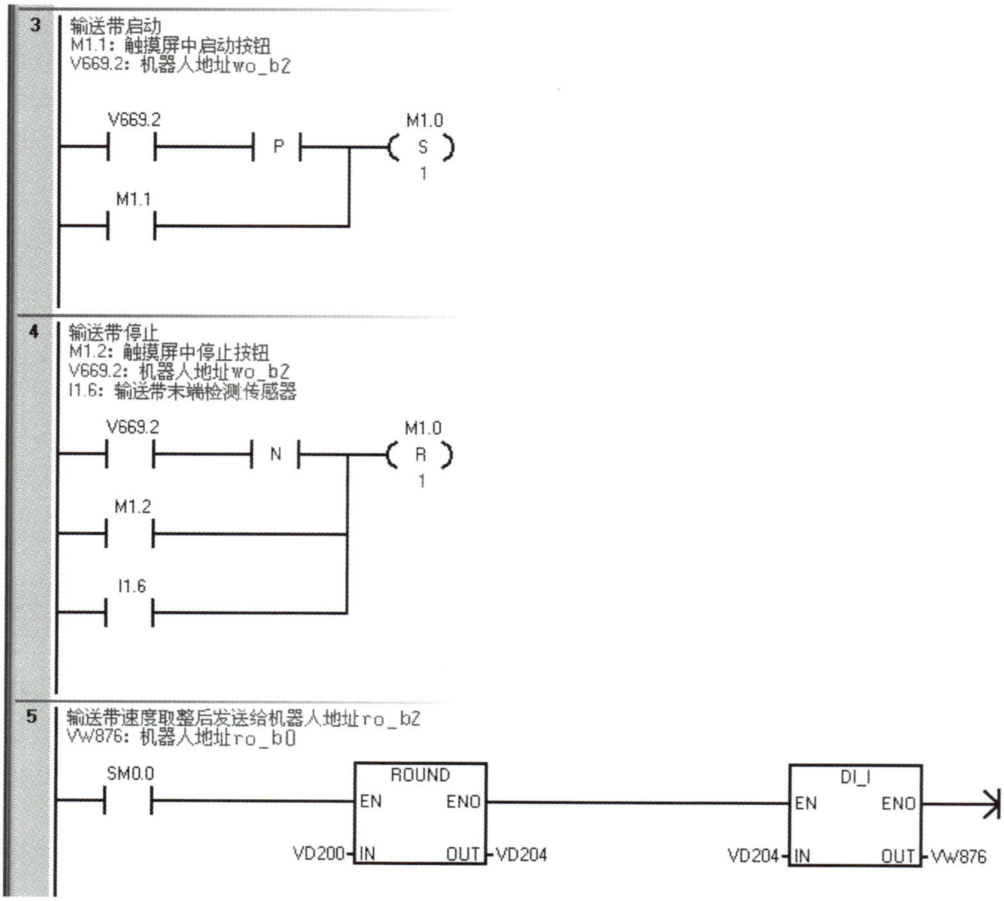

3
输送带启动
M1.1：触摸屏中启动按钮
V669.2：机器人地址wo_b2
V669.2
P
M1.0
S
1
M1.1
4
输送带停止
M1.2：触摸屏中停止按钮
V669.2：机器人地址wo_b2
I1.6：输送带末端检测传感器
V669.2
N
M1.0
R
1
M1.2
I1.6
5
输送带速度取整后发送给机器人地址ro_b2
VW876：机器人地址ro_b0
SM0.0
ROUND
EN
ENO
VD200
IN
OUT
VD204
DI_I
EN
ENO
VD204
IN
OUT
VW876

图 2-8-8　输送带启动、停止的点对点控制和输送带速度取整 PLC 程序

开始
创建工程文件，
设置系统参数
添加“文字/批注”元件、“数值”元件、
“位状态设置”元件
结束

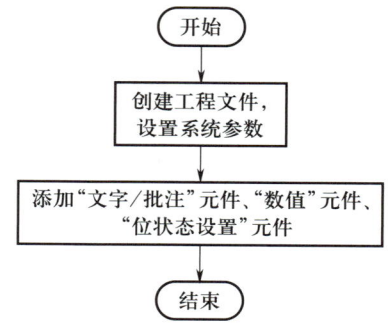

图 2-8-9　HMI 设计思路

图 2-8-10　创建工程文件

（2）在"系统参数设置"界面中,点击"新增设备/服务器..."按钮,如图 2-8-11(a)所示;在弹出的"设备属性"界面中,"设备类型"选择"Siemens S7-200 SMART(Ethernet)","IP"选择"192.168.1.9"(与 PLC 的 IP 地址一致),"端口号"选择"102"(PLC 的端口号),如图 2-8-11(b)所示。

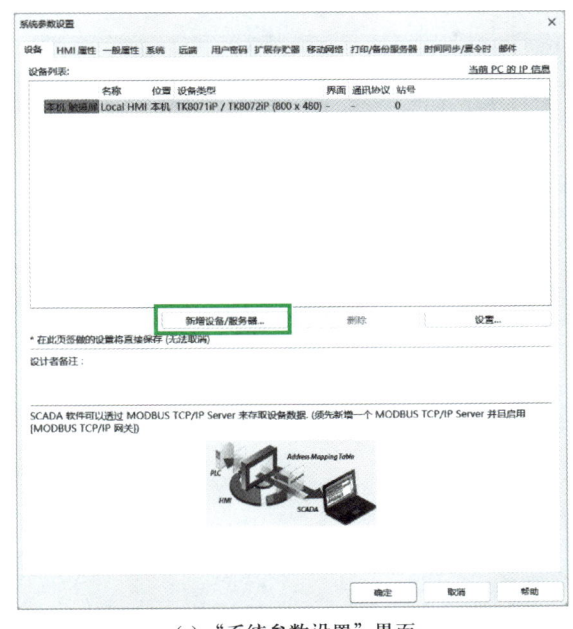

(a)"系统参数设置"界面

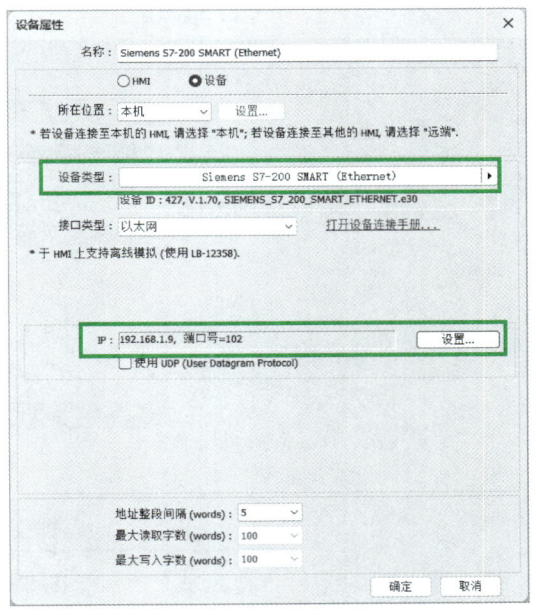

(b)"设备属性"界面

图 2-8-11　设置系统参数

　　（3）在"WINDOW"主界面中选择"文字／批注"元件，如图 2-8-12（a）所示；在"内容"文本框中更改文字为"输送带跟踪涂胶"，如图 2-8-12（b）所示，点击"确定"按钮；在显示界面选中文字"输送带跟踪涂胶"，点击"窗口之水平中心点"按钮使其位于中心即可，如图 2-8-12（c）所示。

　　同上，添加文字"输送带速度"，如图 2-8-13 所示。

(a) 选择"文字/批注"元件

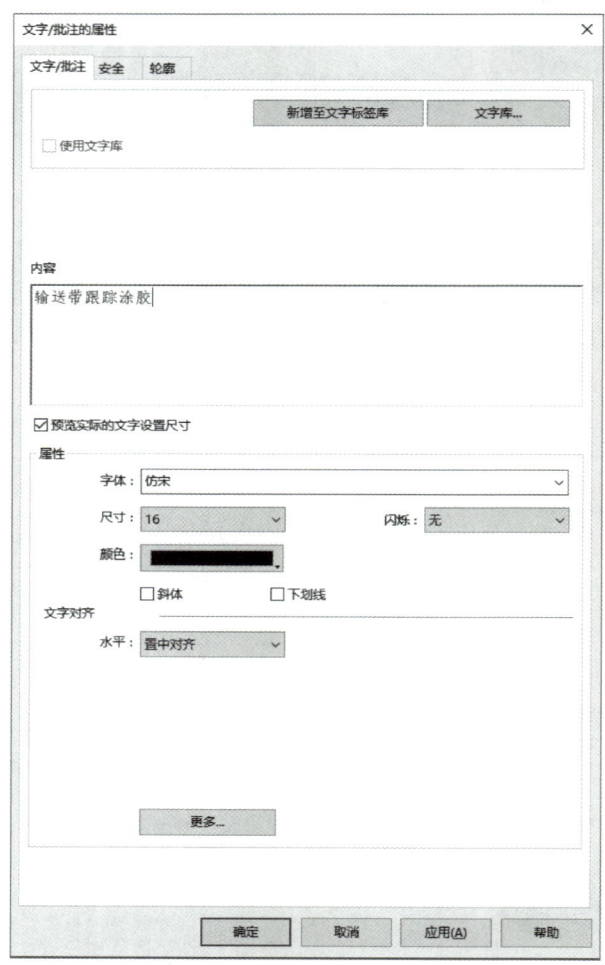

(b) 编辑文字内容

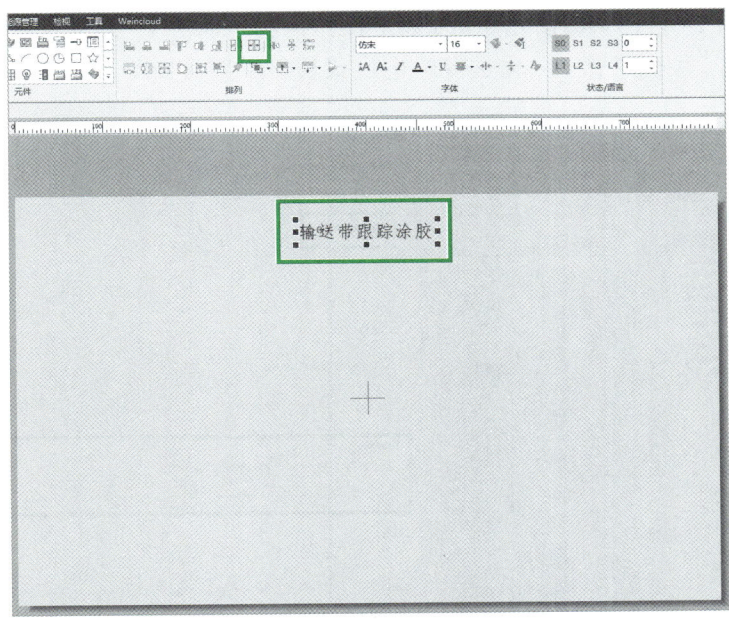

(c) 放置元件

图 2-8-12 添加文字"输送带跟踪涂胶"

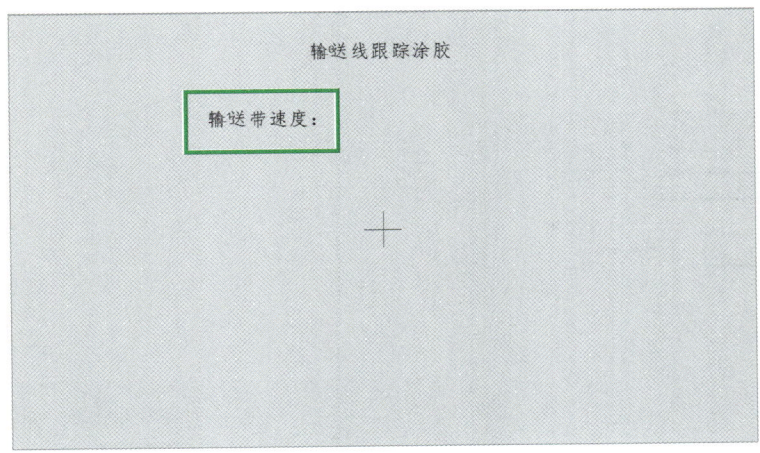

图 2-8-13 添加文字"输送带速度"

（4）选择"数值"元件，勾选"启用输入功能"复选框，"设备"选择"Siemens S7-200 SMART（Ethernet）"，"地址"选择"VD200"（对应 PLC 梯形图的地址），如图 2-8-14（a）所示；在"格式"选项卡中，"资料格式"改为"32-bit Float"，"小数点以上位数"改为"2"，点击"确定"按钮，如图 2-8-14（b）所示；最后显示界面如图 2-8-14（c）所示。

（5）选择"位状态设置"元件，"设备"选择"Siemens S7-200 SMART（Ethernet）"，"地址"选择"M1.1"（对应 PLC 梯形图输送带启动地址），"开关类型"选择"复归型"，如图 2-8-15（a）所示；在"标签"选项卡中，勾选"使用文字标签"复选框，"内容"改为"输送带启动",如图 2-8-15(b)所示;重复以上操作再次添加一个"位状态设置"元件,"地址"改为"M1.2","内容"改为"输送带停止";最后显示界面如图 2-8-15(c)所示。

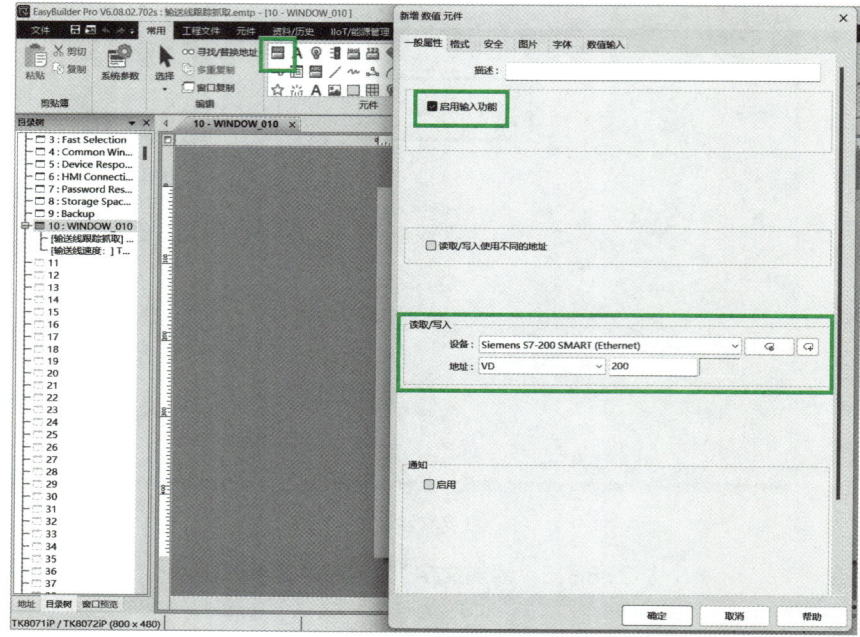

(a) 编辑元件属性

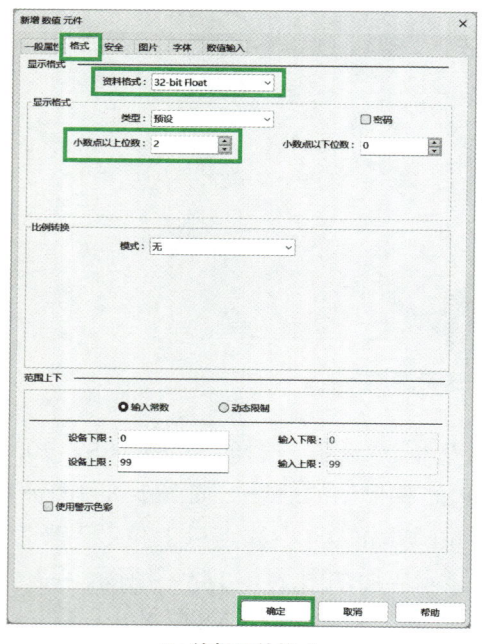

(b) 编辑元件格式

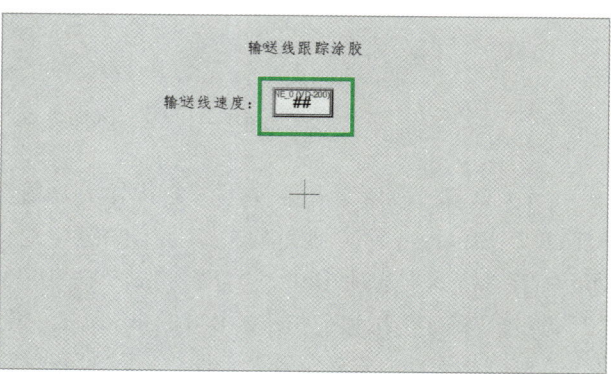

(c) 显示界面

图 2-8-14 添加"数值"元件

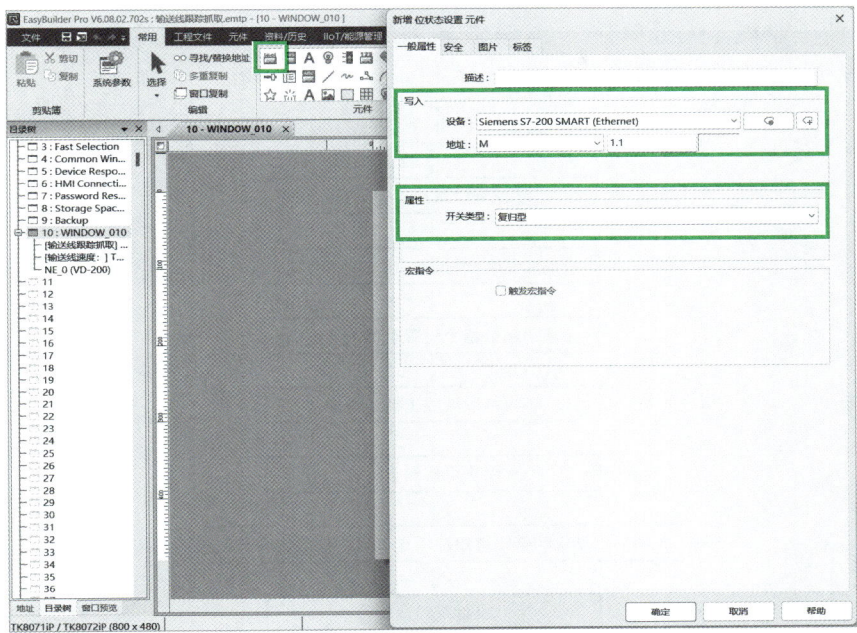

(a) 编辑元件属性

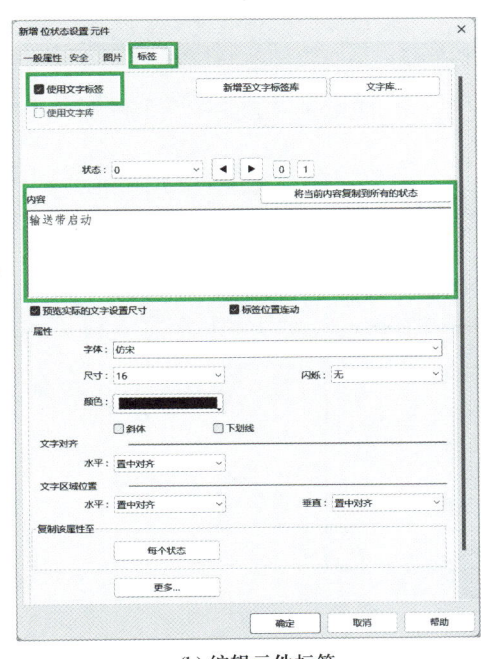

(b) 编辑元件标签

(c) 显示界面

图 2-8-15　添加"位状态设置"元件

3. 工业机器人编程

根据前述项目要求,须完成输送带跟踪涂胶任务,为了增强程序的可读性与可复用性,本项目的工业机器人编程分为"输送带跟踪涂胶主程序""拾取涂胶工具子程序""放置涂胶工具子程序",编程流程如图2-8-16所示。

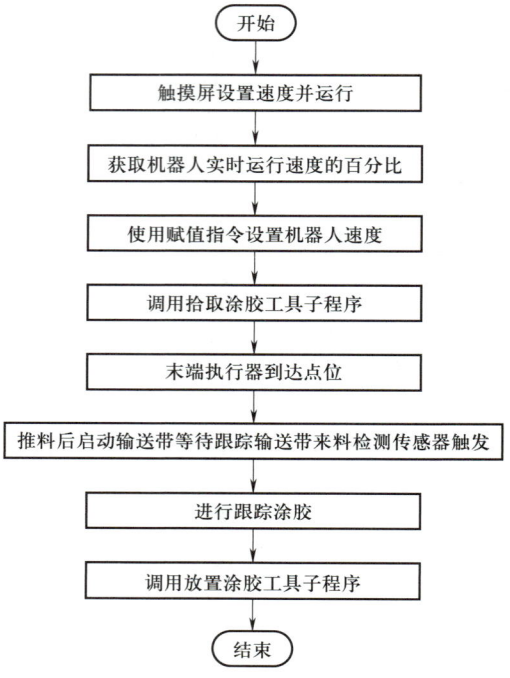

图 2-8-16　输送带跟踪涂胶编程流程

(1)点击"新建"按钮新建文件,并命名为"CONVEYOR_TRACK_GLUING",如图2-8-17所示。

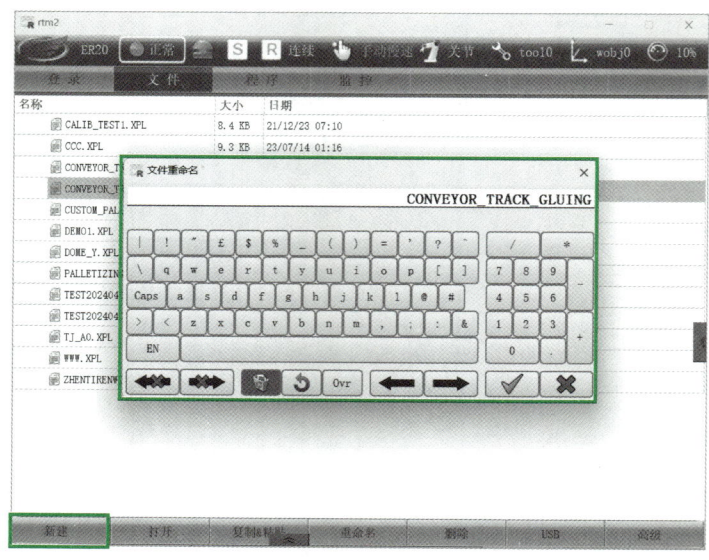

图 2-8-17　新建文件

（2）在功能块变量中创建所需的变量，并完成点位示教，变量表见表2-8-4。

表2-8-4　输送带跟踪涂胶变量表

变量名	变量类型	变量说明
Home	POINTJ	安全点
Tool6_Transition	POINTJ	快换工具过渡点
Tool6_Point	POINTC	拾取涂胶工具点
TRACK_Transition	POINTJ	机器人前往输送带跟踪涂胶过渡点
TRACK	POINTC	跟踪点
Robot_Speed	LREAL	机器人运行速度
Robot_Speed1	LREAL	机器人运行速度的百分比
Speed0	LREAL	根据输送带速度得出机器人需要的运行速度
Speed1	SPEED	机器人运行速度转换为 SSPEED 类型

（3）创建拾取、放置涂胶工具子程序"Tool6_Get""Tool6_Put"：参考模块二项目二"基础涂胶"中机器人末端取放程序。

（4）获取机器人实时运行速度的百分比，如图2-8-18所示。

```
⇦ 1    MJOINT (Home, v500, fine, tool0) ;
  2    Robot_Speed := robot.getSpePCT() ;
  3    Robot_Speed1 := Robot_Speed / 100 ;
  4    Speed0 := fidbus.mtcp_ro_i[0] / Robot_Speed1 ;
```

图2-8-18　获取机器人实时运行速度的百分比

（5）机器人与输送带上的物料同时启动，但以不同的速度行驶，以确保两者同时到达终点，可以使用基本的运动学公式来计算所需的相对速度。设机器人速度为 V_r（mm/s），物料速度为 V_m（mm/s），并假设机器人需要额外覆盖的距离为 D（本项目中为 10 mm）。

机器人和物料的总行驶距离分别是：460 mm（450 mm+10 mm）和 450 mm。

为了让两者同时到达终点，它们的行驶时间 t 必须相同。根据距离 = 速度 × 时间，可以建立如下等式：

对于物料：$V_m \times t$=450 mm；

对于机器人：$V_r \times t$=460 mm。

若想要机器人和物料同时到达，即它们的行驶时间 t 相等，可以通过解这两个方程来找到 V_r 和 V_m 的关系（实际操作中，通常会设定物料的速度 V_m，如由生产线速度决定，视为常数，然后解出机器人需要的速度 V_r）。

从上面两个等式中消去 t，可得：

$$V_r=V_m \times \frac{460}{450}$$

这意味着，为了同时到达终点，机器人的速度必须是物料速度的 460/450 倍，即约 1.022 倍。如此即使起点相同、同时启动，机器人也能通过稍快的速度来弥补那额外的

10 mm 距离,从而实现与物料的同时到达。

综上所述,只须设置机器人速度为物料速度 ×1.022 即可实现跟踪涂胶任务,故使用赋值指令,将"Speed0"变量乘以 1.022,最后转换为 SSPEED 类型即可,如图 2-8-19 所示。

```
5    Speed0 := Speed0 * 1.022 ;
6    Speed1 := SSPEED(Speed0, 500) ;
```

图 2-8-19　使用赋值指令设置机器人速度

机器人拾取涂胶工具,运行至过渡点位,最后到达跟踪点位,如图 2-8-20 所示。

```
7    Tool6_Get() ;
8    MJOINT (Home, v500, fine, tool0) ;
9    MJOINT (TRACK_Transition, v500, fine, tool0) ;
10   MLIN (TRACK, v500, fine, tool0) ;
```

图 2-8-20　获取涂胶工具到达跟踪点位

输送带推料气缸伸出,延时 2 s 后缩回,再次延时 0.2 s 后,机器人控制输送带启动,等待输送带来料检测传感器触发,如图 2-8-21 所示。

```
10   fidbus.mtcp_wo_b[1] := true ;
11   DWELL (1) ;
12   fidbus.mtcp_wo_b[1] := false ;
13   DWELL (0.2) ;
14   MLIN (TRACK, v500, fine, tool0) ;
15   fidbus.mtcp_wo_b[2] := false ;
16   DWELL (0.2) ;
17   fidbus.mtcp_wo_b[2] := true ;
18   WAIT (fidbus.mtcp_ro_b[0] = true) ;
```

图 2-8-21　推料后启动输送带等待触发

机器人在物料到位后跟随运动 350 mm,涂胶完成,沿 Z 轴抬起,放置涂胶工具,放置涂胶工具流程参考模块二项目二"基础涂胶",如图 2-8-22 所示。

```
17   MLIN (OFFSETTOOL(TRACK, -75, -350, 0), Speed1, fine, tool0) ;
18   MLIN (OFFSETTOOL(TRACK, -75, -350, -150), Speed1, fine, tool0) ;
19   Tool6_Put() ;
```

图 2-8-22　跟踪涂胶后放置涂胶工具

注意:参考以上步骤完成项目任务,如遇紧急情况,应按下急停按钮,立即停止机器人运动。在确保安全的前提下,分析故障信息,逐步检查程序逻辑、硬件连接和环境等因素。如果故障仍无法自行解决,应报告实训指导教师进一步诊断。在排除故障后,再次执行完整的安全检查。完成项目调试后,应清理工作区域,关闭电源和其他辅助设备。

要牢记安全始终是第一位,要时刻防止对人可能产生的伤害和对设备的损坏。

👍 项目评价

序号	项目评价观测点	分数	得分
1	机器人从安全点出发拾取涂胶工具，要求机器人运动过程平顺，不得碰撞	15	
2	分料器推出零件 A，要求分料器推料顺畅，零件 A 被正确推送至下一工作阶段	10	
3	零件 A 推出后，输送带开始运行，要求输送带运行平稳	10	
4	输送带检测传感器检测零件 A，要求传感器能够准确检测到零件 A 的到达	10	
5	机器人按照指定轨迹完成涂胶任务，要求涂胶过程中涂胶准确、均匀	20	
6	涂胶完成后，输送带及时停止，要求输送带没有出现无效运行或零件堆积	10	
7	机器人放置涂胶工具，返回安全点，要求机器人运动过程平顺，不得碰撞	15	
8	安全意识、质量意识、绿色环保意识、团队协作意识	10	
合计总分			

📈 巩固提升

（1）思考如何通过算法或硬件升级，提高涂胶效率与精度。

（2）分析定位不准、通信中断等问题的原因，并制定预防措施。

（3）评估涂胶自动化系统相对于传统人工涂胶的成本节约和生产效率提高的效益。

模块三

智能制造设备技术

综合应用

项目一

零件装配

学习目标

（1）能够应用 PLC 与触摸屏编程技术，实现设备控制、状态显示及逻辑判断。

（2）能够分析 PLC 编程逻辑在设备控制和状态显示中的具体应用，识别可能存在的问题和优化方案。

（3）能够评价机器人运动指令和逻辑函数指令在实际操控中的有效性，判断其是否满足精确操控的需求。

（4）能够设计产品检测流程，利用传感器与逻辑控制，实现零件有无检测，创新反馈信号处理与流程控制的方法。

观察思考

某工厂中将高度集成的主板固定在机壳内，主板上集成了CPU、内存、无线通信模块等多种芯片和组件，需要精准定位和紧固，如图 3-1-1 所示。如何对机器人进行路径规划，如直线、圆弧运动等，实现精度与效率的平衡，这十分考察程序设计者的水平。

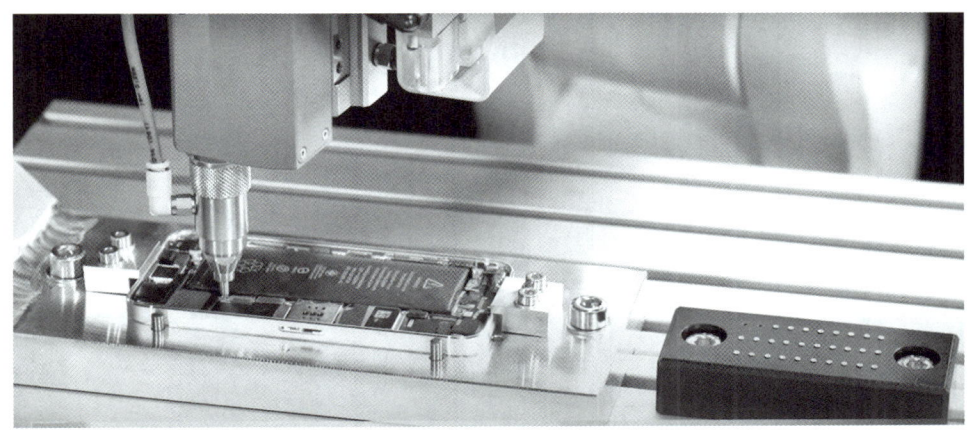

图 3-1-1　零件装配

设计者应充分考虑 PLC 与机器人交互、控制气缸动作等问题，从而保证数据流与状态控制的实时性。触摸屏界面设计会直接影响操作便利性，以及信息反馈的及时性、准确性，设计人员应充分考虑触摸屏界面对设备性能发挥、操作便利性及生产效率的影响。

项目要求

将零件 A1 放置到一号位，零件 A2 放置到二号位，零件 A3 放置到三号位，零件 A4 放置到四号位，见表 3-1-1。

（1）按下触摸屏上的"开始"按钮，机器人拾取吸盘工具，返回安全点，停留 3 s，完成产品分拣、装配工艺。

（2）机器人对二号位产品上的零件有无进行检测，若零件个数不足，则从零件原料区拾取零件补齐。完成后，机器人返回安全点，暂停。

（3）按下触摸屏上的"开始"按钮，工业机器人将红色零件 1（正方形）、绿色零件 2（正方形）、蓝色零件 7（长方形）安装到三号位产品上。完成后，机器人返回安全点，暂停。

表 3-1-1　各零件类型及图示

名称	细分	图示
零件 A：4 种类型，称为 A1—A4 板	A1 板	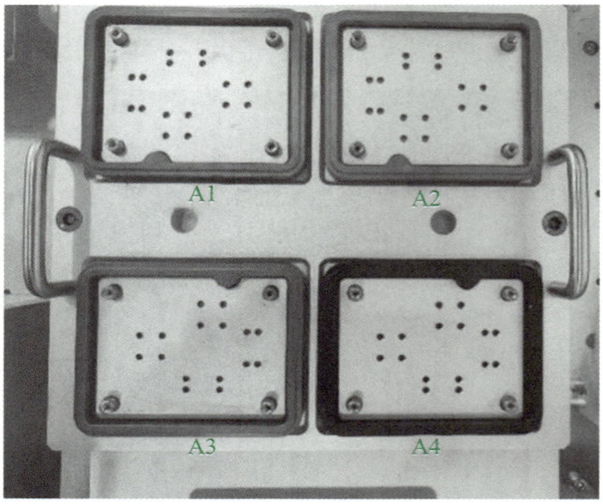 
	A2 板	
	A3 板	
	A4 板	

（4）按下"开始"按钮，按触摸屏设置的零件拾取位置拾取相应的零件，补齐三号位。完成后，机器人回安全点，暂停运行和计时。

（5）按下触摸屏上的"开始"按钮，将一号位与四号位产品上种类相同且颜色不同的同一类型零件互换。完成后，机器人返回安全点，暂停。

（6）完成后，机器人返回安全点，放置吸盘工具，试验结束。

视频　　　　　　　　　　　　　　源文件

零件装配　　　　　　　　　　　　零件装配

项目导航

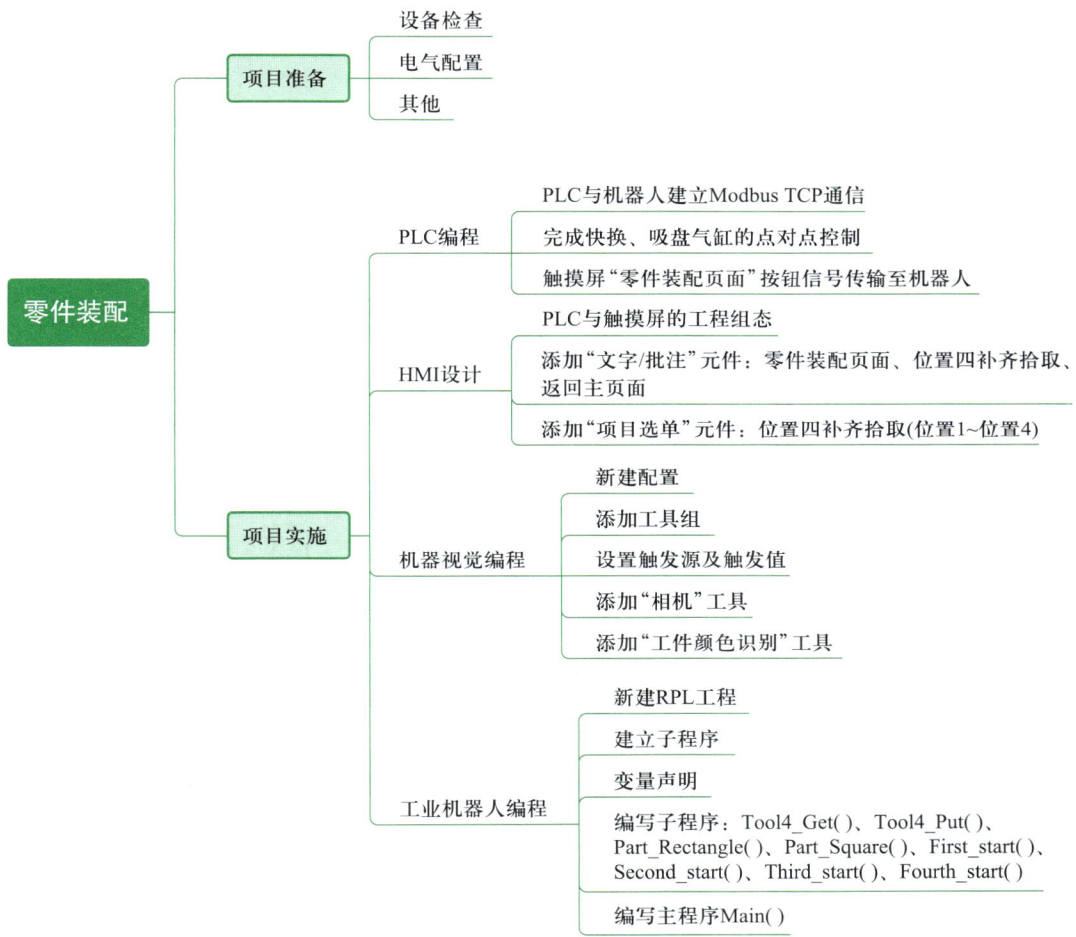

项目准备

1. 设备检查

确保智能制造设备技术应用实训平台（ZM-IMET-2023-A）各组件完好，包括机器人、PLC、触摸屏和传感器等。

2. 电气配置

（1）PLC电路原理图

零件装配PLC电路原理图如图3-1-2所示。

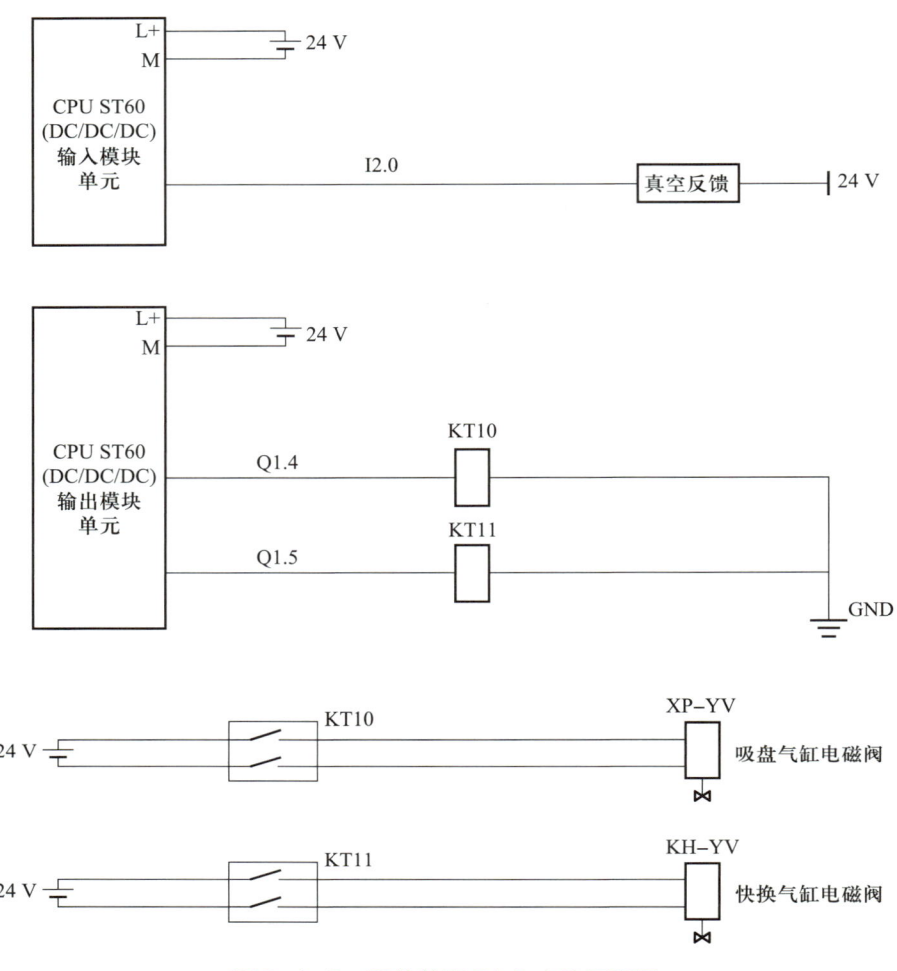

图 3-1-2　零件装配 PLC 电路原理图

（2）气动回路图

零件装配气动回路图如图 3-1-3 所示。

（3）I/O 分配表

零件装配 I/O 分配表见表 3-1-2。

（4）Modbus TCP 通信表

零件装配 Modbus TCP 通信表见表 3-1-3。

3. 其他

（1）程序开发环境：搭建机器人与 PLC 编程环境，安装相关软件。

（2）材料准备：产品板、零件等装配所需材料，以及快换装置、吸盘工具等辅助装配工具。

（3）安全措施：制定安全操作规程，确保试验人员知晓紧急停机方法，确保机器人安全围栏等防护措施到位。

（4）理论学习：复习机器人编程基础、PLC 逻辑控制、触摸屏编程等知识，为实操打下理论基础。

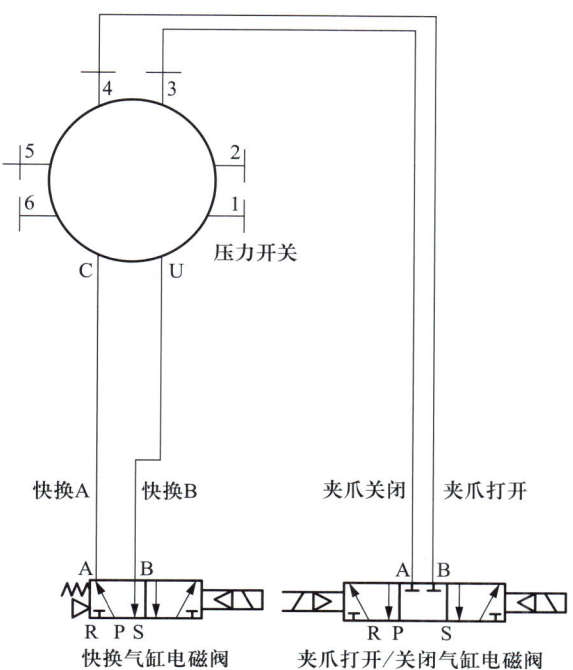

图 3-1-3　零件装配气动回路图

表 3-1-2　零件装配 I/O 分配表

PLC 输出点	被控对象
I2.0	真空反馈信号
Q1.4	吸盘气缸电磁阀
Q1.5	快换气缸电磁阀

表 3-1-3　零件装配 Modbus TCP 通信表

机器人地址	PLC 地址	功能
wo_b[0]	V669.0	快换气缸
wo_b[1]	V669.1	吸盘气缸
ro_b[0]	V869.0	真空反馈信号

项目实施

1. PLC 编程

（1）新建两个子程序，分别命名位"modbus_TCP""点对点控制"，如图 3-1-4 所示。

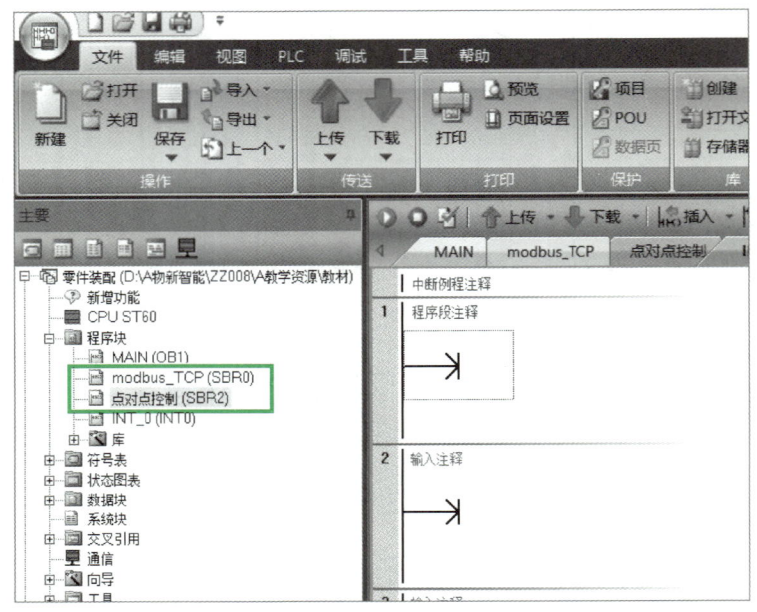

图 3-1-4 新建两个子程序

（2）PLC 与机器人建立 Modbus TCP 通信，采用轮询方式。

程序段 1：PLC 首次上电时，置位 V2000.4，复位 V2000.5，如图 3-1-5 所示。

程序段 2：使用"Modbus TCP Client"指令，"IPAddr1"至"IPAddr4"填入机器人 IP 地址"192.168.1.12"，"IP_Port"填入机器人端口号"502"；"RW"为读写功能，0 为读，1 为写，因此处指令为 PLC 读取机器人地址而填入"0"；"Addr"填入机器人起始地址"40001"，"Count"填入存储空间长度"92"，"DataPtr"填入 PLC 起始地址"&VB600"（可自行选择起始地址），如图 3-1-6 所示。

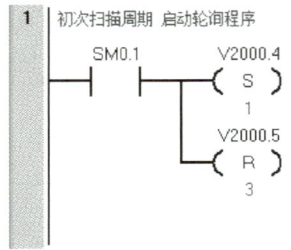

图 3-1-5 程序段 1

程序段 3：在通信指令执行完毕后，如果发现错误代码并非 0，应立即记录下当前的具体错误值。这一措施有利于后续的调试分析过程，便于快速定位并解决潜在问题，如图 3-1-7 所示。

程序段 4：程序段 2 完成后，"V2000.5"置位，复位"V2000.4"，置位"V2000.6"，如图 3-1-8 所示。

2 设置要进行通信的机器人IP地址、端口号、读写功能、机器人起始地址、存储空间长度、PLC起始地址

```
    V2000.4                              MBUS_CLIE~
  ───┤ ├─────────────────────────────────┤EN

    V2000.4
  ───┤ ├──────┤ P ├─────────────────────┤Req

    SM0.0
  ───┤ ├─────────────────────────────────┤Conn~

                              192─IPAd~   Done─V2000.5
                              168─IPAd~   Error─VB1
                                1─IPAd~
                               12─IPAd~
                              502─IP_Port
                                0─RW
                            40001─Addr
                              +92─Count
                           &VB600─Data~
```

图 3-1-6　程序段 2

3 完成后判断是否存在错误代码，若存在，则进行记录

```
    V2000.5    VB1                        MOV_B
  ───┤ ├──────┤<>B├────────────────────┤EN    ENO├──
               0                         VB1─┤IN   OUT├─VB2
```

图 3-1-7　程序段 3

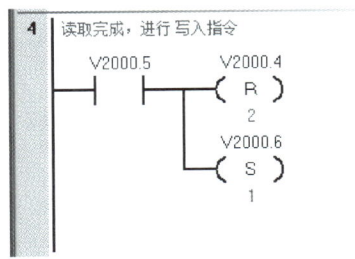

图 3-1-8　程序段 4

程序段 5：使用"Modbus TCP Client"指令，"IPAddr1"至"IPAddr4"填入机器人 IP 地址"192.168.1.12"，"IP_Port"填入机器人端口号"502"；"RW"为读写功能，0 为读，1 为写，因此处 PLC 为写入机器人地址而填入"1"；"Addr"填入机器人起始地址"40101"，"Count"填入存储空间长度"92"，"DataPtr"填入 PLC 起始地址"&VB800"（可自行选择起始地址），如图 3-1-9 所示。

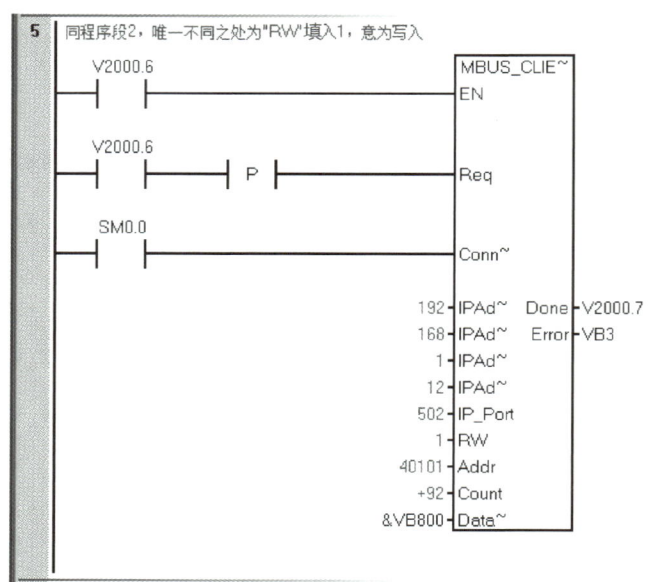

图 3-1-9 程序段 5

程序段 6：同程序段 3，记录错误代码，如图 3-1-10 所示。

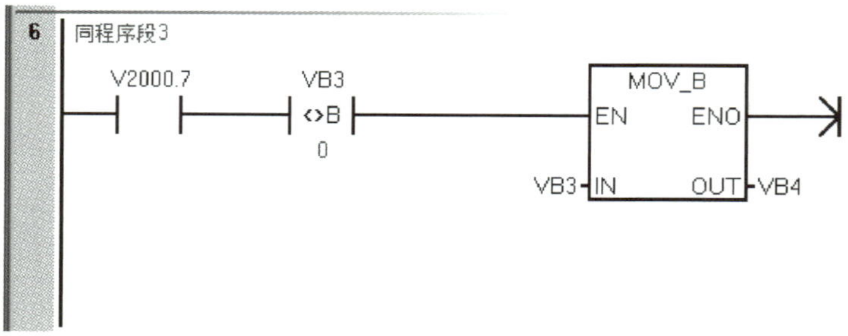

图 3-1-10 程序段 6

程序段 7：通信指令写入完成后，"V2000.7"置位，置位"V2000.4"，复位"V2000.6"，如图 3-1-11 所示。

（3）打开"点对点控制"子程序进行编写，如图 3-1-12 所示。

程序段 1：为了控制快换气缸（Q1.5），PLC 设计通过监测机器人地址（V669.0）的信号变化，具体利用其状态从低到高（上升沿）与从高到低（下降沿）的转变作为控制触发点，从而实现对快换气缸的精准操控。

程序段 2：PLC 系统通过监测机器人地址（V669.1）的信号状态，利用其状态转换的上升沿和下降沿作为指令触发条件，以精确地操作吸盘气缸（Q1.4）的启停控制过程。

程序段 3：将真空反馈信号（I2.0）的状态实时传输给机器人点位"ro_b [0]"。

（4）编写主程序 Main（），调用子程序，将左侧程序块中的子程序手动拖动至程序段 1 中，如图 3-1-13 所示。

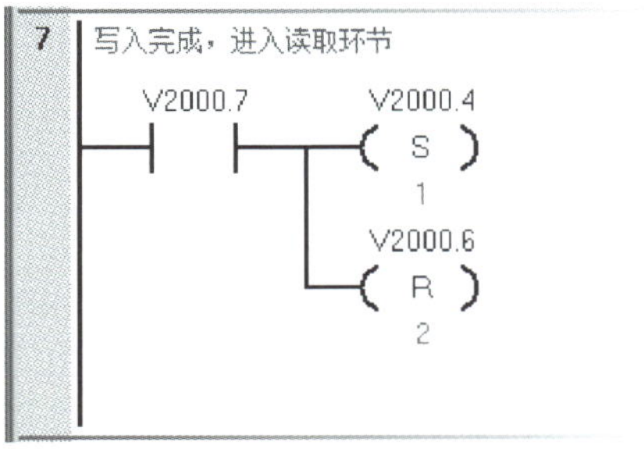

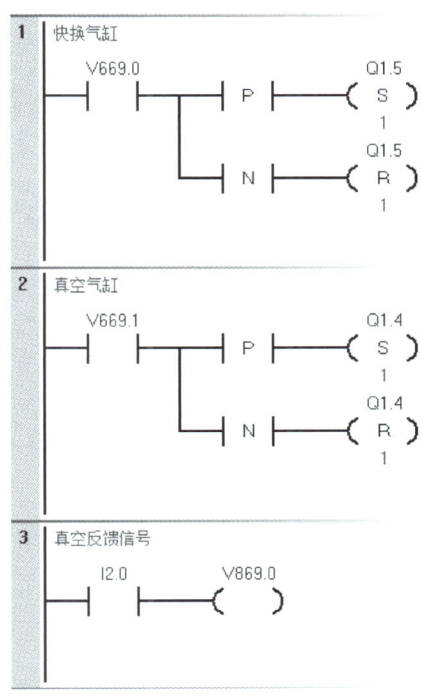

图 3-1-11　程序段 7

图 3-1-12　"点对点控制"子程序

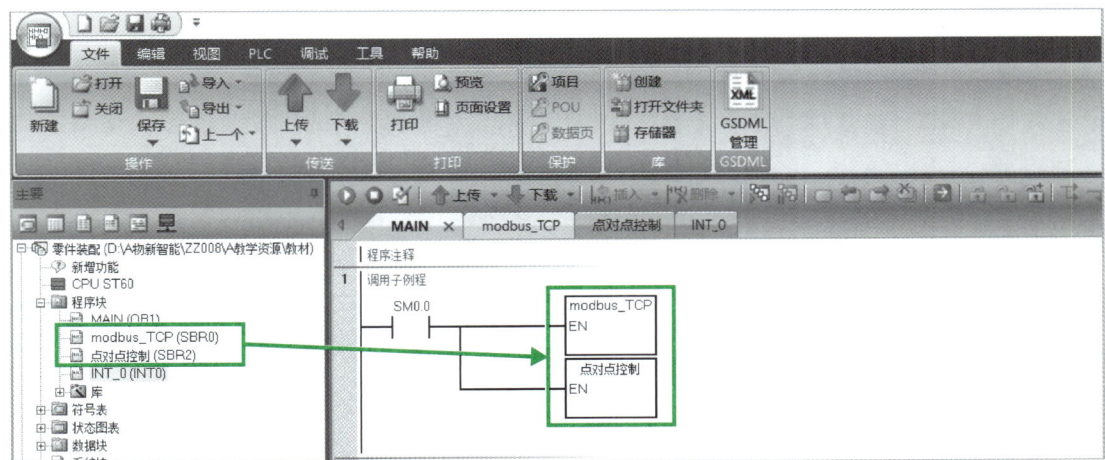

图 3-1-13　调用子程序

通过人机界面（HMI）的"零件装配页面"按钮（V100.0）复位"启动"按钮运行次数，如图 3-1-14 所示。

当按下"启动"按钮（V869.0）后，将立即启动一个 2 s 的计时过程，并同时将运行计数器的值增加 1。为了确保机器人程序有足够时间响应按钮操作，该按钮在 HMI 上会保持"on"状态持续 2 s，旨在避免信号过早复位导致的检测遗漏。因此，通过在 PLC 程序设计中实施 2 s 的延迟复位策略，可以确保即使在按钮被按下的瞬间，系统也能稳定识别此输入信号，从而有效保障控制流程的可靠性与稳定性，如图 3-1-15 所示。

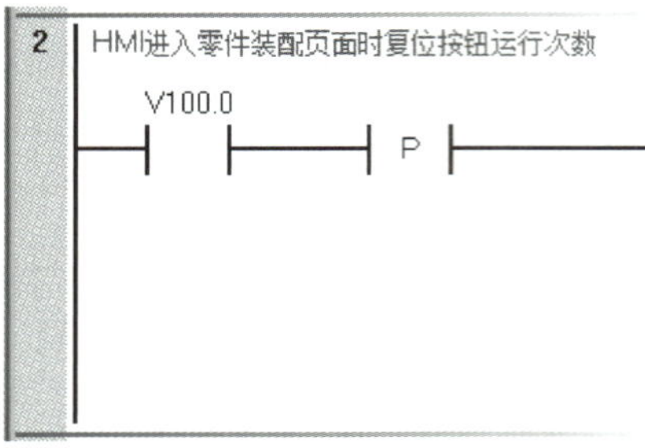

图 3-1-14　复位"启动"按钮次数

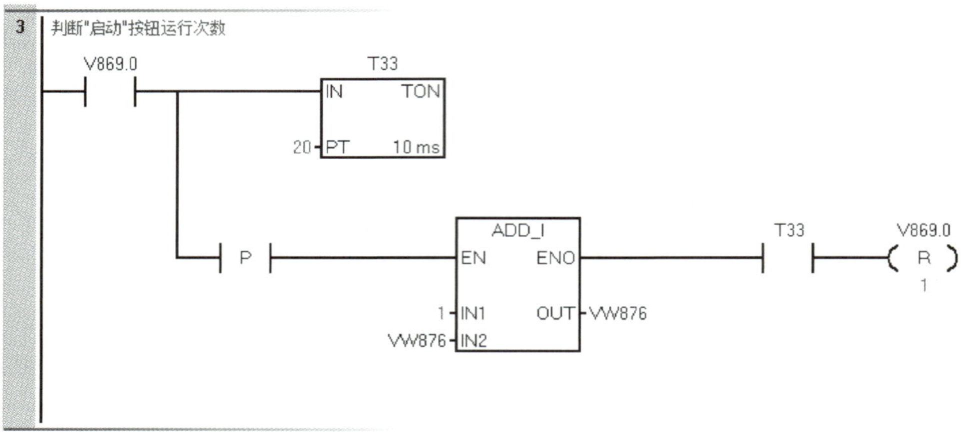

图 3-1-15　判断"启动"按钮运行次数

视觉识别零件类型,通过 PLC 发送至机器人地址,方便机器人后续判断,如图 3-1-16 所示。

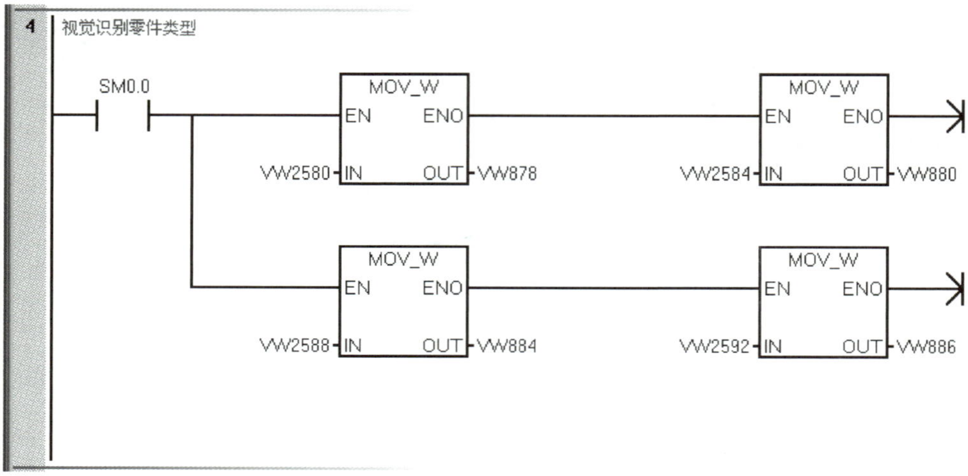

图 3-1-16　视觉识别零件类型

点击"文件"菜单中的"存储器"按钮,对"Modbus TCP Client"进行库存储器地址分配,点击"建议地址"按钮即可,如图 3-1-17 所示。

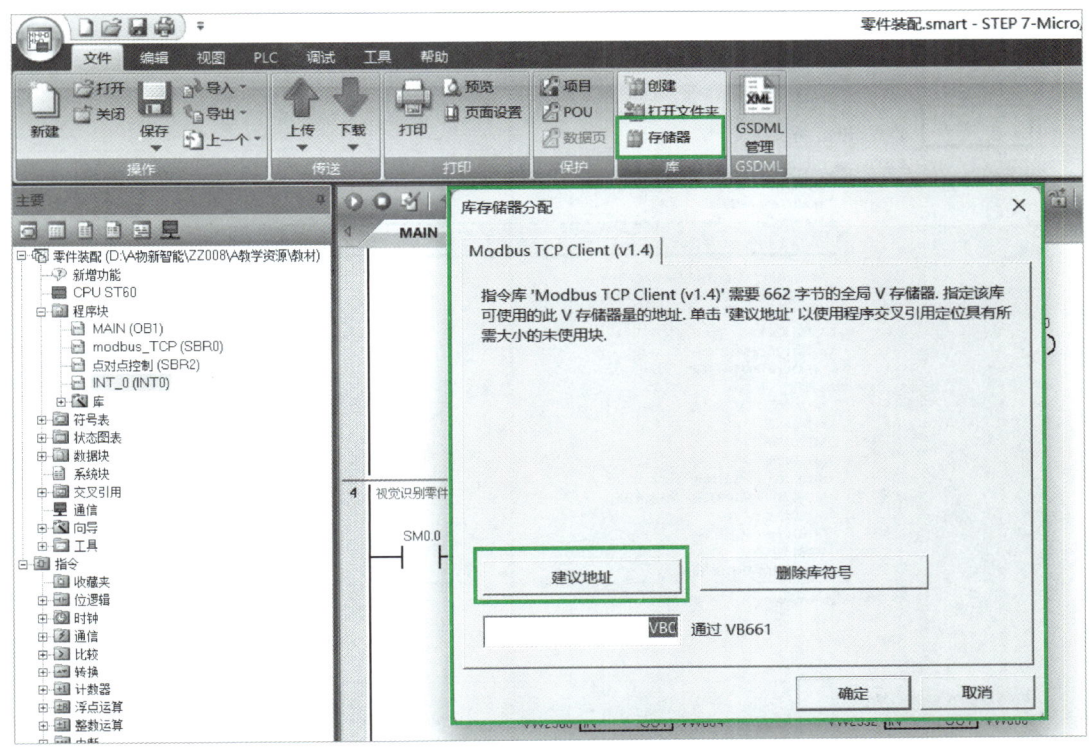

图 3-1-17　存储器地址分配

2. HMI 设计

（1）点击"EasyBuilder Pro"新建工程文件，如图 3-1-18 所示。

图 3-1-18　新建工程文件

（2）点击"开新文件"，"机型"选择"TK8071iP/TK8072iP"，如图 3-1-19 所示。

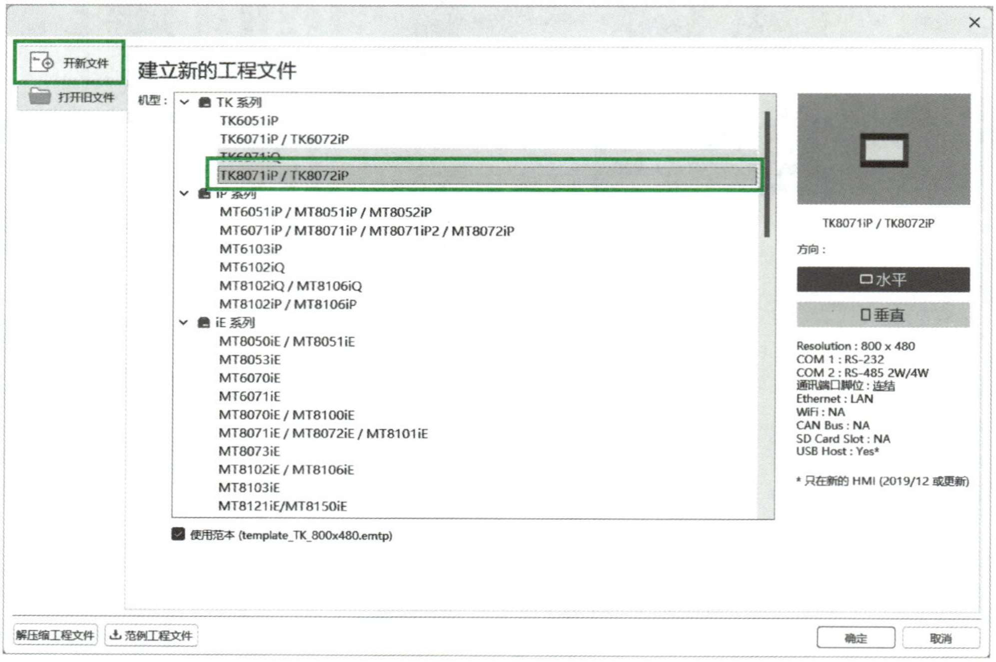

图 3-1-19　触摸屏选型

在"系统参数设置"界面中点击"新增设备/服务器 ..."按钮，在弹出的"设备属性"界面中，"设备类型"选择"S7-200 SMART（Ethernet）"，如图 3-1-20 所示。

新增设备选择完成后，点击"确定"按钮，HMI 组态完成，如图 3-1-21 所示。

（3）新建窗口，在主页面"WINDOW_010"添加"功能键"元件，选择"切换基本窗口"，"窗口编号"选择"11.窗口 _011"，如图 3-1-22（a）所示；勾选下方"通知"栏中的"启用"复选框，选择"设 ON"，"设备"选择"Siemens S7-200 SMART（Ethernet）"，"地址"填入"V100.0"，如图 3-1-22（b）所示；在"标签"选项卡中勾选"使用文字标签"复选框，在"内容"文本框中填入"零件装配页面"，如图 3-1-22（c）所示。

在新建窗口中添加"功能键"元件，选择"切换基本窗口"，"窗口编号"选择"10.WINDOW_010"，勾选"通知"栏中的"启用"复选框，选择"设 OFF"，"设备"选择"Siemens S7-200 SMART（Ethernet）"，"地址"填入"V100.0"，在"标签"选项卡中勾选"使用文字标签"复选框，在"内容"文本框中填入"返回主页面"，如图 3-1-23 所示。

添加"文字/批注"元件，在"内容"文本框中填入"零件装配页面"，如图 3-1-24 所示。

复制上方"零件装配页面"按钮，分别更改名称为"三号位""位置四补齐拾取："，如图 3-1-25 所示。

添加"项目选单"元件，"设备"选择"Siemens S7-200 SMART（Ethernet）"，"地址"填入"VW882"，打开"源数据"选项卡，在"预设"栏选择"项目数"为"12"，打开"状态设置"选项卡，在"数据"栏依次填入"1"至"12"，在"项目资料"栏依次填入"位置 1"至"位置 12"，如图 3-1-26 所示。

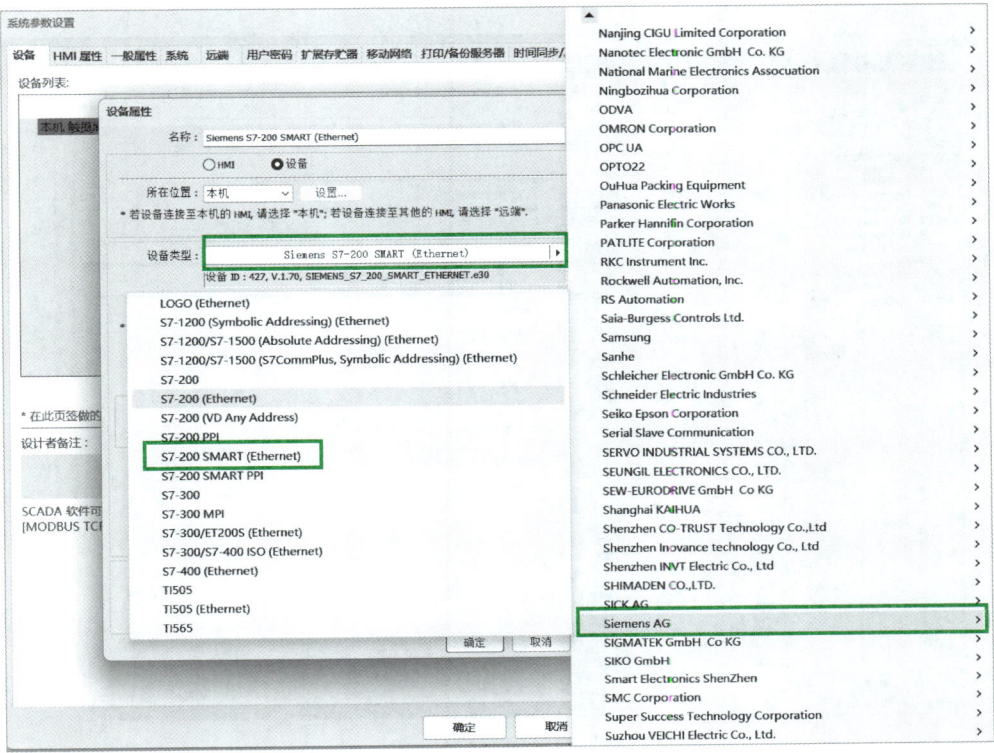

图 3-1-20 PLC 选型

图 3-1-21 HMI 组态完成

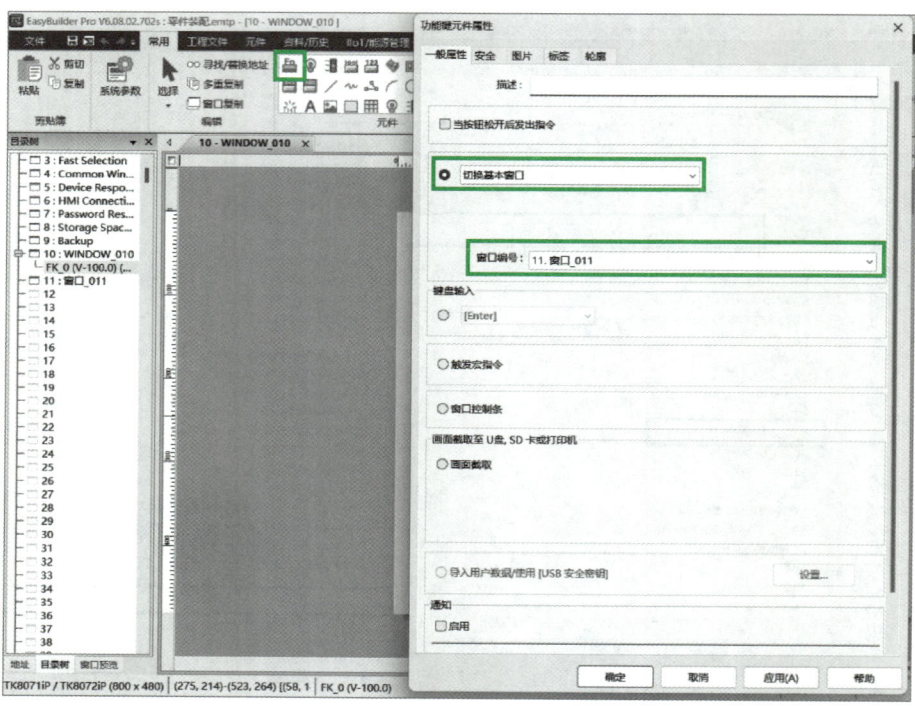

(a) 新建窗口

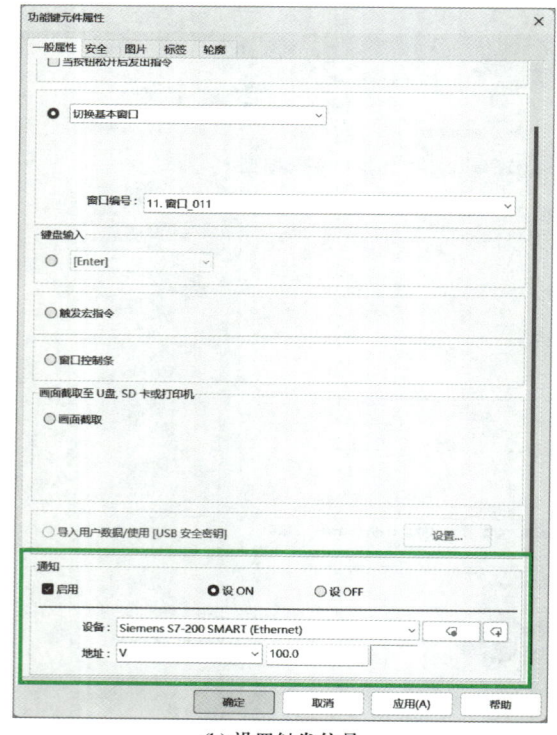

(b) 设置触发信号

(c) 启用文字标签

图 3-1-22 新建"窗口_011"

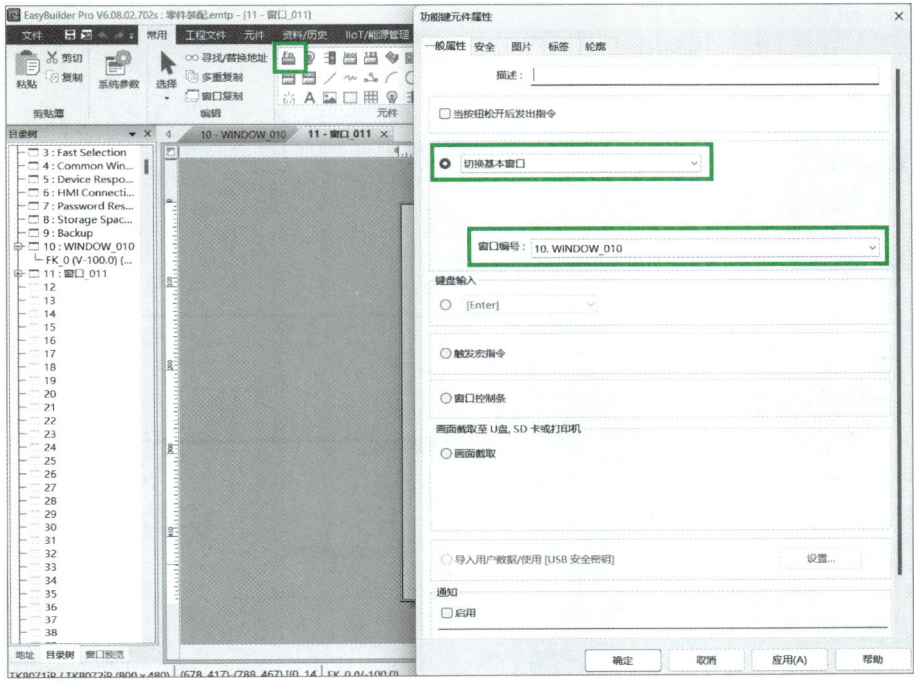

(a) 新建窗口

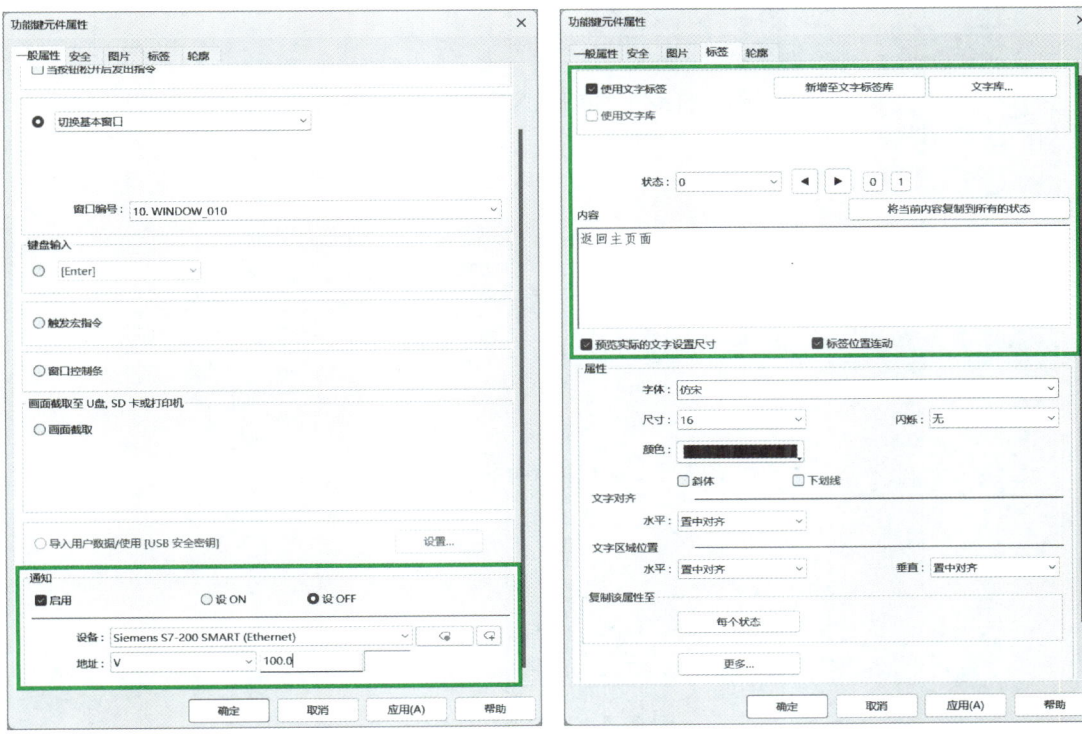

(b) 设置触发信号　　　　　　　　(c) 启用文字标签

图 3-1-23　新建"WINDOW_010"

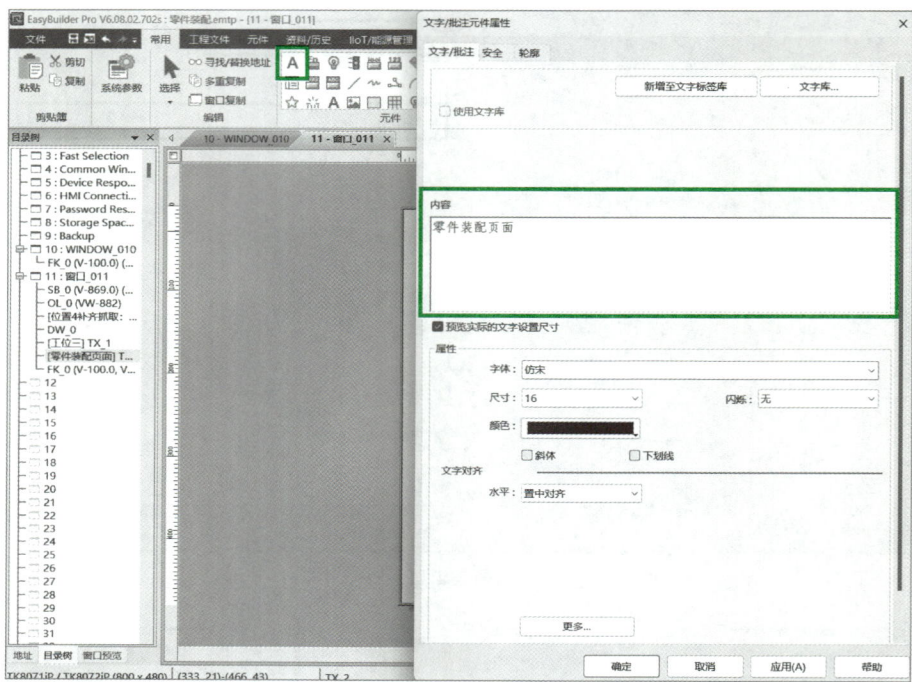

图 3-1-24　添加"文字 / 批注"元件

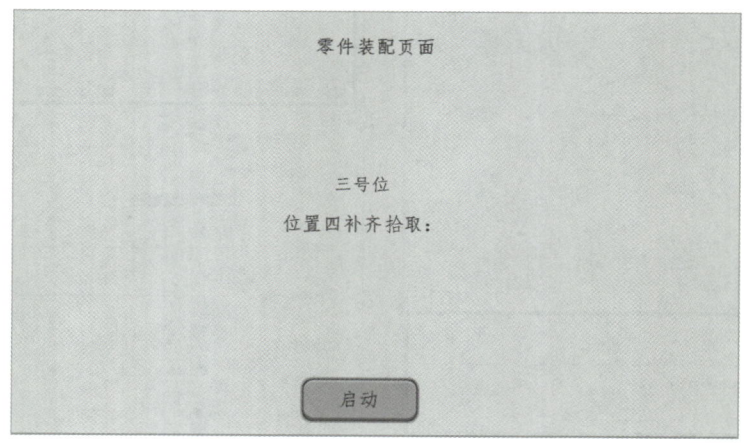

图 3-1-25　添加按钮

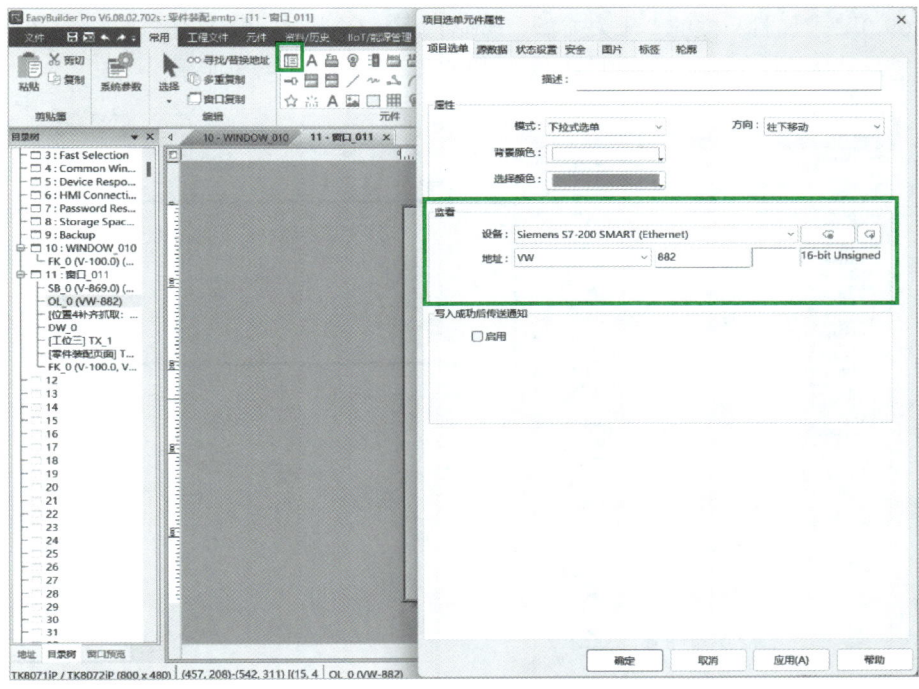

(a) 添加"项目选单"元件

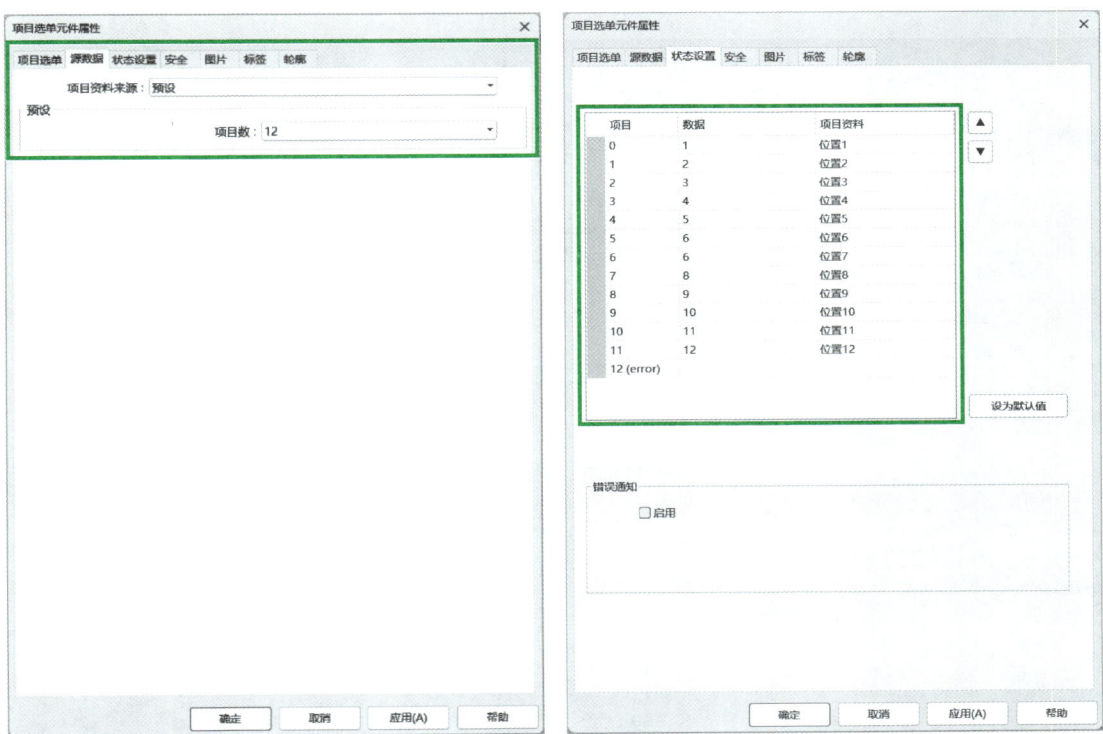

(b) 设置属性

图 3-1-26　添加下拉选项控件

　　添加"位状态设置"元件,"设备"选择"Siemens S7-200 SMART(Ethernet)","地址"填入"V869.0","属性"栏的"开关类型"选择"设为ON",打开"标签"选项卡,勾选"使用文字标签"复选框,"内容"文本框中填入"启动",如图3-1-27所示。

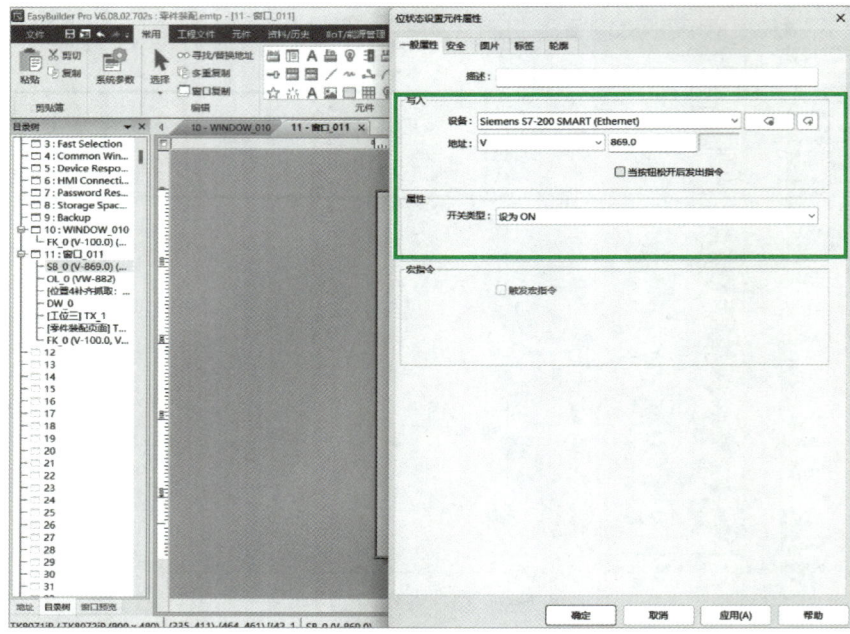

(a) 添加"位状态设置"元件

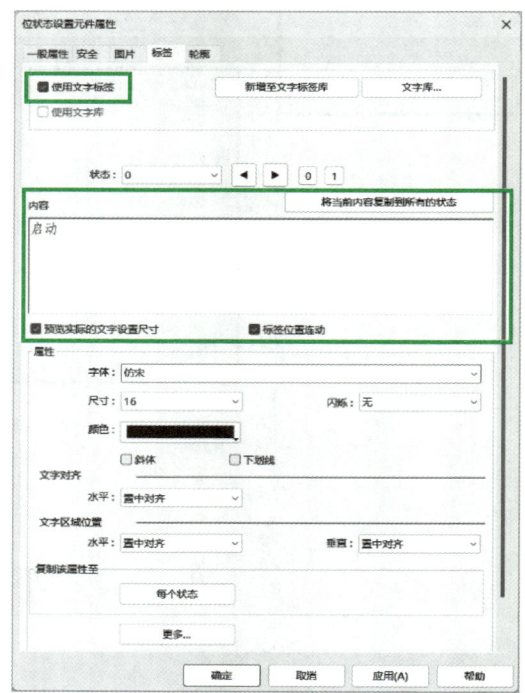

(b) 设置属性

图 3-1-27　添加"启动"按钮

整体界面如图 3-1-28 所示。

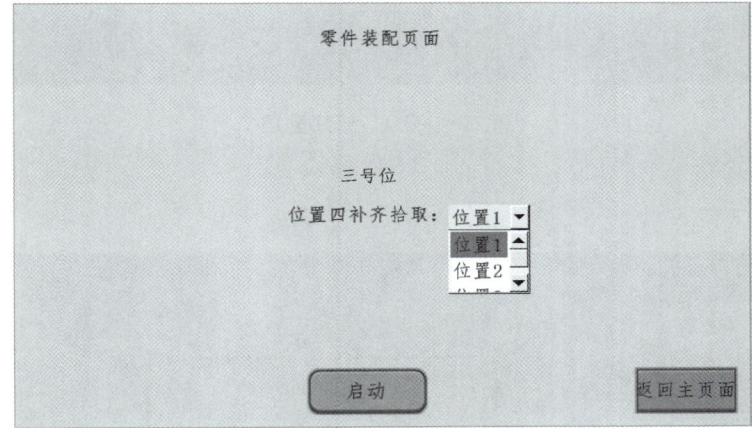

图 3-1-28　整体界面

3. 机器视觉编程

（1）打开 Kimage 软件，点击"+"按钮新建配置，配置名称为"零件装配"，如图 3-1-29 所示。

（2）在流程图中添加 2 个工具组，分别命名为"正方形""长方形"，如图 3-1-30 所示。

点击"正方形"工具组右上角"设置"按钮，在弹窗中将"触发源"选择为对应的"客户端 0"，"触发值"为"11"。"长方形"工具组参考上述步骤设置，触发源一致，触发值为"12"，如图 3-1-31 所示。

双击工具组，在工具栏将"相机"工具拖动至工具组内，如图 3-1-32 所示。

再次双击工具组，在工具栏将"工件颜色识别"工具拖动至工具组内，如图 3-1-33 所示。

双击"工件颜色识别"工具，在弹窗的"设备号"中选择"KSiemensDevice, SeriaNo：，Index：0"，"数据地址"为"V916"，"零件形状"可填"1"或"2"，"1"为识别正方形，"2"为识别长方形，故在该工具中填入"1"即可，如图 3-1-34 所示。该工具在设置结束后，识别成功则会向 PLC 地址 V916 发送 1～4，分别代表红、绿、蓝、黑正方形。

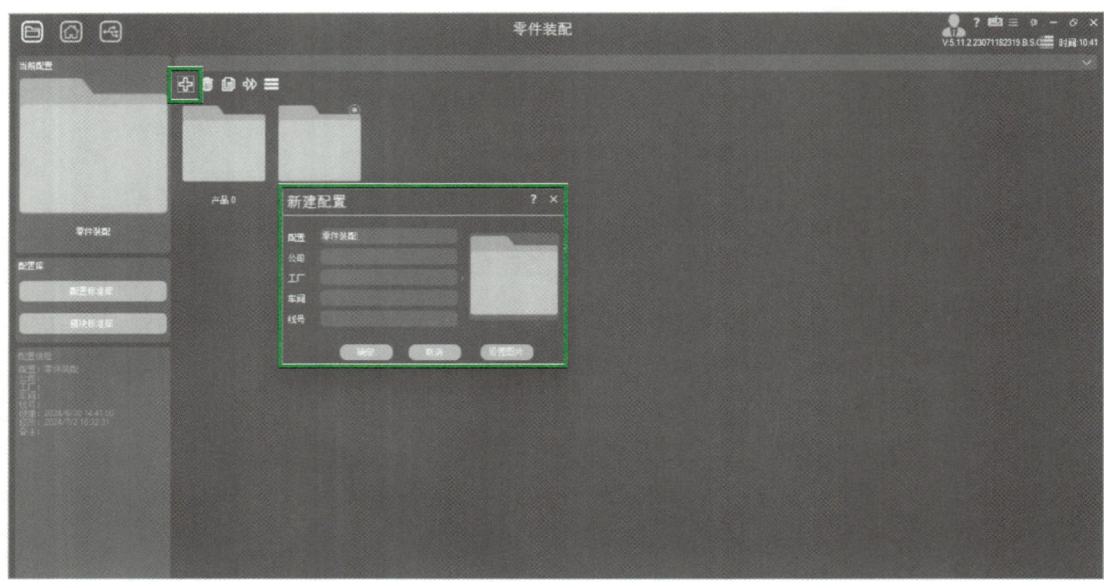

图 3-1-29　新建配置

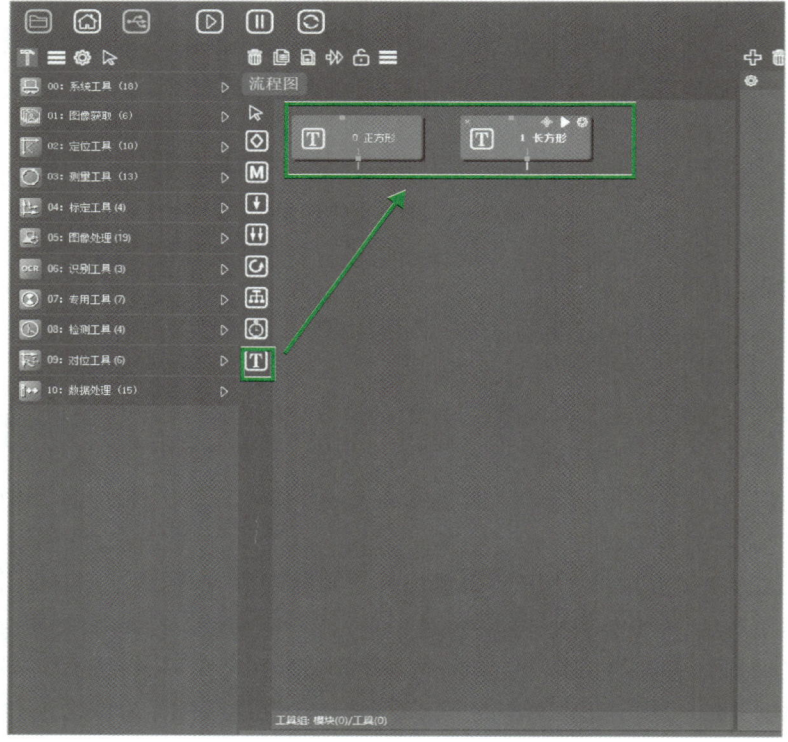

图 3-1-30　添加 2 个工具组

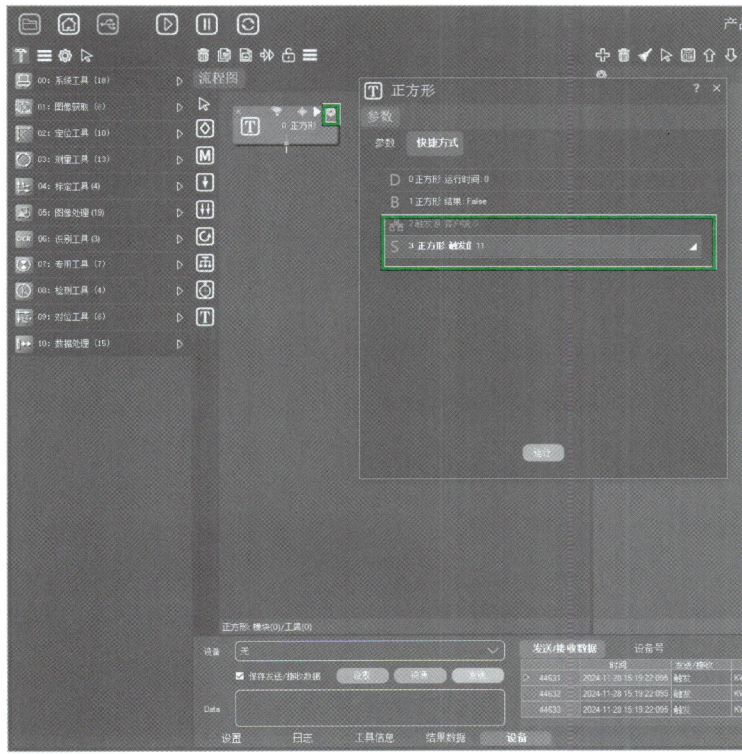

图 3-1-31　设置触发源及触发值

图 3-1-32　添加"相机"工具

图 3-1-33 添加"工件颜色识别"工具

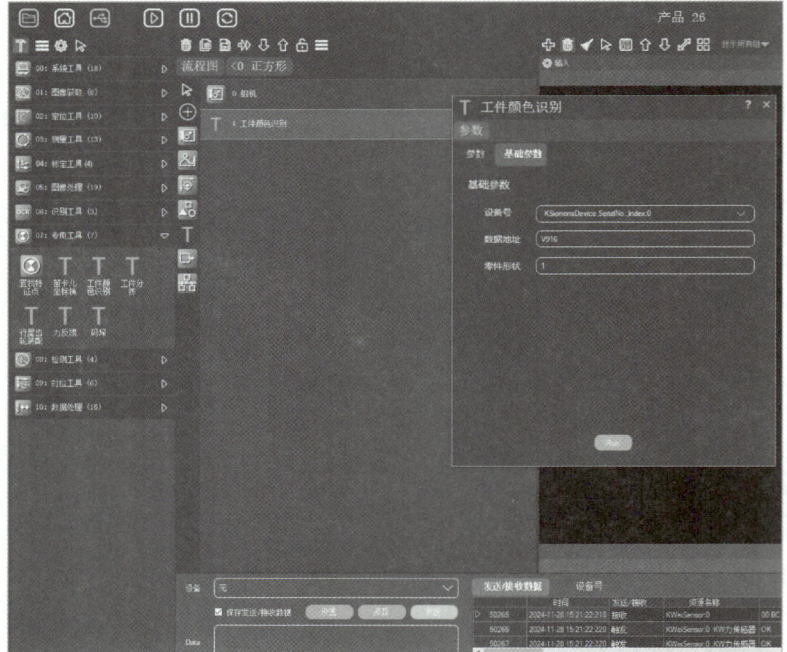

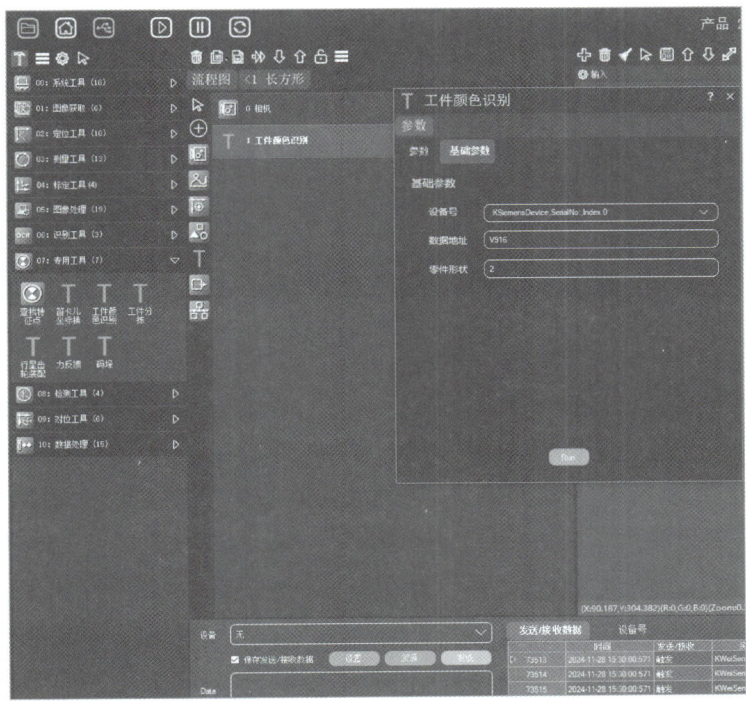

图 3-1-34 添加"工件颜色识别"工具

4. 工业机器人编程

（1）鉴于本项目涉及的编程工作较为复杂且规模较大，建议采用文本式编辑器来进行代码编写，而非使用示教器。如此能够显著提高编程效率，因为文本式编辑器通常具备高级功能，如语法高亮、自动完成、批量搜索替换等，这些特性有利于加速代码编写、审查和调试过程，确保项目高效推进。打开 RPL Editor 软件，在左上角点击"文件"，点击"新建 RPL 工程"，如图 3-1-35 所示。

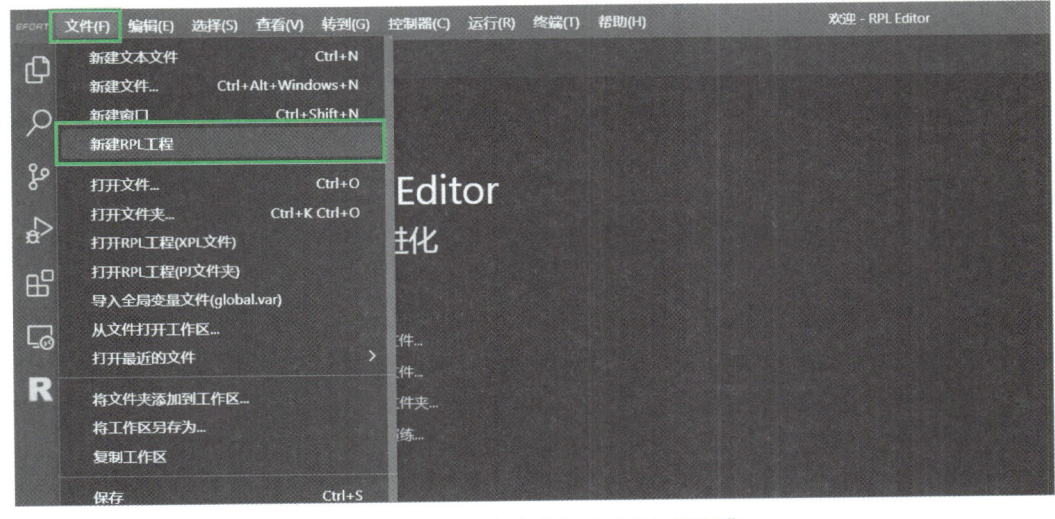

图 3-1-35 点击"新建 RPL 工程"

在弹窗中将工程命名为"PARTS_ASSEMBLY"，如图 3-1-36 所示。

图 3-1-36　工程命名

在建好的工程中，会有两栏下拉列表："Program"下拉列表中为程序块，默认只有一个主程序"main"；"Var"下拉列表为变量块，其中，"external"为外部变量（外部变量是在开发层程序中定义的，用户无法自定义，在示教器某些应用中才会使用到，此处不具体展开），"module"为功能块变量［在单个 RPL 项目工程中，此类型变量可以被所有程序（包含 main 主程序和其他所有子程序）文件调用］，"main"只是主程序"main"的变量声明，如图 3-1-37 所示。

图 3-1-37　工程栏

（2）建立子程序，在文件名旁，点击"新建文件"，多次建立子程序，分别命名为"Tool4_Get""Tool4_Put""First_start""Second_start""Third_start""Fourth_start""Part_Rectangle""Part_Square"，子程序建好后会自动生成对应的子程序变量文件，如图 3-1-38 所示。

（3）先将所有变量设置好，在 RPL 编辑器中，全局变量只能在 module.var 文件中定义；如需要声明功能块变量，其用途应定义为"Module"；功能块变量的变量名称应是唯一的，不允许与其他用途或类型的变量重名；如需要定义程序变量，则应在子程序对应的变量文件中定义，且变量用途须改为"Routine"，输入、输出参数的变量用途则应改为"Input""Output"。变量声明如下：

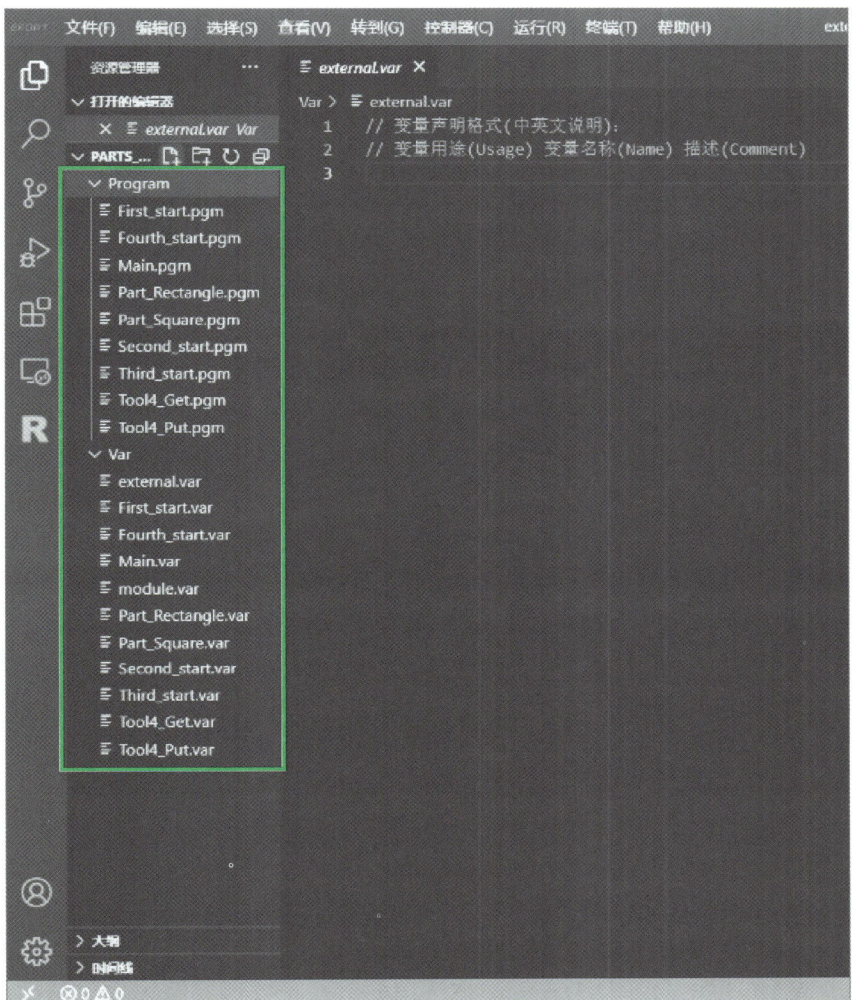

图 3-1-38　建立子程序

// 变量声明格式 (中英文说明)：

// 变量用途 (Usage) 存储方式 _ 作用域 (Attributes) 变量类型 (Type) 变量名称 (Name) 数组 (Array) 初始值 (InitValue) 描述 (Comment)

Module VAR_LOCAL POINTJ Station_Transition null null // 工位过渡点

Module VAR_LOCAL POINTC Station_three [1..3] null // 三号位拾取点位

Module VAR_LOCAL POINTC Station_two [1..4] null // 二装配点位

Module VAR_LOCAL POINTJ Part_Transition null null // 零件拾取过渡点

Module VAR_LOCAL POINTC Part_Point_Square_start null null // 第一个正方形零件起始点位

Module VAR_LOCAL POINTC Part_Point_Rectangle_start null null // 第一个长方形零件起始点位

```
Module VAR_LOCAL POINTC Part_Point_Rectangle [1..12] null // 所有长方形零件
点位
Module VAR_LOCAL POINTC Part_Point_Square [1..15] null // 所有正方形零件点位
Module VAR_LOCAL DINT PartB_Rectangle_number null null // 长方形零件序号
Module VAR_LOCAL DINT PartB_Square_number null null // 正方形零件序号
Module VAR_LOCAL POINTJ Home null null // 机器人安全点
Module VAR_LOCAL POINTJ Tool_Transition null null // 工具快换过渡点
Module VAR_LOCAL POINTC Tool4 null null // 工具点
Module VAR_LOCAL POINTJ Vision_Transition null null // 视觉过渡点
Module VAR_LOCAL POINTC Vision_Point null null // 视觉拍照点
Module VAR_LOCAL POINTC Third_Assembly_Point null null // 三号位装配点位
Module VAR_LOCAL POINTC Station_four [1..4] null // 四号位装配点位
Module VAR_LOCAL POINTC Station_one [1..4] null // 一号位装配点位
Module VAR_LOCAL POINTC Station_Part_TransitionPoint null null // 零件互换暂
存点
Module VAR_LOCAL DINT Station_two_i null null // 二号位任务循环次数
Module VAR_LOCAL DINT Second_Three_i null null // 三号位任务循环次数
Module VAR_LOCAL DINT Fourth_start_i null null // 第四次启动任务循环次数
Module VAR_LOCAL DINT Part_Square_i null null // 获取正方形零件序号的循环
次数
Module VAR_LOCAL DINT Part_Rectangle_i null null // 获取长方形零件序号的循
环次数
Module VAR_LOCAL DINT Square_Y null null // 正方形零件 Y 轴偏移循环次数
Module VAR_LOCAL DINT Square_X null null // 正方形零件 X 轴偏移循环次数
Module VAR_LOCAL DINT Rectangle_X null null // 长方形零件 Y 轴偏移循环次数
Module VAR_LOCAL DINT Rectangle_Y null null // 长方形零件 Y 轴偏移循环次数
```

（4）编写 Tool4_Get( ) 子程序，该子程序为机器人拾取吸盘工具子程序，以便后续程序直接调用。

程序执行步骤如下：

① 确保机器人安全缩回快换装置，为接下来的作业流程做准备。利用关节空间的控制方式，引导机器人流畅地返回其预设的起始位置，这一过程确保作业的起点（安全点）准确无误。程序如下：

```
fidbus.mtcp_wo_b[0] := true;
MJOINT(Home,v500,fine,tool0);
```

② 从安全点出发，机器人沿着预先规划的路线移动至接近工具快换过渡点，这个步骤是为了平滑过渡到下一个精确位置。程序如下：

```
MJOINT(Tool_Transition,v500,fine,tool0);
```

③ 在到达过渡点后,切换至直线运动模式,并通过精确的偏移指令,使机器人向上方移动 100 mm,保持在这个高度以便下一步操作,此过程中速度逐渐减缓至 V200,确保动作的稳定性和准确性。缓慢下降至工具点,精确对接后,激活机器人快换装置的锁紧机制,牢固拾取工具。随后暂停程序,执行 0.5 s,以确保锁紧过程完全稳定。程序如下:

```
MLIN(OFFSETTOOL(Tool4,0,0,−100), v500, fine, tool0);
MLIN(OFFSETTOOL(Tool4,0,0,0), v200, fine, tool0);
fidbus.mtcp_wo_b[0] := false;
DWELL(0.5);
```

④ 短暂等待后,机器人轻轻沿 Z 轴抬起,确保工具安全脱离接触面,再次经过之前设定的过渡点,遵循预先规划的安全路径。机器人沿原路径返回至作业的起始位置,即安全点,整个工具快换流程至此圆满结束,机器人准备进行下一项任务。程序如下:

```
MLIN(OFFSETTOOL(Tool4,0,0,−100), v500, fine, tool0);
MJOINT(Tool_Transition,v500,fine,tool0);
MJOINT(Home,v500,fine,tool0);
```

(5)编写 Tool4_Put( ) 子程序,该子程序为机器人放置吸盘工具子程序,以便后续程序直接调用。

程序执行步骤如下:

① 机器人安全地返回安全点。利用关节运动(MJOINT 指令)沿预设路径精确回到机器人的"Home"位置。程序如下:

```
MJOINT(Home,v500,fine,tool0);
```

② 机器人采用关节运动模式前往预先设定的工具快换过渡点,此步骤为接下来精确放置工具做准备。程序如下:

```
MJOINT(Tool_Transition,v500,fine,tool0);
```

③ 转换至直线运动模式(MLIN 指令),利用偏移函数(OFFSETTOOL)使机器人上升至工具点正上方 100 mm 的位置后,再将速度降至 V200 到达工具点,释放工具。程序如下:

```
MLIN(OFFSETTOOL(Tool4,0,0,−100), v500, fine, tool0);
MLIN(OFFSETTOOL(Tool4,0,0,0), v200, fine, tool0);
fidbus.mtcp_wo_b[0] := true;
```

④ 延时 0.5 s，抬起机器人，经过工具快换过渡点后返回安全点。程序如下：

```
DWELL(0.5);
MLIN(OFFSETTOOL(Tool4,0,0,−100), v500, fine, tool0);
MJOINT(Tool_Transition,v500,fine,tool0);
MJOINT(Home,v500,fine,tool0);
```

（6）编写 Part_Rectangle( ) 子程序，该子程序为机器人拾取长方形零件子程序，拾取点位是根据变量"PartB_Rectangle_number"的变化来更换的，直到有零件被拾取为止。

程序执行步骤如下：

① 使用关节运动，机器人返回安全点，然后到达拾取零件过渡点。程序如下：

```
MJOINT(Home, v500, fine, tool0);
MJOINT(Part_Transition, v500, fine, tool0);
```

② 使用偏移指令，使机器人一次降至目标零件点位，此处"PartB_Rectangle_number"为长方形零件序号变量，初始赋值为 1，在后续代码中会进行自加。程序如下：

```
MLIN(OFFSETTOOL(Part_Point_Rectangle[PartB_Rectangle_number],0,0,−150),
v500, fine, tool0);
MLIN(OFFSETTOOL(Part_Point_Rectangle[PartB_Rectangle_number],0,0,−10),
v500, fine, tool0);
MLIN(OFFSETTOOL(Part_Point_Rectangle[PartB_Rectangle_number],0,0,0), v500,
fine, tool0);
```

③ 创建标签，以便后续如果该位置没有零件时跳转至此处标签重新判断，打开吸盘气缸，延时 0.5 s。程序如下：

```
LABEL Part_Rectangle_Return:
fidbus.mtcp_wo_b[1] := true;
DWELL(0.5);
```

④ 通过真空反馈判断机器人是否拾取到零件，如果判断有零件则抬起机器人经过零件拾取过渡点返回安全点，长方形零件序号自加一；如果判断该位置无零件则关闭吸盘气缸，抬起机器人，长方形零件序号自加一，机器人再次运行至第二个点位，跳转至"Part_Rectangle_Return"标签，再次开启真空反馈进行判断，依此类推，直到拾取到零件。程序如下：

```
IF fidbus.mtcp_ro_b[0] = false THEN
    MLIN(OFFSETTOOL(Part_Point_Rectangle[PartB_Rectangle_number],
0,0,−150), v500, fine, tool0);
```

```
        MJOINT(Part_Transition, v500, fine, tool0);
        MJOINT(Home, v500, fine, tool0);
        PartB_Rectangle_number := PartB_Rectangle_number+1;
    ELSE
        fidbus.mtcp_wo_b[1] := false;
        MLIN(OFFSETTOOL(Part_Point_Rectangle[PartB_Rectangle_number],0,0,-10),
v500, fine, tool0);
        PartB_Rectangle_number := PartB_Rectangle_number+1;
        MLIN(OFFSETTOOL(Part_Point_Rectangle[PartB_Rectangle_number],0,0,-10),
v500, fine, tool0);
        MLIN(OFFSETTOOL(Part_Point_Rectangle[PartB_Rectangle_number],0,0,0),
v500, fine, tool0);
        GOTO Part_Rectangle_Return; ·
    END_IF;
```

（7）编写 Part_Square( ) 子程序，该子程序为机器人拾取正方形零件子程序，拾取点位是根据变量"PartB_Square_number"的变化来更换的，直到有零件被抓拾为止。

程序执行步骤如下：

① 使用关节运动，机器人返回安全点，然后到达拾取零件过渡点。程序如下：

```
MJOINT(Home, v500, fine, tool0);
MJOINT(Part_Transition, v500, fine, tool0);
```

② 使用偏移指令，使机器人一次降至目标零件点位，此处"PartB_ Square _number"为正方形零件序号变量，初始赋值为1，在后续代码中会进行自加。程序如下：

```
MLIN(OFFSETTOOL(Part_Point_Square[PartB_Square_number],0,0,-150), v500,
fine, tool0);
    MLIN(OFFSETTOOL(Part_Point_Square[PartB_Square_number],0,0,-10), v500,
fine, tool0);
    MLIN(OFFSETTOOL(Part_Point_Square[PartB_Square_number],0,0,0), v500, fine,
tool0);
```

③ 创建标签，以便后续如果该位置没有零件时跳转至此处标签重新判断，打开吸盘气缸，延时 0.5 s。程序如下：

```
LABEL Part_Square_return:
fidbus.mtcp_wo_b[1] := true;
DWELL(0.5);
```

④ 通过真空反馈判断机器人是否拾取到零件，如果判断有零件则抬起机器人经过零件拾取过渡点返回安全点，正方形零件序号自加一；如果判断该位置无零件则关闭吸盘气缸，抬起机器人，正方形零件序号自加一，机器人再次运行至第二个点位，跳转至"Part_Square _Return"标签，再次开启真空反馈进行判断，依此类推，直到拾取到零件。程序如下：

```
    IF fidbus.mtcp_ro_b[0] = false THEN
        MLIN(OFFSETTOOL(Part_Point_Square[PartB_Square_number],0,0,-150),
v500, fine, tool0);
        MJOINT(Part_Transition, v500, fine, tool0);
        MJOINT(Home, v500, fine, tool0);
        PartB_Square_number := PartB_Square_number+1;
    ELSE
        fidbus.mtcp_wo_b[1] := false;
        MLIN(OFFSETTOOL(Part_Point_Square[PartB_Square_number],0,0,-10), v500,
fine, tool0);
        PartB_Square_number := PartB_Square_number+1;
        MLIN(OFFSETTOOL(Part_Point_Square[PartB_Square_number],0,0,-10), v500,
fine, tool0);
        MLIN(OFFSETTOOL(Part_Point_Square[PartB_Square_number],0,0,0), v500,
fine, tool0);
        GOTO Part_Square_return;
    END_IF;
```

（8）编写 First_start( ) 子程序，该子程序执行第一次按下 HMI 中"启动"按钮所执行事件，判断二号位是否有零件，若没有零件，则补齐零件。

程序执行步骤如下：

① 对数组变量进行赋值，该数组为二号位的四个安装点位，具体点位数值根据实际操作为准。程序如下：

```
Station_two[1] := POINTC(0,0,0,0,0,0);
Station_two[2] := POINTC(0,0,0,0,0,0);
Station_two[3] := POINTC(0,0,0,0,0,0);
Station_two[4] := POINTC(0,0,0,0,0,0);
```

② 使用 CALL 指令调用 Tool4_Get( ) 子程序后根据任务要求延时 3 s。程序如下：

```
CALL: Tool4_Get();
DWELL(3);
```

③ 返回工位过渡点并建立标签"Frist_start_return",以便后续判断二号位四个点位有零件时跳转至此处进行第二次循环。程序如下:

```
MJOINT(Station_Transition, v500, fine, tool0);
LABEL Frist_start_return:
```

④ 添加 For 循环指令,循环 4 次,此处循环变量将用于判断是第几个零件。程序如下:

```
FOR Station_two_i := 1 TO 4    DO
```

⑤ 在循环指令中,以当前循环次数为序号去抓取对应的目标零件并延时 0.5 s。程序如下:

```
MLIN(OFFSETTOOL(Station_two[Station_two_i],0,0,-100), v500, fine, tool0);
MLIN(OFFSETTOOL(Station_two[Station_two_i],0,0,0), v500, fine, tool0);
fidbus.mtcp_wo_b[1] := true;
DWELL(0.5);
```

⑥ 判断该位置是否有零件,如果有零件,则关闭真空 0.5 s 后抬起机器人,并跳转标签"Frist_start_return"进行下一次循环。程序如下:

```
IF fidbus.mtcp_ro_b[0] = false THEN
    fidbus.mtcp_wo_b[1] := false;
    DWELL(0.5);
    MLIN(OFFSETTOOL(Station_two[Station_two_i],0,0,-100), v500, fine, tool0);
```

⑦ 如果该位置无零件,那么还需要判断当前为正方形还是长方形,工位四个点位中,位置 1、3 为正方形,位置 2、4 为长方形,所以直接判断当前循环次数。当循环次数为 1、3 时,关闭吸盘气缸,延时 0.5 s,抬起后调用子程序 Part_Square( ) 去拾取正方形零件,拾取到零件后安装至当前循环次数的工位点位。当循环次数为 2、4 时,关闭吸盘气缸,延时 0.5 s,抬起后调用子程序 Part_Rectangle( ) 去拾取长方形零件,拾取到零件后安装至当前循环次数的工位点位。结束两次判断。程序如下:

```
ELSE
        IF (Station_two_i = 1) OR (Station_two_i = 3) THEN
            fidbus.mtcp_wo_b[1] := false;
            DWELL(0.5);
            MLIN(OFFSETTOOL(Station_two[Station_two_i],0,0,-100), v500,
fine, tool0);

            CALL: Part_Square();
```

```
                    MJOINT(Station_Transition, v500, fine, tool0);
                    MLIN(OFFSETTOOL(Station_two[Station_two_i],0,0,−100), v500,
fine, tool0);

                    MLIN(OFFSETTOOL(Station_two[Station_two_i],0,0,0), v500, fine, tool0);
                    fidbus.mtcp_wo_b[1] := false;
                    DWELL(0.5);
                    MLIN(OFFSETTOOL(Station_two[Station_two_i],0,0,−100), v500,
fine, tool0);
            ELSE
                    fidbus.mtcp_wo_b[1] := false;
                    DWELL(0.5);
                    MLIN(OFFSETTOOL(Station_two[Station_two_i],0,0,−100), v500,
fine, tool0);

                    CALL: Part_Rectangle();
                    MJOINT(Station_Transition, v500, fine, tool0);
                    MLIN(OFFSETTOOL(Station_two[Station_two_i],0,0,−100), v500,
fine, tool0);

                    MLIN(OFFSETTOOL(Station_two[Station_two_i],0,0,0), v500, fine,
tool0);

                    fidbus.mtcp_wo_b[1] := false;
                    DWELL(0.5);
                    MLIN(OFFSETTOOL(Station_two[Station_two_i],0,0,−100), v500,
fine, tool0);
                END_IF;
        END_IF;
```

⑧ 结束循环后返回机器人安全点。程序如下：

```
    END_FOR;
    MJOINT(Home, v500, fine, tool0);
```

（9）编写 Second_start( ) 子程序，该子程序执行第二次按下 HMI 中"启动"按钮所执行事件，按照要求安装三个零件，分别为红色零件 1（正方形）、绿色零件 2（正方形）、蓝色零件 7（长方形）。

① 对三号位的三个空点位进行赋值，具体点位数值根据实际操作为准。程序如下：

```
    Station_three[1] := POINTC(0,0,0,0,0,0);
    Station_three[2] := POINTC(0,0,0,0,0,0);
    Station_three[3] := POINTC(0,0,0,0,0,0);
```

② 使用 FOR 循环指令,循环 3 次,判断当前循环次数,当循环次数为 1 或者 2 时,则说明是正方形,创建标签"Return_Part_Square",调用子程序 Part_Square( ) 拾取正方形零件,拾取到零件后经过视觉过渡点到达视觉拍照点。程序如下:

```
FOR Second_Three_i := 1 TO 3  DO
        IF (Second_Three_i = 1) OR (Second_Three_i = 2) THEN
                LABEL Return_Part_Square:
                CALL: Part_Square();
                MJOINT(Vision_Transition, v500, fine, tool0);
                MLIN(Vision_Point, v500, fine, tool0);
```

③ 创建标签"Vision_Square_TCPIP"并判断机器人与视觉通信是否连接,如果未连接,则跳转标签"Vision_Square_TCPIP"等待通信连接。程序如下:

```
LABEL Vision_Square_TCPIP:
IF tcpip.server_con[1] = true THEN
ELSE
        GOTO Vision_Square_TCPIP;
END_IF;
```

④ 如果通信已连接,则向视觉发送"1",等待 1 s 后,对视觉返回的值进行判断,当返回的值为 1 或 2 时,则说明拾取的为红色或者绿色零件,直接将拾取的零件安装至三号位的 1、2 号安装位置,最后经过工位过渡点返回安全点。如果不为红色或者绿色零件,则将零件放回原处并跳转至标签"Return_Part_Square",再次触发视觉,拾取正方形零件并对其判断,直至抓到红色或者绿色零件为止。程序如下:

```
                CALL: tcpip.socksend(1, "11", false);
                DWELL(1);
                IF(fidbus.mtcp_ro_i[21] = 1) OR (fidbus.mtcp_ro_i[21] = 2) THEN
                        MLIN(OFFSETTOOL(Vision_Point,0,0,-100), v500, fine, tool0);
                        MLIN(OFFSETTOOL(Station_three[Second_Three_i],0,0,-100), v500,
fine, tool0);
                        MLIN(Station_three[Second_Three_i], v500, fine, tool0);
                        fidbus.mtcp_wo_b[1] := false;
                        DWELL(0.5);
                        MLIN(OFFSETTOOL(Station_three[Second_Three_i],0,0,-100), v500,
fine, tool0);
                        MJOINT(Station_Transition, v500, fine, tool0);
                        MJOINT(Home, v500, fine, tool0);
```

```
        ELSE
                MLIN(OFFSETTOOL(Vision_Point,0,0,−100), v500, fine, tool0);
                MJOINT(Vision_Transition, v500, fine, tool0);
                MLIN(OFFSETTOOL(Part_Point_Square[PartB_Square_number],
0,0,−150), v500, fine, tool0);
                MLIN(OFFSETTOOL(Part_Point_Square[PartB_Square_number],
0,0,0), v500, fine, tool0);
                fidbus.mtcp_wo_b[1] := false;
                DWELL(0.5);
                MLIN(OFFSETTOOL(Part_Point_Square[PartB_Square_number],0,0,−150),
v500, fine, tool0);
                GOTO Return_Part_Square;
        END_IF;
```

⑤ 当循环次数不为 1 或 2 时，则说明需要拾取长方形零件，创建标签 "Return_Part_Rectangle"，调用子程序 Part_Rectangle( )，拾取零件至视觉拍照点，同样创建标签 "Vision_Rectangle_TCPIP" 并对通信进行判断。如果通信未连接，则一直跳转至此处，如果通信已连接，则向视觉发送值 "2"，等待 1 s 后对视觉返回值进行判断。如果返回值为 3，则说明为蓝色长方形，那么直接安装即可；如果不为 3，则将零件放回原处并跳转至标签 "Part_Rectangle( )"，重新拾取零件进行识别，直到识别结果为 3，安装至对应的点位，所有判断结束。程序如下：

```
    ELSE
        LABEL Return_Part_Rectangle:
        CALL: Part_Rectangle();
        MJOINT(Vision_Transition, v500, fine, tool0);
        MLIN(Vision_Point, v500, fine, tool0);
        LABEL Vision_Rectangle_TCPIP:
        IF tcpip.server_con[1] = true THEN
            CALL: tcpip.socksend(1, "12", false);
            DWELL(1);
            IF fidbus.mtcp_ro_i[21] = 7 THEN
                    MLIN(OFFSETTOOL(Vision_Point,0,0,−100), v500, fine, tool0);
                    MJOINT(Station_Transition, v500, fine, tool0);
                    MLIN(OFFSETTOOL(Station_three[Second_Three_i],0,0,−100),
v500, fine, tool0);
```

```
                    MLIN(Station_three[Second_Three_i], v500, fine, tool0);
                    fidbus.mtcp_wo_b[1] := false;
                    DWELL(0.5);
                    MLIN(OFFSETTOOL(Station_three[Second_Three_i],0,0,-100),
v500, fine, tool0);
                    MLIN(OFFSETTOOL(Vision_Point,0,0,-100), v500, fine, tool0);
                    MJOINT(Vision_Transition, v500, fine, tool0);
                    MLIN(OFFSETTOOL(Part_Point_Square[PartB_Square_
number],0,0,-150), v500, fine, tool0);
                    MLIN(OFFSETTOOL(Part_Point_Square[PartB_Square_number],0,0,0),
v500, fine, tool0);
                    fidbus.mtcp_wo_b[1] := false;
                    DWELL(0.5);
                    MLIN(OFFSETTOOL(Part_Point_Square[PartB_Square_number],
0,0,-150), v500, fine, tool0);
                    GOTO Return_Part_Rectangle;
                END_IF;
            ELSE
                GOTO Vision_Rectangle_TCPIP;
            END_IF;
        END_IF;
    END_IF;
```

⑥ 循环 3 次结束。程序如下：

```
    END_FOR;
```

（10）编写 Third_start( ) 子程序,该子程序执行第三次按下 HMI 中"启动"按钮所执行事件,根据 HMI 中手动选择的长方形零件类型去拾取对应位置的零件,若该位置没有,则自动跳转至下一个位置拾取,直到拾取到零件为止。

① 获取 HMI 中选择的零件序号并赋值给长方形零件序号。程序如下：

```
    PartB_Rectangle_number := fidbus.mtcp_ro_i[3];
```

② 调用子程序 Part_Rectangle( ),对赋值过来的零件序号位置的零件进行拾取,在该子程序中会一直自加至拾取到零件为止。程序如下：

```
    CALL: Part_Rectangle();
```

③ 抓取到零件后则将其放置到三号位位置 4，关闭吸盘气缸后延时 0.5 s。程序如下：

```
MLIN(OFFSETTOOL(Third_Assembly_Point,0,0,−150), v500, fine, tool0);
MLIN(OFFSETTOOL(Third_Assembly_Point,0,0,0), v500, fine, tool0);
fidbus.mtcp_wo_b[1] := false;
DWELL(0.5);
```

④ 机器人抬起后经过工位过渡点再返回安全点。程序如下：

```
MLIN(OFFSETTOOL(Third_Assembly_Point,0,0,−150), v500, fine, tool0);
MJOINT(Station_Transition, v500, fine, tool0);
MJOINT(Home, v500, fine, tool0);
```

（11）编写 Fourth_start( ) 子程序，该子程序执行第四次按下 HMI 中"启动"按钮所执行事件，将一号位与四号位相同位置的零件拾取至视觉拍照位进行拍照，识别颜色是否一致，若一致，则放回原位，若不一致，则将一号位与四号位相同位置的零件进行位置对调。

① 将一号位与三号位共 8 个点位分别赋值到两个数组中。程序如下：

```
Station_one[1] := POINTC(0,0,0,0,0,0);
Station_one[2] := POINTC(0,0,0,0,0,0);
Station_one[3] := POINTC(0,0,0,0,0,0);
Station_one[4] := POINTC(0,0,0,0,0,0);
Station_four[1] := POINTC(0,0,0,0,0,0);
Station_four[2] := POINTC(0,0,0,0,0,0);
Station_four[3] := POINTC(0,0,0,0,0,0);
Station_four[4] := POINTC(0,0,0,0,0,0);
```

② 创建标签"break"。程序如下：

```
LABEL break:
```

③ 循环 4 次，主要是对两个工位各自的 4 个点位进行拍照判断。先拾取一号位置 1（此处位置根据循环次数而改变）的零件至视觉拍照位，并对其进行拍照。程序如下：

```
FOR Fourth_start_i := 1 TO 4  DO
        MLIN(OFFSETTOOL(Station_one[Fourth_start_i],0,0,−150), v500, fine,
tool0);
        MLIN(OFFSETTOOL(Station_one[Fourth_start_i],0,0,0), v500, fine, tool0);
        fidbus.mtcp_wo_b[1] := true;
        DWELL(0.5);
```

```
        MLIN(OFFSETTOOL(Station_one[Fourth_start_i],0,0,−150), v500, fine,
tool0);
        MJOINT(Vision_Transition, v500, fine, tool0);
        MJOINT(Vision_Point, v500, fine, tool0);
```

④ 判断循环次数,如果次数为"1"或"3",则说明是正方形零件,向视觉发送值"1",等待 1s 后将其放回原位,此处由于前面程序对通信已做过判断,故在此处不再做判断,视觉拍照后,数值已经通过 PLC 发送给机器人点位。程序如下:

```
    IF (Fourth_start_i = 1) OR (Fourth_start_i = 3) THEN
            CALL: tcpip.socksend(1, "11", false);
            DWELL(1);
one[Fourth_start_i] := fidbus.mtcp_ro_i[21]
    DWELL(1);
            MJOINT(Vision_Transition, v500, fine, tool0);
            MLIN(OFFSETTOOL(Station_one[Fourth_start_i],0,0,−150), v500, fine,
tool0);
            MLIN(OFFSETTOOL(Station_one[Fourth_start_i],0,0,0), v500, fine, tool0);
```

⑤ 延时 0.5 s 后,关闭吸盘气缸,抬起机器人拾取四号位位置 1 的零件,将其拾取至视觉拍照位。程序如下:

```
        DWELL(0.5);
        fidbus.mtcp_wo_b[1] := false;
        MLIN(OFFSETTOOL(Station_one[Fourth_start_i],0,0,−150), v500, fine, tool0);
        MLIN(OFFSETTOOL(Station_four[Fourth_start_i],0,0,−150), v500, fine, tool0);
        MLIN(OFFSETTOOL(Station_four[Fourth_start_i],0,0,0), v500, fine, tool0);
        MJOINT(Vision_Transition, v500, fine, tool0);
        MJOINT(Vision_Point, v500, fine, tool0);
```

⑥ 向视觉发送值"3"后,延时 1 s,此处拍照后视觉识别颜色的值通过 PLC 发送给了机器人。程序如下:

```
        CALL: tcpip.socksend(1, "11", false);
        DWELL(1);
four[Fourth_start_i] := fidbus.mtcp_ro_i[21];
```

⑦ 判断两次拍照的值是否相等,如果相等,则将四号位位置 1 的零件放回原位且跳转至标签"break"。程序如下:

```
            IF one[Fourth_start_i] =four[Fourth_start_i] THEN
                    MJOINT(Vision_Transition, v500, fine, tool0);
                    MJOINT(Station_Transition, v500, fine, tool0);
                    MLIN(OFFSETTOOL(Station_four[Fourth_start_i],0,0,-150), v500, fine,
tool0);
                    MLIN(OFFSETTOOL(Station_four[Fourth_start_i],0,0,0), v500, fine,
tool0);

                    fidbus.mtcp_wo_b[1] := false;
                    DWELL(0.5);
                    MLIN(OFFSETTOOL(Station_four[Fourth_start_i],0,0,-150), v500, fine,
tool0);

                    GOTO break;
```

⑧ 如果两次值不相等,则将四号位位置 1 的零件经过视觉过渡点拾取至零件互换暂存点并关闭真空,延时 0.5 s。程序如下:

```
            ELSE
                    MJOINT(Vision_Transition, v500, fine, tool0);
                    MLIN(OFFSETTOOL(Station_Part_TransitionPoint,0,0,-150), v500,
fine, tool0);

                    MLIN(Station_Part_TransitionPoint, v500, fine, tool0);
                    fidbus.mtcp_wo_b[1] := false;
                    DWELL(0.5);
```

⑨ 从零件互换暂存点上升后去拾取一号位位置 1 的零件。程序如下:

```
                    MLIN(OFFSETTOOL(Station_Part_TransitionPoint,0,0,-150), v500,
fine, tool0);

                    MLIN(OFFSETTOOL(Station_one[Fourth_start_i],0,0,-150), v500,
fine, tool0);

                    MLIN(OFFSETTOOL(Station_one[Fourth_start_i],0,0,0), v500, fine,
tool0);

                    fidbus.mtcp_wo_b[1] := true;
                    DWELL(0.5);
```

⑩ 拾取到一号位位置 1 的零件后将其放置到四号位位置 1 零件的点位并关闭吸盘气缸。程序如下:

```
                    MLIN(OFFSETTOOL(Station_one[Fourth_start_i],0,0,-150), v500,
fine, tool0);
```

```
            MLIN(OFFSETTOOL(Station_four[Fourth_start_i],0,0,-150), v500,
fine, tool0);
            MLIN(OFFSETTOOL(Station_four[Fourth_start_i],0,0,0), v500, fine,
tool0);

            fidbus.mtcp_wo_b[1] := false;
            DWELL(0.5);
```

⑪　通过直线运动从四号位位置 1 抬起后去到零件互换暂存点拾取放置的零件,打开吸盘气缸后延时 0.5 s。程序如下:

```
            MLIN(OFFSETTOOL(Station_four[Fourth_start_i],0,0,-150), v500,
fine, tool0);
            MLIN(OFFSETTOOL(Station_Part_TransitionPoint,0,0,-150), v500,
fine, tool0);
            MLIN(OFFSETTOOL(Station_Part_TransitionPoint,0,0,0), v500, fine,
tool0);

            fidbus.mtcp_wo_b[1] := true;
            DWELL(0.5);
```

⑫　拾取后抬起机器人并移动至一号位位置 1 放置零件,结束正方形零件颜色是否相同的判断。程序如下:

```
            MLIN(OFFSETTOOL(Station_Part_TransitionPoint,0,0,-150), v500,
fine, tool0);
            MLIN(OFFSETTOOL(Station_one[Fourth_start_i],0,0,-150), v500,
fine, tool0);
            MLIN(OFFSETTOOL(Station_one[Fourth_start_i],0,0,0), v500, fine,
tool0);
        END_IF;
```

⑬　如果循环次数为"2"或"4",则说明为长方形零件,向视觉发送值"2"触发对应的工具组执行,执行结束后延时 1 s,确保 PLC 收到视觉识别的颜色并发送到机器人地址,随后机器人将拾取的一号位位置 1 零件放回原位。程序如下:

```
    ELSE
        CALL: tcpip.socksend(0, "2", false);
        DWELL(1);
        MJOINT(Vision_Transition, v500, fine, tool0);
        MLIN(OFFSETTOOL(Station_one[Fourth_start_i],0,0,-150), v500, fine,
tool0);
```

```
MLIN(OFFSETTOOL(Station_one[Fourth_start_i],0,0,0), v500, fine, tool0);
fidbus.mtcp_wo_b[1] := false;
DWELL(0.5);
```

⑭ 放置好一号位零件后,抬起机器人并到达四号位位置 1 的零件进行拾取。

```
MLIN(OFFSETTOOL(Station_one[Fourth_start_i],0,0,−150), v500, fine, tool0);
MLIN(OFFSETTOOL(Station_four[Fourth_start_i],0,0,−150), v500, fine, tool0);
MLIN(OFFSETTOOL(Station_four[Fourth_start_i],0,0,0), v500, fine, tool0);
fidbus.mtcp_wo_b[1] := true;
DWELL(0.5);
```

⑮ 拾取后到达拍照位并向视觉发送触发值"4",触发视觉对应工具组拍照,执行结束后,延时 1 s,确保 PLC 收到视觉识别的颜色并发送到机器人地址。程序如下:

```
MLIN(OFFSETTOOL(Station_four[Fourth_start_i],0,0,−150), v500, fine, tool0);
MJOINT(Vision_Transition, v500, fine, tool0);
MJOINT(Vision_Point, v500, fine, tool0);
CALL: tcpip.socksend(0, "4", false);
DWELL(1);
```

⑯ 判断两次拍照视觉发送的值是否相等,如果相等,则将四号位位置 1 的零件放回原位并跳转至标签"break"。程序如下:

```
IF fidbus.mtcp_ro_i[2] = fidbus.mtcp_ro_i[5] THEN
    MJOINT(Vision_Transition, v500, fine, tool0);
    MJOINT(Station_Transition, v500, fine, tool0);
    MLIN(OFFSETTOOL(Station_four[Fourth_start_i],0,0,−150), v500, fine, tool0);
    MLIN(OFFSETTOOL(Station_four[Fourth_start_i],0,0,0), v500, fine, tool0);
    fidbus.mtcp_wo_b[1] := false;
    DWELL(0.5);
    MLIN(OFFSETTOOL(Station_four[Fourth_start_i],0,0,−150), v500, fine, tool0);
    GOTO break;
```

⑰ 当两次拍照的值不同时,则将当前机器人拾取的四号位位置 1 零件放置到零件互换暂存点。程序如下：

```
        ELSE
                MJOINT(Vision_Transition, v500, fine, tool0);
                MLIN(OFFSETTOOL(Station_Part_TransitionPoint,0,0,−150), v500,
fine, tool0);

                MLIN(Station_Part_TransitionPoint, v500, fine, tool0);
                fidbus.mtcp_wo_b[1] := false;
                DWELL(0.5);
```

⑱ 零件放置到零件互换暂存点后,再次拾取一号位位置 1 零件。程序如下：

```
                MLIN(OFFSETTOOL(Station_Part_TransitionPoint,0,0,−150), v500,
fine, tool0);

                MLIN(OFFSETTOOL(Station_one[Fourth_start_i],0,0,−150), v500,
fine, tool0);

                MLIN(OFFSETTOOL(Station_one[Fourth_start_i],0,0,0), v500, fine,
tool0);

                fidbus.mtcp_wo_b[1] := true;
                DWELL(0.5);
```

⑲ 将一号位位置 1 的零件放置到四号位位置 1 中。

```
                MLIN(OFFSETTOOL(Station_one[Fourth_start_i],0,0,−150), v500,
fine, tool0);

                MLIN(OFFSETTOOL(Station_four[Fourth_start_i],0,0,−150), v500,
fine, tool0);

                MLIN(OFFSETTOOL(Station_four[Fourth_start_i],0,0,0), v500,
fine, tool0);

                fidbus.mtcp_wo_b[1] := false;
                DWELL(0.5);
```

⑳ 拾取零件互换暂存点的零件。程序如下：

```
                MLIN(OFFSETTOOL(Station_four[Fourth_start_i],0,0,−150), v500,
fine, tool0);

                MLIN(OFFSETTOOL(Station_Part_TransitionPoint,0,0,−150), v500,
fine, tool0);
```

```
                    MLIN(OFFSETTOOL(Station_Part_TransitionPoint,0,0,0), v500,
fine, tool0);

                    fidbus.mtcp_wo_b[1] := true;
                    DWELL(0.5);
```

㉑ 将零件互换暂存点的零件放置到一号位位置 1 中,结束长方形零件颜色是否相同的判断。程序如下:

```
                    MLIN(OFFSETTOOL(Station_Part_TransitionPoint,0,0,-150), v500,
fine, tool0);

                    MLIN(OFFSETTOOL(Station_one[Fourth_start_i],0,0,-150), v500,
fine, tool0);

                    MLIN(OFFSETTOOL(Station_one[Fourth_start_i],0,0,0), v500, fine,
tool0);

                    fidbus.mtcp_wo_b[1] := false;
                    DWELL(0.5);
                MLIN(OFFSETTOOL(Station_one[Fourth_start_i],0,0,-150), v500, fine,
tool0);

                    END_IF;
```

㉒ 结束长方形与正方形零件的判断,结束循环,使用关节运动经过工位过渡点后回到安全点,调用子程序 Tool4_Put( ),将工具放回快换工具支架。程序如下:

```
                END_IF;
        END_FOR;
        MJOINT(Station_Transition, v500, fine, tool0);
        MJOINT(Home, v500, fine, tool0);
        CALL:Tool4_Put();
```

（12）编写 Main( ) 主程序,该程序为机器人程序首次运行的程序,在该程序中需要对长方形、正方形零件的点位进行赋值,然后需要判断 HMI 中按钮的运行次数,根据运行次数跳转至对应的子程序。

① 将原料区首个长方形、正方形的点位进行赋值,坐标值根据实际情况而定。程序如下:

```
Part_Point_Rectangle_start := POINTC(0,0,0,0,0,0);
Part_Point_Square_start := POINTC(0,0,0,0,0,0);
```

② 由于长方形零件摆放位置为 3×4 矩阵,因此,对 12 个长方形零件坐标可以通过首个长方形坐标进行循环偏移赋值,循环 3 次为 3 行,循环 4 次为 4 列。程序如下:

```
    FOR Rectangle_X := 0 TO 2  DO
    FOR Rectangle_Y := 0 TO 3  DO
    a:=( Rectangle_X*4+Rectangle_Y )
    b:=a+1
    Part_Point_Rectangle[b] :=
OFFSETTOOL(Part_Point_Rectangle_start,-25*Rectangle_X,30*Rectangle_Y,0);

    MLIN(OFFSETTOOL(Part_Point_Rectangle_start,-25*Rectangle_X,30*Rectangle_
Y,0), v500, fine, tool0);
            END_FOR;
    END_FOR;
```

③ 由于正方形零件摆放位置为 3×5 矩阵,因此对 15 个正方形零件坐标可以通过首个正方形坐标进行循环偏移赋值,循环 3 次为 3 行,循环 5 次为 5 列。程序如下:

```
    FOR Square_X := 0 TO 2  DO
    FOR Square_Y := 0 TO 4  DO
    a:=( Rectangle_X*5+Rectangle_Y )
    b:=a+1
    Part_Point_Square[b] :=
OFFSETTOOL(Part_Point_Square_start,-25*Square_X,20*Square_Y,0);

    MLIN(OFFSETTOOL(Part_Point_Square_start,-25*Square_X,20*Square_Y,0),
v500, fine, tool0);
            END_FOR;
    END_FOR;
```

④ 将零件序号初始值设置为"1"。程序如下:

```
PartB_Square_number := 1;
PartB_Rectangle_number := 1;
```

⑤ 创建标签"Again",判断 HMI 中的"启动"按钮是否按下,如果按下则延时 1 s 再对按钮次数进行判断,延时 1 s 是为确保 PLC 程序自加已完成并发送到了机器人。当按钮次数为"1"时,则运行子程序 First_start( );当按钮次数为"2"时,则运行子程序 Second_start( );当按钮次数为"3"时,则运行子程序 Third_start( );当按钮次数为"4"时,则运行子程序 Fourth_start( )。每个子程序运行完后都会跳转至标签"Again",使其持续对按钮进行判断,当按钮为按下时,通过最后的"GOTO"指令进行跳转,确保主程序一直会对按钮进行判断。程序如下:

```
LABEL Again:
LABEL Again:
DWELL(1);
DWELL(1);
WAIT(fidbus.mtcp_ro_b[1]);
CALL: First_start();
WAIT(fidbus.mtcp_ro_b[1]);
CALL: Second_start();
WAIT(fidbus.mtcp_ro_b[1]);
CALL: Third_start();
WAIT(fidbus.mtcp_ro_b[1]);
CALL: Fourth_start();
```

👍 项目评价

序号	项目评价观测点	分数	得分
1	按下触摸屏上的"开始"按钮,机器人从安全点出发拾取吸盘工具,返回安全点,停留 3 s	5	
2	机器人根据触摸屏要求完成产品品分拣、装配工艺	15	
3	机器人对零件 B 原料区零件的有无进行检测,以及颜色识别	10	
4	机器人对二号位产品上零件的有无进行检测,若零件个数不足,则从零件原料区拾取零件补齐。完成后,机器人返回安全点,暂停	10	
5	按下触摸屏上的"开始"按钮,工业机器人将红色零件 1(正方形)、绿色零件 2(正方形)、蓝色零件 7(长方形)安装到三号位产品上	15	
6	机器人返回安全点,暂停	5	
7	按下"开始"按钮,按触摸屏设置的零件拾取位置,拾取相应的零件,补齐三号位。完成后机器人返回安全点,暂停运行和计时	15	
8	按下触摸屏上的"开始"按钮,将一号位与四号位产品上种类相同且颜色不同的同一类型零件互换。完成后,机器人返回安全点,暂停	15	
9	完成后,机器人从安全点出发放置吸盘工具,要求机器人运动过程平顺,不得碰撞	5	
10	安全意识、质量意识、绿色环保意识、团队协作意识	5	
总计得分			

巩固提升

各单元名称及图示见表 3-1-4。

表 3-1-4　各单元名称及图示

名称	细分	图示
零件	零件 A 安装位置	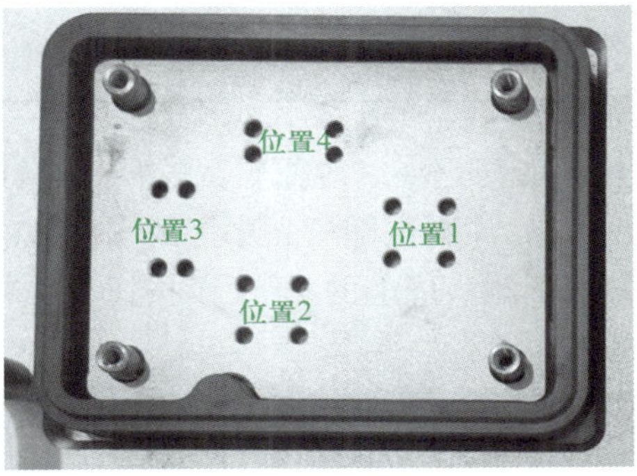
检测单元	1~4 号检测工位	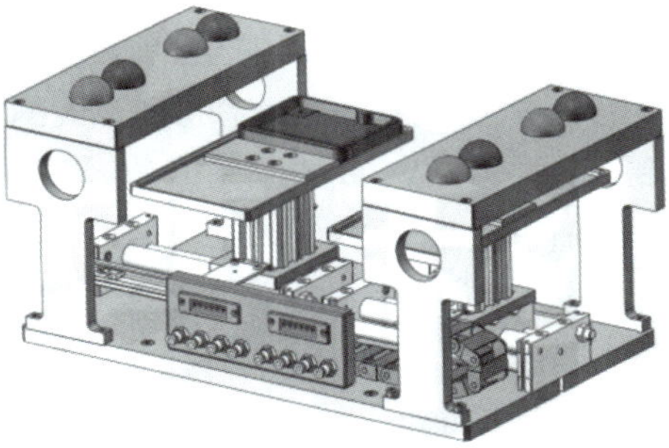
零件 B:8 种不同类型,称为 B1~B8	B1	
	B2	
	B3	
	B4	
	B5	
	B6	
	B7	
	B8	

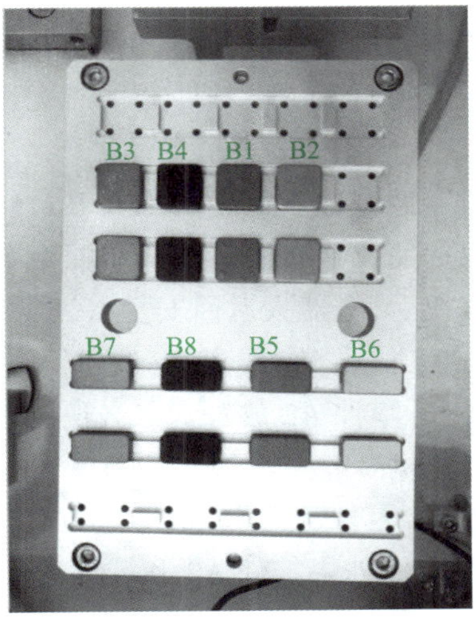

续表

名称	细分	图示
芯片供料单元	零件 B 原料区	

实操题 1：根据要求对原料区的零件进行排序。

初始状态：原料区随机无序摆放零件 B1～B8。

（1）按下触摸屏上的"开始"按钮，机器人拾取吸盘工具，返回安全点，停留 2 s，完成零件 B 的排序。

（2）对零件 B 原料区进行有无检查，对零件 B 进行颜色和形状识别。

（3）对零件 B1～B4 按照数字顺序排序。

（4）对零件 B5～B7 按照数字倒序排序。

（5）完成后，机器人返回安全点，放置工具，试验结束。

实操题 2：根据条件要求，完成机器人的零件分拣动作。

初始状态：零件 A1 放置到一号位，零件 A2 放置到二号位，产品板中随机摆放零件 B，剩余零件 B 随机摆放至零件 B 原料区。

完成状态：零件 A1 中安装 2 个零件 B1 与 2 个零件 B5；零件 A2 中安装 2 个零件 B2 与 2 个零件 B6。

（1）按下触摸屏上的"开始"按钮，机器人拾取吸盘工具，返回安全点，停留 2 s，完成产品分拣、装配工艺。

（2）机器人对零件 B 原料区进行有无检测。

（3）机器人对工位中零件 B 的有无进行检测，若有零件 B，则放回零件 B 原料区中的空位。

（4）对零件 B 原料区中的零件 B 进行颜色和形状识别。

（5）根据完成状态将零件 B 装配至零件 A 中。

（6）完成后，机器人返回安全点，放回工具，试验结束。

实操题 3：根据条件要求，完成机器人的零件分拣动作。

初始状态：零件 A2 放置到二号位，零件 A4 放置到四号位，产品板中随机摆放零件 B，剩余零件 B 随机摆放至零件 B 原料区。

完成状态：零件 A1 中安装 2 个零件 B1 与 2 个零件 B5；零件 A2 中安装 2 个零件 B2 与 2 个零件 B6。如果零件 A2 和零件 A4 相同位置上放置的零件 B 颜色相同，则把这个位置上的零件换成红色；如果放置的零件 B 颜色不同，则把 A2 零件这个位置的零件换成黑色；A4 零件这个位置的零件换成绿色（优先使用 A2 和 A4 零件位置上面的零件 B，不够再从原料区拾取）。

（1）按下触摸屏上的"开始"按钮，机器人拾取吸盘工具，返回安全点，停留 2 s，完成产品分拣、装配工艺。

（2）机器人对零件 B 原料区和工位上的零件进行有无检测。

（3）对零件 B 原料区和工位上的零件进行颜色和形状识别。

（4）完成后，机器人返回安全点，放置工具，试验结束。

实操题 4：根据条件要求，完成机器人的零件分拣动作。

初始状态：零件 A1 放置到一号位，零件 A2 放置到二号位，零件 A3 放置到三号位，零件 A4 放置到四号位；产品板中不摆放零件 B，零件 B 随机摆放至零件 B 原料区。

按照表 3-1-5 要求，完成零件 A1—A4 位置零件 B 的装配。

表 3-1-5　零件 A1—A4 位置零件 B 的装配表

零件	位置 1	位置 2	位置 3	位置 4
零件 A1	零件 B1	零件 B4	零件 B5	零件 B7
零件 A2	零件 B3	零件 B2	零件 B7	零件 B5
零件 A3	零件 B2	零件 B1	零件 B6	零件 B6
零件 A4	零件 B4	零件 B3	零件 B8	零件 B8

（1）按下触摸屏上的"开始"按钮，机器人拾取吸盘工具，返回安全点，停留 3 s，完成产品分拣、装配工艺。

（2）对零件 B 原料区中的零件 B 进行颜色和形状识别。

（3）根据表格要求将零件 B 装配至零件 A 中。

（4）完成后，机器人返回安全点，放置工具，试验结束。

实操题 5：根据条件要求，完成机器人的零件分拣动作。

初始状态：零件 A1 放置到二号位，零件 A2 放置到三号位，零件 A3 放置到一号位，零件 A4 放置到四号位；产品板中随机摆放零件 B，剩余零件 B 随机摆放至零件 B 原料区。

完成状态：零件 A1 中安装 2 个零件 B1 与 2 个零件 B5；零件 A2 中安装 2 个零件 B2 与 2 个零件 B6；零件 A3 中安装 2 个零件 B3 与 2 个零件 B7；零件 A4 中安装 2 个零件 B4 与 2 个零件 B8。

（1）按下触摸屏上的"开始"按钮，机器人拾取吸盘工具，返回安全点，停留 3 s，完成产品分拣、装配工艺。

（2）机器人对零件 B 原料区进行有无检测。

（3）机器人对工位中零件 B 的有无进行检测，若有零件 B，则放回零件 B 原料区中的空位。

（4）对零件 B 原料区中的零件 B 进行颜色和形状识别。

（5）根据完成状态将零件 B 装配至零件 A 中。

（6）完成后，机器人返回安全点，放置工具，试验结束。

项目二

产品检测

（1）能够应用 PLC 逻辑控制技术，编写主程序和子程序，实现检测流程的自动化控制。

（2）能够分析 PLC 逻辑控制程序在检测流程中的实际表现，评估其对检测效率和准确性的影响。

（3）能够评价触摸屏人机界面设计在实际使用中的表现，评估其对用户体验的贡献。

（4）能够设计创新的触摸屏人机界面，提高用户操作的直观性和便捷性。

观察思考

在大型印刷企业中,自动化检测系统是确保印刷品颜色准确性、图像清晰度和文字排版正确性的关键,如图 3-2-1 所示。这些系统利用高分辨率工业相机和色彩分析仪,自动捕捉印刷品图像,分析其颜色饱和度和一致性,同时检测文字排版和印刷缺陷。

图 3-2-1　印刷企业自动化检测系统

自动化检测不仅大幅提升了检测速度,缩短了生产周期,而且减少人为误差,从而提高了检测的准确性和一致性。这种技术的应用降低了人工检测的需求,减少了劳动力成本和培训费用,同时减少了错误检测导致的废品率。

自动化检测系统的灵活性和易于维护性使其能够适应不同类型的印刷品和质量检测标准。通过详细记录检测数据,企业能够进行质量分析和持续改进,从而提高生产效率,确保印刷品的高标准质量,增强市场竞争力和提高客户满意度。

项目要求

(1)初次检测:先同时对一号位和二号位产品进行检测,再依次对其他产品检测,一号位、二号位优良品;三号位、四号位废品。完成后触摸屏显示"检测完成:一号位、二号位优良品;三号位、四号位废品"。

(2)校验检测:触摸屏设定检测顺序和检测结果,按下"运行"按钮,根据触摸屏设定顺序依次对所有产品进行检测。完成后触摸屏显示"检测完成:×× 位优良品;×× 位废品;×× 位合格品"(×× 用实际位代替,若多个位检测结果一样,则须合并显示,如 1、2 位优良品;3 位废品;4 位合格品)。

视频　　　　　　　　源文件

产品检测　　　　　　产品检测

项目导航

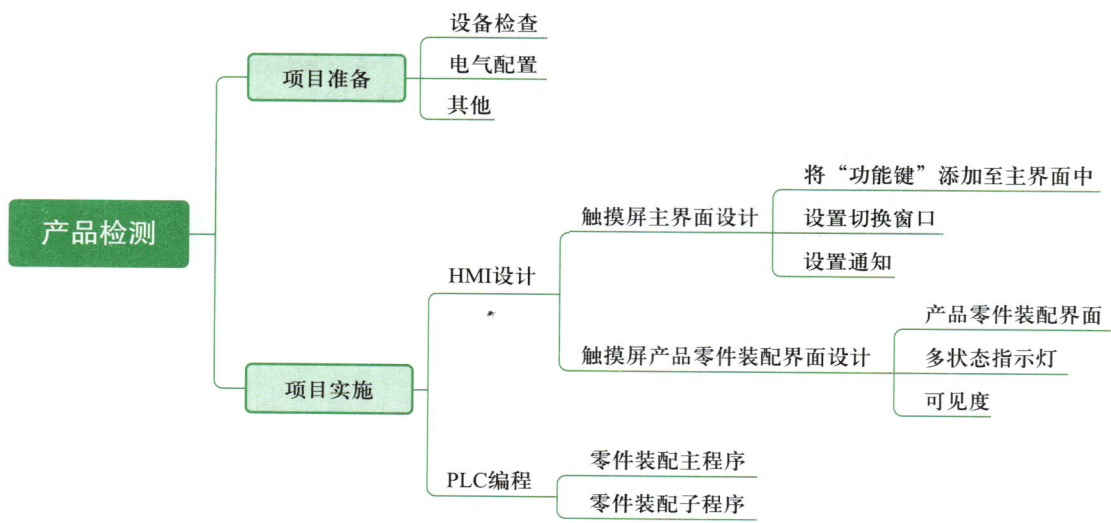

项目准备

1. 设备检查

确保智能制造设备技术应用实训平台 (ZM-IMET-2023-A) 各部件（包括机器人、PLC、触摸屏、气缸等）正常。

2. 电气配置

（1） PLC 电路原理图

产品检测 PLC 电路原理图如图 3-2-2 所示。

（2）气动回路图

产品检测气动回路图如图 3-2-3 所示。

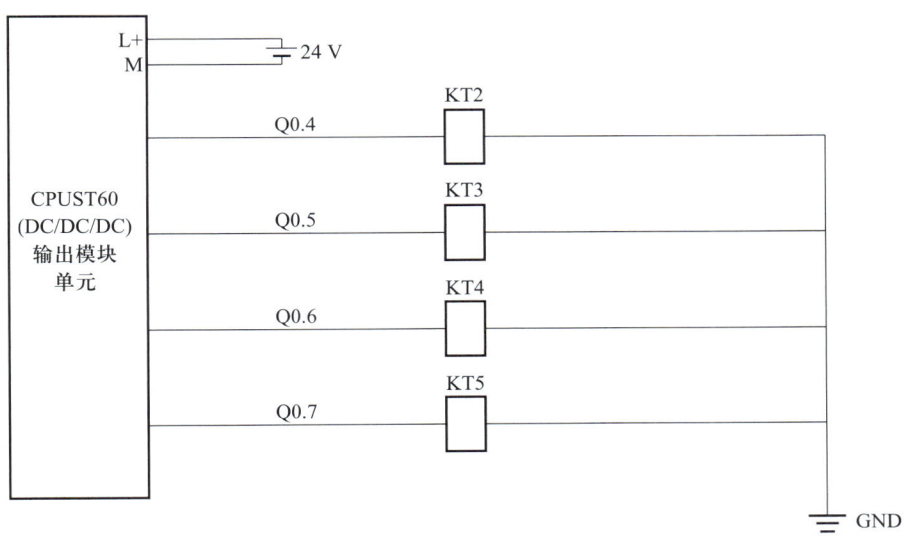

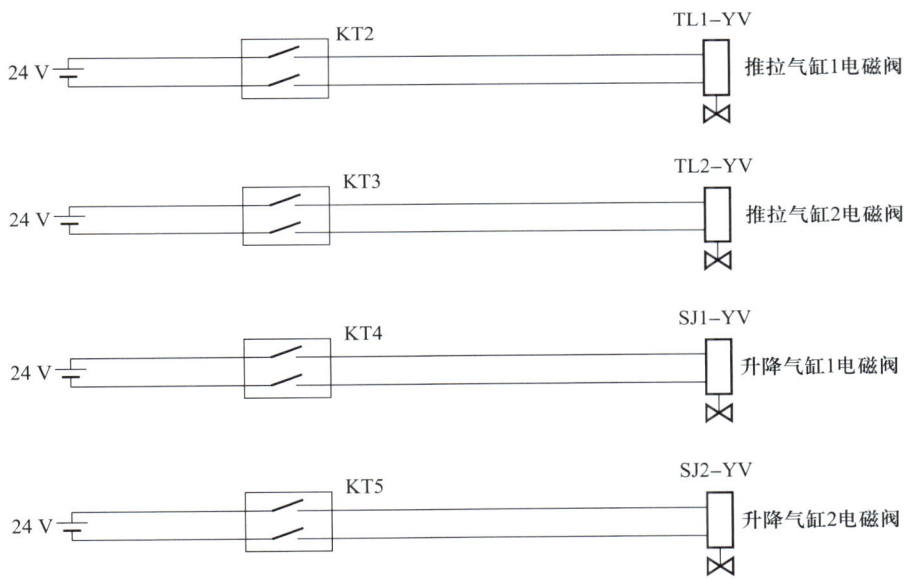

图 3-2-2　产品检测 PLC 电路原理图

（3）I/O 分配表

根据 PLC 电路原理图与气动回路图，选用 PLC 控制电磁阀。产品检测 I/O 分配表见表 3-2-1。

（4）Modbus TCP 通信表

机器人与 PLC 之间的数据交换采用 Modbus TCP 通信，因此，将 PLC 地址及机器人地址按照功能进行划分和映射，见表 3-2-2。

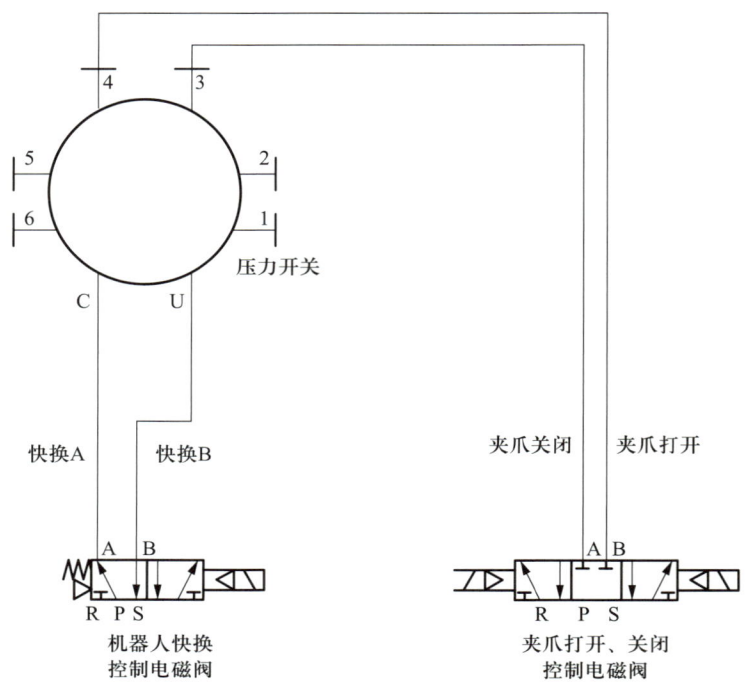

图 3-2-3　产品检测气动回路图

表 3-2-1　产品检测 I/O 分配表

PLC 输出点	被控对象
Q1.1	输送带推料气缸电磁阀
Q1.5	快换气缸电磁阀
Q1.3	夹爪关闭气缸电磁阀
Q1.2	夹爪打开气缸电磁阀

表 3-2-2　产品检测 Modbus TCP 通信表

机器人地址	PLC 地址	功能
wo_b［8］	V668.0	快换气缸锁紧 / 释放
wo_b［1］	V669.1	夹爪关闭气缸
wo_b［2］	V669.2	夹爪打开气缸
wo_b［3］	V669.3	输送带推料气缸

3. 其他

（1）配置 PLC 与机器人编程环境：安装相关软件、触摸屏设计工具，确保通信设置、力控传感器等安装正确。

（2）材料准备：样品零件、检测工位配件、工具等，以及模拟产品，确保符合检测流程需求。

（3）安全措施：制定安全操作规程，设置安全围栏，确保人员培训到位，了解紧急停机方法，防止意外发生。

（4）理论学习：复习相关知识，如机器人运动指令、PLC 编程、触摸屏设计，为实操打下坚实基础。

项目实施

1. HMI 设计

（1）触摸屏主界面设计

① 将"功能键"添加至主界面中，如图 3-2-4 所示。

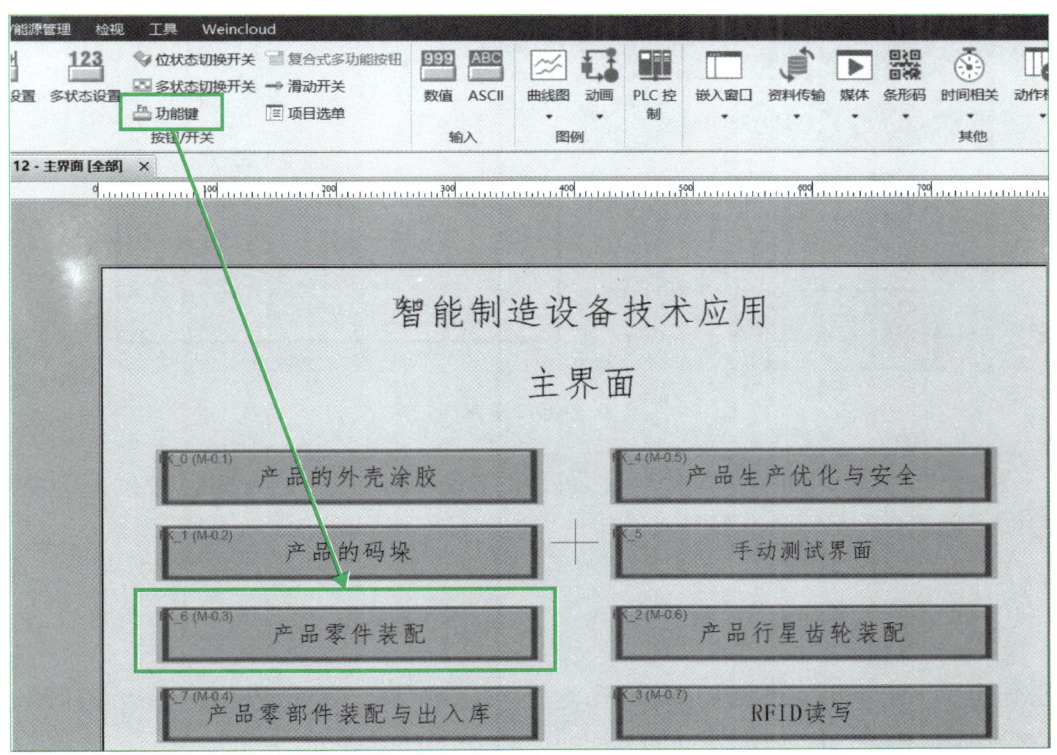

图 3-2-4 添加"功能键"

② 设置切换窗口。

双击"产品零件装配"按钮，打开设置界面。

在"一般属性"栏中，选中功能"切换基本窗口"，"窗口编号"选择零件装配界面的窗口编号，如图 3-2-5 所示。

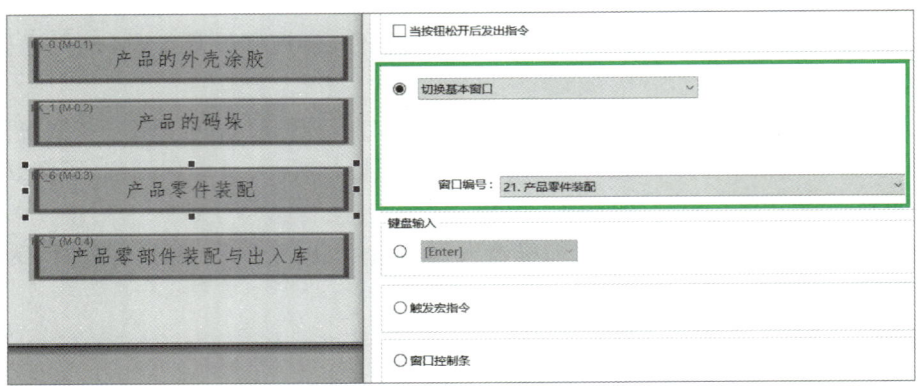

图 3-2-5 设置切换窗口

③ 设置通知。

启用通知功能,"设 ON"即置位该数据地址,"设 OFF"即复位该数据地址,"设备"选择组态时添加的 PLC,"地址"输入"M0.3",点击"确定"按钮,如图 3-2-6 所示。

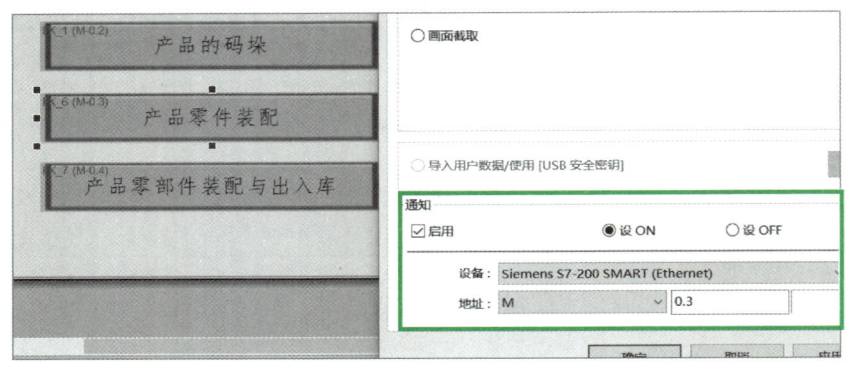

图 3-2-6 设置通知

点击该功能键,即切换窗口至产品零件装配界面,并把 PLC 中的 M0.3 置位为高电平。

(2)触摸屏产品零件装配界面设计

① 产品零件装配界面

产品零件装配界面如图 3-2-7 所示。

② 多状态指示灯

如图 3-2-8 所示,点击图中①处标识,然后点击图中②处"图库"按钮选择指示灯图片。

如图 3-2-9 所示,选择"System Lamp"中的"Ribbon"。

如图 3-2-10 所示,选择状态数为 3 的指示灯。

③ 可见度

如图 3-2-11 所示,进入"文字 / 批注"元件的属性界面,在"安全"选项卡下,勾选"使用寄存器状态 / 数值"复选框,选择设备和关联的数据地址,"启用状态"设为"ON",则数据地址在低电平状态时元件隐藏,高电平状态时元件显示。

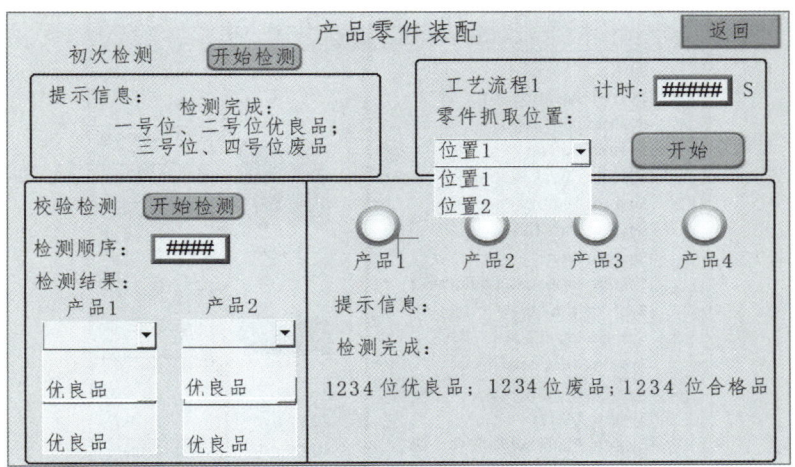

图 3-2-7 产品零件装配界面

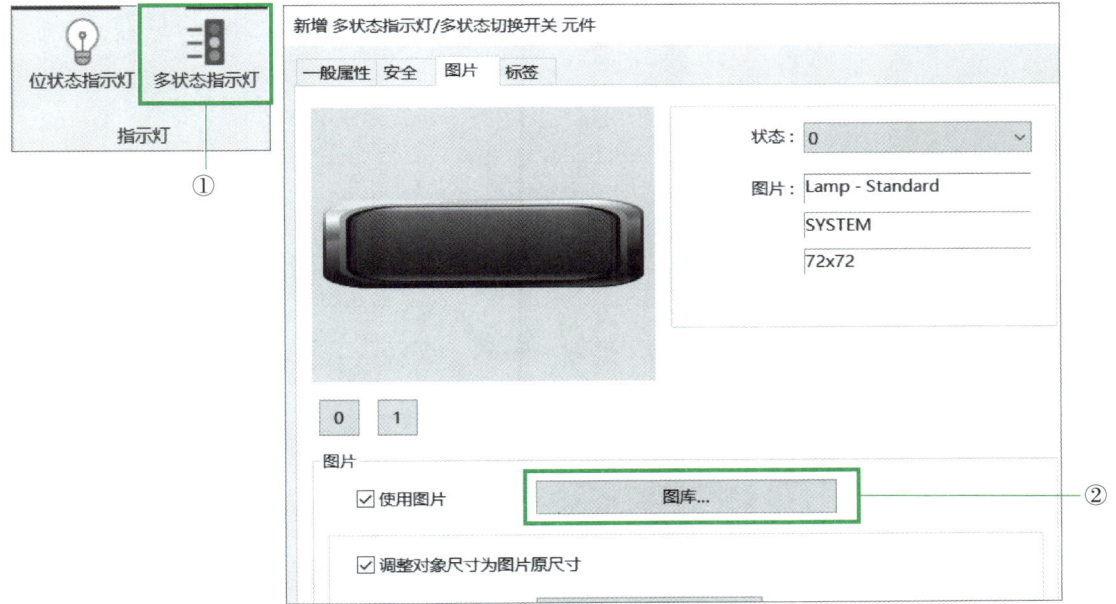

图 3-2-8 添加多状态指示灯

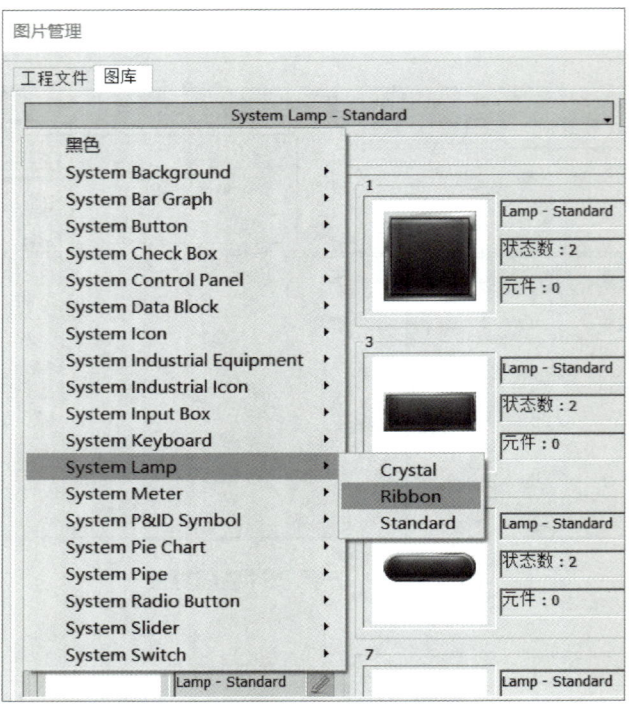

图 3-2-9　选择指示灯图片

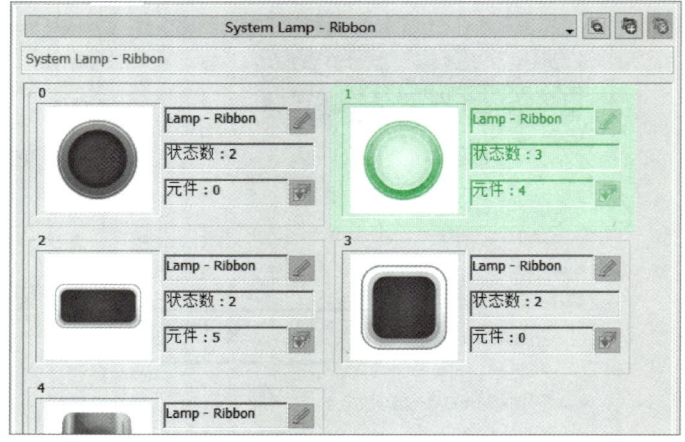

图 3-2-10　选择状态数为 3 的指示灯

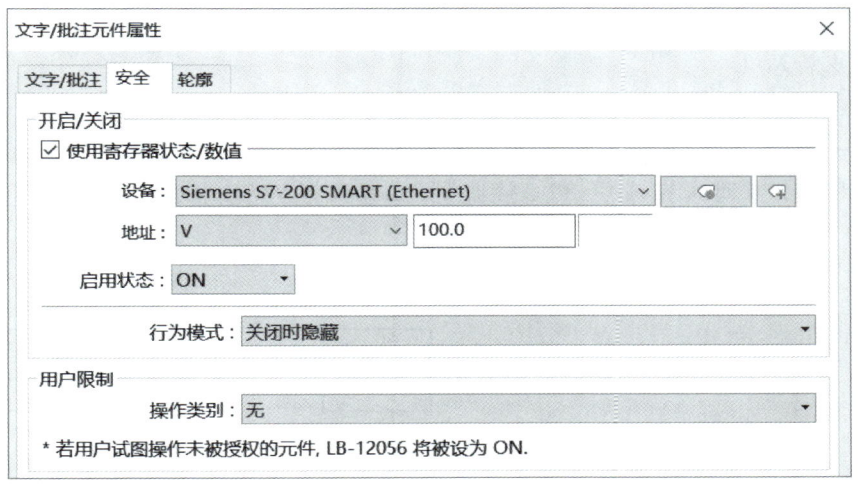

图 3-2-11　设置可见度

2．PLC 编程

（1）零件装配主程序

零件装配主程序如图 3-2-12 所示。

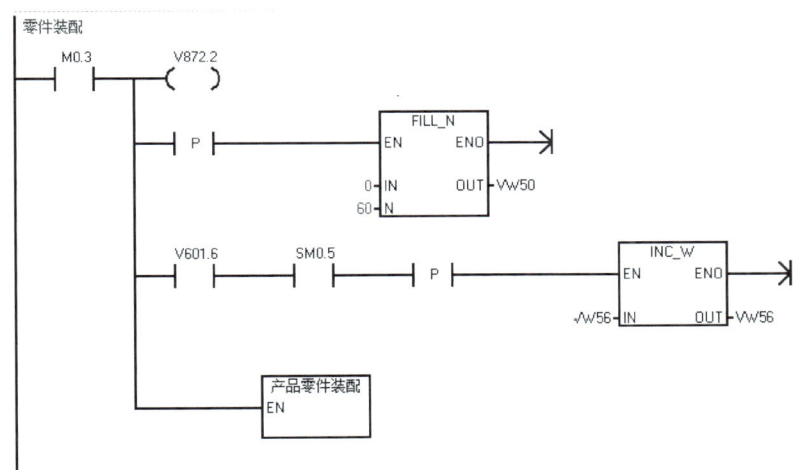

图 3-2-12　零件装配主程序

M0.3 对应触摸屏中主界面切换至产品零件装配界面的功能键；V872.2 对应机器人程序中零件装配子程序使能；V601.6 对应机器人的运行状态；VW56 对应触摸屏中零件装配状态计时的数值显示。

当触摸屏切换至产品零件装配界面后，置位 M0.3，并将该模块使用的数据进行复位。调用零件装配子程序。

当机器人处于运行状态时，V601.6 接通，SM0.5 与上升沿（针对 1 s 的周期时间，时钟脉冲接通 0.5 s，断开 0.5 s）使"INC_W"（递增指令，对输入值 IN 加 1 并将结果输入 OUT 中）每秒执行一次，即 VW56 每秒自加 1，实现零件装配状态的计时。

（2）零件装配子程序

① 工艺流程 1

V873.0 对应触摸屏中工艺流程 1 的启动按钮，V670.5 为机器人反馈的动作完成信号。

每次按下 V873.0，VW54 自加 1，然后传送给 VW912，机器人根据 VW912 的数值执行对应的子程序；当动作完成后，PLC 接收到 V670.5，将 VW912 的数据清空，如图 3-2-13 所示。

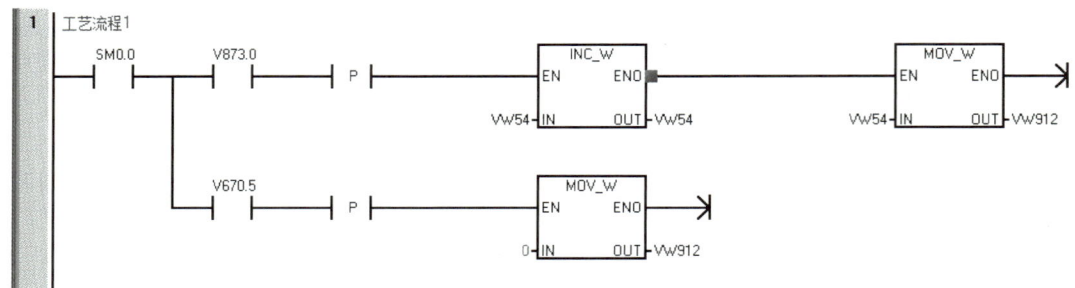

图 3-2-13　零件装配子程序程序段 1

② 初次检测

V873.1 对应触摸屏中初次检测的启动按钮，V673.0 为机器人反馈的检测完成信号。

按下 V873.1，复位 V54.1（触摸屏上检测完成的提示信息的可见度）、置位 V54.0（触摸屏上正在检测的提示信息的可见度），当动作完成后，PLC 接收到 V673.0，复位 V54.0、置位 V54.1，如图 3-2-14 所示。

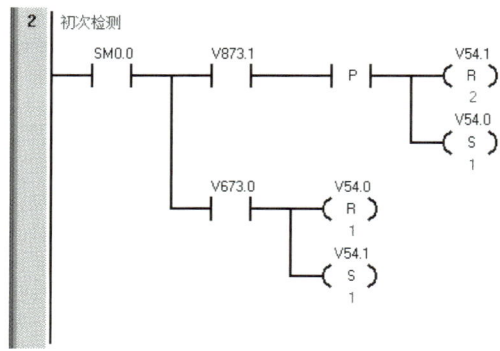

图 3-2-14　零件装配子程序程序段 2

③ 检测时的气缸动作流程

检测时的气缸动作流程由机器人直接触发，如图 3-2-15 所示。

V670.2 为机器人的动作触发信号，置位 V54.2。V54.2 上升沿复位 Q0.4（气缸伸出信号），气缸缩回。缩回到位后，I0.6（缩回到位传感器信号）接通，复位 Q0.6（气缸上升信号），气缸下降。缩回到位后，I1.0（下降到位传感器信号）接通，Q2.6（检测灯）闪烁，定时器 T38 计时 4 s。T38 接通后，复位 V54.2，置位 V54.3，进入下一个步骤。

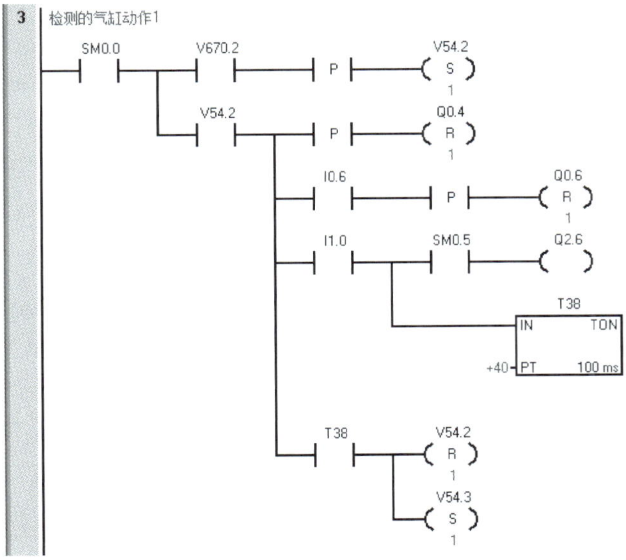

图 3-2-15　零件装配子程序程序段 3

如图 3-2-16 所示，V54.3 上升沿置位 Q0.6，气缸上升。缩回到位后，I1.1（上升到位传感器信号）接通，置位 Q0.4，气缸伸出。缩回到位后，I0.7（伸出到位传感器信号）接通，置位 V873.5（传送给机器人动作已完成的信号），复位 V54.3，VW58 为检测动作的已完成的次数，每次执行完成自加 1。V873.5 延时 0.5 s 后复位。

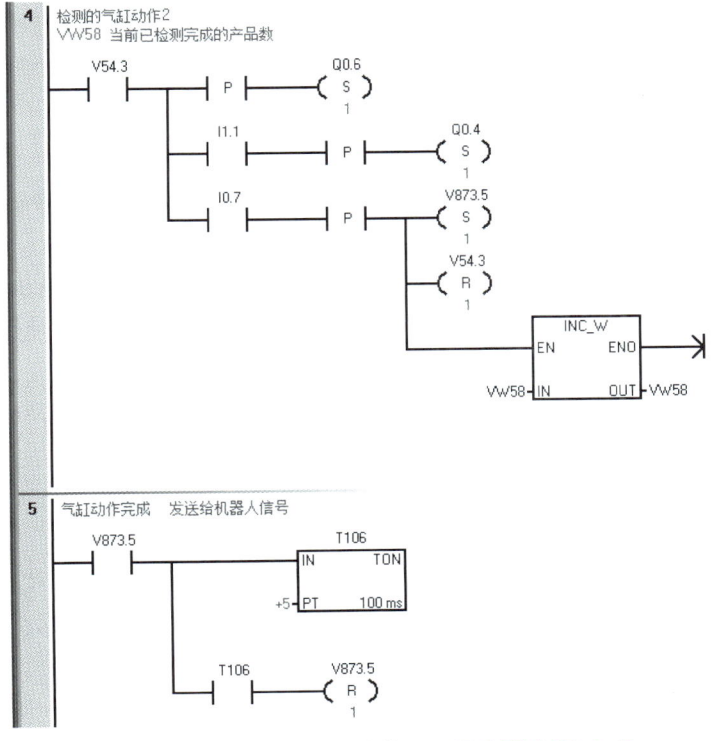

图 3-2-16　零件装配子程序程序段 4、5

④ 校验检测

a. 触发机器人程序执行

按下 V873.2（触摸屏中校验检测启动按钮），触发机器人校验检测程序运行,将使用的数据清零,应注意,气缸检测动作的次数也一并清零,如图 3-2-17 所示。

b. 将检测顺序进行单个位提取

VW910 为触摸屏设定的校验检测的工位顺序,如图 3-2-18 所示。

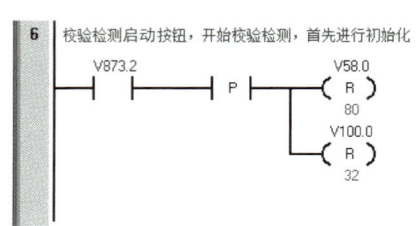

图 3-2-17　零件装配子程序程序段 6

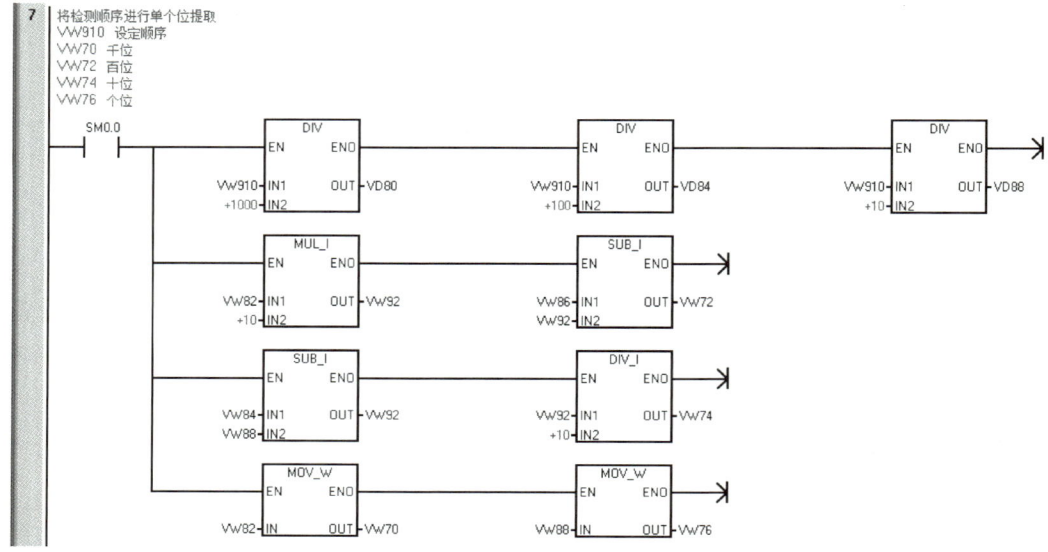

图 3-2-18　零件装配子程序程序段 7

（a）使用 DIV 指令,将 VW910 与 1 000 相除,结果 VD80 中包含余数 VW80 和商 VW82, VW82 即为检测顺序中的千位,也就是第一个工位。

（b）使用 DIV 指令,将 VW910 与 100 相除,结果 VD84 中包含余数 VW84 和商 VW86。使用 MUL_I 指令将 VW82（千位）与 10 相乘,结果存放在 VW92 中。然后使用 SUB_I 指令用 VW86 减去 VW92,求得百位存放于 VW72 中。

（c）使用 DIV 指令,将 VW910 与 10 相除,结果 VD88 中包含余数 VW88 和商 VW90,余数 VW88 即为个位。使用 SUB_I 指令用 VW84 减去 VW88,求得十位的 10 倍存放于 VW92 中。使用 DIV_I 指令使 VW92 与 10 相除,求得十位存放于 VW74 中。

（d）将 VW82 传送至 VW70,将 VW88 传送至 VW76。

（e）设定的检测顺序提取完成。VW70 存放千位,即检测的第一个工位。VW72 存放百位,即检测的第二个工位。VW74 存放十位,即检测的第三个工位。VW76 存放千位,即检测的第四个工位。

c. 触摸屏工位指示灯

第一个指示灯程序如图 3-2-19 所示。

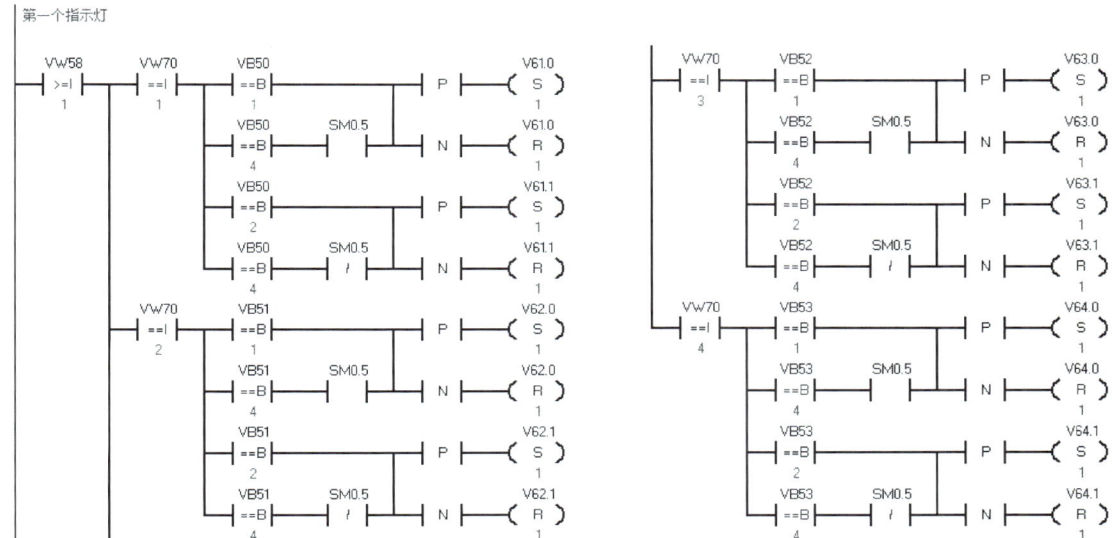

图 3-2-19　第一个指示灯程序

VW58 为检测气缸的动作次数,在校验检测开始时已将其清零,校验检测每完成一次,VW58 自加 1,可通过 VW58 反馈已检测完成的工位数。

VB50 为产品一设定的结果(优良为 1、废品为 2、合格为 4),VB51 为产品二设定的结果(优良为 1、废品为 2、合格为 4),VB52 为产品三设定的结果(优良为 1、废品为 2、合格为 4),VB53 为产品四设定的结果(优良为 1、废品为 2、合格为 4)。

产品一指示灯为 VB61,当 VB61 为 1 时(V61.0 高电平),亮绿灯,当 VB61 为 2(V61.1 高电平)时,亮红灯。产品二指示灯为 VB62,当 VB62 为 1 时,亮绿灯,当 VB62 为 2 时,亮红灯。产品三指示灯为 VB63,当 VB63 为 1 时,亮绿灯,当 VB63 为 2 时,亮红灯。产品四指示灯为 VB64,当 VB64 为 1 时,亮绿灯,当 VB64 为 2 时,亮红灯。

当 VW58 ≥ 1 时,由 VW70 决定要动作的指示灯。若 VW70 为 2,即按照检测顺序的第一个产品为产品二,则判断产品二的设定结果 VB51 的数值;若为 1,则亮红灯,若为 2,则亮绿灯,若为 4,则红绿闪烁。

其余三个指示灯实现方式相同,如图 3-2-20 ~ 图 3-2-22 所示。

d. 检测完成,显示结果字符

校验检测完成后,机器人反馈信号 V670.3,使用 MOV_DW 指令传送双字 VD50 至 VD100 中,即将设定的产品结果 VB50、VB51、VB52、VB53 传送至 VB100、VB101、VB102、VB103 中,置位 V100.4,如图 3-2-23 所示。

以 VB50 为例,VB50 包含 V50.0—V50.7 的 8 个位。当质量选择"优良品"时,VB50 值为 1,即 V50.0 高电平,其余七位为低电平;当质量选择"废品"时,VB50 值为 2,即 V50.1 高电平,其余七位为低电平;当质量选择"合格品"时,VB50 值为 4,即 V50.2 高电平,其余七位为低电平。

要将质量相同的产品进行合并显示。每个产品应在优良品、废品、合格品处分别添加一个"文字/批注"元件,启用元件的"安全"属性,并对其进行数据地址的关联,如图 3-2-24 所示。

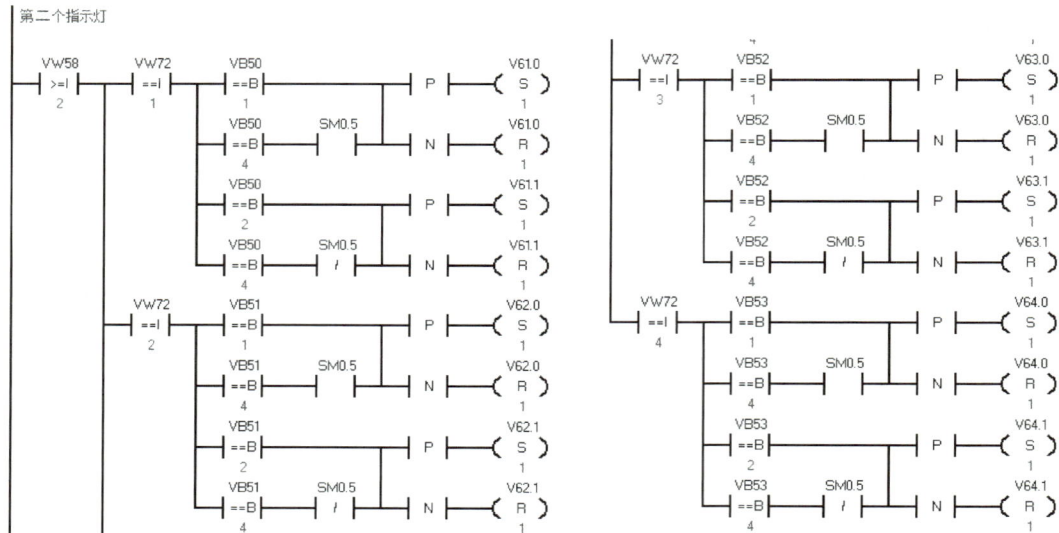

图 3-2-20　第二个指示灯程序

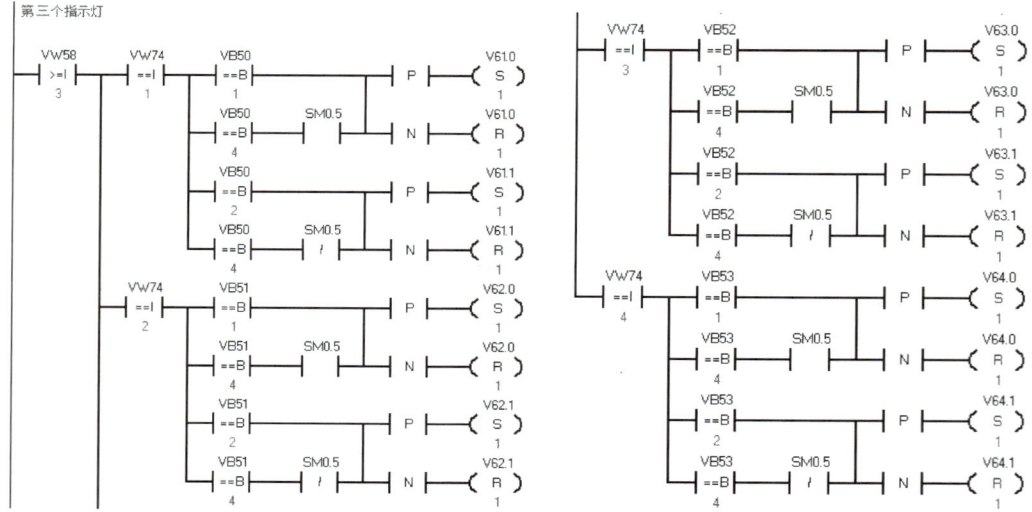

图 3-2-21　第三个指示灯程序

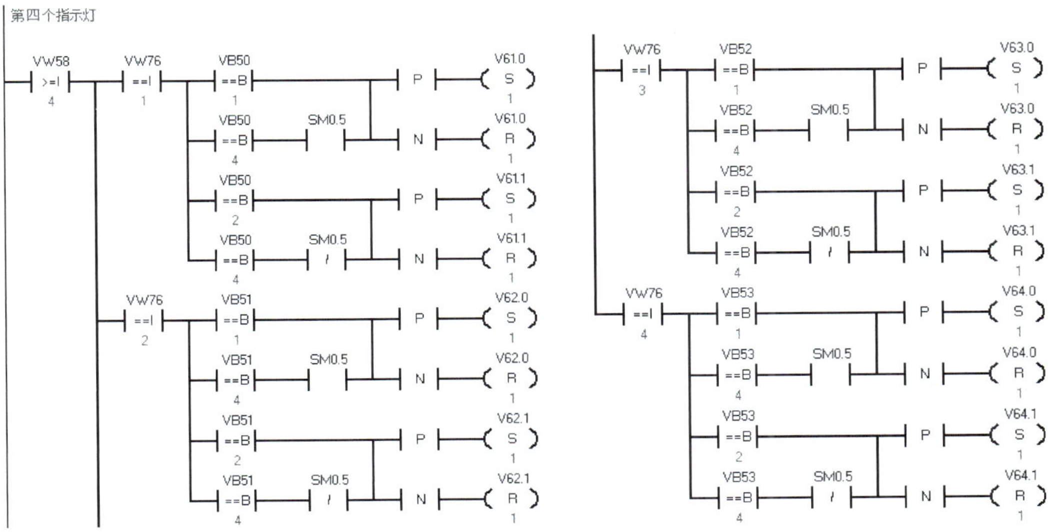

第四个指示灯

图 3-2-22 第四个指示灯程序

校验检测完成 字符显示

图 3-2-23 检测完成,显示结果字符

检测完成:

1234 位优良品;1234 位废品;1234 位合格品

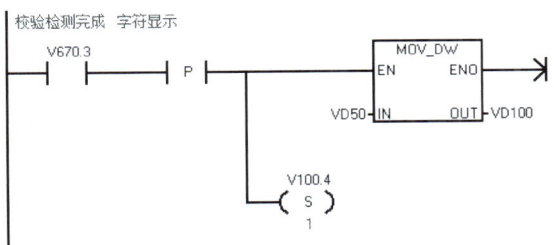

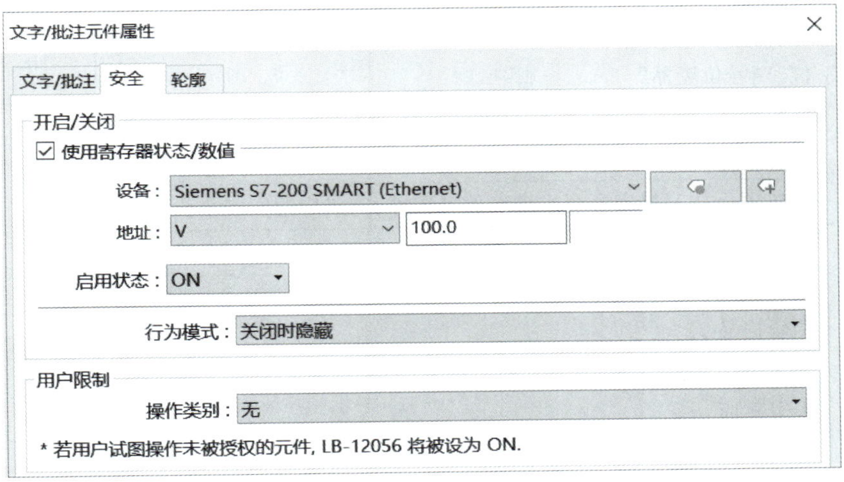

文字/批注元件属性

文字/批注　安全　轮廓

开启/关闭

☑ 使用寄存器状态/数值

设备: Siemens S7-200 SMART (Ethernet)

地址: V 100.0

启用状态: ON

行为模式: 关闭时隐藏

用户限制

操作类别: 无

* 若用户试图操作未被授权的元件, LB-12056 将被设为 ON.

图 3-2-24 设定触摸屏元件

例如，一号位产品：在优良品处添加"文字 / 批注"元件，设置"内容"为"1"，"安全"属性关联 PLC 中的 V100.0；在废品处添加"文字 / 批注"元件，设置"内容"为"1"，"安全"属性关联 PLC 中的 V100.1；在合格品处添加"文字 / 批注"元件，设置"内容"为"1"，"安全"属性关联 PLC 中的 V100.2。当设定质量为优良品，VB50 为 1，对应的 VB100 也为 1，即 V100.0 为高电平，优良品处的"1"显示在界面上；当设定质量为废品，VB50 为 2，对应的 VB100 也为 2，即 V100.1 为高电平，废品处的"1"显示在界面上；当设定质量为优良品，VB50 为 4，对应的 VB100 也为 4，即 V100.2 为高电平，合格品处的"1"显示在界面上。

添加"文字 / 批注"元件，设定"内容"为不包含产品位的检测完成提示信息，"安全"属性关联 PLC 中的 V100.4，如图 3-2-25 所示。

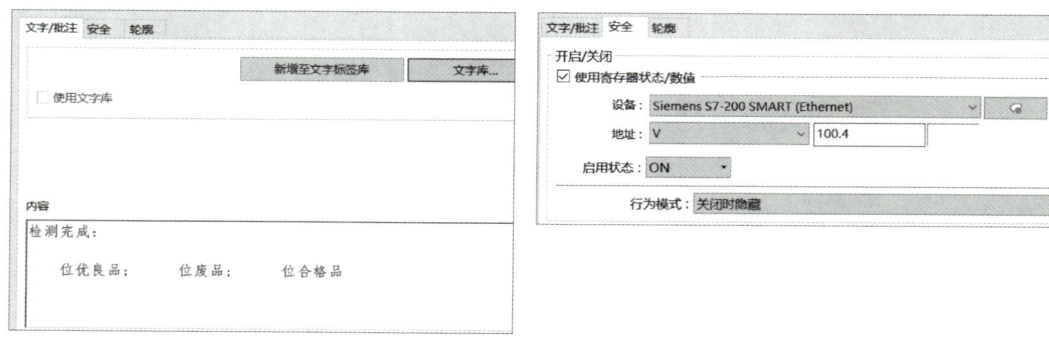

图 3-2-25　检测完成文字显示

👍 项目评价

序号	项目评价观测点	分数	得分
1	触摸屏按下"开始"按钮，检测单元进行初次检测	15	
2	完成后，触摸屏显示"检测完成：一号位、四号位优良品；二号位、四号位废品"	10	
3	机器人从安全点出发拾取吸盘工具，返回安全点，要求机器人运动过程平顺，不得碰撞	10	
4	机器人按照触摸屏要求准确放置零件，完成后返回安全点等待	20	
5	再次按下"开始"按钮，检测单元进行校验检测	15	
6	完成后，触摸屏显示"检测完成：XX 位优良品；XX 位废品；XX 位合格品	10	
7	机器人放置吸盘工具，返回安全点，要求机器人运动过程平顺，不得碰撞	10	
8	安全意识、质量意识、绿色环保意识、团队协作意识	10	
合计总分			

巩固提升

一、选择题

1. 在本项目中,触摸屏人机界面的基本元素不包括（　　　）。

A. 功能键　　　　　B. 指示灯　　　　　　　C. 麦克风　　　　　　　　　D. 切换窗口按钮

2. PLC 逻辑控制通过（　　　）实现检测流程的逻辑控制和信号处理。

A. 主程序和子程序　　　　　　　　B. 单一程序

C. 触摸屏界面　　　　　　　　　　D. 传感器直接控制

3. 根据项目要求,初次检测完成后,触摸屏应显示（　　　）。

A. "检测开始"

B. "检测完成:一号位、二号位优良品;三号位、四号位废品"

C. "系统错误"

D. "所有产品均为优良品"

4. PLC 输出点 Q1.1 的功能是控制（　　　）。

A. 快换气缸　　　　　　　　　　B. 输送带推料气缸

C. 夹爪关闭气缸　　　　　　　　D. 夹爪打开气缸

5. 在触摸屏产品零件装配界面中,多状态指示灯的状态数一般设置为（　　　）个。

A. 1　　　　　　　B. 2　　　　　　　C. 3　　　　　　D. 4

二、实操题

1. 产品依次检测调试,第 1 次按下触摸屏上的"检测"按钮,依次对 1—4 号检测位产品检测,要求产品所在工位推动气缸缩回,缩回到位后升降气缸下降,下降到位,等待 4 s 后,升降气缸上升,上升到位后推动气缸伸出,结果指示灯点亮。其中,1、2 号工位亮绿灯,代表合格品;3、4 号工位亮红灯,代表废品。上述任务完成后,触摸屏显示"检测完成:1、2 号检测位合格品;3、4 号检测位废品"。

2. 在触摸屏上随机设置 1—4 号检测位产品的合格、半成品和废品属性。

工艺流程如下:

（1）按下"检测"按钮,同时对 1—4 号检测位产品进行检测。

（2）产品所在工位升降气缸下降,下降到位后推动气缸缩回;缩回到位,等待 3 s 后,推动气缸伸出,伸出到位后升降气缸上升,结果指示灯点亮,合格品工位绿灯以 2 Hz 频率闪烁,半成品工位红绿灯以 1 Hz 频率闪烁,废品工位红灯以 2 Hz 频率闪烁。

（3）4 个工位检测完成后,触摸屏显示"检测完成:X 号检测位合格品;X 号检测位半成品;X 号检测位废品",X 与实际产品位号相符。

项目三

产品零件装配与入库

学习目标

（1）能够应用视觉系统进行零件识别，确保装配的准确性。

（2）能够分析视觉系统和气动系统在零件检测与抓取中的性能，识别改进点。

（3）能够评价机器人运动指令在零件装配操作中的有效性，判断其是否满足精确装配的需求。

（4）能够整合物料跟踪与识别技术，设计物料的有序装配与入库流程，提高物料管理的自动化水平。

观察思考

如图 3-3-1 所示,观察装配过程中的机器人路径规划,是否最优化,考虑如何减少空行程,提升效率;分析视觉系统对装配精度的影响,如何提高识别准确度,减少误判别,提高合格率;气动控制响应时间,气压反馈是否及时,对装配有何影响,如何改善气动控制策略;检测逻辑判断,如何更合理安排装配顺序,确保最优路径,避免冲突,提高装配效率。触摸屏与操作、人机交互体验是否直观,信息反馈是否及时,如何提升用户便利性。

图 3-3-1　装配过程中的机器人

项目要求

(1) 按下"开始"按钮,完成产品零件装配与入库。使用吸盘工具完成一号位、三号位产品的吹气处理。

(2) 完成吹气处理后,按顺序安装零件 C。

(3) 零件安装完成后,根据校验检测结果完成产品的螺钉锁紧工作。

(4) 锁紧螺钉后,根据初次检测结果完成产品的入库工作,优良品的产品放入立体仓库中,而后机器人放下工具,返回安全点。

视频

产品零件装配与入库

源文件

产品零件装配与入库

项目导航

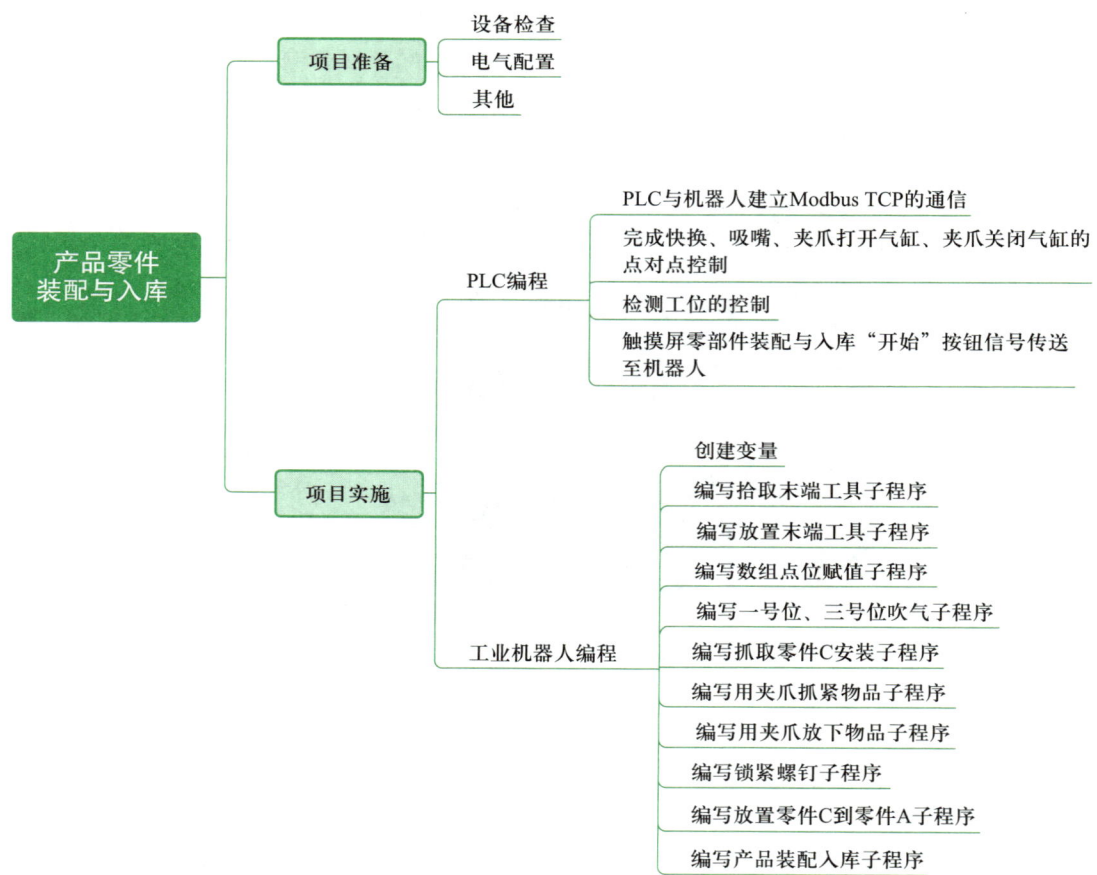

项目准备

1. 设备检查

确保智能制造设备技术应用实训平台（ZM–IMET–2023–A）各部件齐全，包括机器人、视觉、PLC、触摸屏等。

2. 电气配置

（1）PLC电路原理图

产品零件装配与入库PLC电路原理图如图3–3–2所示。

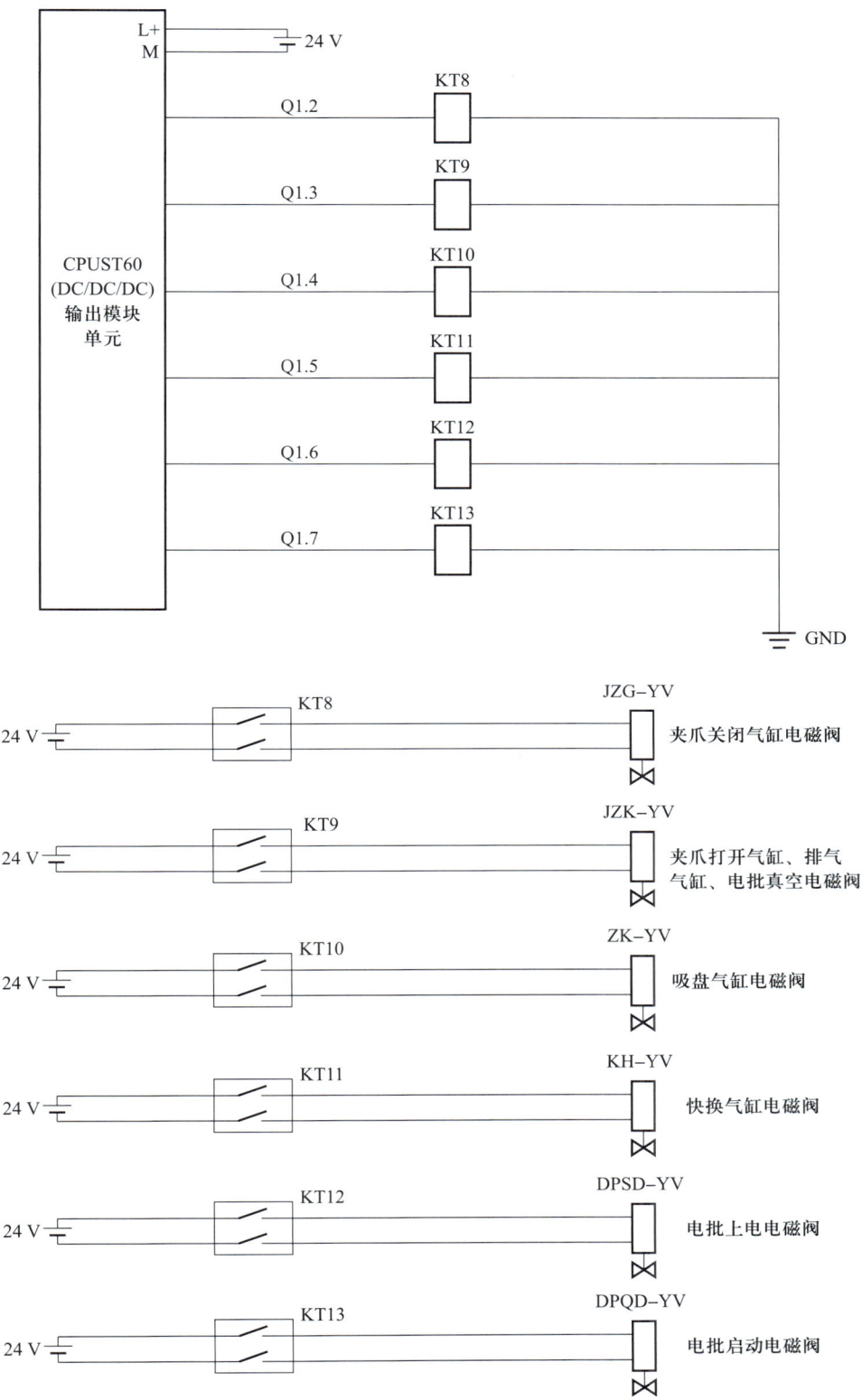

图 3-3-2 产品零件装配与入库 PLC 电路原理图

（2）气动回路图

产品零件装配与入库气动回路图如图 3-3-3 所示。

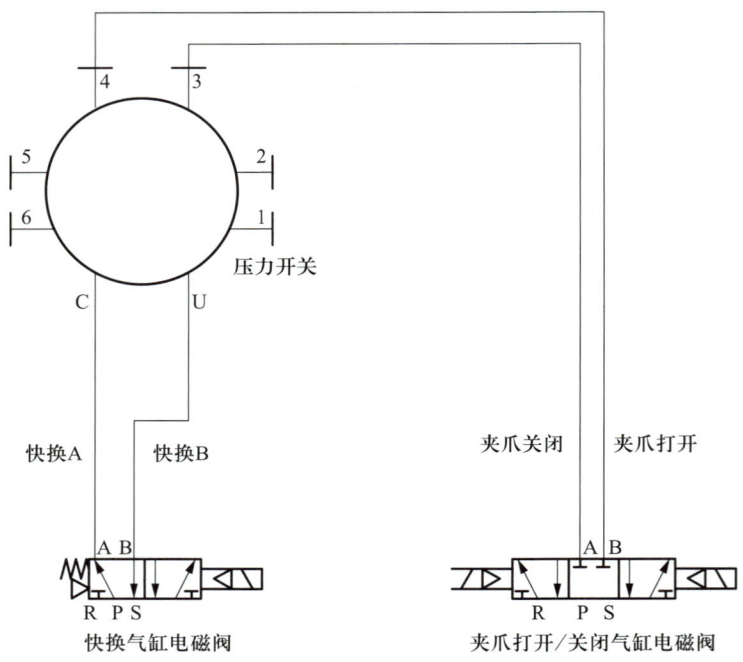

图 3-3-3　产品零件装配与入库气动回路图

（3）I/O 分配表

产品零件装配与入库 I/O 分配表见表 3-3-1。

表 3-3-1　产品零件装配与入库 I/O 分配表

PLC 输出点	被控对象
Q1.2	夹爪关闭气缸电磁阀
Q1.3	夹爪打开气缸电磁阀
Q1.4	吸盘气缸电磁阀
Q1.5	换气缸电磁阀
Q1.6	电批上电电磁阀
Q1.7	电批启动电磁阀

（4）Modbus TCP 通信表

PLC 与机器人之间建立 Modbus TCP 的通信，产品零件装配与入库 Modbus TCP 通信表见表 3-3-2。

表 3-3-2　产品零件装配与入库 Modbus TCP 通信表

机器人地址	PLC 地址	功能
wo_b［8］	V668.0	快换气缸
wo_b［1］	V669.1	夹爪关闭气缸
wo_b［2］	V669.2	夹爪关闭气缸
ro_b［7］	V869.7	机器人开始

3. 其他

（1）软件配置：编程环境搭建，安装机器人、PLC 编程软件、视觉系统，配置触摸屏设计工具，确保通信正常。

（2）物料准备：准备产品板、零件、吸盘工具等，符合装配要求，确保装配流程完整。

（3）安全措施：安全教育与防护，制定安全规范，设置围栏，确保操作人员的安全，紧急停机方法。

（4）理论预习：复习基础，如机器人运动指令、PLC 控制、视觉原理，为实际操作打下理论基础。

项目实施

1. PLC 编程

根据模块一项目二中的实例完成 PLC 与机器人的 Modbus TCP 通信的自动化控制流程，可直接通过机器人控制外围设备的动作，以及响应不同的数字输入信号变化（上升沿或下降沿触发），实现精确的控制逻辑。

2. 工业机器人编程

（1）在功能块变量中创建所需的变量，并将点位示教完成。

注意：当变量为数组时，在程序中须对数组变量进行赋值。机器人定义变量名、变量类型及变量用途，见表 3-3-3。

表 3-3-3　机器人变量表

变量名	变量类型	变量说明
Home	POINTC	安全点
gjzgd	POINTC	工具快换左过渡点
gjxp	POINTC	拾取吸盘工具点
gjdjz	POINTC	拾取夹爪工具点

变量名	变量类型	变量说明
gjdp	POINTC	拾取电批工具点
cq1	POINTC	一号位需要吹气的四个点位,该变量为数组变量,数组长度为 1~4
cq2	POINTC	三号位需要吹气的四个点位,该变量为数组变量,数组长度为 1~4
gjygd	POINTC	工具快换右过渡点
a	DINT	循环次数
Var4	DINT	获取盖板次数
o	DINT	打螺钉数量
b	DINT	循环次数
sdw	POINTC	零件 A 抓取点,该变量为数组变量,数组长度为 1~4
cpf	POINTC	装配区
dls	POINTC	锁紧螺钉点,该变量为数组变量,数组长度为 1~4
dpgd	POINTC	获取螺钉过渡点
nls	POINTC	拿螺钉点
gbf	POINTC	零件 C 放置点
ygd	POINTC	右过渡点

（2）编写拾取末端工具子程序,达到运行该程序可拾取吸盘工具、夹爪工具或者电批工具的效果。

创建拾取末端工具子程序,命名为"gjn"。

通过给 gjn( ) 子程序增加输入变量可达到将子程序转换为执行特定任务的子程序,通常接收输入并产生输出。为了使子程序能处理不同的数据,这里使用参数来传递信息。参数分为两种类型:输入参数和实际参数。

输入参数是在定义子程序时指定的占位符变量,位于子程序定义中的括号内。它们代表子程序期望接收的值,但并没有具体的值。输入参数的主要作用是定义子程序接口,说明子程序需要何种数据才能正常工作。当子程序被调用时,输入参数会根据传入的实际参数分配相应的存储空间并接收传递进来的值。输入参数仅在子程序内部有效,子程序执行完毕后,与输入参数关联的存储空间会被释放。

实际参数是在调用子程序时实际传递给子程序的具体值或变量。这些值用于给输入参数赋值,让子程序能够基于这些输入执行操作。实际参数可以是常量、变量、表达式,也可以是其他子程序的返回值。在调用子程序时,实际参数的值会复制或传递给对应的输入参数,确保子程序内部可以访问并处理这些数据。实际参数必须在调用子程序前就有确定的值。

切换界面至 gjn( ) 子程序变量表界面,新增 POINTC 类型输入变量,变量名为"A"。新增 DINT 类型输入变量,变量名为"var"。程序如下:

```
Input VAR_LOCAL DINT var null null null
Input VAR_LOCAL POINTC A null null null
```

切换至子程序界面,可查看到 gjn( ) 子程序新增接口变量 A。

进入 gjn( ) 子程序代码编程界面,通过外部的输入变量判断是去到哪一个过渡点,并初始化机器人末端工具快换信号。程序如下:

```
IF var = 1 THEN
    MJOINT(gjzgd, v500, fine, tool0);
ELSE
    MJOINT(gjygd, v500, fine, tool0);
END_IF;
fidbus.mtcp_wo_b[11] := true;
```

使用直线运动指令控制机器人移动至 A 点正上方 150 mm 处,而后移动至拾取末端工具点后触发机器人末端工具快换锁紧信号。

```
MLIN(OFFSETTOOL(A,0,0,-150), v500, fine, tool0);
MLIN(OFFSETTOOL(A,0,0,0), v500, fine, tool0);
fidbus.mtcp_wo_b[11] := false;
DWELL(0.5);
```

由于末端工具无法直接抬起,需要抬起一定高度后平移出末端工具区,因此,须用直线运动指令控制机器人抬起 15 mm 后,平移 70 mm 出末端工具区,最后相对移动抬高 200 mm。程序如下:

```
MLIN(OFFSETTOOL(A,0,0,-15), v100, fine, tool0);
MLIN(OFFSETTOOL(A,70,0,-15), v500, fine, tool0);
MLIN(OFFSETTOOL(A,70,0,-200), v500, fine, tool0);
```

使用关节运动指令控制机器人移动至工具快换过渡点。程序如下:

```
IF var = 1 THEN
    MJOINT(gjzgd, v500, fine, tool0);
ELSE
    MJOINT(gjygd, v500, fine, tool0);
END_IF;
```

至此,拾取末端工具子程序编写完成。

(3)编写放置末端工具子程序,达到运行该程序可放置吸盘工具、夹爪工具或者电批工具的效果。创建放置末端工具子程序,命名为"gjf"。

切换界面至 gjf( ) 子程序变量表界面,新增 POINTC 类型输入变量,变量名为"A"。新增 DINT 类型输入变量,变量名为"var"。程序如下:

```
Input VAR_LOCAL DINT var null null null
Input VAR_LOCAL POINTC A null null null
```

进入 gjf( ) 子程序代码编程界面,使用关节运动指令控制机器人出发移动至工具快换过渡点。程序如下:

```
IF var = 1 THEN
    MJOINT(gjzgd, v500, fine, tool0);
ELSE
    MJOINT(gjygd, v500, fine, tool0);
END_IF;
```

使用直线运动指令控制机器人平移 70 mm 出末端工具区且相对移动抬高 200 mm。下降高度至相对放置末端工具点 13 mm 后,平移 70 mm 进入末端工具区。程序如下:

```
MLIN(OFFSETTOOL(A,70,0,−200), v500, fine, tool0);
MLIN(OFFSETTOOL(A,70,0,−15), v500, fine, tool0);
MLIN(OFFSETTOOL(A,0,0,−15), v500, fine, tool0);
MLIN(OFFSETTOOL(A,0,0,0), v20, fine, tool0);
```

初始化机器人末端工具快换信号后延时 0.5 s,以确保快换接口完全松开,而后相对移动至放置末端工具点正上方 200 mm 处。程序如下:

```
fidbus.mtcp_wo_b[11] := true;
DWELL(0.5);
MLIN(OFFSETTOOL(A,0,0,−150), v500, fine, tool0);
```

关节控制机器人移动至工具快换过渡点后返回安全点。程序如下:

```
MLIN(OFFSETTOOL(A,0,0,−200), v500, fine, tool0);
IF var = 1 THEN
    MJOINT(gjzgd, v500, fine, tool0);
ELSE
    MJOINT(gjygd, v500, fine, tool0);
END_IF;
```

至此,放置末端工具子程序编写完成。

（4）编写数组点位赋值子程序，达到运行该程序后完成程序所用到的零件 A 抓取点数组变量、零件 A 放置点数组变量、完成品放置点数组变量、零件 C 抓取点数组变量、零件 C 放置点数组变量赋值。创建数组点位赋值子程序，命名为"dw"。

进入 dw( ) 子程序代码编程界面，对零件 A 抓取点数组变量，零件 C 抓取点数组变量，打螺钉点位，一号位、三号位吹气数组变量进行赋值。程序如下：

```
dls[1] := POINTC(600.00,0.00,0.00,0.00,0.00,0.00,CFG3,0,0,0);
dls[2] := POINTC(600.00,0.00,0.00,0.00,0.00,0.00,CFG3,0,0,0);
dls[3] := POINTC(600.00,0.00,0.00,0.00,0.00,0.00,CFG3,0,0,0);
dls[4] := POINTC(600.00,0.00,0.00,0.00,0.00,0.00,CFG3,0,0,0);
sdw[1] := POINTC(600.00,0.00,0.00,0.00,0.00,0.00,CFG3,0,0,0);
sdw[2] := POINTC(600.00,0.00,0.00,0.00,0.00,0.00,CFG3,0,0,0);
sdw[3] := POINTC(600.00,0.00,0.00,0.00,0.00,0.00,CFG3,0,0,0);
sdw[4] := POINTC(600.00,0.00,0.00,0.00,0.00,0.00,CFG3,0,0,0);
lk[1] := POINTC(600.00,0.00,0.00,0.00,0.00,0.00,CFG3,0,0,0);
lk[2] := POINTC(600.00,0.00,0.00,0.00,0.00,0.00,CFG3,0,0,0);
lk[3] := POINTC(600.00,0.00,0.00,0.00,0.00,0.00,CFG3,0,0,0);
lk[4] := POINTC(600.00,0.00,0.00,0.00,0.00,0.00,CFG3,0,0,0);
cq1[1] := POINTC(600.00,0.00,0.00,0.00,0.00,0.00,CFG3,0,0,0);
cq1[2] := POINTC(600.00,0.00,0.00,0.00,0.00,0.00,CFG3,0,0,0);
cq1[3] := POINTC(600.00,0.00,0.00,0.00,0.00,0.00,CFG3,0,0,0);
cq1[4] := POINTC(600.00,0.00,0.00,0.00,0.00,0.00,CFG3,0,0,0);
cq2[1] := POINTC(600.00,0.00,0.00,0.00,0.00,0.00,CFG3,0,0,0);
cq2[2] := POINTC(600.00,0.00,0.00,0.00,0.00,0.00,CFG3,0,0,0);
cq2[3] := POINTC(600.00,0.00,0.00,0.00,0.00,0.00,CFG3,0,0,0);
cq2[4] := POINTC(600.00,0.00,0.00,0.00,0.00,0.00,CFG3,0,0,0);
```

（5）编写一号位、三号位吹气子程序，达到运行该程序完成一号位、三号位吹气的效果。创建一号位、三号位吹气子程序，命名为"gy"。

先让机器人拾取工具，调用 gjn( ) 子程序，拾取完工具后返回安全点并去到右过渡点。程序如下：

```
CALL: gjn(2, gjxp);
CALL: ho();
MJOINT(ygd, v1500, fine, tool0);
```

先运用 FOR 循环对 4 个点位进行吹气动作，直线运动至一号位的吹气点进行吹气，打开出气信号并延时 0.5 s，随后关闭并进行夹爪复位。程序如下：

```
FOR a := 1 TO 4  DO
    MLIN(OFFSETTOOL(cq1[a],0,0,-150), v500, fine, tool0);
    MLIN(OFFSETTOOL(cq1[a],0,0,-20), v500, fine, tool0);
    fidbus.mtcp_wo_b[8] := true;
    DWELL(0.5);
    fidbus.mtcp_wo_b[8] := false;
    DWELL(0.5);
    fidbus.mtcp_wo_b[9] := true;
    DWELL(0.5);
    fidbus.mtcp_wo_b[9] := false;
    DWELL(0.5);
    MLIN(OFFSETTOOL(cq1[a],0,0,-150), v500, fine, tool0);
END_FOR;
```

与上述一致,再次先运用 FOR 循环对 4 个点位进行吹气动作,直线运动至三号位的吹气点进行吹气,打开出气信号并延时 0.5 s,随后关闭并进行夹爪复位。程序如下:

```
FOR a := 1 TO 4  DO
    MLIN(OFFSETTOOL(cq2[a],0,0,-150), v500, fine, tool0);
    MLIN(OFFSETTOOL(cq2[a],0,0,-20), v500, fine, tool0);
    fidbus.mtcp_wo_b[8] := true;
    DWELL(0.5);
    fidbus.mtcp_wo_b[8] := false;
    DWELL(0.5);
    fidbus.mtcp_wo_b[9] := true;
    DWELL(0.5);
    fidbus.mtcp_wo_b[9] := false;
    DWELL(0.5);
    MLIN(OFFSETTOOL(cq2[a],0,0,-150), v500, fine, tool0);
END_FOR;
```

（6）编写抓取零件 C 子程序,达到运行该程序可抓取零件 C 的效果。创建抓取零件 C 子程序,命名为"ngb"。

切换界面至 ngb( ) 子程序变量表界面,新增输入变量 POINTC 变量,变量名为"A"。程序如下:

```
Input VAR_LOCAL POINTC A null null null
```

进入 ngb( ) 子程序代码编程界面,使用直线运动指令控制机器人运动到抓取点正上方150 mm 处后下降至抓取点。程序如下:

```
MLIN(OFFSETTOOL(A,0,0,−150), v500, fine, tool0);
MLIN(OFFSETTOOL(A,0,0,0), v500, fine, tool0);
```

触发夹爪工具闭合信号后延时 0.5 s，以确保机器人完全抓取零件 C。程序如下：

```
fidbus.mtcp_wo_b[8] := true;
DWELL(0.5);
```

使用直线运动指令控制机器人相对目标点抬高 5 mm，而后沿 Y 轴方向平移 100 mm，达到抓取零件 C 离开立体仓库的效果，最后抬高 150 mm，避免前往下个目标点时出现碰撞。程序如下：

```
MLIN(OFFSETTOOL(A,0,0,−5), v500, fine, tool0);
MLIN(OFFSETTOOL(A,0,100,−5), v500, fine, tool0);
MLIN(OFFSETTOOL(A,0,100,−150), v500, fine, tool0);
```

至此，抓取零件 C 子程序编写完成，使用该程序时只须输入需要抓取的零件 C 序号即可完成对应序号零件 C 的抓取。

（7）编写用夹爪抓紧物品子程序，达到运行该程序可根据输入抓取点参数完成抓紧的效果。创建夹爪抓紧物品子程序，命名为"jzz"。

切换界面至 jzz( ) 子程序变量表界面，新增 POINTC 类型输入变量，变量名为"A"。程序如下：

```
Input VAR_LOCAL POINTC A null null null
```

进入 jzz( ) 子程序代码编程界面，使用直线运动指令控制机器人运动到抓取点正上方 150 mm 处后，再移动抓取点正上方 15 mm 处，缓冲后下降至抓取点。程序如下：

```
MLIN(OFFSETTOOL(A,0,0,−150), v500, fine, tool0);
MLIN(OFFSETTOOL(A,0,0,−15), v500, fine, tool0);
MLIN(OFFSETTOOL(A,0,0,0), v200, fine, tool0);
```

触发夹爪工具闭合信号后，延时 0.5 s，以确保机器人完全抓取零件 A。程序如下：

```
fidbus.mtcp_wo_b[8] := true;
DWELL(0.5);
```

使用直线运动指令控制机器人相对抓取点抬高 150 mm。程序如下：

```
MLIN(OFFSETTOOL(A,0,0,−150), v500, fine, tool0);
```

至此，夹爪抓紧物品子程序编写完成，使用该程序时，只须输入需要抓取的点位参数即可完成对应指定位置。

（8）编写用夹爪放下物品子程序，达到运行该程序可根据输入抓取点参数完成放下的效果。创建夹爪放下物品子程序，命名为"jzf"。

切换界面至 jzf( ) 子程序变量表界面，新增 POINTC 类型输入变量，变量名为 A。程序如下：

```
Input VAR_LOCAL POINTC A null null null
```

进入 jzf( ) 子程序代码编程界面，使用直线运动指令控制机器人运动到抓取点正上方 150 mm 处后，再移动至抓取点正上方 15 mm 处，缓冲后下降至抓取点。程序如下：

```
MLIN(OFFSETTOOL(A,0,0,−150), v500, fine, tool0);
MLIN(OFFSETTOOL(A,0,0,−15), v500, fine, tool0);
MLIN(OFFSETTOOL(A,0,0,0), v200, fine, tool0);
```

触发夹爪工具开启信号后，延时 0.5 s，以确保机器人完全抓取零件 A。程序如下：

```
fidbus.mtcp_wo_b[8] := flase;
DWELL(0.5);
```

使用直线运动指令控制机器人相对抓取点抬高 150 mm。程序如下：

```
MLIN(OFFSETTOOL(A,0,0,−150), v500, fine, tool0);
```

至此，夹爪放下物品子程序编写完成，使用该程序时，只须输入需要放下的点位参数即可完成对应指定位置。

（9）编写锁紧螺钉子程序，达到运行该程序可根据输入需要锁紧螺钉的点位参数完成对应点位的螺钉锁紧的效果。创建锁紧螺钉子程序，命名为"dls"。程序如下：

切换界面至 dls( ) 子程序变量表界面，新增 POINTC 类型输入变量，变量名为"A"。程序如下：

```
Input VAR_LOCAL POINTC A null null null
```

进入 dls( ) 子程序代码编程界面，使用关节运动控制机器人运动至获取螺钉过渡点，而后使用直线运动控制机器人运动至获取螺钉点正上方 15 mm 处，触发电批真空信号后，延时 0.5 s，以确保机器人完全吸取住螺钉，而后移至获取螺钉点获取螺钉。程序如下：

```
MJOINT(dpgd, v600, fine, tool0);
MLIN(OFFSETTOOL(nls,0,0,−150), v500, fine, tool0);
MLIN(OFFSETTOOL(nls,0,0,−15), v500, fine, tool0);
fidbus.mtcp_wo_b[8] := true;
```

```
DWELL(0.5);
MLIN(OFFSETTOOL(nls,0,0,0), v30, fine, tool0);
DWELL(0.5);
```

使用直线运动控制机器人运动至获取螺钉点正上方 150 mm 处，而后使用关节运动控制机器人运动至获取螺钉过渡点。程序如下：

```
MLIN(OFFSETTOOL(nls,0,0,−150), v500, fine, tool0);
MJOINT(dpgd, v500, fine, tool0);
```

使用直线运动指令控制机器人运动至锁紧螺钉点正上方 150 mm 处，避免运动过程中发生碰撞，而后再控制机器人下降至锁紧螺钉点正上方 15 mm 处，移至锁紧螺钉点，准备开启电批。程序如下：

```
MLIN(OFFSETTOOL(A,0,0,−150), v600, fine, tool0);
MLIN(OFFSETTOOL(A,0,0,−15), v600, fine, tool0);
MLIN(OFFSETTOOL(A,0,0,0), v500, fine, tool0);
```

触发电批上电信号及电批启动信号。程序如下：

```
fidbus.mtcp_wo_b[5] := true;
fidbus.mtcp_wo_b[6] := true;
```

使用直线运动指令控制机器人运动至锁紧螺钉点后下降 22 mm，以达到锁紧螺钉的效果。程序如下：

```
MLIN(OFFSETTOOL(A,0,0,22), v20, fine, tool0);
```

先触发电批真空信号，然后触发电批停止信号，接着触发电批上电信号，打开真空复位信号，延时 0.5 s 后关闭，达到电批停止运行的效果。程序如下：

```
fidbus.mtcp_wo_b[8] := false;
fidbus.mtcp_wo_b[5] := false;
fidbus.mtcp_wo_b[6] := false;
fidbus.mtcp_wo_b[9] := true;
DWELL(0.5);
fidbus.mtcp_wo_b[9] := false;
DWELL(0.5);
```

使用直线运动指令控制机器人运动至锁紧螺钉点正上方 150 mm 处。程序如下：

```
MLIN(OFFSETTOOL(A,0,0,−150), v500, fine, tool0);
```

（10）编写放置零件 C 到零件 A 子程序。创建放置零件 C 到零件 A 子程序，命名为"csd"。

进入 csd( ) 子程序代码编程界面，使用关节运动指令控制机器人运动至安全点。使用 CALL 指令调用 ngb( ) 子程序，在括号中输入"lk[b]"，"b"代表按顺序进行盖板位置抓取。程序如下：

```
MJOINT(home, v1500, fine, tool0);
CALL: ngb(lk[b]);
```

使用关节运动指令控制机器人运动至安全点，随后去到右过渡点，使用 CALL 指令调用 jzf( ) 子程序，括号中输入放置点位"gbf"。程序如下：

```
CALL: ho();
MJOINT(ygd, v1500, fine, tool0);
CALL: jzf(gbf);
```

至此，放置零件 C 到零件 A 子程序已编写完成。该程序可以进行将零件 C 从料库拿至零件 A。

（11）编写产品装配入库子程序，运行该程序将以上编写的子程序进行灵活调用，以完成产品装配入库。创建产品装配入库子程序，命名为"cp"。程序如下：

进入 cp( ) 子程序代码编程界面，使用 CALL 指令调用 dw( ) 子程序，对程序中用到的数组变量赋值，以便后续程序使用变量。程序如下：

```
CALL: dw();
```

使用 CALL 指令调用 gy( ) 子程序进行一号位、三号位吹气。程序如下：

```
CALL: gy();
```

使用 CALL 指令调用 gjn( ) 子程序，输入夹爪工具点位参数，使其控制机器人完成夹爪工具的获取。程序如下：

```
CALL: gjn(2, gjdjz);
```

使用 FOR 指令进行循环，开始零件装配工序。其中，变量 b 为循环次数。程序如下：

```
FOR b := 1 TO 4  DO
```

使用关节运动指令控制机器人运动至安全点，随后去到右过渡点，使用 CALL 指令调用 jzz( ) 子程序，输入零件 A 点位参数，抓取零件 A。再使用 CALL 指令调用 jzf( ) 子程序，输入装配区点位参数，放置零件 A，并进行锁紧，延迟 0.5 s。程序如下：

```
MJOINT(home, v1500, fine, tool0);
    MJOINT(ygd, v1500, fine, tool0);
    CALL: jzz(sdw[b]);
    CALL: jzf(cpf);
    fidbus.mtcp_wo_b[12] := true;
    DWELL(0.5);
```

使用 CALL 指令调用 csd( ) 子程序,随后返回安全位。程序如下:

```
CALL: csd();
MJOINT(home, v500, fine, tool0);
```

使用 CALL 指令调用 gjf( ) 子程序,输入夹爪工具点位参数,使其控制机器人完成夹爪工具的放置。程序如下:

```
CALL: gjf(2, gjdjz);
```

使用 CALL 指令调用 gjn( ) 子程序,输入电批工具点位参数,使其控制机器人完成电批工具的获取。程序如下:

```
CALL: gjn(1, gjdp);
```

使用 FOR 指令进行循环,进行螺钉锁紧工序。

```
FOR o:=1 TO 2  DO
    CALL: dls(dls[o]);
END_FOR;
```

螺钉锁紧工序完成后,使用 CALL 指令调用 gjf( ) 子程序,输入电批工具点位参数,使其控制机器人完成电批工具的放置。程序如下:

```
CALL: gjf(1, gjdp);
```

使用 CALL 指令调用 gjn( ) 子程序,输入夹爪工具点位参数,使其控制机器人完成夹爪工具的获取,随后返回安全点。程序如下:

```
CALL: gjn(2, gjdjz);
MJOINT(Home, v500, fine, tool0);
```

打开固定气缸,延迟 0.5 s。使用 CALL 指令调用 jzz( ) 子程序,输入固定点位参数,使其控制机器人完成零件 A 抓紧。随后使用 CALL 指令调用 jzf( ) 子程序,输入零件 A 入库点位参数,使其控制机器人完成入库。至此,完成了一个产品装配,进行下一次循环。程序如下：

```
fidbus.mtcp_wo_b[12] := false;
    DWELL(0.5);
    CALL: jzz(cpf);
    CALL: jzf(sdw[b]);
END_FOR;
```

产品全部装备完毕后，使用 CALL 指令调用 gjf( ) 子程序，输入夹爪工具点位参数，使其控制机器人完成夹爪工具的放置。使用关节运动指令控制机器人运动至安全点。程序如下：

```
CALL: gjf(2, gjdjz);
MJOINT(home, v500, fine, tool0);
```

切换界面至 Main( ) 主程序。

使用 CALL 指令调用 dw( ) 子程序进行赋值，增加标签"a"，使其能够循环等待启动。使用 IF 指令判断信号"fidbus.mtcp ro b[7]"是否触发，若触发，则运行 cp( ) 子程序。使用 GOTO 指令回到标签循环。程序如下：

```
CALL:     dw( );
LABEL     a;
IF fidbus.mtcp_ro_b[7]   THEN
        CALL:   cp( );
END_IF;
GOTO    a;
```

👍 项目评价

序号	项目评价观测点	分数	得分
1	按下触摸屏"开始"按钮，机器人从安全点出发拾取吸盘工具，返回安全点，要求机器人运动过程平顺，不得碰撞	10	
2	使用吸盘工具完成一号位、三号位产品的吹气处理	15	
3	完成吹气处理后根据触摸屏设定的工位安装顺序，安装零件 C	15	
4	完成零件安装后，根据触摸屏中设定的螺钉数量完成产品的螺钉锁紧工作。完成后，返回安全点暂停	20	

续表

序号	项目评价观测点	分数	得分
5	锁螺钉完成后,根据触摸屏中设定的产品属性完成产品的入库工作,优良品的产品放入立体仓库中	20	
6	完成后机器人放下工具,返回安全点,要求机器人运动过程平顺,不得碰撞	10	
7	安全意识、质量意识、绿色环保意识、团队协作意识	10	
合计总分			

巩固提升

一、选择题

1. 在项目实施中,PLC 与机器人通过(　　　)方式交换数据。

A. Profibus 通信　　　　　　　　　　B. Modbus TCP 通信

C. CAN 总线通信　　　　　　　　　　D. 以太网通信

2. 夹爪关闭气缸对应的 PLC 输出点是(　　　)。

A. Q1.2　　　　B. Q1.3　　　　C. Q1.4　　　　D. Q1.5

3. 夹爪抓紧物品子程序中,机器人在抓取物品时,会在抓取点正上方(　　　)的位置进行缓冲。

A. 5 mm　　　　B. 15 mm　　　　C. 20 mm　　　　D. 150 mm

4. 锁紧螺钉子程序中,机器人获取螺钉后,在运动至锁紧螺钉点位前,会先运动到获取螺钉点正上方(　　　)的位置。

A. 15 mm　　　　B. 30 mm　　　　C. 150 mm　　　　D. 200 mm

5. 不是夹爪工具、吸盘工具和电批工具 PLC 控制 I/O 分配表中内容的是(　　　)。

A. 夹爪打开气缸　　　　　　　　　　B. 吸盘气缸

C. 旋转电机　　　　　　　　　　　　D. 电批上电

二、判断题

1. 视觉系统在本项目中仅用于零件识别,而不参与检测逻辑判断。 (　　　)

2. 获取夹爪工具子程序和放置夹爪工具子程序中,获取和放置末端工具时的过渡点必须为不同点位。 (　　　)

3. PLC 程序可以直接控制机器人末端工具的动作,无须通过其他方式。 (　　　)

三、问答题

1. 在产品零件装配与入库项目中,如何提高视觉系统对零件识别的准确度?

2. 在整个项目流程中,如何优化机器人的路径规划以减少空行程、提高装配效率?

四、实操题

1. 触摸屏中可设置工位中安装零件 C 顺序、4 个工位中螺钉锁紧数量(2~4 颗)、4

个工位中产品属性（优良品、合格品和废品）。

工艺流程如下：

① 按下"开始"按钮，完成产品零件装配与入库。使用吸盘工具完成一号位、三号位产品的吹气处理。

② 完成吹气处理后根据触摸屏设定的工位安装顺序，安装零件 C。

③ 完成零件安装后，根据触摸屏中设定的螺钉数量完成产品的螺钉锁紧工作。完成后，返回安全点暂停。

④ 锁螺钉完成后，根据触摸屏中设定的产品属性完成产品的入库工作，优良品的产品放入立体仓库中，完成后机器人放下工具，返回安全点。

⑤ 试验结束，按下工作站上的"停止"按钮，所有指示灯闪烁，试验结束。

2. 触摸屏中可设置工位中安装零件 C 顺序、四个工位中螺钉锁紧数量（2～4 颗）、四个工位中产品属性（优良品、合格品和废品）。

工艺流程如下：

① 按下"开始"按钮，完成产品零件装配与入库。使用吸盘工具完成二号位、四号位产品的涂胶处理（涂胶轨迹沿着产品的边缘）。

② 完成涂胶处理后，根据触摸屏设定的工位安装顺序，安装零件 C。

③ 完成零件安装后，根据触摸屏中设定的螺钉数量完成产品的螺钉锁紧工作。完成后，返回安全点暂停。

④ 锁螺钉完成后，根据触摸屏中设定的产品属性完成产品的入库工作，优良品的产品放入立体仓库中，完成后机器人放下工具，返回安全点。

⑤ 试验结束，按下工作站上的"停止"按钮，所有指示灯闪烁，试验结束。

3. 随机利用 RFID（射频识别）对零件 A 进行编号，触摸屏中可设置工位中安装零件 C 顺序、4 个工位中螺钉锁紧数量（2～4 颗）、4 个工位中产品属性（优良品、合格品和废品）。

工艺流程如下：

① 按下"开始"按钮，完成产品零件装配与入库。利用夹爪工具，在输送带拾取零件 A 并放到 RFID 上读取编号，再把零件 A 放到在触摸屏中选择编号对应位置上。

② 按照上述方法，把 4 个零件 A 放到工位上。

③ 完成零件安装后，根据触摸屏中设定的螺钉数量完成产品的螺钉锁紧工作。完成后，回到安全点暂停。

④ 锁紧螺钉完成后，根据触摸屏中设定的产品属性完成产品的入库工作，优良品的产品放入立体仓库中，完成后机器人放下工具，返回安全点。

⑤ 试验结束，按下工作站上的"停止"按钮，所有指示灯闪烁，试验结束。

主要参考文献

［1］周济,李培根,赵继. 智能制造导论［M］. 2版. 北京:高等教育出版社,2024.

［2］蒋正炎,陈永平,汤晓华. 工业机器人应用技术［M］. 3版. 北京:高等教育出版社,2023.

［3］韩九强,钟德星. 机器视觉技术及应用［M］. 2版. 北京:高等教育出版社,2023.

［4］冈萨雷斯,伍兹. 数字图像处理:第3版=Digital Image Processing,Third Edition:英文［M］. 北京:电子工业出版社,2010.